narr STUDIENBÜCHER

Johannes Müller-Lancé

# Latein für Romanist*innen

Ein Lehr- und Arbeitsbuch

3., überarbeitete Auflage

Bibliografische Information der Deutschen Nationalbibliothek
Die Deutsche Nationalbibliothek verzeichnet diese Publikation in der Deutschen
Nationalbibliografie; detaillierte bibliografische Daten sind im Internet über
http://dnb.dnb.de abrufbar.

3., überarbeitete Auflage 2020
2., aktualisierte Auflage 2012
1. Auflage 2006

© 2020 · Narr Francke Attempto Verlag GmbH + Co. KG
Dischingerweg 5 · D-72070 Tübingen

Das Werk einschließlich aller seiner Teile ist urheberrechtlich geschützt. Jede Verwertung
außerhalb der engen Grenzen des Urheberrechtsgesetzes ist ohne Zustimmung des Verlages
unzulässig und strafbar. Das gilt insbesondere für Vervielfältigungen, Übersetzungen,
Mikroverfilmungen und die Einspeicherung und Verarbeitung in elektronischen Systemen.

Internet: www.narr.de
eMail: info@narr.de

CPI books GmbH, Leck

ISSN 0941-8105
ISBN 978-3-8233-8405-2 (Print)
ISBN 978-3-8233-9405-1 (ePDF)
ISBN 978-3-8233-0213-1 (ePub)

# Inhalt

Vorwort zur dritten Auflage .................................................... 9

Vorwort zur zweiten Auflage ................................................... 11

1 Einleitung .................................................................. 13
    1.1 Zeichenlegende ........................................................ 21
    1.2 Abkürzungsverzeichnis ................................................. 22
    1.3 Verzeichnis der abgedruckten Originaltextauszüge ............... 29

2 Varietäten des Lateinischen .............................................. 31
    2.1 Diachronische Varietäten des Lateinischen ..................... 31
        2.1.1 Archaisches oder vorliterarisches Latein (ca. 600- 240 v. Chr.) 33
        2.1.2 Altlatein (ca. 240 v. Chr.–80 v. Chr.) ..................... 37
        2.1.3 Klassisches und Nachklassisches Latein (ca. 80 v. Chr.- 180 n. Chr.) ......................................................... 39
        2.1.4 Spätlatein (ca. 180–650 n. Chr.) .......................... 44
        2.1.5 Mittellatein (ca. 650 – 1400/1500) und die frühen romanischen Sprachen .................................................. 50
        2.1.6 Neulatein (ca. 1400/1500 – heute) ........................ 52
    2.2 Diatopische Varietäten ............................................... 56
    2.3 Diastratische Varietäten ............................................. 64
    2.4 Diaphasische und diamesische Varietäten; das Vulgärlatein ....... 67
        2.4.1 Probleme der Abgrenzung „diaphasisch – diamesisch" ..... 67
        2.4.2 Das sogenannte „Vulgärlatein" ........................... 69
    2.5 Zusammenfassung und Literaturempfehlungen ................. 80
    2.6 Aufgaben .............................................................. 82

3 Phonetik, Phonologie und Graphie ..................................... 85
    3.1 (Alt- und) Klassisches Latein ........................................ 85
        3.1.1 Das lateinische Alphabet ................................... 85
        3.1.2 Phoneminventar ............................................. 87
        3.1.3 Lautliche Phänomene auf der Wortebene ................. 94

| | 3.2 | Vulgär- und Spätlatein | 98 |
|---|---|---|---|
| | | 3.2.1 Vokale | 98 |
| | | 3.2.2 Konsonanten | 102 |
| | 3.3 | Zusammenfassung und Literaturempfehlungen | 110 |
| | 3.4 | Übungen | 111 |
| 4 | Morphologie und Wortbildung | | 113 |
| | 4.1 | Vorbemerkungen zur Bedeutung der Morphologie für das Lateinische | 113 |
| | 4.2 | Wortklassen, Flexionsprinzipien, Bausteine der Wortbildung | 115 |
| | | 4.2.1 Wurzelwörter | 117 |
| | | 4.2.2 Derivationen | 117 |
| | | 4.2.3 Kompositionen | 121 |
| | 4.3 | Nominalmorphologie des Klassischen Lateins | 125 |
| | | 4.3.1 Genus, Kasus, Numerus | 125 |
| | | 4.3.2 Die Deklinationen (Substantive und Adjektive) | 127 |
| | | 4.3.3 Steigerung (Komparation) von Adjektiven und Adverbien | 140 |
| | | 4.3.4 Pronomina | 145 |
| | | 4.3.5 Numeralia | 156 |
| | | 4.3.6 Übungen | 163 |
| | | 4.3.7 Weiterführende Aufgaben | 164 |
| | 4.4 | Nominalmorphologie „Vulgär"- und Spätlatein | 165 |
| | | 4.4.1 Deklination von Substantiven und Adjektiven | 166 |
| | | 4.4.2 Analytische Steigerung | 170 |
| | | 4.4.3 Form und Verwendung der Pronomina | 171 |
| | | 4.4.4 Zusammenfassung | 174 |
| | | 4.4.5 Übungen | 175 |
| | | 4.4.6 Weiterführende Aufgaben | 176 |
| | 4.5 | Verbalmorphologie des Klassischen Lateins | 176 |
| | | 4.5.1 Grundbegriffe der Verbalkonjugation | 176 |
| | | 4.5.2 Verbstämme und Konjugationsklassen | 179 |
| | | 4.5.3 Personen-, Tempus- und Moduszeichen | 180 |
| | | 4.5.4 Bildung und Übersetzung der einzelnen Verbformen | 182 |
| | | 4.5.5 Konjugationstabellen zu den regelmäßigen Verben | 186 |
| | | 4.5.6 Deponentien und unregelmäßige Verben | 190 |
| | | 4.5.7 Weiterleben klassischer Verbformen in den romanischen Sprachen | 195 |
| | | 4.5.8 Zusammenfassung und Literaturempfehlungen | 198 |

|       |       | 4.5.9 Übungen .................................................. 198 |
|       |       | 4.5.10 Weiterführende Aufgaben ............................. 199 |
|       | 4.6   | Verbalmorphologie in Vulgär- und Spätlatein .................. 200 |
|       |       | 4.6.1 Reduktion der Konjugationsklassen ..................... 200 |
|       |       | 4.6.2 Beseitigung von Unregelmäßigkeiten ................... 201 |
|       |       | 4.6.3 Veränderungen beim Passiv: von der Synthese zur Analyse . 201 |
|       |       | 4.6.4 Neubildung analytischer Tempusformen im Aktiv ......... 202 |
|       |       | 4.6.5 Veränderungen bei *habēre* und *esse* ....................... 206 |
|       |       | 4.6.6 Verlust von Verbalkategorien ............................ 209 |
|       |       | 4.6.7 Zusammenfassung und Literaturempfehlungen ........... 209 |
|       |       | 4.6.8 Übungen .................................................. 210 |
|       |       | 4.6.9 Weiterführende Aufgaben ............................... 212 |
| 5     | Syntax ......................................................................... 213 |
|       | 5.1   | Der einfache Satz ............................................... 214 |
|       |       | 5.1.1 Wortstellung ............................................ 214 |
|       |       | 5.1.2 Satzglieder/syntaktische Funktionen .................... 216 |
|       |       | 5.1.3 Verwendung der Kasus .................................. 222 |
|       |       | 5.1.4 Verwendung von Tempora und Modi ................... 226 |
|       |       | 5.1.5 Der einfache Satz: Besonderheiten in Vulgär- und Spätlatein 226 |
|       | 5.2   | Der komplexe bzw. zusammengesetzte Satz ..................... 229 |
|       |       | 5.2.1 Satzwertige Konstruktionen ............................ 229 |
|       |       | 5.2.2 Grundsätzliches zu Koordination und Subordination ....... 237 |
|       |       | 5.2.3 Arten von Hauptsätzen und die darin verwendeten Modi ... 241 |
|       |       | 5.2.4 Arten von Gliedsätzen – Verwendung von Tempora und Modi 244 |
|       |       | 5.2.5 Der zusammengesetzte Satz: Besonderheiten im Vulgär- und Spätlatein .......................................... 252 |
|       | 5.3.  | Textsyntax ..................................................... 258 |
|       |       | 5.3.1 Klassisches Latein ...................................... 258 |
|       |       | 5.3.2 Vulgär- und Spätlatein .................................. 260 |
|       | 5.4   | Zusammenfassung und Literaturangaben ....................... 262 |
|       | 5.5   | Übungen ....................................................... 262 |
|       | 5.6   | Weiterführende Aufgaben ...................................... 263 |
| 6     | Wortschatz .................................................................... 265 |
|       | 6.1   | Gemeinlateinischer Ausbau des Wortschatzes ................... 265 |
|       |       | 6.1.1 Fremdsprachliche Entlehnungen ........................ 265 |
|       |       | 6.1.2 Wortbildung ........................................... 266 |
|       | 6.2   | Tendenzen im Vulgär- und Spätlatein ........................... 266 |
|       |       | 6.2.1 Bevorzugung bestimmter Wortbildungsmuster ........... 266 |

|   |     | 6.2.2 | Tendenz zu „Lautstärke" und Regelmäßigkeit . . . . . . . . . . . . . 268 |
|---|---|---|---|

- 6.2.2 Tendenz zu „Lautstärke" und Regelmäßigkeit . . . . . . . . . . . . . 268
- 6.2.3 Tendenz zu Eindeutigkeit und Konkretheit . . . . . . . . . . . . . . . 270
- 6.2.4 Innerlateinische Variation im Wortmaterial . . . . . . . . . . . . . . . 272
- 6.3 Erklärungen für den lexikalischen Wandel . . . . . . . . . . . . . . . . . . . . . 272
  - 6.3.1 Metapher und Metonymie . . . . . . . . . . . . . . . . . . . . . . . . . . . . 272
  - 6.3.2 Durchsichtigkeit und Volksetymologie . . . . . . . . . . . . . . . . . . 276
- 6.4 Lateinische Lehn- und Fremdwörter in nicht-romanischen Sprachen 277
  - 6.4.1 Wochentage, Monatsnamen und ihre Götter . . . . . . . . . . . . . . 278
  - 6.4.2 Fremd- und Lehnwörter im akademischen Bereich . . . . . . . . 281
  - 6.4.3 Lateinisches in Rechtssprache und Politik . . . . . . . . . . . . . . . . 286
  - 6.4.4 Antibarbarus . . . . . . . . . . . . . . . . . . . . . . . . . . . . . . . . . . . . . . . 287
  - 6.4.5 Zitate . . . . . . . . . . . . . . . . . . . . . . . . . . . . . . . . . . . . . . . . . . . . . 288
- 6.5 Zusammenfassung und Literaturempfehlungen . . . . . . . . . . . . . . . . . 289
- 6.6 Aufgaben . . . . . . . . . . . . . . . . . . . . . . . . . . . . . . . . . . . . . . . . . . . . . . . . . 290
  - 6.6.1 Übungen . . . . . . . . . . . . . . . . . . . . . . . . . . . . . . . . . . . . . . . . . . 290
  - 6.6.2 Weiterführende Aufgaben . . . . . . . . . . . . . . . . . . . . . . . . . . . . 291

## 7 Metrik und Stilmittel . . . . . . . . . . . . . . . . . . . . . . . . . . . . . . . . . . . . . . . . . . 293
- 7.1 Metrik . . . . . . . . . . . . . . . . . . . . . . . . . . . . . . . . . . . . . . . . . . . . . . . . . . . 293
- 7.2 Stilmittel . . . . . . . . . . . . . . . . . . . . . . . . . . . . . . . . . . . . . . . . . . . . . . . . . 294

## 8 Zeittafel . . . . . . . . . . . . . . . . . . . . . . . . . . . . . . . . . . . . . . . . . . . . . . . . . . . . . 297
- 8.1 Phase der Ausdehnung des Römischen Imperiums . . . . . . . . . . . . . . 297
- 8.2 Zerfall des Röm. Reiches/Entwicklung der Romania . . . . . . . . . . . . 300
- 8.3 Erste romanische Sprachdenkmäler . . . . . . . . . . . . . . . . . . . . . . . . . . 303

## 9 Lösungen zu den Übungen . . . . . . . . . . . . . . . . . . . . . . . . . . . . . . . . . . . . . 305

## 10 Literaturverzeichnis . . . . . . . . . . . . . . . . . . . . . . . . . . . . . . . . . . . . . . . . . . . 313
Abbildungsverzeichnis . . . . . . . . . . . . . . . . . . . . . . . . . . . . . . . . . . . . . . . . . . . . 331

## Vorwort zur dritten Auflage

Acht Jahre nach Erscheinen der Zweitauflage war es an der Zeit, das vorliegende Lehrbuch, das sich trotz digitaler Lernplattformen weiterhin großer Beliebtheit erfreut, erneut zu überarbeiten. Die vorgenommenen Änderungen betreffen insbesondere die weiterführenden Lektürehinweise und die Darstellungsform des Buchs.

Zunächst einmal wurde der Titel des Buchs verändert: Aus „Romanisten" sind „Romanist*innen" geworden. Marketingtechnisch ist es zwar gefährlich, einen gut eingeführten Markennamen zu verändern, aber ein Buch, das historischen Sprachwandel zum Thema hat, kann sich m. E. aktuellem Sprachwandel nicht verschließen, erst recht nicht, wenn er mit gesellschaftlichem Wandel einhergeht. Wir müssen einsehen, dass sich große Teile der Bevölkerung heute von dem – wenn auch sehr bequemen – generischen Maskulinum nicht mehr angesprochen fühlen oder das noch nie getan haben. Wie anachronistisch das generische Maskulinum, speziell im Singular, aber gerade im universitären Kontext bereits geworden ist, wurde mir deutlich, als ich im Oktober 2018 an einer deutschen Universität vor einem Schaukasten mit der Beschriftung „Student und Arbeitsmarkt" stand und diesen nur sehr schwer mit unserem romanistischen Kontext, wo viele Studiengänge bis zu 90 % Frauenanteil aufweisen, in Verbindung bringen konnte. Das war der Moment, in dem ich beschloss, das vorliegende Buch umzutaufen. In gewisser Weise ist dadurch allerdings eine Mogelpackung entstanden: Der neue Titel „Latein für Romanist*innen" suggeriert ein politisch korrektes Gendern, das im Buchtext selbst nur teilweise stattfindet. Diese Diskrepanz ist, wie könnte es anders sein, ein Kompromiss. Er entstand aus dem Bestreben, einerseits dem gendertechnischen Sprachwandel gerecht zu werden, insbesondere da sich das Studium der Romanistik immer mehr zu einer Frauendomäne entwickelt. Andererseits sollte aber die Lesbarkeit nicht zu sehr leiden, und eine Formulierung wie „Nachdem Augustus die Asturer*innen und Kantabrer*innen im Norden der Iberischen Halbinsel besiegt hatte" (vgl. S. 42) hätte vielleicht doch eher für Heiterkeitseffekte gesorgt als für die Sicherung historischer Hintergründe. In geschichtlichen Kontexten haben wir uns an das Gendern einfach noch nicht gewöhnt. In sprachbeschreibenden und historischen Kontexten bleibe ich daher beim generischen Maskulinum.

Die zweite große Änderung betrifft die mediale Darstellungsform: Das Buch erscheint jetzt zusätzlich als e-book, und es erhält gewissermaßen ein Beibuch. Dieser Begleitband, ebenfalls auf Papier und digital erhältlich, ist unmittelbar aus den Erfahrungen erwachsen, die wir am Romanischen Seminar der Universität Mannheim beim Einsatz von *Latein für Romanisten* im Unterricht gemacht haben. Er enthält kommentierte Beispieltexte aus der lateinisch-romanischen Sprachgeschichte, weitere Übungen, Handreichungen für Lehrkräfte sowie einen lateinischen Minimalwortschatz, der sich an der Transferierbarkeit in die romanischen Sprachen ausrichtet. Dieser Begleitband, an dem neben meiner Mannheimer Kollegin Amina Kropp auch KollegInnen aus der Schulpraxis (Alexander Stöckl und Wolfgang Reumuth) und der Lateindidaktik (Katrin Siebel) mitgearbeitet haben, erscheint in Kürze ebenfalls im Gunter Narr-Verlag.

Die inhaltlichen Änderungen der Drittauflage betreffen in erster Linie die Einarbeitung neu erschienener oder überarbeiteter Fachliteratur, die Aktualisierung von Internetquellen sowie einzelne kleinere Korrekturen. An gewichtigen deutschsprachigen Neuerscheinungen seit der Zweitauflage sind beispielsweise das Grundlagenwerk *Klassische Philologie und Sprachwissenschaft* von Lothar Wilms (2013), die *Romanische Sprachgeschichte* von Georg Kaiser (2014), die Aufsatzsammlung *Lateinische Linguistik* von Roland Hoffmann (2018) und die von Volker Noll bearbeitete Neuauflage der *Einführung in die Problematik des Vulgärlateins* von Reinhard Kiesler (2018) zu nennen. International hat sich die Latinistik in den letzten zehn Jahren stark für moderne Linguistiktheorien geöffnet. Hinweise zu den wichtigsten Werken dieser Strömung sind ebenfalls in das Buch eingearbeitet.

Natürlich haben noch weitere Menschen zur Entstehung der Drittauflage beigetragen, denen ich Dank schulde: Zu nennen sind Tim Diaubalick, Georg Kaiser und Elias Köhler für ihre Korrekturhinweise nach penibler Lektüre der zweiten Auflage, meine Kollegin Amina Kropp, unsere Hilfskräfte Luisa Bauder, Melissa Berndt, Malina Kroffl und Viola Renner-Motz sowie Kathrin Heyng und Tina Kaiser vom Gunter Narr-Verlag.

Denzlingen, im Dezember 2019                                        Johannes Müller-Lancé

## Vorwort zur zweiten Auflage

Die erste Auflage des vorliegenden Buches hatte noch kein Vorwort. Der Text, der 2006 zunächst als Vorwort gedacht war, geriet so ausführlich, dass er zur Einleitung aufgewertet wurde. Trotz aller in dieser Einleitung formulierten Vorbehalte darüber, was das Buch leistet und was nicht, hat es sich so gut verkauft, dass nach fünf Jahren eine Neuauflage ansteht.

Die Zweitauflage macht aber nun einige Angaben nötig, die sinnvollerweise gleich an den Anfang eines Buches gehören, nämlich Angaben zu Änderungen im Vergleich zur Erstauflage sowie Hinweise zur parallelen Verwendung verschiedener Auflagen im Unterricht. Entsprechend wird nun ein Vorwort eingefügt, das zwar die Seitenzählung beeinflusst, nicht jedoch die Nummerierung der Kapitel.

Hiermit ist das Wichtigste bereits gesagt: Die Kapitelgliederung und ihre Nummerierung ist im Vergleich zur Erstauflage unverändert geblieben. Dasselbe gilt für die Aufgaben und die Lösungen (bis auf kleine Optimierungen bei manchen Formulierungen). Auf diese Weise können Erst- und Zweitauflage parallel im Unterricht verwendet werden, wenngleich sich die Seitenzählung verändert hat.

Dennoch bietet die Zweitauflage einige Neuerungen: Das Literaturverzeichnis und die Lektüreempfehlungen wurden ergänzt und aktualisiert. Dabei wurde besonders darauf geachtet, dass die von Studierenden gerne verwendeten romanistischen Einführungswerke jeweils in ihrer neuesten Auflage zitiert werden. Die Quellenangaben aus wissenschaftlichen Klassikern bzw. Nachschlagewerken wurden hingegen in der ursprünglichen Form belassen, da nicht davon auszugehen ist, dass die Bibliotheken hier immer wieder die neueste Auflage anschaffen. Eingearbeitet wurden einige Neuerscheinungen zum Vulgärlatein, zum Sprachwandel und zur Geschichte der Romanischen Sprachen, allen voran die postume Publikation bisher unveröffentlichter Vorlesungen von Coseriu (2008) zum Lateinischen und Romanischen, herausgegeben und auf dem neuesten Forschungsstand annotiert von Hansbert Bertsch. Ebenfalls eingearbeitet wurde die bahnbrechende kontrastive Grammatik Latein-Deutsch von Kienpointner (2010). Weiterhin ist der Text an manchen Stellen, an denen er inhaltlich und formal zu komprimiert schien, durch zusätzliche Tabellen und andere Layout-Hilfen aufgelockert worden, die die Memorierung von bestimmten Sachverhalten unterstützen. Und nicht zuletzt wurden auch einige missverständliche Formulierungen verbessert. Erweiterungen erfuhr das Kapitel zu Latinismen im akademischen Kontext (Kap. 6.4.2), komplett überarbeitet werden mussten – naturgemäß – die Angaben zu den Internetquellen im Literaturverzeichnis: Einige Websites existierten nicht mehr, andere haben die Adresse geändert, und viele interessante Lateinportale sind hinzugekommen (s.S. 327 ff).

Hinzugekommen sind auch Personen, die zu diesem Buch beigetragen haben und denen mein Dank gilt: Viele Kolleginnen und Kollegen gaben mir positives Feedback, konkrete Anregungen habe ich aber besonders von Bettina Boettcher, Michael Frings, Alexander Stöckl, Frédéric Trinques und Anna Zotova bekommen. Bei den Aktualisierungsarbeiten wurde ich von unseren studentischen Hilfskräften Coline Baechler, Heike Hettmann, Inga Reich, Johannes Renner, Elisabeth Walther und Luisa Zeltner tatkräftig unterstützt. Für die gute Zusammenarbeit bei der Fertigstellung der Druckfassung danke ich Kathrin Heyng vom Gunter Narr Verlag.

Denzlingen, im Dezember 2011                                                Johannes Müller-Lancé

# 1 Einleitung

**Warum sollen Romanist\*innen überhaupt Latein lernen?**
Studierende der Romanistik wären auch ohne Latein zeitlich ausgelastet: Von ihnen wird in den meisten Studiengängen erwartet, dass sie sich nicht nur mit einer einzigen, sondern mit mindestens zwei romanischen Sprachen befassen. Sie heißen also nicht umsonst „Romanist\*innen" (man möge mir nachsehen, dass ich in den deskriptiven Teilen dieses Buchs aus stilistischen Gründen weiter das generische Maskulinum verwende). Da obendrein die zielsprachliche Kompetenz der Romanistikstudierenden am Beginn des Studiums aus schulcurricularen Gründen meist geringer ausfällt als z. B. die von Anglist\*innen, hätten sie bereits genug damit zu tun, sich die nötigen Kenntnisse in den verlangten **romanischen** Sprachen anzueignen.

Dennoch gibt es gute Gründe für Romanist\*innen (und andere Neuphilolog\*innen), zusätzlich zu den eigentlichen Zielsprachen auch das **Lateinische** in Grundzügen kennenzulernen:

- Als „Mutter" aller romanischen Sprachen bietet das Lateinische den Zugang zur frühen Sprachgeschichte der romanischen Sprachen. Diese frühe Sprachgeschichte – also die lateinische Periode – ist außerordentlich gut dokumentiert und gibt damit der Romanistik sprachhistorische Forschungsmöglichkeiten, die anderen Neuphilologien verwehrt sind.
- Auch als das Lateinische schon längst nicht mehr im Alltag gesprochen wurde, hat es in schriftlicher Form noch viele Jahrhunderte lang (bis tief ins 19. Jh.) große Bereiche des gesellschaftlichen Lebens in den romanischen und anderen Ländern geprägt (Verwaltung, Justiz, Kirche, Wissenschaft). Der direkte Zugang zu diesen Dokumenten bleibt dem Lateinunkundigen verwehrt.
- Lateinkenntnisse sind der Schlüssel zum Verständnis der Eigenheiten der modernen romanischen Orthographien – ganz besonders gilt dies für das Französische.
- Kenntnisse der römischen Literatur, Rhetorik, Philosophie und Mythologie sind unumgänglich für das Verständnis eines Großteils der europäischen Literatur.
- Bis heute ist das Lateinische eine der produktivsten Quellen für die Neuschöpfung von Wortschatz in den romanischen Sprachen (und auch im Deutschen und Englischen; vgl. hierzu Mackowiak 2012 und Weeber 2016).
- Kenntnisse des Lateinischen bieten ein verbessertes Verständnis von Fremdwörtern im Deutschen[1] sowie von unbekanntem romanischem Vokabular.

---

1   und damit auch einen gewissen Schutz vor peinlichen Situationen nach falschem Gebrauch von lateinbasierten Fremdwörtern, vgl. den Antibarbarus in Kap. 6.4.4.

- Lateinkenntnisse erleichtern das Zurechtfinden im deutschen Universitätswesen, das trotz in den letzten Jahren einreißender Anglomanie (z. B. *Ranking, Workshop, Staff-Meeting...*) nach wie vor ganz wesentlich von lateinischer Terminologie geprägt ist (vgl. Kap. 6.4.2).
- Über die Kenntnis lateinischer Vokabeln kann neu gelernter verwandter Wortschatz verschiedener romanischer Sprachen miteinander verknüpft und damit leichter memoriert werden (hierzu ausführlich Siebel 2017 und knapper Siebel 2018). Der zusätzlich erworbene lateinische Wortschatz ist also eine kognitive Investition und zahlt sich umso stärker aus, je mehr romanischer Wortschatz hinzugelernt wird.[2]
- Aus der Perspektive der indogermanischen Sprachen kann das Lateinische als eine Art *default*-Sprache angesehen werden: Es bietet nahezu alle für deren Beschreibung notwendigen grammatischen Kategorien und wird daher gerne als *tertium comparationis* genutzt (also als ‚Vergleichsparameter'), wenn es darum geht, moderne Sprachen zu vergleichen. Aus diesem Grund ist die Grammatikterminologie aller modernen Schulsprachen (und sogar des Altgriechischen!) von den lateinischen Fachausdrücken geprägt, und aus diesem Grund wird auch Anglist*innen und Germanist*innen häufig das Latinum abverlangt, vor allem dann, wenn sie das Berufsziel „Lehramt" verfolgen und später einmal Grammatik erklären sollen.[3]
- Bei der Übersetzung aus dem Lateinischen ist man – anders als bei der Übersetzung aus kasusarmen Idiomen wie dem Englischen oder den romanischen Sprachen – gezwungen, sich der Kasusvielfalt des Deutschen bewusst zu werden. Speziell im Bereich der Pronomina neigt hier unsere Umgangssprache zur Verarmung, vgl. neuerdings toleriertes *wegen ihm* mit den korrekteren genitivischen Formen *seinetwegen* oder gar *um seiner willen*.
- Die bei der lateinischen Übersetzung geübte morphosyntaktische Analyse ist die Basis jeder linguistischen Analyse. Wenn Anhänger*innen unterschiedlicher Schulen der modernen Syntaxtheorie miteinander diskutieren und das gegenseitige Verstehen gefährdet ist, dann kommen sie gerne auf die Kategorien der lateinischen Schulgrammatik als kleinsten gemeinsamen Nenner zurück. Jedes Latinum ist damit zugleich ein linguistisches Propädeutikum, und jede Linguist*in ohne Lateinkenntnisse trägt schwer an diesem Handicap.
- Der Lateinunterricht kann im schulischen Kontext ein Ort sein, an dem Lernende unterschiedlichster Herkunft auf einen Gegenstand treffen, der sie zugleich verbindet und gleich stellt. Latein ist nämlich gewissermaßen (wenn man einmal

---

[2] Leider nutzen nicht alle universitären Lateinlehrbücher systematisch diese Vernetzungsmöglichkeiten. Positiv hervorzuheben sind in diesem Zusammenhang Kuhlmann (2011), wo im **Lernwortschatz** auf deutsche, englische und romanische Entsprechungen hingewiesen wird, sowie Gläser (2012), wo zum Wortschatz jeder Lektion eine romanische Wortschatzvergleichstabelle angeboten wird, die von den Lernenden ergänzt werden kann.

[3] Aus diesem Grund werden in Niedersachsen angehende Deutschlehrer*innen neuerdings von Linguist*innen in Latein unterrichtet (Krischke 2005).

den Bildungswortschatz beiseite lässt) eine „neutrale" Sprache, die niemand als Muttersprache hat, und kann auf diese Weise eine Brücke zwischen Kulturen bilden (vgl. Kipf/Frings 2014). Vor allem aber können über den Erwerb von Lateinkenntnissen sozial bedingte Unterschiede bezüglich bildungssprachlicher Kompetenz effektiv ausgeglichen werden (vgl. Beyer 2017, Große 2014, 2017, Kipf 2018).

Zusammenfassend kann man sagen, dass Lateinkenntnisse für romanistische *Literatur*wissenschaftler*innen sehr hilfreich sind; für romanistische *Sprach*wissenschaftler*innen sind sie schlichtweg unverzichtbar.

**Warum ein spezielles Buch „Latein für Romanist*innen"?**
Noch vor 50 Jahren hätte ein Programm mit dem Titel „Latein für Romanist*innen" nichts anderes bedeutet, als Eulen nach Athen zu tragen. Schließlich waren es in Deutschland vor allem Romanist*innen, die sich für das Lateinische aus sprachwissenschaftlicher Sicht interessierten, während die Klassische Philologie selbst sich überwiegend als Literaturwissenschaft verstand. Studierende der Romanistik aber brachten damals ihre Lateinkenntnisse bereits aus dem Gymnasium mit in die Universität, hätten also kein solches „Nachhilfe-Programm" gebraucht.

In der zweiten Hälfte des 20. Jahrhunderts ging der Anteil der Abiturient*innen mit Lateinkenntnissen stark zurück. Entsprechend forderten viele universitäre Fachdisziplinen, dass ihre Studierenden das sog. „Latinum" während der ersten Studiensemester an der Universität nachholen. Diese Latinumskurse gehören bis heute zu den unbeliebtesten universitären Veranstaltungen überhaupt. Hierfür gibt es mehrere Gründe:

- Um möglichst wenig Zeit von den Inhalten der eigentlich gewählten Studienfächer abzuziehen, beschränken sich diese Kurse auf das rein Sprachliche, d. h. vor allem auf Formenlehre und Syntax. Die römische Geisteswelt bleibt weitgehend ausgeklammert. Einziges Ziel ist das Bestehen der Latinumsprüfung, die fast ausschließlich Übersetzungskompetenz voraussetzt.
- Wegen der Heterogenität der Lerngruppen (Theolog*innen, Jurist*innen, Historiker*innen, Philolog*innen…) kann nicht auf die speziellen Bedürfnisse der Fächer eingegangen werden. Verweise auf Zusammenhänge mit der Entwicklung der romanischen Sprachen bleiben z. B. außen vor.
- Die Größe der Lerngruppen legt meist eine vorlesungsähnliche Unterrichtsform nahe.
- Um zeitliche Kompatibilität mit den übrigen Lehrveranstaltungen zu gewährleisten, finden die Latinumskurse meist in unattraktiven Randlagen des Stundenplans statt, also am frühen Morgen oder am späten Abend.
- Die Motivation der Lehrenden hält sich oft in Grenzen, weil sich das Programm ständig wiederholt und als Pflichtübung zum Broterwerb angesehen wird, die nicht zum wissenschaftlichen Renommé beiträgt.

▸ Die Motivation der Lernenden ist gleichfalls gering, weil sie zur Teilnahme am Kurs gezwungen sind und sehen, wie ihre mit einem gymnasialen Latinum ausgestatteten Kommiliton*innen studientechnisch davonziehen.

All diese Faktoren haben NICHTS mit der Sprache Latein an sich zu tun. Sie führen aber zu dem bekannten Effekt, dass die Halbwertszeit des in Latinumskursen angepaukten Wissens extrem kurz ist. Schon nach wenigen Semestern stehen die Kenntnisse nur noch in sehr eingeschränktem Maße zur Verfügung – ganz anders als bei den Kommiliton*innen mit gymnasialem Latinum, deren Lateinkenntnisse oft noch nachwirken, ohne dass sie sich selbst dessen bewusst sind (vgl. hierzu Müller-Lancé 2006: 467 ff). Was bei den Absolvent*innen von universitären (oder kommerziellen) Latinumskursen hingegen deutlich länger anhält, ist eine ebenso unbegründete wie abgrundtiefe Abneigung gegen die Sprache Latein.

Diese unglückliche Situation ist in den Fächern schon lange bekannt. Dass man nichts daran geändert hat, liegt an interdisziplinären Koalitionen und Traditionen: Die Romanischen Seminare waren froh, dass sie die Latinumskurse nicht selbst halten mussten, die Seminare für Klassische Philologie konnten ihren wissenschaftlichen Nachwuchs mit Latinumskursen ernähren oder ihren Lehrkörper in einer Größe erhalten, die von den eigenen Studierendenzahlen her nicht zu rechtfertigen gewesen wäre.

Der sog. „**Bologna-Prozess**", also die europaweite Umstellung auf gestufte BA- und MA-Studiengänge, hat die Situation schlagartig geändert: In einem auf sechs Semester verkürzten Studiengang ist nicht mehr viel Platz für das Nachlernen von Sprachen. Entsprechend verzichten jetzt Fächer, die in ihren alten Langstudiengängen noch das Latinum zur Eingangsvoraussetzung gemacht hatten, im BA auf diese Hürde. Dies gilt auch für romanistische Studiengänge. In letzter Zeit wurden in vielen Bundesländern sogar die romanistischen Lehramtsstudiengänge an diesen Trend angepasst, indem man die Forderung nach Lateinkenntnissen ganz aufgab oder den Universitäten frei stellte.

Hieraus ergibt sich ein neues Problem: Fachlich werden Lateinkenntnisse in der Romanistik nach wie vor gebraucht (s. o.), nur eben jetzt nicht mehr obligatorisch abverlangt. Es wird also künftig Romanist*innen zweiter Klasse geben, die bei jeder historischen Fragestellung aus Mangel an Lateinkenntnissen passen müssen. Um das zu verhindern, muss man diesen Studierenden einen knappen Lateinlehrgang bieten, den sie zur Not auch im Selbststudium durchlaufen können, und der genau die Lateinkenntnisse vermittelt, die sie als Romanist*innen benötigen. Ähnlich wie Mediziner*innen ihren latein-griechischen Terminologie-Schein machen,[4] benötigen Romanist*innen also ein lateinisches Propädeutikum, das weniger auf Übersetzungskompetenz abzielt, sondern viel mehr auf Sprachreflexion,[5] auf Einblick in den Ablauf von Sprachwandelprozessen und in die Zusammenhänge mit der Entwicklung der roma-

---

4   Dies gilt in abgeschwächter Form auch für Naturwissenschaftler*innen: vgl. Lehrbücher wie *Latein für Biologen, Mediziner und Pharmazeuten* (Meyer-Brook 2008) oder *Latein für Biologen* (Kiel 1994).
5   Hierzu ausführlich Wirth et al. (2007).

nischen Sprachen. Dabei muss Latein als Tertiärsprache unterrichtet werden, d. h. die Vorkenntnisse der Romanist*innen in anderen Sprachen müssen gezielt für die Bewusstmachung und Memorierung lateinischer Formen eingesetzt werden (vgl. Müller-Lancé 2001a). Genau dies ist die Zielsetzung dieses Buches.

**Was bietet das vorliegende Buch?**
Dieses Buch hat **drei Zielgruppen**: zunächst einmal Romanist*innen, dann Neuphilolog*innen, die mindestens eine romanische Sprache beherrschen, und schließlich auch Klassische Philolog*innen, die Romanist*innen Latein beibringen. Erstere erhalten Informationen, die es ihnen erlauben, ohne zu erröten an sprachwissenschaftlichen Veranstaltungen teilzunehmen, und letztere erfahren, was ihre Kundschaft eigentlich für einen Bedarf hat. Das Buch ist also auch für Lateinlehrer*innen interessant, die an Lehrplänen und Lehrbüchern mitarbeiten und so als Multiplikator*innen dienen können. Was die Berücksichtigung der romanischen Sprachen angeht, so habe ich mich auf die drei in Deutschland meiststudierten und im Schulbetrieb etablierten Sprachen konzentriert, also auf das Französische, das Spanische und das Italienische. An einzelnen Stellen wird auch auf das Katalanische und das Portugiesische eingegangen, aber eben nicht systematisch.

Dieses Buch ist aus wissenschaftlicher Sicht so aktuell, wie man es von einer Einführung erwartet, erhebt aber nicht den Anspruch, die Forschung voran zu bringen. Neu ist vor allem die komprimierte Zusammenstellung von Standardwissen der Klassischen Philologie und der Romanischen Philologie in einem einzigen Buch.[6] Neu sind aber auch einige Anwendungen aktueller sprachwissenschaftlicher Erkenntnisse und Terminologien auf das Latein als Objektsprache. Schließlich stammen die wichtigsten Darstellungen zur lateinischen Sprach- und Varietätengeschichte bereits aus der Mitte des letzten Jahrhunderts – immer wieder neu aufgelegt. Sie haben aber in den letzten Jahren Gesellschaft durch einige aus romanistischer Sicht gewichtige Neuerscheinungen bekommen: Müller 2001, Adams 2003, Poccetti et al. 2005, Euler 2005, Kiesler 2006 (neu aufgelegt: 2018), Janson 2006, Pinkster/Croon 2006, Coseriu 2008,[7] Leonhardt 2009, Willms 2013, Adams 2013 und, systemlinguistisch ausgerichtet, Kienpointner 2010,

---

6  Der letzte Versuch in diese Richtung dürfte die *Historische Lateinisch-Altromanische Grammatik* von Reichenkron (1965) gewesen sein, die sich an Fachwissenschaftler*innen richtete und leider über den ganz hervorragenden Einleitungsband nicht hinauskam. Das vorliegende Buch geht im Vergleich dazu deutlich weniger ins Detail. Eine lateinisch-romanische Materialsammlung mit sehr schönen Übersichten bieten Nagel u. a. (1997: *Latein – Brücke zu den romanischen Sprachen*). Zielgruppe dieses Buches sind allerdings Gymnasiallehrer*innen und Oberstufenschüler*innen, weshalb hier der Übungsaspekt überwiegt und wissenschaftliche Theorien fehlen. Außerdem ist die Darstellung einzelsprachlich und nicht gesamtromanisch ausgerichtet, d. h. es gibt separate Kapitel zu Latein > Italienisch, Latein > Spanisch etc. Unterschiedlichste Medien für den altsprachlichen Unterricht, die häufig auch die Romania tangieren, findet man in der Mediensammlung des Berliner Latinisten Stefan Kipf: www.geisteswissenschaften.fu-berlin.de/we02/forschung/forschungsprojekte/didakmed.html

7  Aus dieser Publikation wird zur besseren wissenschaftsgeschichtlichen Transparenz mit doppelter Jahreszahl zitiert, nämlich der Jahreszahl der genannten Neuerscheinung und der Jahreszahl der Entstehung des jeweiligen Urtextes (z. B. Coseriu 2008/1952).

Weddigen 2014, Oniga 2014, Ledgeway 2015, Danckaert 2017 und Hoffmann 2018. Sie alle sind in diese Einführung eingearbeitet.

Ich hoffe, dass diesem Buch kein tragisches Schicksal beschieden ist, und zwar tragisch im antiken Sinne: Es könnte nämlich passieren, dass ein Buch, das geschrieben wurde, um die Position des Lateinischen im Wissenschaftsbetrieb zu stärken, genau das Gegenteil erreicht (vgl. das abschreckende Beispiel der sog. „Karolingischen Renaissance", hierzu Kap. 2.1.5). Würde nämlich das Beispiel vieler BA-Studiengänge Schule machen und überließe man die Aneignung von Lateinkenntnissen grundsätzlich der freiwilligen Eigeninitiative der Studierenden (z. B. auf der Basis des vorliegenden Buches), dann bedeutete dies das Ende universitärer Latinumskurse und damit eine erhebliche Schwächung der Seminare für Klassische Philologie, ganz zu schweigen von den möglichen Auswirkungen für den gymnasialen Lateinunterricht.

Daher möchte ich betonen: Dieses Lehrwerk ist ein **Notprogramm**. Wer es durchgearbeitet hat, weiß in etwa, wie die Sprache Latein entstanden ist, wo sie typologisch anzusiedeln ist, wie sie funktioniert, wie sie sich romanisch weiterentwickelt und welche Präsenz sie bis heute hat. Er ist aber weit von echter Übersetzungskompetenz entfernt (dazu fehlt es v. a. an Wortschatzkenntnissen und an der Memorierung unregelmäßiger Formen – deshalb wird es ab 2020 einen Ergänzungsband mit entsprechenden Materialien geben) und hat schon gar nichts von der ästhetischen Seite des Lateinischen mitbekommen. Von den üblicherweise im gymnasialen Oberstufenunterricht vermittelten Kenntnissen der lateinischen Literatur und Philosophie will ich gar nicht erst reden.[8] Da diese Dimensionen nicht in ein Lehrwerk von 332 Seiten zu pressen sind, hoffe ich, dass dieses Buch zur Initialzündung für eine weitergehende Beschäftigung mit dem Idiom wird, das sich von der Sprache Roms zu einer kulturellen Weltsprache entwickelt hat.

In anderen Bereichen aber – und hier wird die Not zur **Tugend** – enthält dieses Buch viel mehr Informationen, als in einem üblichen Latinumskurs an der Hochschule vermittelt werden, und zwar genau die Informationen, die Linguist*innen in Bezug auf das Lateinische benötigen. Vor allem werden diese Informationen in Vernetzung mit bekannten Elementen der romanischen Sprachen präsentiert und berücksichtigen auf diese Weise die berechtigten Forderungen der Mehrsprachigkeitsdidaktik (vgl. Müller-Lancé 2004 und Siebel 2017).

Der deutlichen Abgrenzung dessen, was dieses Buch im Vergleich zu einem traditionellen Lateinkurs leisten kann und will, dient die folgende Abbildung:

---

[8] Leider spielen diese Inhalte auch in universitären Latinumskursen zwangsläufig nur eine Nebenrolle. Die Masse der angesetzten Zeit wird dafür benötigt, die recht komplexe lateinische Morphologie und das geforderte Maß an Übersetzungskompetenz zu vermitteln.

# 1 Einleitung

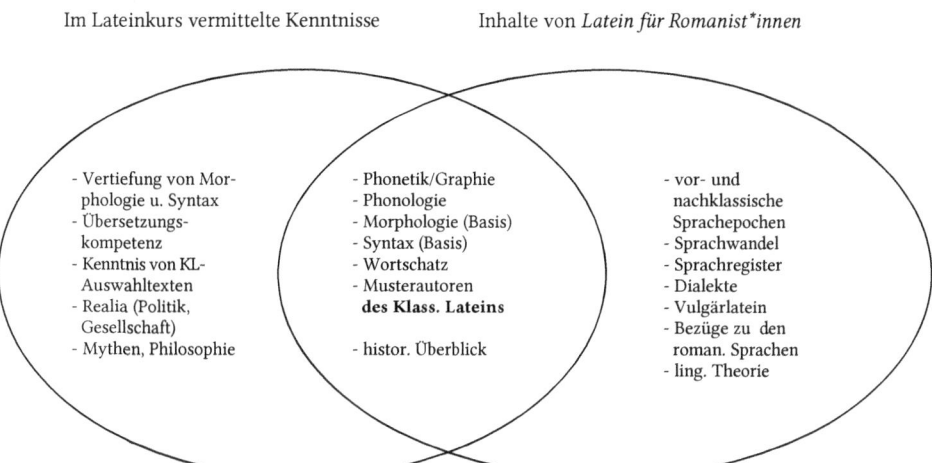

Abb. 1: Im vorliegenden Buch berührte Aspekte des Lateinischen

## Wie soll dieses Buch genutzt werden?

Dieses Buch ist als **Lehrbuch** gedacht, und zwar sowohl für das Selbststudium als auch für den akademischen Unterricht. Es soll zum einen konkrete Lateinkenntnisse vermitteln, zum anderen aber Einblicke in das Funktionieren von Sprache allgemein und in den Zusammenhang zwischen Lateinisch und Romanisch im Besonderen.

Lehrbücher für Fremdsprachenlerner*innen gehen üblicherweise in Lektionen vor und servieren Wortschatz, Morphologie und Syntax gemischt, aber häppchenweise. Dies ist sinnvoll, wenn in einem Lehrgang, der sich über längere Zeit hinzieht, die Motivation hochgehalten werden soll. Vor allem ist dieses Vorgehen bei der ersten Fremdsprache einer Lerner*in von Vorteil. Wenn es sich hingegen um die zweite, dritte oder gar vierte Fremdsprache eines Individuums handelt, diese vorherigen Sprachen mit der neuen Zielsprache typologisch verwandt sind und obendrein keine zielsprachliche Übersetzungskompetenz, sondern lediglich ein struktureller Einblick angestrebt wird, dann ist es deutlich ökonomischer, **nach Art einer Grammatik** vorzugehen. Entsprechend wurde dieses Vorgehen für die vorliegende Einführung gewählt. Gleichzeitig hat diese Art der Darstellung den Vorteil, dass sie über das kleinschrittige Inhaltsverzeichnis gezielte Informationssuche erlaubt und damit sogar als **Nachschlagewerk** taugt.

Nach einem ausführlichen Kapitel zu den Varietäten des Lateinischen wird in den einzelnen systembezogenen Kapiteln jeweils separat der Bestand des Klassischen Lateins und des Vulgär- und Spätlateins dargestellt. Wo immer möglich und sinnvoll, wird dabei auf den Erhalt der entsprechenden Elemente in den romanischen Sprachen verwiesen. Die **romanischen Sprachen** sind also bewusst **in die Darstellung des lateinischen Systems integriert**.

An jedes größere Kapitel schließen sich **Aufgaben** an. Diese Aufgaben gliedern sich einerseits in reine Übungs- und Wiederholungsaufgaben und andererseits in weiterführende Aufgaben, die zur wissenschaftlichen Vertiefung anregen sollen. Nach Möglichkeit sind die Anwendungsübungen nach ihrem Schwierigkeitsgrad gestaffelt (vom Leichten zum Schweren). Zu allen Übungen finden sich Lösungsvorschläge in Kap. 9.

Man kann dieses Buch in unterschiedlicher Intensität rezipieren. Wer einfach nur einen Überblick über das lateinische Sprachsystem benötigt, kann sich darauf beschränken, die relativ ausführlichen Kapitel zu Morphologie und Syntax nur kursorisch zu lesen. Dann werden allerdings die entsprechenden Übungen deutlich schwerer fallen. Falls aber echte Lateinkompetenz das Ziel sein sollte, dann sind auch diese Kapitel zur intensiven Durcharbeitung empfohlen.

Wer zielsprachliche Übersetzungskompetenz anstrebt, der kommt um systematische **Wortschatzarbeit** nicht herum. In diesem Falle sollte eine der gängigen Wortkunden hinzugezogen werden, z. B. die auf Studierende der Romanistik und Anglistik abgestimmte *Lateinische Wortkunde* von Mader (2008) oder die für die gymnasiale Oberstufe konzipierte und ebenfalls die Sprachen Englisch, Französisch, Spanisch, Italienisch berücksichtigende *adeo*-Wörterliste von Utz (2001). Tendenziell orientiert sich Mader eher an den romanistischen Bedürfnissen (hier sind also v. a. lateinische Wörter aufgeführt, die sich in allen romanischen Sprachen erhalten haben), Utz hingegen eher an den latinistischen Bedürfnissen (hier sind die wichtigsten lateinischen Wörter aufgeführt und gegebenenfalls durch romanische Entsprechungen ergänzt). Einen Minimalwortschatz, der beide Zielsetzungen berücksichtigt, offeriert Siebel (2017). Dieser Wortschatz ist in unseren neuen Ergänzungsband zu *Latein für Romanist\*innen* integriert

Seltenere **linguistische Fachbegriffe** werden bei ihrem Erstauftreten in den Fußnoten erklärt. Ansonsten wird vorausgesetzt, dass die Leser\*innen entweder eine linguistische Einführung besucht haben oder gerade an einer solchen teilnehmen.

Ein dem Lateinischen gewidmetes Buch kommt selten ohne *captatio benevolentiae*[9] aus – aber hier ist sie besonders angebracht:

Natürlich kann das vorliegende Buch nicht die komplette lateinische Grammatik darstellen. Es geht hier also ausschließlich um Grundsätzliches, Regelmäßiges und Beispielhaftes. Die Unregelmäßigkeiten der lateinischen Formenlehre und die Feinheiten der lateinischen Syntax können lediglich angedeutet werden.

Ebenfalls unvollständig sind die Verweise auf die romanischen Sprachen. Aufgrund der sinnvollen räumlichen Beschränkung dieses Buches stand der Verfasser bei jeder Tabelle, bei jedem morphologischen oder lexikalischen Phänomen vor der Frage, ob er nach Möglichkeit alle romanischen Entsprechungen mit einbeziehen solle, oder sich eher für eine möglichst genaue Darstellung der lateinischen Verhältnisse entscheiden solle. Hier wurde *in dubio pro lingua latina* (‚im Zweifel für das Lateinische') entschieden. Eine Auflistung der Entsprechungen in jeweils 10 bis 13 (je nach Zählung) romanischen Idiomen hätte das Buch zu unübersichtlich gemacht. Außerdem eint alle Leser

---

9   Wörtlich: ‚Ergreifung von Wohlwollen'. So nennt man in der antiken Rhetorik Redeteile, die eingefügt werden, um das Wohlwollen der Zuhörer\*innen zu gewinnen. Meist geht es um prophylaktische Entschuldigungen, die darauf abzielen, dass das Auditorium nicht mehr erwartet, als der Redner zu leisten in der Lage ist.

dieses Buches das Interesse am Lateinischen – welche romanische Sprache jedoch dieses Interesse ausgelöst hat, wird von Leser zu Leser sehr unterschiedlich sein.

Ein Buch, das zugleich das lateinische Sprachsystem darstellen, einen Einblick in die romanische Sprachgeschichte geben und auch noch Erkenntnisse unterschiedlicher Richtungen der modernen Sprachwissenschaft anwenden will, wird zwangsläufig eine „eierlegende Wollmilchsau": Den einen wird die Wolle kratzen, dem anderen die Milch sauer und das Schnitzel zäh erscheinen, und von den Eiern wollen wir eingedenk der Vogelgrippe gar nicht erst reden.

Dass schon die Erstauflage trotz dieser Zielkonflikte so erfolgreich war, verdanke ich auch folgenden Personen:

den Teilnehmer*innen meines Mannheimer Proseminars „Lateinisch-Romanisch" aus dem Sommersemester 2006, die mit ihrer kritischen Testlektüre und als „Beta-Tester" der Aufgaben viel zur Verständlichkeit des Buches beigetragen haben: Melanie Dalforno, Melanie Frank, Beate Friesen, Christine Fuchs, Iris Glasstetter, Carolin Graßmuck, Seven Gürpüz, Heiko Luithardt, Tetyana Muchnikova, Ulrike Mühlhäuser, Stefan Pfadt, Julia Poh, Sandra Pohland, Vanessa Rademacher, Bianca Rötzel, Miriana Schanz, Florian Schirmer, Carola Tulke, Nora Zencke;

den Kolleg*innen und Freund*innen, die mir historischen und sprachpraktischen Beistand geleistet haben: Kai Brodersen, Marilene Gueli Alletti, Francisco García, Caroline Mary, Pedro Molina Campos, Alessandra Volpe;

denjenigen, die hilfreich an der Endredaktion des Buches mitgewirkt haben: Jürgen Freudl vom Gunter Narr Verlag und unseren Hilfskräften vom Lehrstuhl Romanistik II: Nadine Bradt, Iris Glasstetter, Andreas G. Jacob, Vanessa Rademacher, Dominique Scharping, Natalie Suchan, Eva Volkwein, Hannah Weiß.

## 1.1 Zeichenlegende

| | |
|---|---|
| [a] | phonetische Umschrift |
| /a/ | phonologische Umschrift |
| <a> | graphemische Umschrift |
| ‚a' | Bedeutung |
| „a" | Zitat, direkte Rede oder feststehender Ausdruck |
| [...] | Auslassung in einem zitierten Text |
| a>A | ‚wird zu' (aus dem frühen Stadium einer Form entsteht ein späteres Stadium) |
| a=>b | ‚wird ersetzt durch' (eine Form wird durch eine andere ersetzt) |
| *a | rekonstruierte (und nicht belegte) Form |
| a, 3 | dreiendiges Adjektiv (Endungen -us, -a, -um) |

## 1.2 Abkürzungsverzeichnis

| Abkürzung | Auflösung |
|---|---|
| Abb. | Abbildung |
| abgek. | Abgekürzt |
| Abl(.) | Ablativ |
| Abl.Abs. | ablativus absolutus |
| AcI | accusativus cum infinitivo |
| adv. (Best.) | adverbiale (Bestimmung) |
| afrz./afr. | altfranzösisch |
| Akk(.) | Akkusativ |
| Akt. | Aktiv |
| AL | Altlatein |
| altlat. | altlateinisch |
| asp. | altspanisch |
| Aufl. | Auflage |
| BA-Studiengang | Bachelor of Arts-Studiengang |
| Bd./Bde. | Band/Bände |
| bearb. | bearbeitet |
| Bsp. | Beispiel |
| bspw. | beispielsweise |
| BWL | Betriebswirtschaftslehre |
| bzw. | beziehungsweise |
| C. | Gaius |
| ca. | circa |
| CIL | Corpus Inscriptionum Latinarum |

## 1.2 Abkürzungsverzeichnis

| | |
|---|---|
| Cn. | Gnaeus |
| c.t. | cum tempore |
| Dat. | Dativ |
| d.Ä. | der Ältere |
| Dekl. | Deklination |
| Det. | Determinante |
| Dez. | Dezember |
| d.Gr. | der Große |
| d.h. | das heißt |
| dir. (Obj.) | direktes (Objekt) |
| d.J. | der Jüngere |
| dt. | deutsch |
| dtv | Deutscher Taschenbuchverlag |
| engl. | englisch |
| Ep. | Epigramm |
| ep. | Epistel (‚Brief') |
| ersch. | erschienen |
| et al. | et alii (‚und andere') |
| etc. | et cetera |
| evtl. | eventuell |
| f /fem. | femininum |
| f (nach Ziffer) | folgende |
| FEW | Französisches Etymologisches Wörterbuch |
| ff | (fort) folgende |
| FN | Fußnote |
| fränk. | fränkisch |

| | |
|---|---|
| frz./fr. | französisch |
| Fut. | Futur |
| gal. | galizisch |
| Gen(.) | Genitiv |
| ggf. | gegebenenfalls |
| gr./griech. | griechisch |
| H. | Hälfte |
| histor. | historisch |
| Hor. | Horaz |
| hrsg./Hrsg. | herausgegeben/ Herausgeber |
| i.Allg. | im Allgemeinen |
| Iber. | Iberisch |
| IC(-Analyse) | immediate constituents (,unmittelbare Konstituenten') |
| idg. | indogermanisch |
| Impf./Imperf. | Imperfekt |
| incl. | inclusive (,einschliesslich') |
| Ind./Indikat. | Indikativ |
| indir. (Obj.) | indirektes (Objekt) |
| Inf. | Infinitiv |
| it./ital. | italienisch |
| IR | Imperium Romanum (Römisches Reich) |
| J.C. | Jesus Christus |
| Jh. | Jahrhundert (ausgeschrieben UND als Abk. im Text) |
| JML | Johannes Müller-Lancé |
| Kap. | Kapitel |
| karoling. | karolingisch |

## 1.2 Abkürzungsverzeichnis

| | |
|---|---|
| kat. | katalanisch |
| KL | Klassisches Latein |
| Klass./ klass. | Klassisch |
| klat. /klass. lat. | klassisch lateinisch |
| km | Kilometer |
| km² | Quadratkilometer |
| KNG(-Kongruenz) | Kasus-, Numerus- und Genus- (Übereinstimmung) |
| Konj./ Konjunkt. | Konjunktiv |
| Konjug. | Konjugation |
| kons. | konsonantisch |
| korr. | korrigiert(e) |
| kurzvokal. | kurzvokalisch |
| lat. | lateinisch |
| ling. | linguistisch |
| LRL | Lexikon der Romanistischen Linguistik |
| masc./Mask./m | masculinum/Maskulinum |
| MA-Studiengang | Master of Arts-Studiengang |
| Mittelfrz./Mfrz. | Mittelfranzösisch |
| Mk | Markus-Evangelium |
| Mod. | Modifikator(en) |
| Mt | Matthäus-Evangelium |
| N | Nomen |
| n(.)/neutr. | neutrum |
| Nachdr. | Nachdruck |
| n.Chr. | nach Christi Geburt |
| NcI | nominativus cum infinitivo |

| | |
|---|---|
| Nom(.) | Nominativ |
| NP | Nominalphrase |
| Nr. | Nummer |
| nsp. | neuspanisch |
| Obj. | Objekt |
| okz. | okzitanisch |
| ostgerm. | ostgermanisch |
| Part. | Partizip |
| Pass. | Passiv |
| PC | participium coniunctum |
| Pf./Perf. | Perfekt |
| PFA | Partizip Futur Aktiv |
| Plpf(.) | Plusquamperfekt |
| Pl(.)/Plur. | Plural |
| port. | portugiesisch |
| PPA | Partizip Präsens Aktiv |
| PPP | Partizip Perfekt Passiv |
| praef. | praefatio (‚Vorrede, Einleitung') |
| Prs. | Präsens |
| Pers. | Person |
| PUF | Presses Universitaires de France |
| Repr. | Reprint (Nachdruck) |
| röm. | römisch |
| roman. | romanisch |
| rr. | rätoromanisch (hier: Rumantsch Grischun) |
| RS | romanische Sprache |

## 1.2 Abkürzungsverzeichnis

| | |
|---|---|
| Rum./rum. | rumänisch |
| S. | Seite(n) |
| S | Satz |
| s. | siehe |
| sard. | sardisch |
| Sat./sat. | Satire; bei Petron: *Satyrica* |
| sc. | scilicet (‚ergänze') |
| Sg./Sing. | Singular |
| sic! | wirklich so! (lateinisch) – *keine Abkürzung!* |
| SL | Spätlatein |
| s.o. | siehe oben |
| sog. | sogenannte(r/s/n) |
| SOV | Subjekt – Objekt – Verb |
| sp./span. | spanisch |
| spätlat./slat. | Spätlateinisch |
| SPQR | Senatus Populusque Romanus (‚der Senat und das römische Volk') |
| s.t. | sine tempore |
| s.u. | siehe unten |
| SVO | Subjekt – Verb – Objekt |
| tosk. | toskanisch |
| u. | und |
| u.a. | unter anderem |
| u.ä. | und ähnliches |
| Übersetzg. | Übersetzung |
| Übers. | übersetzt |

| | |
|---|---|
| ugs. | umgangssprachlich |
| undekl. | undekliniert |
| uridg. | urindogermanisch |
| ursprüngl. | ursprünglich |
| u.U. | unter Umständen |
| usw. | und so weiter |
| UTB | Uni-Taschenbücher |
| v. | von |
| V | Verb |
| V. | Vers |
| v.a. | vor allem |
| v.Chr. | vor Christi Geburt |
| verb. | verbessert |
| vgl. | vergleiche |
| VL | Vulgärlatein |
| vlat./vulg.lat. | vulgärlateinisch |
| Vok. | Vokativ |
| VP | Verbalphrase |
| vs. | versus |
| WBG | Wissenschaftliche Buchgesellschaft |
| westgerm. | westgermanisch |
| wörtl. | wörtlich |
| z.B. | zum Beispiel |
| zit. | zitiert |
| z.T. | zum Teil |
| zw. | zwischen |

## 1.3 Verzeichnis der abgedruckten Originaltextauszüge

| Textauszug | Seite |
|---|---|
| Appendix Probi | 101 |
| Bembo: *Rerum Venetarum Historiae* VI | 162 f |
| Caesar: *Commentarii Belli Gallici* I,1 | 240 |
| Cicero: Catilinarische Reden I,1 | 295 |
| *Glosas Emilianenses* | 290 f |
| Graffiti aus Pompeji | 175 |
| *Itinerarium Egeriae* II,1 | 176 |
| Konzil v. Tours: Artikel 17 | 51 |
| Martial: Epigramm 5,43 | 164 |
| Petronius: *Satyrica* 46,5-7 | 275 |
| Plautus: *Miles Gloriosus*, V.1-4 | 98 |
| Straßburger Eide | 211 |
| Plinius: Epistel VI,20,13 | 198 f |
| Vergil: *Aeneis* I,1ff | 214 f |
| *Vulgata*: Mt 4,1-3 | 260 |
| *Vulgata*: Genesis 11,1-4 | 263 |

# 2 Varietäten des Lateinischen

DAS Lateinische gibt es nicht. Wie bei allen uns bekannten Sprachen müssen wir auch beim Lateinischen von einem **Bündel verschiedener Varietäten** ausgehen.[1] Dies leuchtet schon theoretisch ein: Eine Sprache, die über einen Zeitraum von ca. 2600 Jahren in einem Gebiet verwendet wurde, das phasenweise den gesamten Mittelmeerraum einschließlich Nordafrikas umschloss, kann nicht homogen und stabil gewesen sein. Aber auch handfeste sprachliche Belege dokumentieren uns die Vielförmigkeit des Lateinischen. In der Tradition italienischer Linguisten ist es sogar üblich, selbst die heutigen romanischen Sprachen noch als „lingue neolatine" zu bezeichnen, also ebenfalls dem Lateinischen zuzurechnen. Umgekehrt könnte man mit dem gleichen Recht das Lateinische als ein bloßes Übergangsstadium zwischen dem Indogermanischen und dem Romanischen bezeichnen, wie dies Väänänen (1981:4) getan hat: „En effet, le latin, sous tous ses aspects, n'est qu'une transition entre deux états de langue, l'indo-européen et le roman". Das Lateinische, das im (hoch-) schulüblichen Latinum abgeprüft wird, ist dagegen beschränkt auf die römische Literatursprache zu Lebzeiten von Cicero, Caesar und Augustus. Dieses sogenannte „Klassische Latein" ist zwar von allen Varietäten am besten dokumentiert, umfasst aber nur einen winzigen Ausschnitt von etwa 100 Jahren und ist sowohl geographisch als auch pragmatisch, d. h. im Hinblick auf seine Verwendung, stark eingegrenzt.

Im Folgenden sollen die unterschiedlichen Varietäten des Lateinischen anhand der von Coseriu (z. B. 1980 oder 2008/1961:106 ff) bekannt gemachten Diasystematik kurz außersprachlich charakterisiert werden. Coseriu unterscheidet *diachronische* (zeitliche), *diatopische* (räumliche), *diastratische* (gesellschaftliche) und *diaphasische* (stilistische) Varietäten.[2] Die innersprachliche Perspektive folgt in den Kapiteln 3-6.

## 2.1 Diachronische Varietäten des Lateinischen

Im Abschnitt über die diachronischen Varietäten des Lateinischen wird auch auf die jeweilige **Ausbreitung des Römischen Reiches** eingegangen, vor allem dann, wenn sie für die Romania von Belang ist.[3] Weitere historische Informationen finden sich in

---

[1] Zur Vielzahl der lat. Varietäten vgl. v. a. Müller (2001), zur Unterscheidung von Sprachnorm und Sprachsystem Weddigen (2014:19).

[2] Die Unterscheidung „diatopisch vs. diastratisch" geht bereits auf Leif Flydal zurück, ebenso wie der Begriff „architecture de la langue": Remarques sur certains rapports entre le style et l'état de langue. In: *Norsk Tidsskrift for Sprogvidenksap* 16 (1951) 240-257. Architekturbegriff und Diasystematik wurden aber erst allgemein bekannt, nachdem Coseriu die diaphasische Varietät hinzu gefügt hatte (*Sistema, norma y habla*; Montevideo 1952). Hierzu näher Müller (2001:262 f). Einen aktuellen Überblick über die Variation im Lateinischen bietet Seidl (2003).

der Zeittafel am Ende des Buches. Sodann ist vorauszuschicken, dass die üblichen Periodisierungen des Lateinischen aus dem 19. Jh. stammen (zu antiken Periodisierungsmodellen vgl. Müller 2005) und sich ausschließlich an der **Literatursprache** orientieren – einer Literatursprache übrigens, die uns fast nie in Originalmanuskripten des Autors (sog. „Autographen"), sondern in häufig deutlich später entstandenen Abschriften vorliegt.[4] Die hier vorliegende Periodisierung berücksichtigt auch die Relevanz der jeweiligen Latein-Epoche für die Herausbildung der romanischen Sprachen.

Analog zur Periodisierung des Italienischen durch Krefeld (1988) und des Spanischen durch Bollée/Neumann-Holzschuh (2013:8) möchte ich bei meiner Periodisierung die auf Kloss (1978) zurückgehende Terminologie von „**Sprachausbau**", „**-abstand**" und „**-überdachung**" auf die Epochen der lateinischen Sprache anwenden. Mit „Ausbau" ist dabei die Entwicklung einer Schriftsprache und der Ausbau von Wortschatz, Morphologie und Syntax zu einem konsistenten System gemeint. „Abstand" spricht den typologischen Unterschied zwischen parallel existierenden Idiomen an, und „Überdachung" bezeichnet das Phänomen, dass ein im Ausbau befindlicher Dialekt andere Dialekte überlagert und selbst zur Hoch- oder Standardsprache wird.

Auf das Lateinische bezogen entspricht das Archaische Latein der Phase des Vorausbaus, die Ausbauphase beginnt mit dem Altlatein, und spätestens mit der Klassischen Epoche haben wir eine Sprache vorliegen, die wegen ihres Prestiges und wegen der dahinter stehenden politischen Macht, aber auch wegen der kommunikativen Vorteile, die in der Existenz einer gemeinsamen Verkehrssprache bestehen, die anderen zeitgenössischen Dialekte überdacht. Dass mit Überdachung keinesfalls völlige Verdrängung gemeint ist, sieht man an der bis heute für romanische Verhältnisse extrem lebendigen Dialektvielfalt Italiens.

In den folgenden Abschnitten wird bewusst darauf verzichtet, exemplarische Textauszüge zur Veranschaulichung der Epochen zu präsentieren. Dieser Verzicht basiert auf der Überlegung, dass ein Lateinanfänger in diesem frühen Lernstadium die Besonderheiten der entsprechenden Texte noch nicht erkennen kann. Solche Textauszüge werden daher erst in den sprachsystematischen Kapiteln angeführt und dort, entsprechend der Thematik des jeweiligen Kapitels, analysiert. Am Ende der folgenden diachronischen Abschnitte wird aber jeweils ein Verweis zu der Seite dieses Lehrwerks gegeben, an der sich ein passender Textauszug befindet.

---

3   Einen schönen Überblick über die Romanisierung und die mit ihr verbundenen Sprachkontaktsituationen, die zur Ausgliederung der romanischen Sprachen führten, findet man bei Kaiser (2014: 244–280).

4   Devoto (1968) unterscheidet beispielsweise nach der archaischen Epoche die Epoche des Plautus, die Epoche Ciceros, die Epoche von Augustus zu Quintilian, dann das Silberne Latein und schließlich das Lateinische des Mittelalters und der Neuzeit.

## 2.1.1 Archaisches oder vorliterarisches Latein (ca. 600- 240 v. Chr.)[5]

Schon relativ kurz nach der sagenhaften Gründung Roms (753 v. Chr.), die durch die Ausgrabung eisenzeitlicher Hütten auf dem Palatinshügel (9.-6. Jh. v. Chr.) zumindest zeitlich nachgewiesen werden kann (Coarelli 1989:137-140), sind die **ersten sprachlichen Belege des Lateinischen** dokumentiert.[6] Der üblicherweise angeführte älteste Beleg ist eventuell eine Fälschung aus dem 19. Jh.[7] Es handelt sich dabei um eine Inschrift auf einer Kleiderspange (*fibula*) aus dem 6. Jh. v. Chr., die nach ihrem Fundort Praeneste (heutiges Palestrina, 30 km süd-östlich von Rom) als **Fibula Praenestina** bekannt wurde. Die Inschrift ist von rechts nach links geschrieben und enthält in griechischen Buchstaben folgende Widmung: *MANIOS MED VHEVHAKED NOUMASIOI*. Im Klassischen Latein entspräche dies *Manius me fecit Numerio* (,Manius hat mich für Numerius gemacht').[8]

An dieser Inschrift lassen sich mehrere Dinge zeigen: Zunächst einmal die Tatsache, dass das lateinische Alphabet auf das griechische Alphabet zurückgeht (vgl. Kap. 3.1.1). Dann finden sich auch noch morphologische Parallelen zum Altgriechischen: Wie die Form *Manios* zeigt, lautete der Vorläufer der klassisch-lateinischen Nominativendung *-us* noch auf *-os*, hatte also dieselbe Form wie im Griechischen (vgl. die griechisch *Matthaios* und *Markos* genannten Evangelisten mit ihren lateinischen Entsprechungen *Matthaeus* und *Marcus*). Auch das archaische Reduplikationsperfekt *vhevhaked*, bei dem zur Perfektmarkierung eine Silbe vorangestellt wird, die schon im Präsensstamm enthalten ist (daher „Reduplikation"), ist im Griechischen häufiger als im Latein. So heißt es eben im Klassischen Latein nur noch *fecit* und nicht mehr *\*fefacit*.[9] Die Schreibungen <vh> für /f/ erinnern an die im Urindogermanischen verbreitete Aspiration (,Behauchung') der anlautenden Konsonanten, die sich im Griechischen länger erhalten hat als im Lateinischen (vgl. die deutsche Schreibung des Gräzismus *Theologie*).[10] Im Lateinischen ist diese Aspiration bei den Verschlusslauten schon früh weggefallen, weshalb sie auch in den romanischen Sprachen fehlt. Im Deutschen und Englischen hin-

---

5 Meiser (1998:2) bezeichnet diese Epoche als „Frühlatein" (mit derselben Zeitspanne) und fasst Frühlatein und das darauffolgende Altlatein unter „archaischem Latein" zusammen. Devoto hingegen lässt das Archaische Latein schon mit dem Jahr 300 v. Chr. enden (1968:71). Willms (2013:223) übernimmt Meisers Periodisierung.

6 Zu den Sprachen, die vor dem archaischen Latein auf der italienischen Halbinsel existierten, vgl. besonders Devoto (1968:9-70).

7 Baldi (1999:125, FN 2) und Kramer (als Anmerkung des Übersetzers in Palmer 2000:63f) votieren für die Fälschungsthese, Steinbauer (2003:504) hält sie für widerlegt.

8 Vgl. zur Spange und ihrer sprachlichen Einordnung auch Meiser (1998:3f) und Kieckers (1960:7ff). In den Transkriptionen wird der Reibelaut mal als <VH> (Meiser), mal als <FH> und mal als <F> wiedergegeben.

9 Einige alte Reduplikationsformen blieben jedoch dem Klassischen Latein erhalten, z. B. *pellere/pepuli* (,treiben/ich habe getrieben') und *fallere/fefelli* (,täuschen/ich habe getäuscht').

10 Der griechische Laut /θ/, der mit der lateinischen Buchstabenkombination <th> wiedergegeben wird, ist also eigentlich ein Reibelaut und kein Verschlusslaut (die Aussprache erinnert an span. *Zaragoza* oder engl. *thing*). Daher wird er graphematisch im Griechischen mit <θ> („Theta") dargestellt, der Verschlusslaut /t/ hingegen mit <τ> („Tau"). Zur Datierung der lautlichen Innovationen in vorliterarischer Zeit vgl. Seidl (2003:516ff).

gegen ist die Aspiration lautlich noch spürbar: vgl. die phonetische Realisierung des /t/ in dt. *Tisch*, engl. *table* und auf der anderen Seite frz. *table*. Das aspirierte [tʰ] ist daher typisch für einen deutschen oder englischen Akzent beim Sprechen romanischer Fremdsprachen.

An den oben genannten und weiteren Phänomenen lässt sich fest machen, dass das Lateinische und das Altgriechische nicht nur einander benachbart (ab 800 v. Chr. siedeln Griechen in Süditalien und auf Sizilien), sondern auch miteinander verwandt sind. Beide gehören zu den **indogermanischen Sprachen**, wobei dem Griechischen üblicherweise ein eigener Ast im Stammbaum zugewiesen wird, während das Lateinische (bzw. die Dialektgruppe Latino-Faliskisch) nur einen Unterast am Zweig der italischen Sprachen darstellt; einen weiteren Unterast bilden die zeitgleich existierenden osko-umbrischen Sprachen. Die wichtigste nicht-indogermanische Sprache auf italienischem Boden war das Etruskische, das nördlich von Rom, vor allem im Gebiet der heutigen Toscana (Etrusker = lat. *Tusci*) gesprochen wurde.

In Abbildung 2 sind die wichtigsten indogermanischen Sprachengruppen von West nach Ost sortiert (nur die italische Gruppe ist in der Darstellung komplett ausgeführt). Einige Sprachen sind wohl isolierte Entwicklungen und daher keiner der Gruppen zugeordnet.[11] Unsere heutigen romanischen Sprachen entstanden erst durch die spätere Vermischung des Lateinischen mit keltischen, germanischen und slavischen Sprachen.

Aus der frühen Periode des Lateinischen sind bis ca. 250 v. Chr. nur längere und kürzere Inschriften erhalten, so z. B. aus dem frühen 6. Jh. die sog. **Duenos-Inschrift** (Abb. 3) auf einem Drillingsgefäß, gefunden auf dem Quirinal in Rom, oder aus dem späten 6. Jh. v. Chr. die Inschrift auf einem Steinpfeiler – lat. *cippus* – neben dem sog. *lapis niger* – ‚schwarzer Stein' –, gefunden auf dem Forum Romanum.[12] Literarische Texte sind jedoch nicht erhalten, weshalb diese Periode auch als „vorliterarisches Latein" bezeichnet wird. Viele Inschriften aus dieser Zeit sind noch nicht vollständig entziffert oder verstanden. Dies gilt auch für die Duenos-Inschrift, die folgendermaßen beginnt: IOVE/SATDEIVOSQOIMEDMITAT [...], was üblicherweise wie folgt segmentiert wird: *iovesat deiuos qoi med mitat*. Ins Klassische Latein transformiert ergäbe dies *iurat deos qui me mittit*, also: ‚bei den Göttern schwört der, der mich übergibt'. Das Gefäß spricht also, genau wie die Fibula, in der 1. Person. Genannt ist auch der Hersteller, *Duenos* (> klat. *Bonus*), beim Rest der Inschrift bleibt aber vieles im Dunkeln (Baldi 1999:197 ff).

---

11   Ob man eine im 3. Jahrtausend stattgefundene Aufspaltung in einen westlichen und einen östlichen Zweig der indogermanischen Sprachen annehmen soll, ist umstritten (vgl. Steinbauer 2003:504). Befürworter dieser These bezeichnen nach dem jeweiligen Ausdruck für die Zahl ‚Hundert' den west-idg. Zweig als *Kentum*-Sprachen, den ost-idg. Zweig als *Satem*-Sprachen (Baldi 1999:38).

12   Die wichtigsten Inschriften finden sich transkribiert, übersetzt und kommentiert in Meiser (1998:3 ff). Die Duenos-Inschrift ist in Baldi 1999:198 f als Foto und Skizze abgebildet, in Devoto (1968:79) als Skizze; weitere Inschriften und Abbildungen in Baldi (1999:125 f, 196 ff) und Diehl (1964). Die meisten lateinischen Inschriften sind gesammelt im *Corpus Inscriptionum Latinarum* (CIL), das 1853 von Theodor Mommsen gegründet wurde und heute von der Berlin-Brandenburgischen Akademie der Wissenschaften betreut wird.

## 2.1 Diachronische Varietäten des Lateinischen

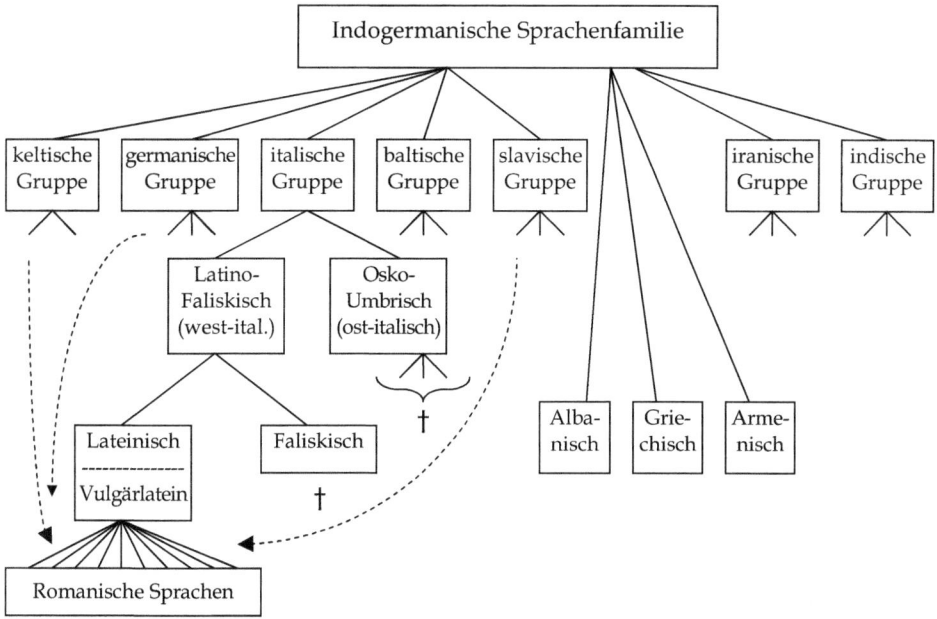

Abb. 2: Stammbaum der indogermanischen Sprachen (modifiziert nach Geckeler/Kattenbusch 1992:1 und Steinbauer 2003:504 f)[13]

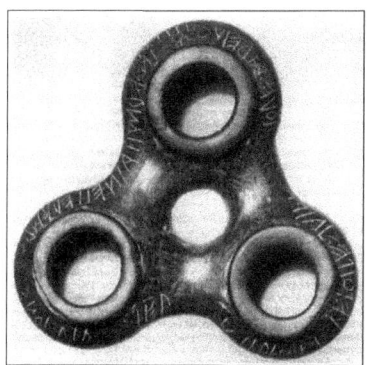

Abb. 3: Duenos-Inschrift, 6. Jh.v. Chr. (aus Baldi 1999:198)

Was die **Ausdehnung des lateinischen Sprachraums** angeht, so deckt sich diese frühe Phase in etwa mit der Eroberung der italienischen Halbinsel (außer dem von Kelten besiedelten Oberitalien) sowie der Inseln Sizilien, Sardinien und Korsika durch die Römer. Verdrängt wurde in dieser Phase das Etruskische im Norden sowie das Griechische im Süden (Übergabe Tarents 272 v. Chr.).

---

13   Ein deutlich detaillierterer Stammbaum findet sich in Baldi (1999:22).

Die folgende Karte gibt einen Überblick über die **Sprachensituation Italiens** im 5. Jh. v. Chr.:

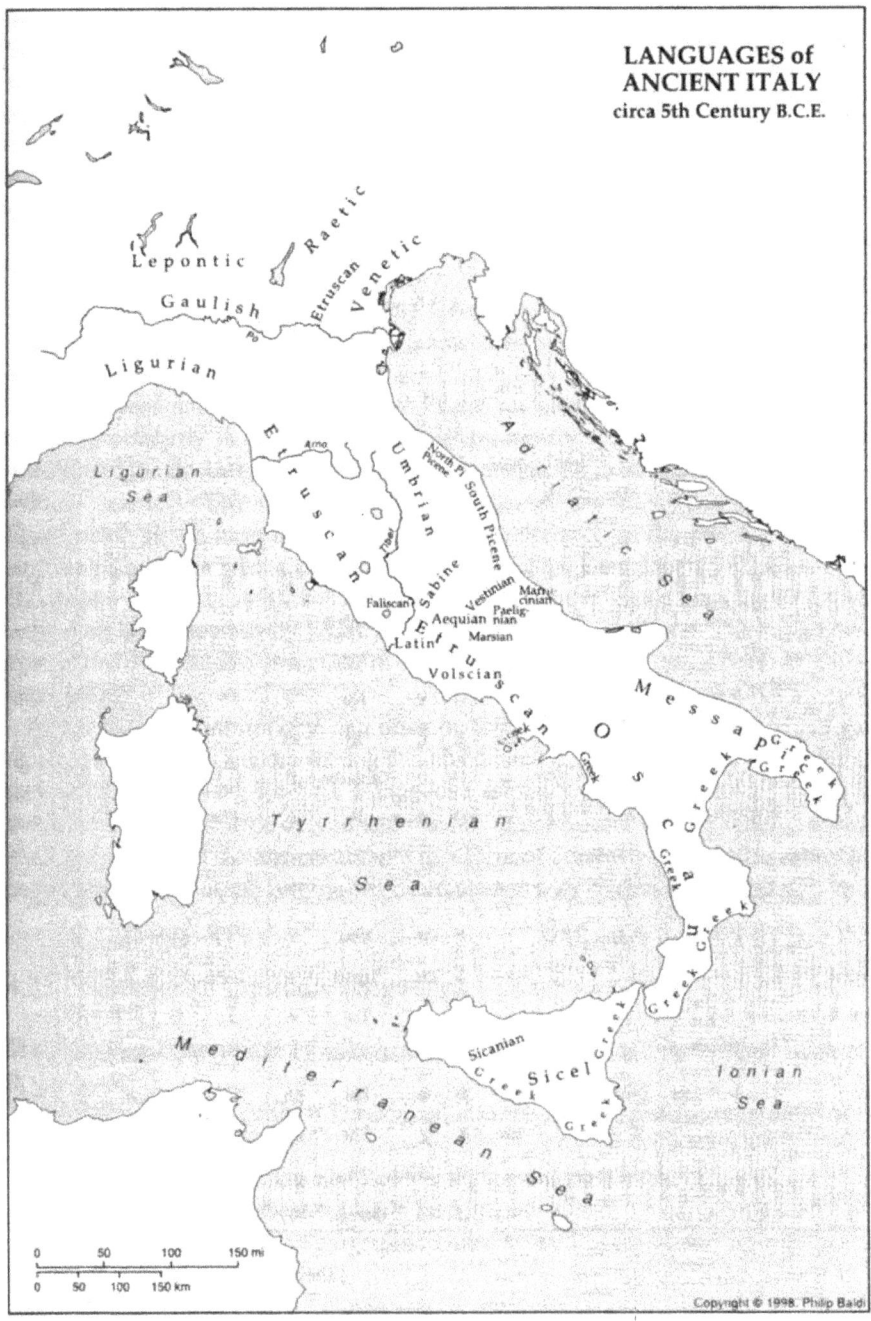

Abb. 4: Sprachen Italiens im 5. Jh. v. Chr. (aus Baldi 1999:119)

Nachzutragen bleibt, dass die Etrusker der Legende nach bis 510 v. Chr. (Entmachtung von Tarquinius Superbus und Gründung der Röm. Republik) den römischen König stellten, also sprachlich, kulturell und politisch mächtiger waren als die Latiner. Entsprechendes hatte für die Griechen im Süden gegolten. Nun aber war das Lateinische die Sprache Italiens geworden und hatte Etruskisch und Griechisch zu Substratsprachen[14] degradiert. Der einzig verbliebene Rivale war die nordafrikanische Seemacht Karthago.

### 2.1.2 Altlatein (ca. 240 v. Chr.-80 v. Chr.)

Das früheste literarische Schaffen lässt sich ab 240 v. Chr. nachweisen: Für dieses Jahr ist die erste Aufführung eines Dramas in lateinischer Sprache (es handelt sich um eine lat. Bearbeitung einer griechischen Vorlage) durch **Livius Andronicus** belegt.[15] Livius war ein griechischer Kriegsgefangener, der nach der Übergabe Tarents nach Rom kam. Der früheste italische Dichter war **Cn. Naevius**, ein Veteran aus den sog. „Punischen Kriegen",[16] die das junge Rom mit dem nordafrikanischen Stadtstaat Karthago[17] führte. Seine ersten Aufführungen sind auf 235 datiert. Die Werke beider Dichter sind aber nur sehr fragmentarisch oder in Aussagen von Zeitzeugen belegt.

Deutlich besser erhalten ist das Werk der beiden größten römischen Komödiendichter: **Titus Maccius Plautus** (ca. 250-184 v.Chr) werden etwa 130 Komödien zugeschrieben, von denen 21 fast vollständig erhalten sind (z. B. *Miles gloriosus*, *Pseudolus*, *Stichus*). Auf den in Karthago geborenen **Publius Terentius Afer** (‚der Afrikaner'; ca. 190-159 v. Chr.) gehen sechs Komödien zurück (z. B. *Andria*, *Eunuchus*, *Adelphoe*). Beide Autoren geben in ihren Komödien Einblick in das umgangssprachliche Latein jener Zeit: Plautus etwas derber, Terenz etwas feiner. Als weitere wichtige Autoren sind zu nennen: der Historiker und Satiriker **Quintus Ennius** (239-169) sowie der Historiker und Landwirtschaftsautor **M. Porcius Cato** (234-149), dem der berühmte Spruch „Ceterum censeo Carthaginem esse delendam" (‚im Übrigen bin ich der Ansicht, dass Karthago zerstört werden sollte') zugeschrieben wird.

Diese frühe Phase ist charakterisiert durch eine sprachlich sehr ursprüngliche, stark **zweckgebundene Literatur** (z. B. Aufführungen zu religiösen Festen), die häufig nur

---

14  Ich verwende wegen ihrer Verbreitung in der Fachliteratur (z. B. zu den Strata des Lateinischen Willms 2013:211 ff) hier kritiklos die Begriffe Substrat, Adstrat und Superstrat. Die sprachliche Realität ist aber deutlich komplexer, als dies die Strata-Theorie vermuten lässt (vgl. hierzu S. 60 und vor allem Krefeld 2003).

15  Poccetti et al. (2005:256) gehen nach Sekundärquellen davon aus, dass das szenisch-literarische Schaffen in Rom schon um die Mitte des 4. Jh.v. Chr. begonnen hat.

16  Die Bürger Karthagos wurden entweder nach ihrer Stadt *Carthaginienses* oder aber nach den phönizischen (*Phoenices*) Stadtgründern *Poeni* (‚Punier') genannt. Hiervon leitet sich das Adjektiv *punicus* ab.

17  Der Stadtstaat Karthago (heute Tunis) wurde um 800 v. Chr. von phönizischen Kolonisten, die ihrerseits aus dem heutigen Libanon stammten, an der nordafrikanischen Mittelmeerküste gegründet. Karthago entwickelte sich schnell zur größten Seemacht seiner Zeit und dehnte sich entsprechend nach Norden und Westen aus.

in Fragmenten erhalten ist. Da die lateinische Standardsprache noch nicht vollständig ausgebaut ist, finden sich relativ häufig Niederschläge der primären Nachbardialekte (vgl. Kap. 2.2). Phonetische Innovationen, die wohl bereits auf diese frühe Zeit zurückgehen, sind das Verstummen von /n/ vor /s/ (daher die Abkürzung „COS" für *consul*) und das Verstummen von Auslaut-/m/ (lat. *illustrem* ‚berühmt' > frz. *illustre*, it. *illustre*, sp. *ilustre*). Nur in einsilbigen Wörtern bleibt es erhalten und macht erst beim Übergang zu den romanischen Sprachen einen lautlichen Wandel zu /n/ durch, z. B. lat. *rem* ‚Sache' > frz. *rien*; lat. *quem* ‚wen' > sp. *quién* (Seidl 2003:520). Syntaktisch gesehen zeigt sich bereits eine Hinwendung zur Hypotaxe, während die Satzperioden[18] des archaischen Lateins eher von parataktischen Verknüpfungen gekennzeichnet waren (Devoto 1968:92 ff und 110 ff).

Politisch ist diese Zeit gekennzeichnet durch die **Hochphase der römischen Republik** mit einem mächtigen Senat und regelmäßig wechselnden Consuln (besonders berühmt die verschiedenen Träger des Namens **Scipio** und der sie umgebende Philosophenkreis), durch die ständigen Auseinandersetzungen mit dem Erzrivalen **Karthago** (die bereits angesprochenen Punischen Kriege) und durch die **Expansion des Römischen Reiches** in alle Himmelsrichtungen: nach Norden bis an die Alpen und Südfrankreich, nach Westen bis Spanien und Portugal, nach Süden bis Nordafrika und nach Osten bis Kleinasien (zu den einzelnen Eroberungsdaten und Provinzgründungen vgl. die Zeittafel S. 297 ff).

Aus romanistischer Sicht werden hier also die süd-westlichen Grenzen der **Randromania** festgelegt, die ältere lateinische Sprachstufen konserviert als die **Zentralromania**. In diese Phase fällt auch das Zusammentreffen des Lateinischen mit weiteren Substratsprachen: dem Keltischen in Oberitalien, dem Ligurischen in Südfrankreich, dem Keltiberischen in Spanien und dem Lusitanischen in Portugal.

Zu beachten ist weiterhin, dass es sich bei der Ausdehnung nach Osten um ein vorwiegend politisches und weniger um ein sprachliches Phänomen handelte. Das Lateinische wurde nur bis an die Grenzen Griechenlands getragen (z. B. bei der Eroberung der Küste Dalmatiens 168 v. Chr.), der übrige **Osten** sprach weiterhin als **Verkehrssprache Griechisch**. Auch in Rom waren Griechischkenntnisse für gebildete Römer ein Muss, da man das militärisch unterlegene Griechenland als überlegene Kultur anerkannte. Lüdtke (2005:26) geht sogar so weit, für das spätrepublikanische Italien eine Diglossie-Situation im Sinne von Fishman (1967) anzunehmen, in dem das Griechische den Status des Akrolekts (bzw. *high variety*) und das Lateinische lediglich den Status des Basilekts (*low variety*) innehatte.

[Textbeispiel:     Plautus: *Miles Gloriosus* I,1,     s. S. 98]

---

18  Mit „Periode" bezeichnen Klassische Philologen auch komplexe, aus mehreren Haupt- oder Nebensätzen bestehende Satzgebilde.

## 2.1.3 Klassisches und Nachklassisches Latein (ca. 80 v. Chr.- 180 n. Chr.)

**Klassisches Latein** (ca. 80 v. Chr.-117 n. Chr.):
Der Beginn des **Klassischen Lateins** wird üblicherweise mit den ersten öffentlichen Auftritten des berühmtesten römischen Redners, **Marcus Tullius Cicero** (106-43 v. Chr.), angesetzt. Seine ersten großen Gerichtsreden, die uns weitgehend erhalten sind, finden gegen 80 v. Chr. statt.

Dass die Rhetorik in dieser Epoche entscheidende Bedeutung erlangt, ist kein Zufall: Die Zeit ist charakterisiert durch **Bürgerkriege**, **Triumvirate**,[19] Sklavenaufstände, Amtsmissbräuche hoher Staatsbeamter, den Verfall des Senatswesens und ständige Diskussionen um die ideale Staatsform – perfekte Karrierevoraussetzungen für einen gewieften Rhetoriker.

Die Republik, deren Verfechter Cicero (auch als Consul) stets gewesen ist, endet 49 v. Chr. mit der Machtübernahme des Diktators **C. Julius Caesar** (100-44 v. Chr.), dessen Kriegsberichte aus Gallien (*Commentarii Belli Gallici*) im Latinumskanon üblicherweise vor Ciceros Reden gelesen werden.

Auf Caesars Ermordung folgte ein zweites Triumvirat (das erste hatten Caesar, Pompeius und Crassus gebildet), aus dem dann, nach erneutem Bürgerkrieg, 31 v. Chr. Caesars Großneffe **Octavianus** als Alleinherrscher mit dem Ehrentitel *Augustus* ('der Erhabene') hervorging. Sein sogenannter „**Prinzipat**" (v. *princeps* – ‚der Erste'), der bis zu seinem natürlichen (!) Tode 14 n. Chr. andauerte, markierte einen zweiten Höhepunkt der römischen Geschichte und läutete die Phase der Kaiserzeit ein.

Die (innenpolitische) Friedenszeit unter Augustus führte zu einer solchen literarischen Blüte, dass man für die Zeitspanne von der späten Republik bis zum ausgehenden Prinzipat (also 80 v. Chr. bis 14 n. Chr.) auch von der „**Goldenen Latinität**" spricht. Während die erste Phase durch Ciceros Reden[20] und philosophische Schriften (z. B. *De re publica*: ‚über den Staat', *De officiis*: ‚über die Pflichten', *De natura deorum*: ‚über das Wesen der Götter'), durch die Geschichtsschreibung Caesars und **Sallusts** (86-35 v. Chr.) sowie die Lehrgedichte von **Lukrez** (97-55 v. Chr.) und z.T. von **Catull** (84-54 v. Chr., bekannt auch für Schimpf- und Liebesgedichte) geprägt ist, erblüht unter Augustus die unterhaltende Dichtung, häufig gefördert durch den sprichwörtlich gewordenen **Maecenas** (vgl. dt. *Mäzen*). Politische Intentionen rücken in den Hintergrund, die sprachliche Ästhetik und private Moral in den Vordergrund. Zu nennen sind Autoren wie **Vergil** (70-19 v. Chr.; verfasste das röm. Nationalepos *Aeneis* sowie die Landgedichtsammlungen *Georgica* und *Bucolica*) und **Horaz** (65-8 v. Chr.: Satiren, Oden und Epoden) sowie die Liebeselegiker **Tibull** († 19 v. Chr.), **Properz** († nach 16 v. Chr.) und **Ovid** (43 v. Chr. - nach 16 n. Chr.), die bis heute – vor allem in den romanischen Lite-

---

19  Politische Dreierspitze – *tres viri* für ‚drei Männer' (Genitiv: *trium virorum*) – anstelle des zuvor üblichen Kollegialitätsprinzips mit zwei Consuln.
20  Gelegentlich wird Cicero auch ein Rhetorik-Lehrbuch zugeschrieben, von dem wir den Autor nicht kennen, wohl aber den Adressaten Herennius. Diese in romanistischen Kontexten häufig zitierte sog. *Rhetorica ad Herennium* ist wohl zwischen 87 und 82 v. Chr. entstanden, passt aber sprachlich überhaupt nicht zu Cicero (Bieler 1980:95).

raturen – vorbildhaft wirken. Als herausragender Prosaschriftsteller der augusteischen Epoche ist lediglich der Historiker **Titus Livius** (59 v. - 17 n. Chr.) zu nennen.

Die literarische Epoche von Augustus' Tod (14 n. Chr.) bis zum Regierungsantritt Hadrians (117 n. Chr.) wird in der Literaturwissenschaft als „**Silberne Latinität**" bezeichnet und gelegentlich bereits dem nachklassischen Latein zugerechnet.[21] Die Form der Dichtung rückt jetzt mehr und mehr in den Vordergrund, und die literarische Produktion geht eher in die Breite als in die Spitze. Entsprechend kommen berühmte Autoren zunehmend aus den eroberten Provinzen: so z. B. aus Spanien der Philosoph **Seneca** († 65 n. Chr.), der Rhetoriker **Quintilian** (ca. 35-95 n. Chr.) und der für seine Epigramme bekannte **Martial** († um 102). Als Historiker sind der jüngere **Plinius**, dem wir Berichte über den Vesuv-Ausbruch von 79 n. Chr. verdanken, und vor allem **Tacitus** († nach 115) zu nennen. Aus linguistischer Sicht aber handelt es sich bei der Sprache dieser Autoren zweifelsohne noch um Klassisches Latein. Eine Ausnahme bildet das **Petronius** († 66) zugeschriebene *Satyricon* (auch: *Satyrica*), von dem noch die Rede sein wird, weil hier die Volkssprache Eingang in die Literatur findet.

Mit dem Übergang von dem aus Spanien stammenden und damit ersten provinzialrömischen Kaiser Trajan zum gleichfalls in Spanien geborenen Hadrian (117 n. Chr.) wird üblicherweise das Ende der klassischen Epoche angesetzt. Der Grund für die Grenzziehung ist außersprachlicher Natur und liegt in der **maximalen Ausdehnung**, die das römische Weltreich in diesem Jahr erreicht hat.

Die folgende Karte zeigt die Dimensionen dieser Ausdehnung im Vergleich zur heutigen Ausdehnung der europäischen Romania. Eingezeichnet sind außerdem die wichtigsten Verbindungsstraßen des Imperiums.

---

21  z. B. in Dangel (1995:36 ff).

## 2.1 Diachronische Varietäten des Lateinischen

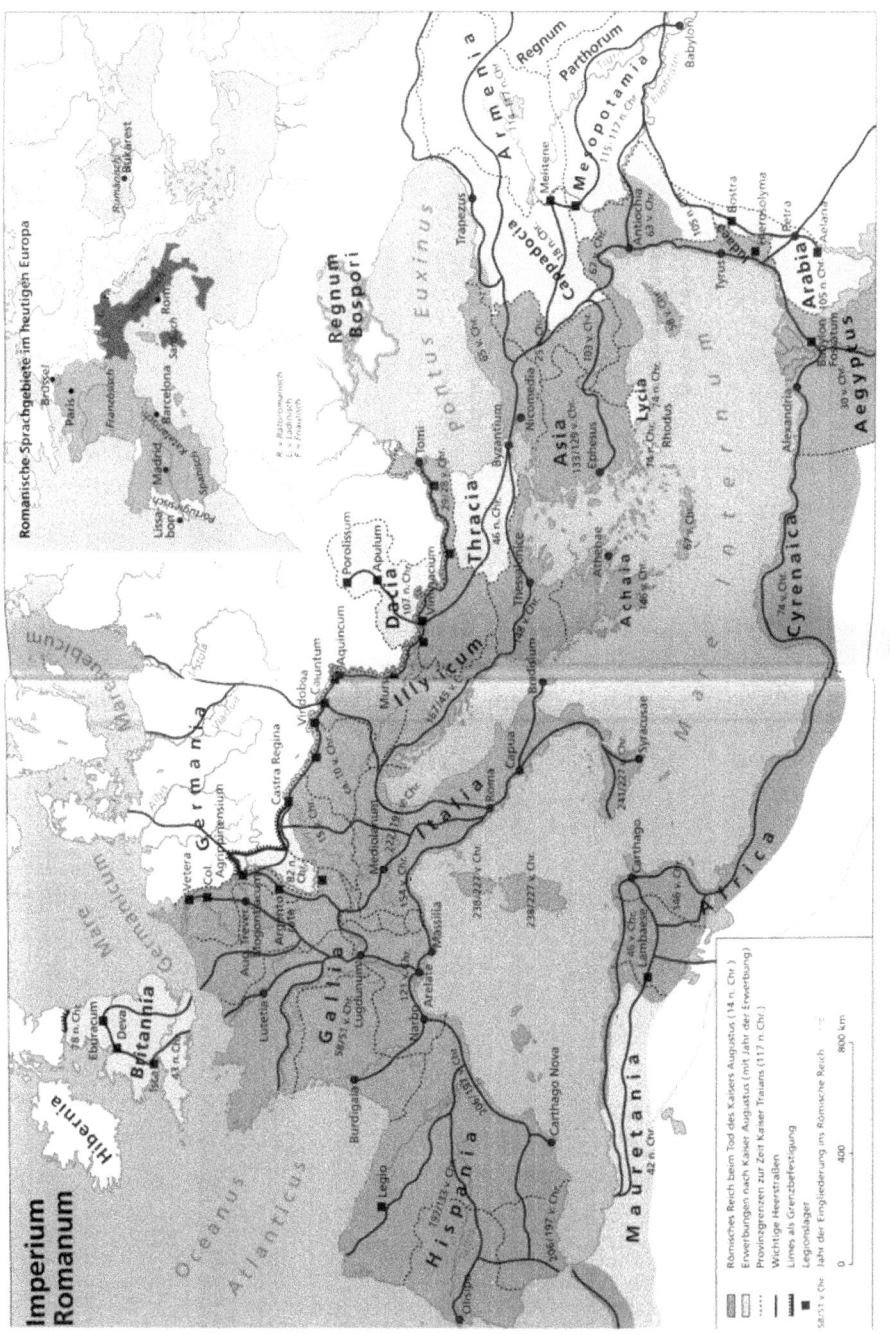

Abb. 5: Ausdehnung des Römischen Reiches unter Augustus und Trajan verglichen mit der europäischen Romania (aus Bertram et al.1995: Umschlag)

**Nachklassisches Latein (117-180):**
Die 117 n. Chr. einsetzende Periode der sog. „Adoptivkaiser"[22] Hadrian († 138), Antoninus Pius († 161) und Marc Aurel († 180) gilt zwar als eine der glücklichsten Epochen im Inneren des Römischen Reiches, aber es mehren sich doch die Grenzkonflikte, und man führt zunehmend Rückzugsgefechte. Die genannten Kaiser beschäftigen sich mit Philosophie und Menschenrechten, und zunehmende Kreise der Bevölkerung erhalten Zugang zur Bildung, aber die literarische Spitzenproduktion bleibt aus. Das Kunstideal ist bereits rückwärts zur augusteischen Epoche hin gewandt (man spricht daher auch von der „archaisierenden Periode"), die damalige sprachlich-formale Perfektion wird jedoch nicht mehr erreicht. Entsprechend gilt die Literatursprache aus der Zeit der Adoptivkaiser heute als **„Nachklassisches Latein"**. Wichtigste Autoren sind der Kaiserbiograph **Sueton** († zw. 130-140) und der um 170 gestorbene Romancier **Apuleius** (seine *Metamorphoses* sind bekannter unter dem Titel „der goldene Esel"), beide aus Afrika stammend.

Zur **romanistischen Sicht** auf die Epoche des Klassischen und Nachklassischen Lateins: Zunächst einmal ist wieder zu betonen, dass es sich beim Klassischen Latein um eine **geschriebene** Literatursprache handelt (zum gesprochenen Latein vgl. Kap. 2.4). Es verwundert daher nicht, dass sich nur wenige Besonderheiten des Klassischen Lateins direkt bis in die romanischen Volkssprachen erhalten haben. Dennoch ist die Epoche des Klassischen Lateins von entscheidender Bedeutung für die romanische Philologie: Spätestens seit der Renaissance sind die klassisch lateinischen Autoren Vorbild für die literarische Produktion der romanischen Kulturen. Auch der lateinische Lehnwortschatz in den romanischen Sprachen geht in erster Linie auf das klassische Latein zurück (vgl. Stefenelli 1991, 1992 und 2003) – allerdings vermittelt über das Neulatein. Was den romanischen Erbwortschatz angeht, so existiert er zu großen Teilen ebenfalls schon in der klassischen Epoche, aber nicht speziell in der Literatursprache, sondern eher in anderen zeitgenössischen Varietäten (vgl. die Abschnitte zur Diastratik und Diaphasik: 2.3 und 2.4).

Auch die heute übliche Einteilung der romanischen Sprachen ist geprägt von der klassischen Epoche: Nachdem Augustus die Asturer und Kantabrer im Norden der **Iberischen Halbinsel** besiegt hatte, ordnete er 15 v. Chr. die iberischen Provinzen neu: Aus der *Hispania citerior*[23] im Nordosten wurde die *Provincia Tarraconensis* (Hauptstadt Tarraco > Tarragona), aus der *Hispania ulterior*[24] im Süden wurde die nach dem Fluß Baetis (später arab. Guadalquivir) benannte *Provincia Baetica* (Haupt-

---

22  Hadrian hatte nach Trajans Vorbild durch geschicktes Adoptieren geeigneter Kandidaten die Kaiserfolge bis hin zu Mark Aurel im Voraus festgelegt.
23  *Citerior* ist ein Komparativ zum vorklassischen Adjektiv *citer* ‚diesseitig', bedeutet also ‚näher liegend', was geographisch von Rom aus zu verstehen ist. *Citer* wiederum geht auf die Präposition *cis* ‚diesseits' zurück, die Romanisten z. B. aus dem Ausdruck *Gallia cisalpina* (‚das diesseits der Alpen gelegene Gallien', also Norditalien) kennen. Im Unterschied dazu heißt das jenseits der Alpen gelegene Gallien, also das heutige Frankreich, *Gallia transalpina*, zusammengesetzt aus der Präposition *trans* (‚über ... hinaus, jenseits') und dem Adjektiv *alpinus* (‚zu den Alpen gehörig').

stadt Corduba > Cordoba) und im Südwesten wurde die *Lusitania* als neue Provinz geschaffen (Hauptstadt Emerita Augusta > Mérida). Erstmalig wurde also eine eigenständige Verwaltungseinheit auf dem Gebiet des späteren Portugal begründet. Es kristallisierte sich auch bereits heraus, dass die Baetica und der Küstenbereich der Tarraconensis wegen ihrer geographischen Lage besonders guten Kontakt zu Rom hatten. Dies betraf nicht nur den Seeweg, sondern auch die Lage an der *Via Herculea*, die von den Säulen des Hercules bei Gibraltar über Carthago Nova (> Cartagena), Tarraco, Emporiae (>Ampurias) und Narbo (Narbonne[25]) bis zur Mündung der Rhône führte (vgl. Abb. 5, sowie Dietrich/Noll 2019:177 ff und Lüdtke 1978). Entsprechend werden diese Gebiete besonders intensiv romanisiert, während die keltiberischen Dialekte im Norden und Nordwesten weniger häufig von neuen lateinischen Formen überlagert werden.

Eine ähnliche Zweiteilung ergibt sich in **Gallien**: Caesar hatte von 58-51 v. Chr. den westlichen und nördlichen Rest des Landes erobert und dadurch, dass er die damals unter Ariovist bereits in Gallien eingefallenen Germanenstämme wieder aus Gallien vertrieben hatte, bewirkt, dass Frankreich heute zum romanischen und nicht zum germanischen Sprachgebiet gehört (Lauffer 1983:185). Augustus ordnete dann von 27-22 v. Chr. die Provinzen neu und benannte sie teilweise um: Die ehemalige *Gallia transalpina*[26] wurde zur *Provincia Narbonensis*. Von hier bezieht die heutige Provence ihren Namen, wenngleich ihr Gebiet deutlich kleiner geworden ist. Diese Provinz war schon in vorklassischer Zeit romanisiert worden und erfuhr jetzt noch einen intensiveren Kontakt mit Rom: Die römischen Bauwerke in Orange, Nîmes, Arles und Vaison la Romaine machen dies bis heute deutlich. Die von Caesar eroberten *tres Galliae*, nämlich die Provinzen *Aquitania* im Westen (Hauptstadt Burdigala > Bordeaux), *Lugdunensis* in der Mitte (Hauptstadt: Lugdunum > Lyon) und *Belgica* im Norden Galliens (Hauptstadt Durocortorum in Remis > Reims) hingegen blieben für römische Siedler unattraktiv. Diese unterschiedlichen Romanisierungszeitpunkte und -intensitäten führten in der Folge (in Kombination mit den schon angesprochenen Substratsprachen) zu unterschiedlichen Varietäten des Lateinischen im Norden und Süden des Landes und damit zur Grundlage der heutigen Trennung zwischen okzitanischem und französischem Stammgebiet, eventuell auch schon zu einer Sondervarietät, die dem späteren Frankoprovenzalisch vorausging.

Selbst das Gebiet **Italiens** wurde noch in dieser Epoche erweitert: Unter Augustus wurde von 25-15 v. Chr. die römische Herrschaft auf das Alpengebiet sowie auf das

---

24   *Ulterior* ist ein Komparativ zum seltenen Adjektiv *ulter* (,entfernt'), bezeichnet hier also den von Rom weiter weg gelegenen Teil der Hispania. Von *ulter* selbst tritt nur die ablativische Form *ultra* häufiger auf, die im Lateinischen auch als Adverb bzw. Präposition (,weiter, länger; über ... hinaus') geläufig ist und sich heute vor allem in Italien und Deutschland für die Bezeichnung bestimmter Fußballfangruppen eingebürgert hat, die ihrem Hobby über das gewöhnliche Maß hinaus nachgehen, nämlich gewaltbereit (it. *gli Ultra*, dt. *die Ultras*).
25   Das französische Toponym *Narbonne* geht strenggenommen auf den lat. Akkusativ *Narbonem* zurück.
26   Zu dieser Bezeichnung s. o. Fußnote 23.

nördliche Alpenvorland, also die heutige Schweiz, ausgedehnt (Provinzen *Noricum* und *Raetia*). Hier sind also die Ursprünge der unter dem Sammelbegriff „Rätoromanisch" zusammengefassten Varietäten Bündnerromanisch, Ladinisch und Friaulisch zu suchen.

Mehr als 100 Jahre später, nämlich 107 n. Chr., wird **Dakien**, das heutige Rumänien, unter Trajan erobert und als Provinz *Dacia* dem Römischen Reich einverleibt. Damit ist die heutige Romania (von der „neuen Romania" einmal abgesehen) komplett. Die Eroberungen in Britannien und Germanien, von denen u. a. Tacitus berichtet, waren nur von kurzer Dauer und werden daher, wie die anderen eingebüßten Territorien (z. B. auf dem Balkan), als „verlorene Romania" bezeichnet. Eine sprachliche Eroberung dauert eben deutlich länger als ihr militärisches Pendant. Dass eine sprachliche Eroberung ohnehin nicht das Ziel der Römer war, sieht man daran, dass der Osten des römischen Weltreichs auch in klassischer und nachklassischer Zeit weiterhin Griechisch sprach.

Bei all dem Gesagten muss betont werden, dass die römischen Truppen seit der Heeresreform des Marius (104-100v. Chr.) nicht mehr aus Wehrpflichtigen, sondern aus Söldnern bestanden, die nach dem Feldzug nicht in ihre alten Berufe zurückkehrten, sondern Berufssoldaten blieben (Lauffer 1983:180). Dieses Söldnerdasein war wegen der finanziellen Versorgung (Veteranenentschädigungen in Form von Landschenkungen) vor allem für Verbündete Roms interessant. So wurden beispielsweise von Trajan Römer aus allen Gebieten des Römischen Reiches in Dakien angesiedelt, die das Lateinische als einzige gemeinsame Verkehrssprache hatten (Marouzeau 1970:109). Das Lateinische wurde also zunehmend von Personengruppen exportiert, die es selbst nur als **Zweitsprache** gelernt hatten. Damit war es in weiten Teilen des Römischen Reiches eher eine Verkehrs- (***lingua franca***) als eine Muttersprache.[27]

[Textbeispiele:  Cicero: *Oratio prima in Catilinam habita* I,1   s. S. 295
Caesar: *Commentarii Belli Gallici* I,1   s. S. 240
Vergil: *Aeneis* I,1 ff   s. S. 214 f
Petron: *Satyrica* 46,5-7   s. S. 275
Martial: Epigramm 5,43   s. S. 164
Plinius: Epistel VI,20,13   s. S. 198 f]

## 2.1.4 Spätlatein (ca. 180-650 n. Chr.)

Mit dem Spätlatein enden die klaren zeitlichen Grenzen, weil es keine großen literarischen Eckpunkte mehr gibt, an denen man sich orientieren könnte.[28] Wir haben es also mit einer typischen **Übergangsepoche** zu tun. Der wesentliche Unterschied zum Klas-

---

27  Um den Kontext plastischer vor Augen und Ohren zu haben: Ein aktueller Kurzfilm, *Elja – 376 A.D.* (Deutschland 2017, Regie: Willi Kubica; Drehbuch: Janosch Kosack), Abschlussarbeit an der Filmakademie Baden-Württemberg, behandelt die Situation des Aufeinandertreffens römischer Soldaten mit mehr oder weniger romanisierten germanischen Volksstämmen, die sich auf der Flucht vor den Hunnen befinden und nur über sehr begrenzte Lateinkompetenzen verfügen. Die Soldaten in diesem Film sprechen Vulgärlatein – die Redepassagen wurden von meiner Kollegin Amina Kropp und mir selbst aus dem deutschen Drehbuch ins Vulgärlatein übertragen. Vgl. www.elja-derfilm.de/de/home/

sischen und Nachklassischen Latein besteht im Aufkommen **christlicher Literatur**. Da das Christentum aus Osten, also aus dem griechischen Sprachraum, nach Rom drang, häufen sich in dieser Literatur die Gräzismen. Wir können damit insgesamt drei Wellen griechischen Einflusses auf das Latein festhalten (nicht umsonst werden von Lateinstudierenden üblicherweise auch Altgriechischkenntnisse verlangt):

- im archaischen und im Altlatein, wo Gräzismen über Kontakte zu griechischen Kolonien in Süditalien vermittelt wurden;
- im klassischen Latein, wo gehobenes Griechisch als Prestigesprache der gebildeten römischen Schichten wirkte;
- und im Spätlatein, wo christliches Gedankengut über ein sehr volksnahes Griechisch ins Lateinische transportiert wurde.

Aber auch das Latein an sich ändert sich in der spätlateinischen Phase: Schwierigere Regeln des Klassischen Lateins, vor allem im Bereich der Morphosyntax (z. B. Kasus- und Modusgebrauch), werden nicht mehr durchweg beherrscht. Die **Literatursprache wird** dadurch **volksnäher**, und zwar sowohl im sprachlichen wie auch im inhaltlichen Sinn (Heiligenerzählungen, moralische Unterweisung z. B. in Form von Predigten). Die Bevölkerung des Römischen Reiches spricht nach wie vor überwiegend Latein oder Griechisch, allerdings in einer einfacheren Form (vgl. Kap. 2.4 zur Diaphasik – hier v. a. Vulgärlatein).

Wichtige Autoren der spätlateinischen Epoche sind die Historiker **Ammianus Marcellinus** (ca. 330-395; eifert Tacitus nach) und **Jordanes** († wohl 552, aus Ostrom stammend; bekannt für seine *Getica*, eine Geschichte der Goten), die durchweg in Afrika geborenen Kirchenväter **Tertullian** (ca. 150-230), **Minucius Felix** (um 200), **Cyprian** († 258) und **Augustinus** (354-430; z. B. *De civitate dei/Vom Gottesstaat* und *Confessiones/Bekenntnisse*) und der aus dem heutigen Kroatien stammende Bibelübersetzer **Hieronymus** († 420). Seine aus dem Griechischen und Hebräischen ins Lateinische übersetzte *Vulgata* ist vielleicht der einflussreichste lateinische Text überhaupt. Eine Brücke von griechisch-römischer Bildung zum christlichen Glauben schlägt vor allem **Boethius** (ca.480-ca.525), der deswegen häufig als „der letzte römische Philosoph" bezeichnet wird. Aus sprachwissenschaftlicher Sicht hervorzuheben sind die Grammatiker **Donat** (um 350, ein Lehrer des Hieronymus) und **Priscian** (um 500), deren Werke bis weit ins Mittelalter hinein den Lateinunterricht dominierten.

Nebenbei wird auch deutlich, dass die großen lateinischen Autoren zunehmend aus den Provinzen kommen. Die folgende Karte veranschaulicht dieses Faktum (nach Poccetti et al. 2005:498)[29]

---

28  Die Grenzziehung mit dem Tode Mark Aurels (180) ist also etwas willkürlich. Genausogut hätte man einfach das Jahr 200 ansetzen können, um eine runde Zahl zu haben, oder aber 212, das Jahr der Constitutio Antoniniana (s. Zeittafel S. 297 f).

29  Poccetti et al. haben die Karte entnommen aus Grant, Michael: *Ancient History Atlas* (Cartography by Arthur Banks), London: Weidenfeld and Nicolson, [4]1989.

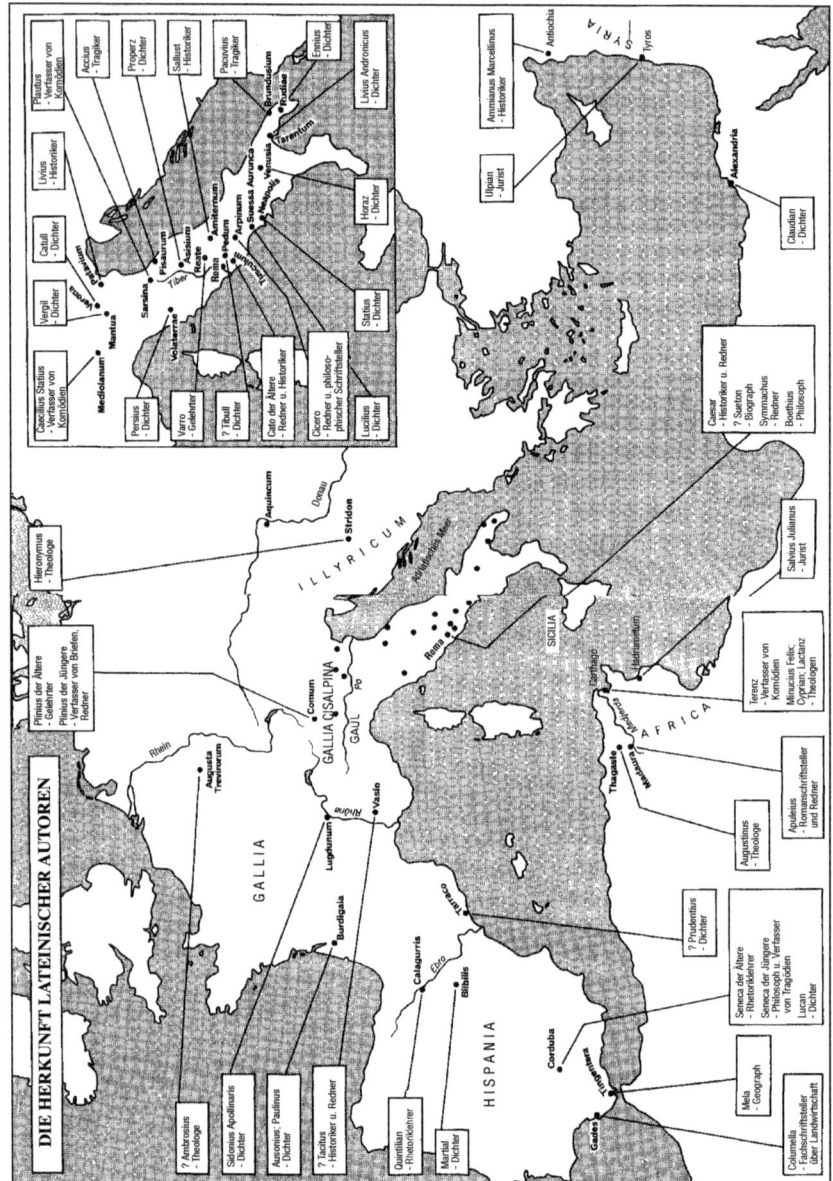

Abb. 6: Herkunft lateinischer Autoren (nach Poccetti et al. 2005:498)

Das größte Datierungsproblem der gesamten lateinischen Sprachgeschichte stellt der Übergang vom Spätlatein zum Mittellatein dar. Orientiert man sich an der Zeitgeschichte, dann kommen die Jahre 476 n. Chr. (Ende des Weströmischen Reiches), 751 (Sturz von Childerich III und damit Ende der 450 begonnenen Merowingerdynastie) oder sogar erst das Jahr 800 (Kaiserkrönung Karls des Großen) für eine Grenzziehung

## 2.1 Diachronische Varietäten des Lateinischen

in Frage. Orientiert man sich hingegen an der sprachlich-kulturellen Situation, so ist das sog. „Merowingerlatein" mit Autoren wie **Gregor von Tours** (538-594), dem Dichter **Venantius Fortunatus** († nach 600 in Poitiers) und dem westgotischen Philologen und Kirchenvater **Isidor von Sevilla** († 636) sicher noch dem Spätlatein zuzurechnen.[30] Das Interesse galt hier fast ausschließlich christlichen Texten, die „heidnischen" Dokumente der Antike wurden mit Vorsicht behandelt. Die schon recht deutlichen Abweichungen von der klassischen Morphologie und Syntax sind ein Indiz dafür, dass die Texte dieser Autoren als Zeugnisse für das allmählich aussterbende gesprochene Latein gelten können.[31] Aus streng innersprachlicher Sicht tritt erst ab etwa 750 n. Chr. mit der sog. „karolingischen Renaissance" eine deutliche Veränderung des Lateinischen ein (s. u.) – man hätte also auch hier die Grenze zum Mittellatein ziehen können.

Betrachtet man die sprachliche Situation aber gesamtheitlich, dann ändert sich spätestens im 6./7. Jh. Entscheidendes: Die gesprochene Sprache im ehemaligen Imperium Romanum hat sich so stark weiter- und auseinanderentwickelt, dass wir neben dem Lateinischen von der **Existenz romanischer Volkssprachen** ausgehen können, auch wenn dafür noch keine schriftlichen Zeugnisse vorliegen. Ab jetzt liegt demnach die **Diglossiesituation** aus romanischem Basilekt und lateinischem Akrolekt vor, die charakteristisch für das Mittellatein ist (s. u.).[32] In der Zeitspanne zwischen 550 und 750 geht es also mit der Beherrschung des Lateinischen steil bergab und mit der Entwicklung des Romanischen bergauf – beide Prozesse verlaufen parallel. Man kann die Situation mit dem Unterschied zwischen Staffelschwimmen und einem Staffellauf vergleichen: Beim Staffelschwimmen startet der nächste Starter erst, wenn der vorige Starter angekommen ist. Diese Situation kommt im Sprachwandel so gut wie nie vor – viel besser passt das Bild des Staffellaufs: Hier läuft der nächste Starter schon los, um Tempo aufzunehmen, ehe der vorige Starter ankommt. Dann laufen beide eine Weile mit gleichem Tempo dicht hintereinander her, bis das Staffelholz übergeben ist. Der neue Starter beschleunigt anschließend, der vorige Starter läuft langsam aus.

Die folgende Grafik veranschaulicht diesen Übergangsprozess vom Lateinischen zu den romanischen Volkssprachen. Der Knick in der Kurve des lateinischen Ausbaugrades um 180 n. Chr. symbolisiert das einsetzende Spätlatein, ab 500 n. Chr. fallen Ausbaugrad und Lateinkompetenz so stark ab, dass hier häufig schon von Mittellatein gesprochen wird. Dieser Verlust sprachlicher Kompetenz (immer in Bezug auf das Klassische Latein gesehen) setzt sich bis Ende des 7. Jh. fort.

---

30  Zu den sprachlichen Eigenheiten des Merowingerlateins vgl. Calboli (1987).
31  Banniard (2003:551) spricht deshalb für die Merowingerphase in Frankreich noch von einem „monolinguisme complexe" (gesprochenes vs. geschriebenes Latein) und setzt die Diglossiesituation zwischen Latein und Protofranzösisch erst mit Ende des 8. Jh. an.
32  Ausführlich zur Diglossie im romanischen Mittelalter: Böhmer (2010:272ff). Wright (1982) setzt den Beginn der Diglossie-Situation deutlich später an, nämlich im 11. Jh. (vgl. FN 39).

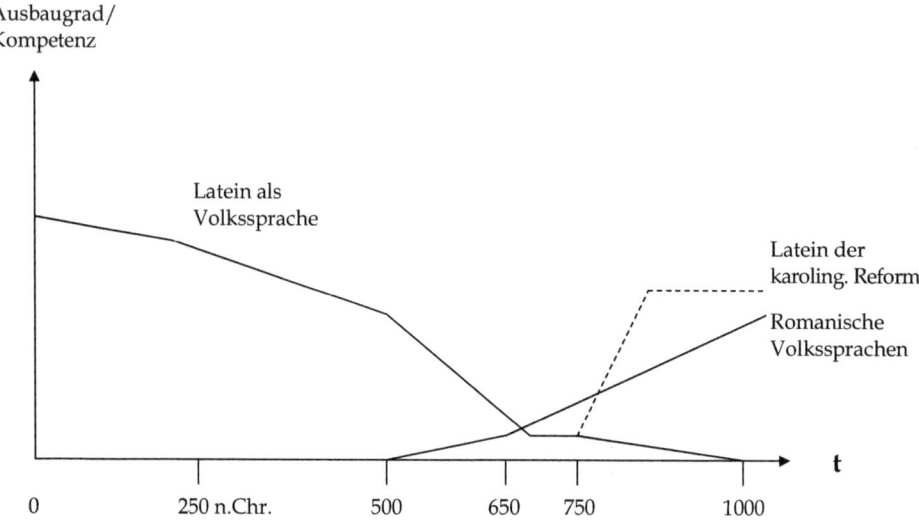

Abb. 7: Übergang vom Lateinischen zu den romanischen Sprachen[33]

Jede Grenzziehung zwischen Spät- und Mittellatein, die in diese Phase fällt, ist damit ohne weiteres zu rechtfertigen, und entsprechend heterogen fallen die Datierungen aus.[34] Ich selbst plädiere für 650, nicht nur, weil es in der Mitte des genannten Zeitraums liegt, sondern auch, weil dadurch die wichtigsten Autoren des Merowingerlateins (s. o.) noch in die Phase des Spätlateins fallen, wo sie von den meisten Latinisten ohnehin verortet werden. Ab dem späten 8. Jh., der Phase der sog. „karolingischen Reform", unterscheiden wir dann zwei Entwicklungsstränge, den aufstrebenden des Lateins als Bildungs- und Verwaltungssprache (gestrichelte Linie) und das allmählich von den romanischen Volkssprachen verdrängte gesprochene Latein (s. u. Kap. 2.1.5).

Ein bis heute strittiger Punkt ist die Frage, inwieweit das christliche Latein repräsentativ für das geschriebene Spätlatein ist, oder ob man nicht eher von einer sog. „altchristlichen" oder **„altkirchlichen Sondersprache"** ausgehen muss, wie es die sog. „Schrijnen/Mohrmann-Schule" annimmt.[35] In jedem Falle wird deutlich, dass die wesentlichen geistigen Anstöße nicht mehr aus Rom selbst, sondern aus den Provinzen kommen. Einher mit dieser Entwicklung geht die sog. *Constitutio Antoniniana*, ein Erlass des Kaisers Caracalla (212), in dem dieser verfügte, dass von nun an alle freien

---

33  Die Werte für den Ausbaugrad sind rein symbolisch, weshalb auch keine Einheiten aufgetragen wurden. Zudem ist zu beachten, dass der Ausbaugrad bzw. die Kompetenz für das Lateinische nach der Karolingischen Reform zwar wieder ansteigt, dass dieses Ansteigen aber nur noch einen Bruchteil der Bevölkerung betrifft. Ein ähnliches Schema findet sich in Raible (1996:121).

34  Krefeld (1988:749) führt einige Linguisten auf, die wie er davon ausgehen, dass ab dem 6. Jh. eine Diglossiesituation Latein vs. romanische Volkssprachen vorliegt. Steinbauer wählt als Grenze zwischen Spät- und Mittellatein das Jahr 600 n. Chr. (2003:513), Meiser (1998:2) und Coseriu (2008/1961:127) setzen 700 an, Lehmann 650 (Web-Materialien).

35  Vgl. z. B. Schrijnen (1932), Schrijnen/Mohrmann (1936/37) und Mohrmann (1961).

Provinzbewohner des Imperium Romanum automatisch das römische Bürgerrecht bekommen.

Ein für die Romania wichtiger Verwaltungsakt ist auch die **Reichsreform unter Diokletian** (305), im Rahmen derer die Iberische Halbinsel neu aufgeteilt wird. Als neue Provinzen kommen die *Carthaginiensis* im Südosten und die *Gallaecia* im Nordwesten hinzu, so dass von nun an insgesamt fünf Provinzen vorliegen, die heute in etwa regionale Entsprechungen haben: Lusitania (Portugal), Gallaecia (Galizien), Baetica (Andalusien), Carthaginiensis (Katalonien), Tarraconensis (Rest-Spanien, v. a. Kastilien). Insgesamt wurde durch die Neueinteilung des Reiches die Zahl der Provinzen von 47 auf 87 erhöht, was zwar die einzelnen Provinzen abwertete, aber die Bedeutung überregionaler Zwischenzentren erhöhte und damit die Ausstrahlungskraft von Rom als Zentrum des Reiches reduzierte. Die zentrifugalen wurden damit stärker als die zentripetalen Kräfte, das Reich begann sich aufzulösen (Devoto 1968:251 ff/291).

Beschleunigt wird dieser Prozess durch das wichtigste historische Phänomen der spätlateinischen Epoche: die **Völkerwanderung**. Im Verlauf dieser um 250 n. Chr. einsetzenden Bewegung gelangten germanische Stämme schon lange vor den ersten Touristenströmen in die Gebiete der Romania (zu den genauen Daten vgl. die Zeittafel S. 300): die **Franken** nach Nord-, die **Burgunder** nach Südostfrankreich, die **Vandalen** nach Andalusien (daher der Name), die **Sueben** nach Galizien und die **Ostgoten** nach Mittel- und Süditalien. Die größte nicht-germanische Gruppe waren die **Alanen**, ein ehemals nordiranisches Reitervolk, das bis ins heutige Portugal vorstieß. Den größten Umweg machten die **Westgoten**, die zunächst nach Italien zogen und dort zweimal Rom eroberten. Die erste Einnahme (410) führte zu einem Bündnis mit Rom und vorübergehendem Abzug, die zweite Einnahme (476), bei der Odoaker den römischen Kaiser Romulus Augustulus absetzte, bedeutete das Ende des römischen Westreichs. Die Westgoten wurden aber nun ihrerseits von den nachrückenden Ostgoten aus Italien vertrieben und ließen sich, nach einer Zwischenstation in Südwestfrankreich („Tolosanisches Westgotenreich"), dauerhaft in Spanien nieder. Hinzu kommen nur noch die **Langobarden**, die ab 568 in Oberitalien (=> „Lombardei") und später auch im Süden des Landes siedeln – damit ist das Panorama der germanischen **Superstratsprachen** in der Romania komplett.

Diese germanischen Sprachen kommen nun in intensiven Kontakt mit provinzlateinischen Varietäten, die bereits deutlich stärker regional diversifiziert sind, als uns dies die schriftlichen Zeugnisse des Spätlateins dokumentieren.

[Textbeispiele:  *Itinerarium Egeriae* II,1    s. S. 176
                *Vulgata* Mt 4,1-3            s. S. 260
                *Vulgata* Gen 11,1-4          s. S. 263]

## 2.1.5 Mittellatein (ca. 650 - 1400/1500)[36] und die frühen romanischen Sprachen

Gelegentlich wird das Mittellatein zeitlich einfach mit der Epoche des Mittelalters verknüpft; die angesetzte Zeitspanne erstreckt sich dann zumeist von 500-1500 n. Chr. Wie wir im vorigen Abschnitt gesehen haben, beginnt aus linguistischer Sicht aber erst im **6. und 7. Jh. entscheidend Neues.** Dies ist nämlich der wesentliche Zeitraum der **Ausbildung und Diversifizierung der romanischen Volkssprachen**, die durch die Auflösung des Römischen Reiches beschleunigt wurde. Gleichzeitig nimmt die Lateinkompetenz in der Bevölkerung stark ab. Die ersten schriftlichen Zeugnisse der Volkssprachen tauchen zwar erst ab 800 auf (Ital.: *Indovinello Veronese*: ca. 800; Frz.: *serments de Strasbourg*: 842; Span.: *nodicia de kesos*: ca. 980), sie dokumentieren aber damit, dass die Anfänge dieser Volkssprachen deutlich früher liegen müssen. Eine schreibfähige Sprache entsteht ja nicht von heute auf morgen. Die Wende, in der das Romanische als Volkssprache die Überhand über das Lateinische gewonnen hat, dürfte etwa im 7. Jh. anzusiedeln sein.

Von nun an können wir von einer **Diglossie-Situation**[37] zwischen Latein als *High-Variety* und den romanischen Volkssprachen als *Low-Variety* ausgehen, die das wesentliche Kriterium für das Mittellatein als neue diachronische Varietät darstellt. Dabei kann man **zwei Phasen** unterscheiden: das frühe Mittellatein (bis etwa 1000 n. Chr.)[38] war als Schriftsprache fast konkurrenzlos – wenn man also schrieb, was nur wenigen vorbehalten war, dann tat man das selbstverständlich lateinisch. Gesprochen wurde aber bereits Romanisch.[39] Im Hoch- und Spätmittelalter hingegen stehen die romanischen Volkssprachen auch in verschrifteter Form zur Verfügung. Damit ist Latein jetzt nur noch eine Sprache für ganz bestimmte Anlässe (z. B. Verwaltung, Justiz, Kirche, Bildung und Wissenschaft), der Alltag jedoch ist von der Volkssprache dominiert. Auch das Lateinische wird noch gesprochen, aber eben vorwiegend in den genannten Kontexten.[40] Typische Produkte dieser Diglossie-Situation sind Mischtexte[41]

---

36  Zu den Varianten der Enddatierung s. Kapitel 2.1.6 zum Neulatein.
37  Im Unterschied zu „Bilinguismus/Bilingualismus" (beide Ausdrücke sind üblich), der sich auf die Zweisprachigkeit eines Individuums bezieht, charakterisiert der Begriff „Diglossie" seit Ferguson (1959) und Fishman (1967) eine Zweisprachigkeit von Sprechergruppen bzw. Regionen, in der den beiden dort auftretenden Varietäten bzw. Sprachen unterschiedliche Funktionen zukommen. Häufig sind die Kompetenzen in den beiden Diglossie-Sprachen auch sehr unterschiedlich in der Bevölkerung verteilt.
38  Die Grenze 1000 ist natürlich symbolisch – wir wissen ja, dass die volkssprachliche Verschriftung in den romanischen Gebieten unterschiedlich schnell voranging (Lehmann – Webmaterialien – setzt z. B. 1050 als Grenze an).
39  Roger Wright (1982) bestreitet für diese frühe Phase die Existenz einer echten Diglossie-Situation. Seiner Ansicht nach verschriftete man damals die gesprochene Volkssprache zwar nach den Regeln der lateinischen Phonem-Graphem-Korrespondenzen, hatte aber nicht das Bewusstsein, eine andere Sprache zu schreiben als zu sprechen. Dies änderte sich nach Wright erst im späten 11. Jh., als auch in Spanien die Karolingische Reform umgesetzt und damit das Lateinische klar von der romanischen Volkssprache abgegrenzt wurde (Dworkin 2018:8).
40  Zur mündlichen Kommunikation im Mittelalter vgl. Haye (2005).

und v. a. die Textsorte der **Glossen**. Es handelt sich bei Letzteren um Notizen am Seitenrand oder in der Zeile, in denen nicht mehr verstandene lateinische Wörter in die Volkssprache übersetzt werden – ganz genau so, wie Schüler*innen bis heute gerne ihre fremdsprachlichen Lektüren präparieren. Hier wird deutlich, dass die Bevölkerung ein Diglossiebewusstsein entwickelt hat und weiß, dass sie inzwischen eine andere Sprache spricht als die schriftlich vorliegende. In Spanien ist dies spätestens ab dem 10. oder 11. Jh. der Fall, je nachdem, welcher Datierung für die *Glosas Emilianenses* man folgt (vgl. Bollée/Neumann-Holzschuh 2013:57).

Die Tatsache, dass die ersten schriftlichen Zeugnisse der Volkssprachen ab 800 auftauchen, ist kein Zufall. Im ausgehenden 8. und beginnenden 9. Jahrhundert hatte Karl der Große an seinem Hof in Aachen, aber auch in anderen Pfalzen, herausragende Gelehrte seiner Zeit versammelt. Diese v. a. aus Irland (z. B. **Alcuin v. York**, 735-804) und Oberitalien (z. B. der Langobarde **Paulus Diaconus** aus dem Kloster Monte Cassino, † 797/799) stammenden Mönche verfügten über hervorragende Lateinkenntnisse und wirkten schulbildend auf das Latein ihrer Epoche. Das Latein näherte sich damit wieder dem Niveau des Klassischen Lateins an (daher: „**Karolingische Renaissance**"), was aber dazu führte, dass es von der Bevölkerung nicht mehr verstanden und als Fremdsprache aufgefasst wurde. Prominentestes Zeugnis dieser Entwicklung ist das Konzil v. Tours (813), in dem unter anderem in Absatz 17 festgelegt wurde:

*Visum est unanimitati nostrae, ut [...] easdem omelias quisque aperte transferre studeat in rusticam Romanam linguam aut Thiotiscam, quo facilius cuncti possint intellegere quae dicuntur.* – ‚Wir sind uns darin einig, dass [...] jeder [erg. Geistliche] eben diese Predigten offen in die romanische oder die deutsche Volkssprache übersetzen soll, damit alle leichter verstehen können, was gesagt wird.'[42]

Diese „Vorschrift" war wahrscheinlich eine enorme Erleichterung für viele einfache Geistliche, die nach Zeitzeugnissen nicht einmal mehr in der Lage waren, bei Begräbnissen die schriftlich vorliegenden lateinischen Messformeln an das Geschlecht (masc./fem.) oder die Anzahl (Singular/Plural) der Verstorbenen anzupassen (Berschin/Felixberger/Goebl 2008:182).

Entsprechend bestand nun ein **Bedarf**, erstmals auch die **Volkssprachen zu verschriften**. Zunächst sind dies vor allem Listen[43] und Glossen, ab dem 10. Jh. beginnt dann die literarische Produktion im Altfranzösischen, ab dem 12./13. Jh. auch im Altspanischen und Altitalienischen. Die Vorreiterrolle des Französischen ist kein Zufall: Diese Sprache hat den stärksten germanischen (d. h. hier: fränkischen) Superstrat-

---

41  Zu mehrsprachigen Texten in der ersten Phase der Verschriftlichung der romanischen Sprachen vgl. Selig (2006). Eine Korpusanalyse zu Predigten des 15. Jh., in denen zwischen Mittellatein und Altitalienisch bzw. Altspanisch oder aber auch Frühneuhochdeutsch gewechselt wird, bietet Kämmerer (2006). Speziell zur deutsch-lateinischen Mehrsprachigkeit im Mittelalter vgl. Ehlen (2011).
42  Text nach Berschin/Felixberger/Goebl (2008:183), Übersetzung JML.
43  Zur Bedeutung der Listen vgl. Koch (1995).

einfluss „erlitten" und sich daher am schnellsten und weitesten vom Lateinischen entfernt. Die Interkomprehension (‚Möglichkeit des gegenseitigen Verstehens')[44] zwischen lateinischer Hochsprache und romanischer Volkssprache endete hier also etwa 200 Jahre früher als im Spanischen und Italienischen.

Was die lateinische Literatur- und Wissenschaftsproduktion betrifft, so haben wir von den Protagonisten der karolingischen Renaissance bereits gesprochen. Auch die übrigen lateinischen Autoren haben meist einen klerikalen Hintergrund. Die **Klöster** wurden sowohl zu Stätten der **Bewahrung** (durch Abschreiben alter Manuskripte) wie auch der **Verbreitung** (durch Unterricht) **des Lateinischen**. Ohne diese mittelalterlichen Abschriften wären uns so gut wie keine Texte der antiken Literatur erhalten. Das zweite große Standbein der lateinischen Schriftlichkeit sind **Justiz und Verwaltung** mit ihren Unmengen an erhaltenen lateinischen Urkunden und Gerichtsakten. Berücksichtigt man, dass die Phase des Mittellateins alleine genau so lang dauerte wie die drei Phasen des dokumentierten antiken Lateins zusammen (d. h. Altlatein bis Spätlatein) und sich überdies auf einen größeren Sprachraum bezog (z. B. auch auf Germanien und Britannien), so wird leicht deutlich, dass die erhaltene mittellateinische Sprachproduktion die erhaltene antike Produktion in der Quantität erheblich übertrifft.

Ab der karolingischen Renaissance verbesserte sich vorübergehend die Lateinkompetenz der (durchweg klerikalen) Bildungselite, man interessierte sich in der Folge auch für die aristotelische Antike und verband Christentum mit antiker Philosophie und Wissenschaft. Prominent wurden der frühscholastische französische Philosoph **Petrus Abaelardus** (Pierre Abélard, 1079-1142), der deutsche Naturwissenschaftler und Philosoph **Albertus Magnus** (ca. 1200-1280) und vor allem dessen italienischer Schüler **Thomas von Aquin** (ca. 1225-1274), der Hauptvertreter der mittelalterlichen Hochscholastik. Was aber die Masse der Geistlichen angeht, so häufen sich die zeitgenössischen Klagen über deren fehlende Lateinkompetenz.[45]

[Textbeispiele:    Straßburger Eide         s. S. 211
                   Glosas Emilianenses      s. S. 290 f].

## 2.1.6 Neulatein (ca. 1400/1500 - heute)

Das Ende des Mittellateins wurde durch die im 14. Jh. in Italien ausgelöste Renaissance eingeläutet. Gelehrte Dichter wie **Dante Alighieri** (um 1265-1321), **Petrarca** (1304-1374) und **Boccaccio** (1313-1375) entdeckten die antiken Autoren, deren Denken und deren Sprache neu und begründeten damit den Humanismus, der den Menschen ins Zentrum des Denkens stellte. Wenn sie Latein schrieben (wie z. B. Dante in seiner *De vulgari eloquentia*/'Über das Dichten in der Volkssprache' oder Petrarca in seinem

---

44   Zum Ablauf von Interkomprehensionsprozessen vgl. Müller-Lancé (2019a).
45   Haye (2005:9 ff) weist allerdings darauf hin, dass gerade bei den Dokumentierungen prominenter Fälle lateinischer Inkompetenz (z. B. im 10. Jh. bei Papst Johannes XII) häufig verunglimpfende Manipulationen der Historiographen vorliegen.

## 2.1 Diachronische Varietäten des Lateinischen

Traktat *Secretum meum*/'Mein Geheimnis'), dann nahmen sie sich die Sprache Ciceros zum Vorbild, andererseits lieferten sie aber auch die ersten Spitzenprodukte volkssprachlicher Literatur.

Im 15. und 16. Jh. eiferte man diesen Frühhumanisten auch nördlich der Alpen nach. Deshalb wird das Ende des Mittellateins hier üblicherweise auf 1500 festgesetzt, in Italien auf 1400. Das Latein entwickelte sich in dieser Zeit von einer pragmatischen Verwaltungs- und Kirchensprache zu einer **klassizistischen Kunstsprache**, dem Neulatein, das vor allem in der Philosophie ihre Anwendung fand und nur von entsprechend wenigen Gebildeten geschrieben und verstanden wurde. Protagonisten sind v. a. die großen Humanisten **Erasmus von Rotterdam** (1469-1536), **Thomas Morus** aus London (1478-1535), der Elsässer **Sebastian Brant** (1457/1458-1521) und der Deutsche **Philipp Melanchthon** (1497-1560). Die mündliche lateinische Kommunikation trat zunehmend in den Hintergrund.

Das humanistische Neulatein verdrängte aber nicht nur das Mittellatein, sondern **stärkte** zugleich **die Volkssprachen**. Da die Masse der Bevölkerung dieses neue Latein nicht mehr verstand, wurde in Verwaltung und Justiz auf die Volkssprache umgestellt (in Frankreich z. B. mit der Ordonnance von Villers-Cotterêts 1539). Auch im Schulwesen und in den Naturwissenschaften ließ der Gebrauch des Lateinischen nach: Mit ciceronianischem Wortschatz ließen sich die zeitgenössischen Entwicklungen eben nicht mehr darstellen. Sogar in der Theologie vollzog man den sprachlichen Schwenk, allerdings nicht ganz freiwillig, sondern auf Druck der Reformatoren, die ihre Kirchenkritik und auch Bibeltexte publikumswirksam in der Volkssprache publizierten (z. B. Martin Luther, 1483-1546, und Jean Calvin, 1509-1564) und dadurch volkssprachliche Reaktionen von der katholischen Gegenseite herausforderten. Bis ins 17. Jh. hielt sich das Lateinische noch als internationale Diplomatensprache, wurde dann aber vom Französischen und dieses im 20. Jh. wiederum vom Englischen abgelöst. An den Universitäten hielt sich das Lateinische als optionale Dissertationssprache bis ins 20. Jh., der tatsächliche Gebrauch war aber gegen Ende die Ausnahme.[46]

Letztes Rückzugsgebiet für das Neulatein blieb entsprechend der **Vatikan**, wo es heute noch offiziell als Amtssprache fungiert, wenngleich es in der mündlichen Kommunikation längst vom Italienischen abgelöst ist. Auch den lateinisch publizierten päpstlichen Rundschreiben gehen inzwischen volkssprachliche Originalfassungen voraus, und beim Versenden werden die lateinischen immer von volkssprachlichen Fassungen begleitet. Um ethische Problemfragen der Gegenwart angemessen auf Latein behandeln zu können, wurde im Vatikan eine Stiftung *Latinitas* gegründet, die sich damit beschäftigt, lateinische Bezeichnungen für neue gesellschaftliche und technische Entwicklungen zu kreieren (z. B. *segregatio nigritarum* für ‚Apartheid' oder *instrumentum computatorium* für ‚Computer'). Sie gibt zusammen mit der Libraria Editoria Vaticana das *Lexicon Recentis Latinitatis* (‚Wörterbuch der neuen Latinität')[47] heraus, das

---

46  Eine bequem zugängliche Sammlung neulateinischer Drucke der Universitätsbibliothek Mannheim aus der frühen Neuzeit findet sich auf der Website des Projekts CAMENA (Corpus Automatum Multiplex Electorum Neolatinitatis Auctorum): www.uni-mannheim.de/mateo/camenahtdocs/camena.html.

in einer italienisch-lateinischen und einer deutsch-lateinischen Version publiziert wird. Die hier vorgeschlagenen Termini werden z. B. auch für die lateinisch gesendeten Monatsnachrichten *nuntii latini* von Radio Bremen verwendet.[48] Es liegt also beim modernen Neulatein ein von der Morphosyntax und Aussprache her an Cicero orientiertes Latein vor, das aber im lexikalischen Bereich auf den neuesten Stand gebracht worden ist. Damit unterscheidet es sich vom Klassischen Latein, das z. B. an Gymnasien und den Seminaren für Klassische Philologie unterrichtet wird und wo darauf geachtet wird, dass auch der Wortschatz sich auf die klassische Epoche beschränkt.

Betrachtet man das Neulatein durch die romanistische Brille, so spielt es vor allem eine Rolle als Quelle der **lexikalischen Entlehnung**. Solche Lehnwortschöpfungen aus dem Lateinischen gab es zu allen Zeiten in allen romanischen Sprachen, und sie dauern bis heute an, aber im 16. Jh. hatten sie ihren Höhepunkt: Um die sich vom Lateinischen emanzipierenden Volkssprachen lexikalisch konkurrenzfähig zu machen, entlehnte man massenhaft Lexeme aus dem Neulatein, das zur damaligen Zeit dem Klassischen Latein sehr nahe kam. Nach Wolf (vgl. Wolf 1991:102) fallen beispielsweise die Erstbelege von etwa 30 % der französischen *mots savants* bzw. Kultismen[49] in dieses Jahrhundert. An Latinismen wären z. B. zu nennen:[50] *classique* (Erstbeleg 1548, < lat. *classicus*), *érosion* (1541 < *erosio*), *semestre* (1596 < *semester*), *véhicule* (1551 < *vehiculum*). Typisch für diese Epoche ist auch das Phänomen der **Dubletten**. Von „Dubletten" spricht man, wenn volkssprachlichen **Erbwörtern**, die sich nach Durchlaufen aller Sprachwandelprozesse in Form und Bedeutung recht weit vom Ursprungswort entfernt haben, zu einem späteren Zeitpunkt im Rahmen der Wortschatzerweiterung neue Lehnwörter an die Seite gestellt werden, die unmittelbar auf demselben Etymon basieren und daher dessen Form und Bedeutung weitgehend beibehalten, also **Kultismen** darstellen. Einige romanische Dubletten entstehen schon in der Phase des ausgehenden Mittellateins und werden dann in der Phase des Neulateins Allgemeingut: So sind beispielsweise aus lat. *causa* (,Grund/Ursache/Rechtssache') die Erbwörter frz. *chose*, sp. *cosa*, it. *cosa* und port. *coisa* entstanden, deren Bedeutung sich durchweg zu ,Sache/Gegenstand' verallgemeinert hat. Im 13. Jh. kreierten Lateinkundige dann durch Entlehnung zusätzlich frz. *cause*, span. *causa*, it. *causa* und port. *causa* mit der Originalbedeutung ,Ursache/Grund'.

Als Dublette im weiteren Sinne könnte man auch die zahlreichen Fälle bezeichnen, in denen einem erbwörtlichen Substantiv ein aus dem Neulatein oder späten Mittellatein entlehntes stammverwandtes Adjektiv oder Substantiv an die Seite gestellt wird. Diese Formen sind vor allem im Französischen auffällig, weil durch die starke historische Wortverkürzung beim Erbwort die Verwandtschaft des substantivischen Lexems

---

47  Letzte Auflage: 2004. Eine Kurzfassung des ital.-latein. Wörterbuchs findet sich unter www.vatican.va/roman_curia/institutions_connected/latinitas/documents/rc_latinitas_20040601_lexicon_it.html.
48  https://www.radiobremen.de/bremenzwei/rubriken/latein/latein- startseite100.html (zuletzt aufgesucht im Dez. 2019).
49  Nur die Entstehung dieser Wörter ist „gelehrt", nicht etwa ihr heutiger Gebrauch.
50  Belege nach Geckeler/Dietrich (2012:229).

2.1 Diachronische Varietäten des Lateinischen

mit dem neuen adjektivischen Lexem kaum noch sichtbar ist: vgl. *œil* (< *oculum*) vs. *oculaire* (Erstbeleg 1483; < *ocularius*) und *oculiste* (1534; < *oculus*), *chien* (< lat. *canem*) vs. *canin* (14. Jh.; < *caninus*), *eau* (< lat. *aqua*) vs. *aquatique* (13. Jh.; < *aquaticus*).[51] Wegen dieser Koexistenz alter und junger Formen spricht man im Französischen von einem „lexique à deux étages".[52]

Ergänzend sei hier angefügt, dass es zwischen den Erbwörtern und den Kultismen noch das Phänomen von Erbwörtern gibt, die durch bremsende Einflüsse entsprechender schriftsprachlicher Formen (z. B. in Verwaltung oder Kirche) nicht den kompletten Lautwandel durchschritten haben. Diese Wörter bezeichnet man als **Semikultismen** (,halbgelehrte Wörter'), z. B. sp. *ángel* ,Engel' statt lautgesetzlich *\*año* (< lat. *angelus*) oder sp. *siglo* ,Jahrhundert' statt *\*sejo* (< *saeculum*).[53]

Typisch für die neulateinische Epoche ist auch das Phänomen der sog. „**Relativisierung**"[54] der romanischen Sprachen: Um diese Volkssprachen aufzuwerten, ersetzte man erbwörtliche oder halblehnwörtliche Formen graphisch durch Entsprechungen, die dem neulateinischen und damit klassischen Ideal näher kamen: So ersetzte man z. B. das altspanische Graphem <v> häufig durch seinen lateinischen Vorgänger <b> und restituierte auch das im Altspanischen weggefallene initiale Graphem <h->, ohne dass sich phonetisch etwas änderte (z. B. asp. <*aver*> > nsp. <*haber*> analog zu lat. *habere*). Die wenigen Inkonsistenzen, die im an sich recht konsequent phonographischen spanischen Orthographiesystem bis heute bestehen, beruhen also meist auf Entwicklungen dieser Zeit. Besonders stark von der etymologischen Schreibung ist das Französische betroffen: Viele der bis heute existierenden „stummen Buchstaben" wurden in der Epoche des Neulateins eingeführt (z. B. <*heure*> statt afrz. <*eure*> zur Erinnerung an lat. <*hora*>, <*poids*> statt afrz. <*pois*> (,Gewicht') zur Erinnerung an lat. <*pondus*> (obwohl es eigentlich auf lat. *pensum* zurückgeht) und zur Unterscheidung von *pois* ,Erbse'. Manche dieser Grapheme wurden ab dem 17. Jh. wieder fallen gelassen, so z. B. die im Folgenden unterstrichenen Grapheme in <*dou_b_ter*>, <*de_b_voir*>, <*e_s_tre*> und <*s_ç_avoir*>, die zur Erinnerung an <*dubitare*>, <*debere*>, <*esse(re)*> und fälschlicherweise <*scire*> (das eigentliche Etymon ist lat. *sapĕre*) eingefügt worden waren.

[Textbeispiel: Pietro Bembo:    *Rerum Venetarum Historiae* VI,    s. S. 162 f]

---

51  Datierungen nach Bloch/Wartburg (1986).
52  Hierzu sehr übersichtlich Walter (1988:242 ff).
53  Hierzu ausführlich Bollée/Neumann-Holzschuh (2013:65 f).
54  Der Begriff „Relativisierung" taucht mit vielen Beispielen bereits bei Coseriu (2008/1961:185 ff) auf. Zur gegenseitigen Beeinflussung von romanischer Nähesprache und lateinischer Distanzsprache im Rahmen der Relativisierung vgl. Raible (1996).

## 2.2 Diatopische Varietäten

Die *lingua latina* war zunächst einmal – wie die Bezeichnung schon andeutet – die **Sprache Latiums** (heute *Lazio* – vgl. den Fußballverein *Lazio Roma*), also der Region, in der die Stadt Rom beheimatet ist. Wir müssen davon ausgehen, dass es sich im 7. Jh. v. Chr. um mehrere Dialekte handelte, von denen wir nur den der Umgebung Roms näher kennen, allerdings erst aus späteren Zeugnissen. Man kann bei diesen Dialekten Latiums von **„primären" Dialekten**[55] sprechen, da sie mindestens genauso alt sind wie der Dialekt Roms, der später zur Standardsprache wurde. Latium reichte vom späteren Hafen Ostia am Tyrrhenischen Meer im Westen etwa 100 km nach Osten bis Trevi; die Nordgrenze bildete ungefähr der nördliche Stadtrand des heutigen Rom, im Süden grenzte Latium an die Albaner Berge (bekannt ist hier v. a. der päpstliche Sommersitz Castel Gandolfo), also eine Nord-Süd-Ausdehnung von etwa 50 km.

---

55 Die terminologische Unterscheidung „primäre vs. sekundäre vs. tertiäre Dialekte" geht auf Coseriu (1980:51f) zurück.

## 2.2 Diatopische Varietäten

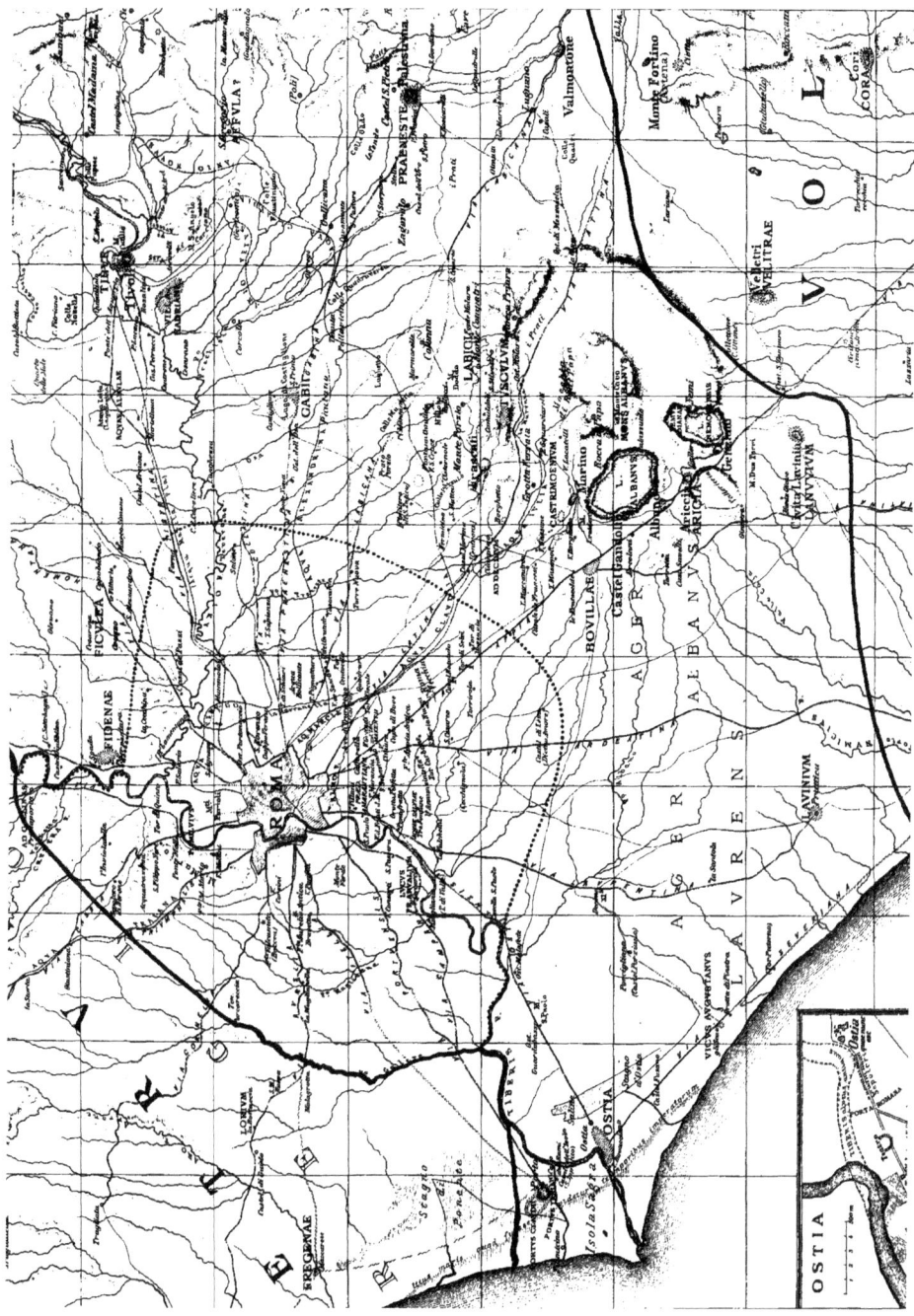

Abb. 8: Das antike Latium (Alföldi 1977 Faltblatt; aus Poccetti 2005:496)

Bei den **Latinern** (bzw. Latino-Faliskern, denn der Sprachbezirk umfasste mit der 55 km nördlich von Rom gelegenen antiken Stadt Falerii – heute Civita Castellana –, deren Einwohner sich selbst *Falisci* nannten, auch eine latinische Sprachinsel auf etruskischem Gebiet) dürfte es sich um Reste einer früher größeren italischen Einwanderergruppe (wohl um 1200 v. Chr. von nördlich der Alpen eingewandert) handeln, die von Norden her von den **Etruskern** (um 900 v. Chr. wahrscheinlich aus Osten eingewandert) und von Süden und Osten her von anderen Italikern, nämlich den auch um 1200 von Nordosten eingewanderten **osko-umbrischen** Sprechergruppen, zusammengedrängt worden waren. An den Küsten der Adria verzeichnen wir als Folge nach-italischer Einwanderungen im Norden noch das **Venetische**, eine indogermanische Sprache, die eventuell auch der italischen Familie zuzurechnen ist, sowie im Süden das **Messapische**, einen illyrischen Dialekt. An den Küsten des äußersten Südens und auf Sizilien finden wir weiterhin ab 750 v. Chr. **griechische** Kolonien (die Griechen nannten die Halbinsel erstmals „Italia"); ganz im Norden, d. h. im Piemont, am Golf v. Genua (daher die Bezeichnung „Ligurien") und sogar im heutigen Tessin und um die oberitalienischen Seen siedelten die **Ligurer**, und schließlich in der Poebene die um 400 v. Chr. aus Frankreich eingewanderten **Kelten** (vgl. Meillet 1977:74 ff und Bengtson 1982:8 ff).[56]

**Wie stark der Dialekt der Stadt Rom** von den umliegenden lateinischen Dialekten **abwich**, sollen einige Beispiele zeigen (alle nach Palmer 2000:62 f; zu anderen Dialekten und Sprachen vgl. Adams 2003:111 ff und Baldi 1999:121 ff): Eine archaische Inschrift aus Falerii lautet folgendermaßen: *foied uino pipafo cra carefo* – im späteren Dialekt der Stadt Rom entspricht dies *hodie vinum bibam, cras carebo* (,heute will ich Wein trinken, morgen werde ich es mir versagen'). Typisch ist dabei der Verlust der Auslautkonsonanten in Falerii (*vino* vs. *vinum*, *cra* vs. *cras*), der durch Parallelbelege wie *sta* für *stat* (,er steht') oder *mate* für *mater* (,Mutter') bestätigt wird; also eine Entwicklung, die ein wenig an die der ostromanischen Sprachen erinnert. Für Hispanisten ist der Wechsel /f/ vs. /h/ (*fodie* vs. *hodie*) interessant, der an den späteren Lautwandel /f/ > /h/ vom Lateinischen zum Altspanischen erinnert (z. B. *formosum* > *hermoso*, *filium* > *hijo*). In Praeneste, 30 km südöstlich von Rom, finden wir noch andere dialektale Varianten: Hier erinnert das schon anlässlich der Fibula Praenestina (s. o.) erwähnte Reduplikationsperfekt *fhefhaked* (statt römisch *fecit* – ,er hat gemacht') an die oskische Form *fefakid*. In beiden genannten Regionen ist weiterhin in der zweiten, also der o-Deklination ein Nominativ Plural auf *-es* belegt, z. B. *magistere(s)* statt römisch *magistri* (,Lehrer'). Auch Plautus lässt Sprecher aus Praeneste zu Wort kommen, die z. B. *conea* statt *ciconia* (,Storch') sagen (*Truculentus*, 690 f). Sogar Witze basieren bei Plautus auf dialektalen Varianten. In der Komödie *Truculentus* (262 ff) lässt er beispielsweise die pränestinische Sklavin Astaphium *comprime eiram* sagen. Gemeint ist *comprime iram* (,unterdrücke den Zorn'), wegen der typisch pränestinischen Diphthongierung

---

56  Bis heute gilt die Sprachenlandschaft Italiens als die zugleich heterogenste und lebendigste Sammlung von Dialekten innerhalb der Romania; vgl. schöne Übersichten hierzu in Haase (2007:145 ff).

versteht der Dialogpartner Truculentus aber *eram* (,Herrin'), was wegen der im Folgetext auch thematisierten sexuellen Konnotation der Metapher sicherlich ein Lacherfolg im Publikum war (zu den Plautusstellen ausführlicher Müller 2001:265).

Wir finden also in der weiteren Umgebung von Rom frühe Inschriften aus der Zeit vor dem 3. Jh.v. Chr., die sich deutlich vom erst **später** belegten Stadtdialekt unterscheiden. Ob der **frühe** stadtrömische Dialekt sich auch schon stark von den latinischen Dialekten seiner Umgebung abgehoben hat, können wir aufgrund fehlender Quellen nicht beurteilen. In jedem Falle hat sich in Rom irgendwann ein Dialekt herausgebildet, der ab dem 3. Jh.v. Chr. aus politischen Gründen (Ausdehnung des römischen Territoriums) die Nachbardialekte als Schriftform „**überdacht**" hat (s. Kap. 2.1), während die anderen primären Dialekte im Wesentlichen auf den mündlichen Gebrauch beschränkt blieben. Ob es von Anfang an einen römischen Dialekt gab, der stark dem späteren klassischen Latein ähnelte, oder ob es eine Mischform aus den Dialekten der Umgebung war,[57] wissen wir nicht. Das Problem erinnert also an die Diskussion zur Herausbildung des Franzischen, des mittelalterlichen Dialekts der Ile de France um Paris, der später zur französischen Hochsprache wurde. Auch dieser Dialekt ist deutlich später belegt als seine Nachbardialekte, nämlich erst ab der 2.Hälfte des 13. Jahrhunderts.[58]

Seit der Phase des Altlateins breitet sich das Lateinische Roms in und außerhalb Italien aus und überlagert bzw. überdacht dabei Idiome, die aufgrund ihres typologischen Abstands nicht mehr als Dialekte des Lateinischen, sondern als eigenständige Sprachen aufzufassen sind. Auf diese Weise, also durch Migration, entstehen neue Dialekte des Lateinischen, sog. „**sekundäre**" **Dialekte**. Ein solcher sekundärer Dialekt ist beispielsweise das bei Horaz[59] und Petronius häufig bezeugte Latein Süditaliens mit seinen zahlreichen Gräzismen, hervorgerufen durch die Verbreitung des Griechischen in Süditalien in vorrömischer Zeit. So finden wir z. B. bei Horaz das „Luxuslehnwort" *moechus* statt *adulter* für ‚Ehebrecher' (Hor. Sat.II 7,13 und 7,72) und bei Petron das „Bedarfslehnwort" *pyxis* (Petron Sat. 39,8), das über seine latinisierte Form *puxis* zur deutschen *Büchse* geführt hat.[60] Allerdings ist zu den Gräzismen zu sagen, dass sie nur in ihrer Häufung typisch für Süditalien waren. Das Phänomen des Gräzismus als solches war auch in Rom verbreitet, einfach weil während der gesamten klassischen Epo-

---

57  Poccetti et al. (2005:64f) betonen beispielsweise die sabinischen und etruskischen Elemente im archaischen Latein und bezeichnen Rom als „pluriethnischen Schmelztiegel".
58  Hierzu Berschin/Felixberger/Goebl (2008:204). Cerquiglini (1991:116f) vertritt aufgrund der Datenlage die Extremthese, dass das frühe Franzische eine Erfindung der Sprachwissenschaftler sei.
59  Zur Funktion der bewusst eingesetzten volkssprachlichen Elemente bei Horaz vgl. Müller-Lancé (1992). Lüdtke (2005:60ff) stellt in Frage, ob man zu diesem frühen Zeitpunkt überhaupt schon von „Vulgarismen" im Gegensatz zum Standardlatein sprechen kann – immerhin haben sich die „klassischen" Autoren ja selbst noch nicht als klassisch empfunden.
60  Ich unterscheide zwischen „Bedarfslehnwörtern", die keine muttersprachliche Entsprechung haben und üblicherweise zusammen mit der entsprechenden technisch-kulturellen Neuerung importiert werden, und „Luxuslehnwörtern" die strenggenommen überflüssig sind, da es bereits eine muttersprachliche Entsprechung gibt. *Dessert* für *Nachtisch* und *Comedian* für *Komiker* sind im Deutschen also Luxuslehnwörter, *Walkman* oder *Smartphone* hingegen sind Bedarfslehnwörter.

che das Griechische *die* Vorzeigefremdsprache und im östlichen Teil des Römischen Reiches[61] auch die wichtigste Verkehrssprache war;[62] also durchaus vergleichbar mit der heutigen Rolle des Englischen.

Kommen wir zu den **sekundären Dialekten außerhalb Italiens**: Einige Beispiele für keltische Lehnwörter im sekundären Lateindialekt Galliens kennt jede Romanist*in aus ihrer linguistischen Einführung: *bracae* (‚Hosen'), *cervisia* (‚Bier'), *camisia* (‚Hemd').[63] Im hispanischen Latein, und nur dort, ist das keltiberische Lehnwort *paramus* (‚Hochebene') belegt, das sich als *páramo* bis ins Neuspanische erhalten hat (Adams 2003:450). Obwohl sich die Römer nur relativ kurz in Germanien aufgehalten haben, entlehnten sie auch hier einheimische Wörter wie bspw. *burgus* (‚Burg'; Väänänen 1988:83).

Die phonetischen Abstände dieser sekundären Dialekte gehen so weit, dass man für die Entstehung der unterschiedlichen romanischen Sprachen regional verschiedene Vokalsysteme des gesprochenen Lateins annimmt (vgl. Kap. 3.2). Leider haben wir für die sekundären Dialekte relativ wenig Belege. Dies spricht aber nicht gegen ihre Existenz, sondern vielmehr dafür, dass der Ausbau des Lateinischen bereits so weit vorangeschritten ist, dass die Schriftsprache weitgehend immun gegen die unterschiedlichsten regionalen Einflüsse aus der gesprochenen Sprache ist. Immerhin hat sich die Fläche des Römischen Reiches von etwa 2500 km² am Beginn des 5. Jh.v. Chr. auf etwa 3 Millionen km² ausgedehnt (Seidl 2003:521). Wir müssen also von einer relativ homogenen Schriftsprache ausgehen, die zahlreiche höchst heterogene gesprochene Dialekte überdacht hat.[64] Ein einfaches Beispiel mag dies veranschaulichen: Liest man einen Prospekt eines bekannten Stuttgarter Automobilherstellers, so merkt man nichts von der regionalen Sprechweise seiner Verfasser. Unterhält man sich aber mit ihnen, so wundert man sich, zu welchem Standarddeutsch sie schriftlich in der Lage sind. Die wichtigste Informationsquelle für die Kenntnis der sekundären lateinischen Dialekte ist daher die Rekonstruktion aus den romanischen Sprachen.

Versucht nun ein muttersprachlicher Sprecher eines sekundären lateinischen Dialekts, Standardlatein zu sprechen (beispielsweise vor Gericht oder bei einem ähnlich offiziellen Anlass), dann wird man ihm seine dialektale Herkunft zumeist an seinem „Akzent" anmerken. Diese regionale Färbung der Standardsprache bezeichnet man auch als **„tertiären" Dialekt**. Bekannt sind vor allem die Akzente im Latein der Grie-

---

61  Die Grenze zwischen dem lateinischsprachigen und dem griechischsprachigen Teil des Römischen Reiches verlief nördlich des Mittelmeeres entlang der auf der Grundlage von Inschriften erstellten sog. Jireček-Linie (benannt nach ihrem Entdecker, einem tschechischen Historiker) auf dem Balkan, und zwar von West nach Ost auf der Höhe von Shkodër durch Albanien über Sofia in Bulgarien bis hin zur Donau, deren Lauf sie dann bis zum Schwarzen Meer folgte. Im südlichen Mittelmeerraum begann der lateinischsprachige Bereich westlich von Ägypten (Tagliavini 1998:132 f und Seidl 2003:522).

62  Zum Einfluss des Griechischen auf das Klassische Latein vgl. Rosén (1999:21 ff).

63  Zu keltisch-lateinischem Bilingualismus und Dokumenten der Sprachmischung vgl. Adams (2003: 184 ff).

64  Begünstigt wird dies durch das antike Stilprinzip der „imitatio" – d. h. des Nachahmens als vorbildhaft empfundener Autoren (Seidl 2003:527).

chen, der Afrikaner und der Kelten Galliens (Adams 2003:432ff). Aber auch den gebürtigen Hispaniern Seneca, Martial, Trajan und Hadrian wird man in Rom ihre Herkunft angehört haben.[65] Vielleicht hat man sogar ähnlich über deren Akzent gewitzelt wie heute in Deutschland über das Deutsch schwäbischer und bayerischer Politiker. Immerhin äußert sich Cicero abwertend zu den phonetischen Eigenheiten des gallischen und hispanischen Lateins (Müller 2001:269). In jedem Falle waren die Akzente zahlreich und ständig miteinander in Kontakt: Trajan war z. B. mit Plotina, einer römischen Kolonistentochter aus Nemausus, also dem französischen Nîmes, verheiratet (Gottschalk 1984:107). Hohes Prestige genoss allein der griechische Akzent, der sich im Lateinischen beispielsweise so äußerte, dass anlautendes /f/ im Eigennamen *Fundanius* als /h/ realisiert wurde (Adams 2003:108/432). Mit der Frage der Wahrnehmung von dialektalen Unterschieden im Sprecherbewusstsein beschäftigt sich im Übrigen eine neue linguistische Teildisziplin, die sog. **Perzeptive Varietätenlinguistik** (vgl. Krefeld et al. 2010).

Bis heute existieren übrigens solche regionalen Aussprachekonventionen des Lateinischen, die auch zu den offiziellsten Anlässen nicht abgelegt werden. Ein schönes Beispiel war die am 19.4.2005 von der Loggia des Petersdoms in alle Welt übertragene Ankündigung des chilenischen Kardinals Medina Estévez „habemus papam" (‚wir haben einen Papst')[66] anläßlich der Papstwahl von Benedikt XVI. Ganz selbstverständlich verzichtete der Chilene, wie in romanischen Ländern üblich, auf die phonetische Realisierung des <h> in *habemus*. Und auch der aktuelle argentinische Papst Franziskus verbindet in seiner Latein-Varietät spanische und italienische Aussprachetraditionen (vgl. Sprachproben im Literaturverzeichnis). Weitere Beispiele: Unsere französischen Nachbarn sind nicht nur bekannt für ihre englischen, sondern auch für ihre lateinischen Aussprachekonventionen: Das Wortspiel, das in den französischen *Asterix*-Comics (d. h. im Original)[67] zur Bezeichnung des fiktiven römischen Lagers „Petibonum" (sic! unzulänglich ins Deutsche übersetzt durch „Kleinbonum") geführt hat, versteht man nur, wenn man weiß, dass in Frankreich die lateinische Endung <-um> phonetisch grundsätzlich als [ɔm] realisiert wird und *Petibonum* dadurch lautlich dem französischen Ausdruck *petit bonhomme* (‚kleiner Kerl') entspricht. In Italien wiederum wird jegliches lateinisches <c> vor <e> oder <i> als [tʃ] realisiert. Die Aussprache von lat. *cena* (‚Essen') unterscheidet sich heute also phonetisch nicht von it. *cena*, obwohl auch

---

65  So berichtet z. B. Aulus Gellius in *Noctes Atticae* 19, 9, 2 über den span. Rhetor Antonius Iulianus, dass er *Hispano ore* (‚mit spanischem Mund') gesprochen habe und dafür von den Gebildeten verspottet wird; in der *Historia Augusta* heißt es zu Hadrian (3,1) er sei *agrestius pronuntians*, und bei Seneca d. Ä. (*controversiae 1 praef.* 16) wird die Aussprache eines Spaniers gleichfalls als *agrestem* (‚ländlich, bäuerlich') bezeichnet (diese Hinweise danke ich meinem ehemaligen Mannheimer Kollegen Kai Brodersen).

66  Der komplette Text der Ansage (der lateinische Text folgt unmittelbar auf die Begrüßung der Gläubigen auf Italienisch, Spanisch, Französisch, Deutsch und Englisch): *Annuntio vobis gaudium magnum; habemus Papam: Eminentissimum ac Reverendissimum Dominum, Dominum Josephum Sanctae Romanae Ecclesiae Cardinalem Ratzinger qui sibi nomen imposuit Benedictum XVI* (www.youtube.com/watch?v=_Z7HEmDguHw).

67  z. B. Goscinny/Uderzo (1965): *Astérix et Cléopâtre*. Paris: Dargaud.

italienische Philologen wissen, dass in klassischer Zeit jedes lateinische <c> als [k] realisiert wurde. In Deutschland war es bis in die 60er Jahre des vergangenen Jahrhunderts üblich, die lateinischen <c> vor <ae>, <e> und <i> im Lateinunterricht als [ts] auszusprechen. Bis heute hat sich diese aus dem Mittellatein stammende Aussprachekonvention bei den Eigennamen *Caesar* ['tsɛzaʀ] und *Cicero* ['tsitseʀo] erhalten, obwohl man im gymnasialen und universitären Lateinunterricht längst zur zeitgenössischeren Aussprache ['kae̯sar] und ['kikero] übergegangen ist. Am Beispiel *Caesar* werden noch drei Phänomene des in Deutschland üblicherweise gesprochenen tertiären Lateindialekts deutlich: Die Monophthongierung von [ae̯] zu [ɛ], die Sonorisierung von intervokalischem [s] zu [z] und die Reduktion der Vibration beim ursprünglich wohl gerollten lateinischen [r]. Der deutsche Papst Benedikt XVI hielt sich übrigens in seiner eigenen Lateinaussprache weitgehend an die im deutschsprachigen Katholizismus üblichen Konventionen, hat sich aber in einem Punkt an die italienische Umgebung angepasst – zumindest wenn er dort auftrat: So realisierte er lateinisches <c> vor <e> oder <i> wie in Italien als [tʃ]. Der lateinische Gebetsschluss *requiescant in pace* („sie mögen ruhen in Frieden') klingt also in den letzten beiden Wörtern komplett italienisch.[68]

Zur Entstehung der sekundären Dialekte des Lateinischen, aus denen ja die romanischen Sprachen hervorgegangen sind, ist noch etwas Wesentliches nachzutragen (zum Folgenden Krefeld 2003): In der Sprachgeschichtsschreibung hatte man in Anwendung der auf Ascoli (1864) zurückgehenden **Strata-Theorie**[69] lange Zeit die Tendenz, von folgender Gleichung auszugehen: Substratsprache X + Einwanderersprache Y + Superstratsprache Z = neue Sprache (also z. B. Keltiberisch + Latein + Westgotisch/Arabisch = Spanisch). Hier wurde vielfach übersehen, dass sich nicht etwa Sprachen wie Schichten überlagern, was die geologische Metapher der Strata nahe legt, sondern dass Sprecher miteinander in Kontakt treten. Es muss also zum einen die Art und Häufigkeit dieser menschlichen Kontakte untersucht werden (führen sie z. B. zu Bilingualismus oder Diglossie, zu Überdachung oder zu einer gemeinsamen Verkehrssprache?), und zum anderen der linguistische Typ (z. B. SOV- oder SVO-Sprache? flektierend oder agglutinierend?[70] typologischer Abstand?) und schließlich der Status der betroffenen Idiome (Ausbaustufe, Prestige?). Die Grundfrage ist also: Ist es überhaupt wahrscheinlich, dass der angenommene sprachliche Einfluss (z. B. eine konkrete Entlehnung) tatsächlich stattgefunden hat, oder handelt es sich vielleicht doch um eine unabhängige Eigenentwicklung? Antworten hierzu könnten junge Disziplinen wie die **Sprachkon-**

---

68  Lateinische Sprachproben von Papst Benedikt XVI finden sich auf www.youtube.com/watch?v=Fxk7tCzdn1M; www.youtube.com/watch?v=LTFCxgBSpEE.
69  Eine Substratsprache existiert **vor** der zum Standard werdenden Einwanderersprache (letztere ist das eigentliche „Stratum" – dieser Terminus taucht aber bei Ascoli nicht auf) im Sprachgebiet, eine Superstratsprache kommt **nach** dieser Einwanderersprache ins Land. In der Phase der Koexistenz spricht man in beiden Fällen von „Adstratsprachen". Erst wenn die Sprachen untergegangen sind, bezeichnet man sie als „Sub-" und „Superstratsprachen". Bleiben die fraglichen Sprachen neben der Standardsprache im Gebiet erhalten, dann spricht man von dauerhaften „Adstratsprachen".
70  Vgl. Kap. 4.2.

taktforschung (vgl. allgemein Riehl 2014 und speziell zum Lateinischen Adams 2003) oder die **Migrationslinguistik** (vgl. Krefeld 2004) geben – in jedem Falle ist die sprachliche Realität deutlich komplexer, als es Schichtmodelle vermuten lassen. Nur ein kleines Beispiel: Das Vulgärlatein Spaniens hatte es mit einem baskischen Sub- bzw. Adstrat (denn das Baskische existiert ja bis heute) sowie mit einem arabischen Super- bzw. Adstrat zu tun. Beide Sprachen sind typologisch weit weg vom Lateinischen, Interkomprehension ist also ausgeschlossen. Da das Arabische aber eine hochgradig ausgebaute Kultursprache war und entsprechendes Renommé genoss, und darüberhinaus zahlreiche geistige und technische Neuerungen aus der arabischen Kultur nach Spanien drangen, sind die vielen Arabismen im Spanischen nicht überraschend (man spricht in solchen Fällen auch von einem „Kulturadstrat"). Das Baskische dagegen hätte viel länger Zeit gehabt, das Spanische zu beeinflussen, was aber faktisch kaum geschah, weil im Falle des Baskischen weder ein besonderer sprachlicher Ausbau noch ein im Vergleich zum Spanischen höherer Status der Sprache vorlag. Die geologische Metapher passt also nicht wirklich, zumal sich Erd- und Gesteinsschichten seltenst vermischen. Als Metapher viel besser geeignet (und besser passend zum romanistischen Kontext) wäre das bekannte italienische Gericht Lasagne: Auch hier werden die Schichten in chronologischer Reihenfolge übereinander geschichtet, beim Backen aber vermischen sich Käse, Béchamel- und Bolognese-Sauce (dies entspräche typologisch ähnlichen und in intensivem Kontakt befindlichen Sprachen), während keine Vermischung zwischen der Sauce und den Nudelplatten stattfindet (sie stehen für typologisch verschiedene Sprachen mit wenig intensivem Austausch).

Ein zweiter Nachtrag betrifft die Unterscheidung **diatopisch vs. diastratisch vs. diaphasisch**:

Im Sprachbewußtsein der römischen Stadtbevölkerung ist die ursprünglich diatopische Unterscheidung *sermo rusticus* bzw. *agrestis* (Sprache der Landbevölkerung; von *rusticus*, 3 bzw. *agrestis, e* – ‚ländlich') vs. *sermo urbanus* (Sprache der Stadt Rom; von *urbanus*, 3 – ‚städtisch') schon in klassischer Zeit mehrfach bezeugt. Man merkte also offensichtlich an der Sprache, ob der Sprecher aus der Stadt selbst oder aus dem Umland kam. Dabei war die ländliche Sprache z. B. im Bereich der Phonetik eher progressiv: So wurde beispielsweise in klassischer Zeit der Diphthong [a͡e] bzw. [a͡ɪ] geschrieben <ae>) auf dem Land schon als [e] oder [ɛ] realisiert (z. B. *haedus* ‚Bock' > *[h]edus*) (Müller 2001:32). Entsprechendes gilt für das Verstummen von anlautendem /h-/ (Seidl 2003:522). Später nahm die Unterscheidung *urbanus* vs. *rusticus* eher diastratischen Charakter an: Urban war die Sprache der gebildeten Schicht, rustik die Sprache der breiten Bevölkerungsschichten, und zwar auch derer aus Rom. Der nächste Schritt ist dann die Verwendung des *sermo rusticus* durch Sprecher der Oberschicht in formlosem Kontexten. Wir haben also mit den Varietäten des Lateinischen bereits ein Beispiel für die von Koch/Oesterreicher als „Varietätenkette" bezeichnete unidirektionale Abfolge diatopisch > diastratisch > diaphasisch (2011:16; hierzu auch Müller 2001:263 f).[71] Von dem Moment an, wo sich eine ausgebaute Standardsprache endgültig etabliert hatte, können die von ihr abweichenden Formen daher nicht mehr eindeutig den diachronischen, diatopischen, diastratischen oder diaphasischen Varietäten zugeordnet werden (Seidl 2003:519).

## 2.3 Diastratische Varietäten

In unserer **modernen Gesellschaft** haben diastratische Varietäten an Bedeutung verloren, zumindest, wenn man sie als „Sprachen bestimmter Gesellschaftsschichten" oder „Sprachniveaus" definiert. Das Schulsystem und die Medien sorgen nämlich dafür, dass zumindest sprachlich die vertikale Mobilität gewährleistet ist. Sprecher*innen des elaborierten Codes können sich diastratisch niedrig markierte Varietäten in Talk- und Reality-Shows des Privatfernsehens zu Gemüte führen, die niedrigeren Schichten haben z. B. über die „Tagesschau" Zugang zum sprachlichen Standard. Politiker*innen geben sich, vor allem im Wahlkampf, gerne mal volksnah und verwenden dann auch das entsprechende umgangssprachliche Vokabular. Wichtiger sind diastratische Varietäten heute in der Form von **Gruppensprachen**: BWL-Studierende sprechen anders als Romanistik-Studierende (zumindest, wenn sie über ihr Studium sprechen), Jugendliche mit türkischem Einwanderungshintergrund sprechen anders als Gleichaltrige aus dem Schwarzwald. Entscheidend ist aber, dass jedes Individuum gleichzeitig mehreren Gruppen angehört, weshalb sich Gruppensprachen über verschiedene gesellschaftliche Schichten erstrecken können. Zudem können Gruppensprachen auch von anderen Gruppen stilistisch imitiert und so als diaphasische Varietät eingesetzt werden: Derzeit populärstes Beispiel in Deutschland ist die Deutsch-Varietät türkischer Migrantenkinder, kommerzialisiert z. B. durch das Komikerduo Erkan & Stefan oder den Mannheimer Comedian Bülent Ceylan.

Die größten gesellschaftlichen Gruppen sind üblicherweise die der Männer und Frauen. Schon hierfür sind sprachliche Differenzierungen im Lateinischen überliefert: Bei Plautus berufen sich Frauen in Eidesformeln oder Bekräftigungen grundsätzlich auf den Gott Castor (*ecastor*! ‚beim Castor!'), Männer hingegen auf Hercules (*hercle*! ‚beim Hercules!') (Seidl 2003:525).

Als Beispiel für eine typische **Gruppensprache im Römischen Reich** kann auch der ***sermo castrensis*** oder ***sermo militaris*** (beide synonym für ‚Soldatensprache') herangezogen werden: Im römischen Heer, das vor allem zur Kaiserzeit zunehmend aus Provinzialen, also Provinzbürgern nicht-italienischer Herkunft, bestand, hat sich eine Fach- und Gruppensprache herausgebildet, die vom obersten Heerführer bis zum untersten Legionär verstanden wurde, also nicht schichtspezifisch war. Charakteris-

---

71  Koch/Oesterreicher stützen sich dabei auf Coseriu (1980:50), der von einem orientierten Verhältnis „Dialekt => Sprachniveau => Sprachstil" ausging.

tisch für diese Gruppensprache waren zunächst einmal Ausdrücke für Waffen und Formationen (die Metapher ‚Schildkröte' – *testudo* – für das aus den Schilden der Soldaten über ihren Köpfen gebildete Schutzdach ist jedem Caesar- oder *Asterix*-Leser ein Begriff) sowie Kommandos (z. B. die aus dem Imperativ *ambulate* ‚marschiert los!' verkürzte Schnellsprechform *\*allate*, die wohl zum frz. Verb *aller* geführt hat) und Soldatenlieder. Diese sprachlichen Elemente einten alle römischen Legionen, egal, wo sie stationiert waren. Hinzu kam jedoch ein Lehnwortschatz aus den jeweils besetzten Regionen oder aus den Muttersprachen der Söldner.[72] Dieser Lehnwortschatz war v. a. germanischer oder keltischer Natur (Reichenkron 1965:161) und beschränkte sich auf die entsprechenden Legionen.

Ebenfalls als Gruppensprache kann man das **Latein der frühen Christen** bezeichnen. Gekennzeichnet ist es vor allem durch einen Fachwortschatz aus bibelbasierten Hebraismen (z. B. *messias* ‚der Gesalbte') und Gräzismen (z. B. *baptizare* ‚taufen') und eine sehr schlichte Syntax (Seidl 2003:526). Auch diese Gruppensprache überspannte mehrere soziale Schichten.

Abgesehen vom Heerwesen und dem Christentum mit der angesprochenen vertikalen sprachlichen Durchlässigkeit waren aber im Römischen Reich die Gesellschaftsschichten recht deutlich voneinander abgegrenzt: Es gab Sklaven, Freigelassene (also ehemalige Sklaven) und freie Bürger. Letztere teilten sich nach ihrer Abstammung nochmals in zwei Stände auf: die Masse der **Plebejer** (von *plebs* ‚Volksmenge') und die wenigen **Patrizier**, die sich wohl schon in der Königszeit aus einer Schicht bäuerlicher Grundbesitzer erhoben hatten.[73] Häufig bildeten Plebejer in Gruppen die sog. *clientela* (‚Klientel') einer patrizischen *gens* (‚Familie, Geschlecht', daher der „Gentilname"), insgesamt ein typisches *do ut des*-Verhältnis (‚ich gebe, damit du gibst'): In Abstimmungen gaben die Klienten ihrem *patronus*, also dem Oberhaupt der Patrizierfamilie, ihre Stimme, umgekehrt erhielten sie dafür Schutz von ihm, z. B. bei Gerichtsverhandlungen.[74]

Die Sprache dieser Plebejer hat sich offenbar so stark von der Sprache der Patrizier unterschieden, dass sie schon früh als *sermo plebeius* (z. B. bei Cicero und Petronius) bezeichnet wurde. Gemeint war damit wohl vor allem der alltägliche Wortschatz im Unterschied zum literarischen Wortschatz (Müller 2001:85ff). Im Spätlatein wird der Terminus *sermo plebeius* durch den Ausdruck **sermo vulgaris** verdrängt. Die Verdrängung erklärt sich dadurch, dass in der Kaiserzeit die Ständeunterscheidung Plebejer vs.

---

72  Legt man die bis heute üblichen Ernährungsgewohnheiten von Soldaten zugrunde, so ist die These sicher nicht allzu gewagt, dass das keltische Wort *cerevesia* (‚Bier') auch über den *sermo castrensis* ins Spanische (*cerveza*) gelangt ist.

73  Solche punktuelle Informationen zur Antike findet man am schnellsten und zuverlässigsten in Ziegler, Konrat; Sontheimer, Walter (1979): *Der Kleine Pauly. Lexikon der Antike in fünf Bänden*. München: dtv. Ausführlichst zur sozialen Variation im Lateinischen vgl. Adams (2013).

74  Patrizier und Plebejer bildeten gemeinsam das wahlberechtigte ‚Staatsvolk' *populus*, das noch heute auf den Kanaldeckeln der Stadt Rom in Form des 2500 Jahre alten Akronyms *SPQR* auftaucht (*Senatus Populusque Romanus* – ‚der Senat und das römische Volk'). Ab der späten Republik hatten auch Plebejer Zugang zu den Staatsämtern.

Patrizier nicht mehr von entscheidender politischer Bedeutung war. Als Begriff für die Volksmasse in Abgrenzung zur Oberschicht wurde daher ein anderes Wort üblich: *vulgus, i,* n (Müller 2001:91 f). Der hiervon abgeleitete Ausdruck *sermo vulgaris* führte später in der historischen Sprachwissenschaft zur Schöpfung des umstrittenen Begriffs „Vulgärlatein" (s. Kap. 2.4).

Die Ausdrücke *plebeius* und *vulgaris* haben zwar einen gesellschaftlichen Ursprung, aber dennoch blieben die entsprechenden Varietäten nicht auf die diastratische Dimension beschränkt. Schon der bereits angesprochene Erstbeleg liefert möglicherweise ein Indiz dafür: Cicero (*Epistulae ad familiares* 9,21) hat nämlich Formulierungen in seinem eigenen Briefstil als *sermo plebeius* bezeichnet. Die Frage ist nun, ob dies Understatement war, ob er sich für einen sprachlichen Lapsus entschuldigen wollte (Müller 2001:85 ff), oder ob er sich vielleicht dessen bewusst war, dass man als Sprecher immer unterschiedliche Register zur Verfügung hat. In jedem Falle wird deutlich, dass die **Grenzen zwischen der diastratischen und der diaphasischen Dimension** schon hier **verwischen**. Es ist beispielsweise überliefert, dass der Patrizier Publius Claudius Pulcher sich aus politischen Gründen – er wollte Volkstribun werden – von einem Plebejer adoptieren ließ und sich fortan Cl**o**dius nannte. Die Monophthongierung von [au̯] zu [o] war also zunächst diastratisch markiert (Seidl 2003:525). In der Kaiserzeit aber wird die Tendenz zur Aufhebung der Grenzen zwischen Standardsprache und Substandard noch stärker: Ähnlich wie moderne Politiker mussten sich auch viele Caesaren volksnah geben, um ihre Popularität zu sichern: Der Kaiser Claudius soll sich selbst Clodius genannt haben, und von Nero ist sogar bekannt, dass er sich nächtens verkleidet in Kneipen und Bordellen unters Volk mischte (Gottschalk 1984: 59). Der ursprüngliche sozial markierte Substandard wird also zu einem Stilmittel.

Dabei gab es selbstverständlich auch im Lateinischen eine „**Vulgärsprache**" im heutigen Sinne, mit dem üblichen Wortschatz, zusammengesetzt aus Tiermetaphern und sexuellen (z. B. *cauda* für *penis*, *cunnus* für *vagina*) oder exkrementellen Ausdrücken (z. B. *merda* für *excrementum*)[75] – die romanischen Fortsetzer sind bekannt genug. Diese Vulgärsprache ist jedoch in keinem Fall mit dem Phänomen gleichzusetzen, das sich in der romanischen Sprachwissenschaft unter dem Begriff „Vulgärlatein" eingebürgert hat. Letzteres Phänomen, auf das man die Entstehung der romanischen Sprachen zurückführt, wird in der Sprachwissenschaft zunehmend als diaphasische oder diamesische Varietät aufgefasst und daher im folgenden Unterkapitel behandelt.

---

75   Alle Beispiele aus Horaz Satiren, Buch I. Weitere Beispiele finden sich in unserem Ergänzungsband. Zu vulgärem Wortschatz in den romanischen Sprachen vgl. Gauger (2012).

## 2.4 Diaphasische und diamesische Varietäten; das Vulgärlatein

### 2.4.1 Probleme der Abgrenzung „diaphasisch - diamesisch"

Es wurde bereits gesagt, dass diatopische Varietäten auch in die diastratische Dimension (Sprachniveaus) übergehen können und diastratische Varietäten wiederum in die diaphasische Dimension (Sprachstile oder -register). Hinzu kommt das Problem, dass die Form von Äußerungen auch danach variiert, ob sie **graphisch oder phonisch** vorliegt (Medium) bzw. ob sie als **gesprochen oder geschrieben** (Konzeption) entworfen wurde. Diese von Ludwig Söll (1985) erdachte Unterscheidung wurde von Wulf Oesterreicher und Peter Koch 1990 ausgebaut. Sie unterscheiden, auch in der überarbeiteten Neuauflage von 2011, aus der im Folgenden zitiert wird, zwischen der **Opposition** von medialer Mündlichkeit und Schriftlichkeit (es gibt hier ja keine Zwischenphänomene) sowie dem **Kontinuum** zwischen konzeptioneller Mündlichkeit (= „Nähesprache") und Schriftlichkeit (= „Distanzsprache"). Kennzeichnend für die sprachliche Konzeption sind bestimmte Kommunikationsbedingungen und Versprachlichungsstrategien (verkürzt nach Koch/Oesterreicher 2011:13):

| Nähesprache | Distanzsprache |
|---|---|
| Kommunikationsbedingungen: | Kommunikationsbedingungen: |
| ▸ Privatheit | ▸ Öffentlichkeit |
| ▸ Vertrautheit | ▸ Fremdheit |
| ▸ Emotionalität | ▸ keine Emotionalität |
| ▸ Spontaneität | ▸ Reflektiertheit |
| ▸ physische Nähe | ▸ physische Distanz |
| usw. | usw. |
| Versprachlichungsstrategien: | Versprachlichungsstrategien: |
| ▸ Präferenz für Gestik/Mimik | ▸ Präferenz für sprachl. Kontexte |
| ▸ geringer Planungsaufwand | ▸ hoher Planungsaufwand |
| ▸ Vorläufigkeit | ▸ Endgültigkeit |
| ▸ Aggregation[76] | ▸ Integration |
| usw. | usw. |

---

76 Die Unterscheidung zwischen Aggregation und Integration geht auf die von Wolfgang Raible (1992) eingeführte Dimension „Junktion" zurück. Kurz gesagt meint „Aggregation" das spontane Aneinanderhängen sprachlicher Elemente, während bei der „Integration" eine Sachverhaltsdarstellung in eine andere integriert bzw. von ihr abhängig gemacht wird. Eine Kurzbeschreibung von Raibles Dimension findet sich in Kap. 5.2.2 sowie in Müller-Lancé (1994:83ff).

Je öffentlicher eine Kommunikationssituation ist, desto mehr achten wir auf die Art, wie wir sprechen; planen also unseren Diskurs so durch, dass er auch dauerhaft Bestand haben kann. Das Ergebnis ist dann eine mehr oder weniger distanzsprachliche Äußerung. Werden diese kommunikativen Regeln verletzt, z. B. wenn eine private Kurznachricht (SMS) versehentlich an einen öffentlichen Adressaten gelangt oder eine spontane Unmutsäußerung publik wird, so kann dies ernsthafte Folgen haben – zahlreiche halbfreiwillige Ministerrücktritte wegen verbaler Entgleisungen sprechen eine deutliche Sprache.

Nach allem, was wir über das gesprochene Lateinische wissen (vgl. hierzu die sprachinternen Kapitel), ergäbe sich für die späte Kaiserzeit folgendes Vierfelderschema, wenn die Bedeutung ‚man sagt, Claudius habe einen Sohn' zum Ausdruck gebracht werden soll (analog zur Darstellung in Koch/Oesterreicher 2011:3):

|        |                    | KONZEPTION                          |                                    |
|--------|--------------------|-------------------------------------|------------------------------------|
|        |                    | gesprochen                          | geschrieben                        |
| MEDIUM | graphischer Kode   | Dicunt quod Clodius filium habet    | Claudius filium habere dicitur     |
|        | phonischer Kode    | ['dikuntkwod'klodjus'filju^m abet]  | ['klaûdius'filiumhabere 'dikitur][77] |

Abb. 9: Mündlichkeit und Schriftlichkeit im Lateinischen

Es stellt sich nun ein theoretisches Problem: Gehören die hier abgebildeten Varianten noch in die Dimension der Diaphasik, also zu den Sprachstilen? Diese Ansicht vertrat z. B. Coseriu selbst. Oder soll man eine eigene Dimension einführen, die dann „diamesisch" zu nennen wäre (bzw. mit einer griechisch-lateinischen Kunstschöpfung: „diamedial"),[78] analog zu den Gräzismen „diatopisch", „diastratisch" und „diaphasisch"? Knackpunkt ist die Frage, ob sich eine sprachliche Äußerung auch in der Konzeption allein dadurch ändert, dass sie das Medium wechselt, ohne dass dies Auswirkungen auf die diaphasische Markierung hätte. Dies gilt sicher für das Französische, für das Lateinische hingegen können wir das aus unserer heutigen Sicht nicht mit Sicherheit sagen. Im oben aufgeführten Beispiel sind die Monophthongierung au>o (['klodjus]), der Schwund des Auslaut-m ['filju^m] und des Anlaut-h ([abet]) aus diaphasischer Sicht wohl unmarkiert. Die syntaktische Umstellung vom persönlich konstruierten NCI (Nominativus cum Infinitivo)[79] zu dem von einem unpersönlichen Ausdruck (*dicunt* ‚man

---

77  Nach unserem heutigen Wissensstand wurde die phonologische Unterscheidung der Vokalquantitäten schon im 1. Jh. n. Chr. aufgegeben (Seidl 2003:520), weshalb sie in diesem Beispiel auch nicht mehr markiert ist.
78  Einige linguistische Einführungen tun dies bereits, so z. B. Blasco Ferrer (1994:208 ff).
79  Wörtlich übersetzt entspräche der NCI im Deutschen *‚Claudius wird gesagt einen Sohn zu haben'.

sagt') abhängigen *quod*-Satz hingegen dürfte als Abstieg im stilistischen Niveau empfunden worden sein. Da die Grenzen fließend sind, werden die diamesischen Varietäten in dieser Darstellung in das diaphasische Kapitel integriert.

Bei einer anderen zeitgenössisch belegten Varietät liegen die Dinge klarer: Der **sermo cotidianus** (‚Alltagssprache') wird in der *Rhetorica ad Herennium* als unterstes Register der rhetorischen Stile angesehen, bei Quintilian steht er unmittelbar unterhalb dieser Stufe (Müller 2001:167-170), nimmt also immerhin die höchste Stufe der nicht-rhetorisch geformten Rede ein. Also eine ziemlich eindeutig diaphasische Variante. Nicht ganz so einfach ist die Einordnung des **sermo familiaris** (‚vertrauliche Sprache'), einer eher selten verwendeten Bezeichnung nähesprachlichen Stils, die später von *sermo cotidianus* oder *sermo vulgaris* verdrängt wurde (Müller 2001:179 ff). Poccetti et al. (2005:298) nämlich beschränken diesen *sermo familiaris* auf die gebildeten Klassen Roms und bezeichnen damit beispielsweise den Stil der gesprochenen Sprache der Plautus-Komödien; also ein echtes Übergangsphänomen zwischen Diastratik, Diaphasik und Diamesik. Auf welche Weise konkrete sprachliche Elemente von Epoche zu Epoche das Register wechseln können, zeigt das Beispiel *laevus*: Zu Zeiten des Plautus war es das Standardlexem für die Bedeutung ‚links'; daneben existierte das recht seltene *sinister*. Im Klassischen Latein wurde das inzwischen archaisch konnotierte *laevus* nur noch in epischer Sprache gebraucht und in der sonstigen Prosa von *sinister* als Standardwort verdrängt (Seidl 2003: 526 f), das sich in it./sp. *sinistro* mit zwei Bedeutungsvarianten erhalten hat (‚links' + ‚unheilvoll'), in frz. *sinistre* nur noch mit letzterer.

Ähnlich schwierig zu fassen ist der Begriff **sermo humilis** (‚niedrig'), der bei Cicero erstbelegt ist. Hier bezeichnet der Ausdruck *humilis* ganz wertneutral die unterste Stilebene in der antiken Rhetorik, ist also synonym zum *genus subtile* (‚schlichter Stil').[80] Bei Quintilian hingegen wird *humilis* abwertend für eine Sprechweise gebraucht, die gegen den sprachlichen Standard verstößt. Bei Augustinus erfährt *humilis* eine Aufwertung: Hiermit ist der bescheidene christliche Sprachstil gemeint, der im Gegensatz zu rhetorischer Effekthascherei steht (Müller 2001:93-116). In jedem Falle ist *humilis* eher eine diaphasische als eine diastratische Markierung.

### 2.4.2 Das sogenannte „Vulgärlatein"

**Definitionen**
Schon im 18. Jh. taucht eine erste wissenschaftliche Variante des Begriffs „Vulgärlatein" beim französischen Sprachgelehrten Bonamy auf. Er versteht unter *latin vulgaire* das **gesprochene Register**, das neben der geschriebenen Hochsprache existierte, und er betont, dass dieses Register von allen sozialen Schichten verwendet wurde (Bonamy 1736/1975:26 f). Er fasst den Begriff also diamesisch (Dimension gesprochen/geschrieben) auf und beschränkt ihn auf das gesprochene Medium. Aber erst der Romanist Schuchardt (1866-1868) verankert das Vulgärlatein fest als Begriff in der historischen

---

80  Im Unterschied zum erhabenen (*genus grande/sublime*) und mittleren Stil (*genus medium*).

Sprachwissenschaft, allerdings mit einer eher **diastratischen** Auffassung. Auch der Latinist Wölfflin versteht den Begriff 1876 in einem epochemachenden Aufsatz diastratisch, fasst ihn allerdings aus rein pragmatischen Gründen sehr weit:

> Wir fassen im folgenden den begriff vulgärlatein oder volkssprache im weitesten sinn und berücksichtigen sämmtliche stufen, welche der sermo cotidianus, usualis, vulgaris, plebeius, proletarius, rusticus, inconditus einnehmen, um so mehr als eine scheidung im einzelnen doch nicht durchzuführen wäre (Wölfflin 1876:138).

In der Folge gab es unterschiedlichste Definitionen des Begriffs „Vulgärlatein".[81] Die Tendenz ging dahin, den Begriff rein diastratisch zu fassen und dabei zeitlich oder gesellschaftlich so einzuengen, dass die betreffende Varietät homogen und dadurch leichter beschreibbar wurde (z. B. schon bei Grandgent 1907 und Bourciez 1927). Hofmann (1951:5) unterteilte in dieser Absicht die „Lateinische Umgangssprache" in drei Ebenen: „Gebildete Umgangssprache – Vulgärsprache – Sprache des Pöbels". Erst von den Romanisten Vossler (1954) und Rohlfs (1969) wurde das Vulgärlatein wieder aus der diastratischen Dimension herausgeholt und als **sprechsprachliches Register ohne soziale Markierung** betrachtet. Dennoch blieb rudimentär die aus dem romantischen Geist des 19. Jahrhunderts herrührende Grundauffassung bestehen, es habe eine vom Klassischen Latein weitgehend abgekoppelte Sprache gegeben, die als Volkssprache die Mutter aller romanischen Sprachen gewesen sei. Erst mit Coseriu (2008/1952 bzw. 2008/1961), Sofer (1963), Reichenkron (1965) und Väänänen (1981) setzte sich die Auffassung durch, das Vulgärlatein sei ein Bündel von heterogenen sprechsprachlichen Varietäten, die, ihrerseits nochmals in Zeit und Raum variierend, vom kodifizierten Klassischen Latein zu unterscheiden seien. Das Vulgärlatein umfasst demnach sämtliche bisher aufgeführten vom klassischen Standard abweichenden *sermones* (*familiaris, cotidianus, plebeius, rusticus, humilis, castrensis, vulgaris*). Die Zeitspanne, in der man das Vulgärlatein ansetzt, erstreckt sich bei dieser Auffassung üblicherweise vom Aufkommen der ersten literarischen Zeugnisse im Lateinischen bis hin zur vermuteten Entstehungsphase der romanischen Volkssprachen, also von etwa 200 v. Chr. bis 600 n. Chr. (Reichenkron 1965:77). Coseriu spricht hier gar vom „latin tout court", von dem das literarische Latein als Sonderfall zu scheiden sei (2008/1993:336). Diesen weiten Vulgärlateinbegriff vertritt auch Kiesler (2018:13) in seiner Überblicksdarstellung, die man derzeit wohl als die aktuellste bezeichnen kann. Das Vulgärlatein geht also direkt in das sog. **„Protoromanisch"** über, einen Sammelbegriff zur Bezeichnung der Frühstadien der noch nicht verschrifteten und nicht weit ausdifferenzierten romanischen Sprachen (vgl. Willms 2014:231). Gelegentlich wird „Protoromanisch" auch syn-

---

81 Hierzu Coseriu (2008/1952:40ff, 2008/1961:147ff, 2008/2001:352ff), Sofer (1963), Lloyd (1979) und zuletzt Kiesler (2018:9ff). Etwas aus dem aktuellen Forschungstrend heraus fällt Willms (2014:230), der Vulgärlatein klar diastratisch definiert, aber einräumt, dass es „weder räumlich noch zeitlich einheitlich" sei. Auch Adams (2013:3-11) betont die große soziale und damit diastratische Variation des Lateinischen, meidet aber den Begriff ‚Vulgärlatein' und räumt zusätzlich gesprochensprachliche Besonderheiten wie *pane* für *panem* oder *pos tempus* für *post tempus* ein, die nicht diastratisch markiert seien (2013:11f).

2.4 Diaphasische und diamesische Varietäten; das Vulgärlatein

onym zu „Vulgärlatein" verwendet (vgl. Seidl 2003:528), oder aber man bezeichnet diejenige lateinische Teilmenge, die sich in den romanischen Sprachen fortgesetzt hat, als **„protoromanisches Vulgärlatein"** (Stefenelli 2003:531).

Dass das Vulgärlatein überhaupt so sehr in das Zentrum des Interesses rückte, verdankt es also der **Romanischen Philologie.** Die Klassische und die Mittellateinische Philologie fühlen sich nämlich – zumindest in Deutschland – überwiegend für die lateinische Literatur(sprache) verantwortlich. Belege für gesprochenes oder gar Substandardlatein sind eher eine Domäne der Archäologen, der Historiker, der Indogermanisten und eben der Romanisten.[82] Das Interesse der Romanischen Philologie am Vulgärlatein ist allerdings egoistisch: Die Möglichkeit, mit dem Lateinischen auf eine recht gut dokumentierte Sprache als Ursprung ihrer eigenen Objektsprachen zurückzugreifen, erhob sie über die anderen Neuphilologien. Vor allem aber war man dank der Entdeckung der Gesetzmäßigkeiten des Sprachwandels in der Lage, lateinische Etyma von ihren romanischen Reflexen her zu rekonstruieren und anschließend die Ergebnisse der Rekonstruktion mit lateinischen Belegen zu vergleichen. Frz. *oreille*, sp. *oreja*, port. *orelha* und it. *orecchio* gehen eben offensichtlich nicht auf das klassische *auris* (‚Ohr') zurück, sondern auf dessen Variante *oricla* (‚Außenohr, Öhrchen, Ohrläppchen'), die uns in der Appendix Probi (s. u.) überliefert ist („*auris non oricla*"). Weil diese nicht auf das Klassische Latein zurückgehenden Rekonstruktionen aber in der Summe kein konkretes Sprachsystem ergaben, hat Coseriu das „romanistische" Vulgärlatein als „Abstraktion" bezeichnet (1978:261 und 2008/1952:51 f.).

Nachdem in den letzten Jahrzehnten immer mehr vermeintliche Quellen des Vulgärlateins (s. u.) ausgewertet worden sind, kristallisierten sich **drei Phänomene** heraus, die für die moderne Auffassung des Begriffs ganz wesentlich sind und vor allem die Abgrenzung zum Klassischen Latein betreffen (Poccetti et al. 2005:23):

▸ Die üblicherweise als Quellen des Vulgärlateins aufgefassten schriftlichen Texte zeigen sprachlich eine so stark zentripetale (also auf den Sprachgebrauch Roms hin orientierte) und vereinheitlichende Tendenz, dass sie nicht als Aufzeichnungen der gesprochenen Sprache angesehen werden können.
▸ Texte mit Merkmalen, die als „volkssprachlich" angesehen werden, zeigen immer auch Spuren literarischer Formen. Sie können also nicht niedrigsten diastratischen Varietäten angehören.
▸ Selbst das literarische Latein (v. a. in späteren Epochen) enthält immer wieder Merkmale, die üblicherweise dem „Vulgärlatein" zugeschrieben werden.

---

82  International hat sich in den letzten 30 Jahren eine größere Gruppe von Linguisten zusammengefunden, die sich vorrangig mit Fragen des Vulgär- und Spätlateinischen befassen. Die Kongressakten dieser Tagungen unter dem Motto „latin vulgaire – latin tardif" geben den besten Überblick über die aktuelle Vulgärlateinforschung. Bisher erschienen sind Tagungsbände mit folgenden Herausgebern: J. Herman (Bd. 1, 1987), G. Calboli (Bd. 2, 1990), M. Iliescu u. W. Marxgut (Bd. 3, 1992), L. Callebat (Bd. 4, 1995), H. Petersmann u. R. Kettemann (Bd. 5, 1999), H. Solin et al. (Bd. 6, 2003), C. Arias Abellán (Bd. 7, 2006), R. Wright (Bd. 8, 2008), F. Biville et al. (Bd. 9, 2012), P. Molinelli et al. (Bd. 10, 2014), A. García Leal u. C.E. Prieto Entrialgo (Bd. 11, 2018).

Wenn man also an dem zugegebenermaßen sehr praktischen Vulgärlateinbegriff festhalten will, dann muss man **Überschneidungen mit dem Klassischen Latein** akzeptieren. Hier sind sicherlich die Möglichkeiten des Vulgärlateins deutlich breiter anzusetzen als die des Klassischen Lateins, das ja gerade durch seine zeitliche, thematische und räumliche Eingrenzung definiert ist.

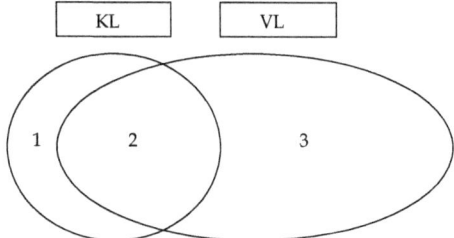

Abb. 10: Klassisches Latein (KL) und Vulgärlatein (VL)

Man kann alternativ aber auch die ehrlichere Perspektive der sprachlichen Einzelformen annehmen (phonetische Varianten, Wortschatz und syntaktische Techniken inbegriffen). Ehrlicher ist diese Perspektive deshalb, da uns ja faktisch nur diese Formen vorliegen, und zwar auch durchaus in metasprachlicher Kommentierung, aber eben nicht zeitgenössische Abgrenzungen von Klassischem Latein und Vulgärlatein als Ganzem. Es ergäbe sich dann folgendes Schema, das die Teilmengen aus Abb. 10 wieder aufgreift:

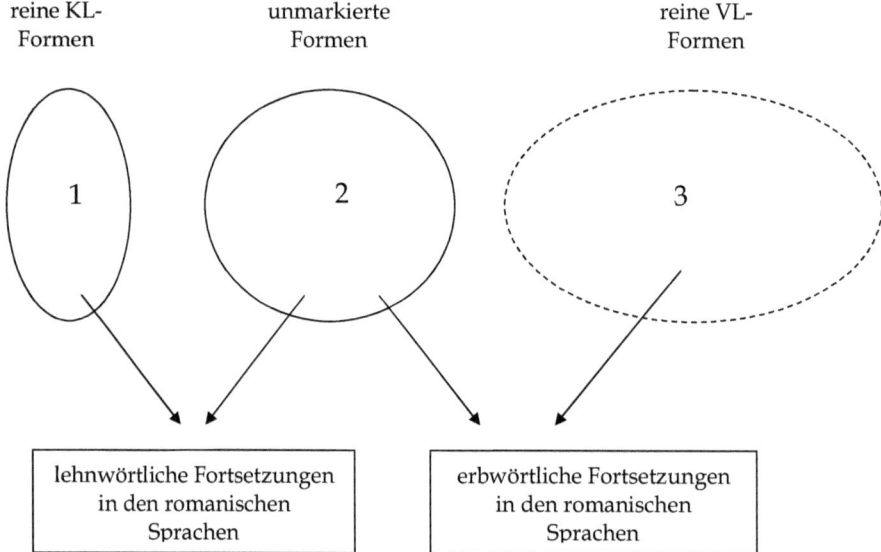

Abb. 11: Das Formenspektrum zwischen Klassischem Latein und Vulgärlatein und die Fortsetzungen in den romanischen Sprachen

Die Menge der Formen,[83] die ausschließlich in klassischen Texten auftritt, ist also im Verhältnis am kleinsten. Deutlich größer ist bereits die Menge der Formen, die sowohl in klassischen Texten als auch in den üblicherweise als „volkssprachlich" angesehenen Texten auftreten und daher unmarkiert sind. Am größten ist aber sicherlich die Menge der Formen, die in den verschiedensten Winkeln des Römischen Reiches zu unterschiedlichsten Zeiten und Anlässen verwendet wurden. Diese Formen sind uns jedoch kaum dokumentiert, weshalb die Linie der Ellipse gestrichelt dargestellt ist. Wer also beispielsweise nach Belegen für volkssprachliche Formen wie das zusammengesetzte Perfekt Aktiv oder das periphrastische Futur (vgl. Kap. 4.6.4) im Lateinischen sucht, der sucht die berühmte Nadel im Heuhaufen und muss entsprechend viel Geduld mitbringen.[84]

In jedem Falle werden Elemente aus allen drei Teilmengen in den romanischen Sprachen fortgesetzt, wenn auch in unterschiedlicher Weise: Die rein klassischen Formen tauchen nur als Ergebnis späterer Entlehnungen wieder auf, also im Rahmen der Relatinisierung (vgl. Kap. 2.1.6). Aus dem Bereich der unmarkierten Formen gibt es sowohl gebildete Entlehnungen (also geringer Lautwandel, z. B. *femininus* > frz. *féminin*) als auch erbwörtliche Formen (also kompletter Lautwandel, z. B. *femina* > frz. *femme*; *mulier* > sp. *mujer*, *domina* > it. *donna*). Die ausschließlich dem „Vulgärlatein" zugeschriebenen Formen (z. B. *oricla*, s. o.) hingegen tauchen nur als erbwörtliche Fortsetzer auf.

Dieses Faktum ist von größter Bedeutung für den **Fremdsprachenunterricht**. Es zeigt nämlich, dass der klassische Wortschatz (einschließlich des darin enthaltenen unmarkierten Wortschatzes) im Lateinunterricht keinesfalls umsonst gelernt wird: Nach Stefenellis (1991, 1992) Auszählungen werden von den 1000 häufigsten Wörtern des Klassischen Lateins 290 als Erbwörter im Französischen fortgesetzt (in der hier vorgestellten Klassifikation wären das also die „unmarkierten" lateinischen Formen). Hinzu kommen weitere 200 Wörter, die als Entlehnungen im Französischen wieder auftauchen und dort hochfrequent sind. Fast die Hälfte des im Lateinunterricht gelernten Wortschatzes kann also gewinnbringend für den Erwerb des Französischen eingesetzt werden. Im Spanischen und Italienischen liegen die Verhältnisse noch günstiger. Entscheidend ist letztendlich, dass diese Transfermöglichkeiten im alt- und neusprachlichen Unterricht auch entsprechend propagiert werden (hierzu Müller-Lancé 2006, 2009, 2013, 2017, 2019; Siebel 2017:285 ff macht einen konkreten Vorschlag zu einem lateinischen Lernwortschatz, der sich am größtmöglichen Transferpotenzial orientiert und Grundlage des Lernwortschatzes in unserem Ergänzungsband ist). Die Chancen stehen übrigens gut, dass dies in Zukunft nicht nur zwischen Latein und den romanischen Schulsprachen, sondern auch zwischen Latein und dem Englischen ge-

---

83  Es geht bei diesen Formen um die Menge der *types* (Formtypen), nicht um die Menge der *tokens* (Belege für einen *type*).
84  Dem Verfasser ist dies am eigenen Leibe widerfahren, als er für sein Dissertationsprojekt „volkssprachliche" Varianten absoluter Konstruktionen im Lateinischen suchte, also beispielsweise Accusativi oder Nominativi Absoluti (vgl. Müller-Lancé 1994).

schieht. Ein entsprechendes didaktisches Projekt „Englisch und Latein in Kooperation" (ELiK) lief von 2007 bis 2013 erfolgreich in Bremen und Berlin und hat sich auch über andere Bundesländer ausgebreitet.[85]

Ein letzter Aspekt des Vulgärlateins ist bisher in der Forschung zu wenig beachtet worden: Viele der als „volkssprachlich" bezeichneten Formen stellen offensichtlich Vereinfachungen der klassischen Formen dar.[86] Diese Vereinfachungen könnten auch dadurch erklärt werden, dass viele der Bewohner des Römischen Reiches ihr Latein als **Zweitsprache** von den Besatzern gelernt haben – Entsprechendes gilt für die römischen Söldner, die als sprachliche Multiplikatoren dienten. Seit Selinker (1972)[87] gilt es aber als übliches Phänomen einer Lernervarietät bzw. *interlanguage*, dass z. B. unregelmäßige Formen der Zielsprache im Erwerbsprozess zunächst einmal vereinfacht, d. h. regelmäßig gemacht werden. Jeder Sprachenlerner kann dieses Phänomen an sich selbst beobachten. Auch das sog. „Indianerspanisch" in Lateinamerika, das aus dem Erwerb des Kolonisatorenspanisch durch die indigene Bevölkerung entstand, zeigt solche Phänomene (Genusabweichungen, abweichender Gebrauch von Präpositonen und Modi).[88] Da das Römische Reich durchgehend von Bilingualismus und Diglossie geprägt war, liegt es nahe, in den Begleiterscheinungen des Zweitspracherwerbs einen ganz wesentlichen Faktor für die Entstehung der Charakteristika des Vulgärlateins zu sehen (Müller-Lancé 2008, vgl. auch Adams 2003:425 ff, 725 ff).[89] Dies gilt umso mehr, als ein wirklich gesteuerter Fremdsprachenunterricht (engl. *foreign language learning*) des Lateinischen erst im 4. Jh. n. Chr. seine Anfänge hatte (vgl. Lüdtke 2005:81 f). Fast die gesamte Antike hindurch wird das Lateinische als Zweitsprache also ungesteuert erworben (engl. *second language acquisition*), was die lernerseitigen Vereinfachungstendenzen verstärkt.

In jedem Falle muss man sich nach unserem heutigen Kenntnisstand von der romantischen Vorstellung verabschieden, es habe im antiken Rom eine Zweisprachigkeit,

---

85  Die Projektleitung von anglistischer Seite hatte Sabine Doff, Universität Bremen, von latinistischer Seite Stefan Kipf, FU Berlin (vgl. Doff/Kipf 2007, 2013, Kipf 2008 und Doff/Lenz 2011 sowie konkrete Unterrichtsmaterialien bei Hille-Coates 2013). In Baden-Württemberg existiert zur Verbindung von Latein und Englisch schon etwas länger das sog. Biberacher Modell, das aber primär darauf hinaus läuft, durch Verschiebungen in der Stundentafel das parallele Unterrichten von Englisch und Latein ab Klasse 5 des Gymnasiums zu ermöglichen und weniger auf die didaktische Verzahnung der beiden Fächer abzielt (vgl. Falk 2002 und Reinhart 2004). In Rheinland-Pfalz heißt das entsprechende Projekt „Latein Plus" (vgl. Sundermann 2013).

86  Klar gesehen hat dies allerdings bereits Coseriu (2008/1952:302 ff). Ein klein wenig hat sich also die Vulgärlateinforschung auf die Position ihres umstrittenen *enfant terrible*, Witold Mańczak, zubewegt, der seit Jahrzehnten beharrlich die These vertritt, das Vulgärlatein stamme direkt vom Klassischen Latein ab (z. B. in Mańczak 1987 und 1995).

87  Nach Selinker steht die individuelle Lernervarietät (*interlanguage*) einer Sprache X am Anfang des Erwerbs noch recht nahe an der Muttersprache des Lerners, nähert sich aber im Laufe des Spracherwerbsprozesses immer mehr der Zielsprache an. Vgl. Selinker (1972).

88  Vgl. hierzu Zimmermann (2004, 1992).

89  Coseriu (2008/1961:258 ff und 306 ff) ging sogar soweit, in diesem Zusammenhang von „Kreolisierung" des Lateinischen zu sprechen – der Begriff „*interlanguage*" stand ihm allerdings noch nicht zur Verfügung.

bezogen auf getrennte Sprachsysteme des Klassischen und des Vulgärlateins gegeben (vgl. Lüdtke 2005:31 ff). Zweisprachigkeit gab es zwar, aber die betraf Latein und Griechisch (s. o.). Das Verhältnis zwischen Klassischem und Vulgärlatein entspricht am ehesten dem zwischen den Varietäten Distanz- und Nähesprache, die wir aus unseren modernen Sprachen kennen.

## Quellen

Fasst man das Vulgärlatein als gesprochenes Latein auf, so ist klar, dass es hierfür strenggenommen keine **direkten** Quellen geben kann. In der romanistischen Sprachgeschichtsschreibung hat sich daher die Umschreibung „Quellen **zur Kenntnis** des Vulgärlateins" eingebürgert. Hilfreich ist nun die oben erläuterte Unterscheidung von Koch/Oesterreicher: Natürlich gibt es kaum Quellen zur medialen Mündlichkeit (Transkriptionen in anderen Schriftsystemen, z. B. dem griechischen, bilden eine gewisse Ausnahme), aber sehr wohl für die konzeptionelle Mündlichkeit. Es geht also darum, das Gesprochene in der graphischen Realisierung zu identifizieren (Oesterreicher 1995). Legt man diese Zielsetzung zugrunde, dann finden sich doch so viele Quellen, dass sie hier nicht annähernd aufgelistet werden können. Abhilfe leisten einige **Textsammlungen zum Vulgärlatein**, in denen jeweils repräsentative Originalauszüge mit linguistischen Kommentaren versehen sind: Kramer (2007), Iliescu/Slusanski (1991), Rohlfs (1969), Díaz y Díaz (1962), Slotty (1960).

Auch **Anthologien der romanischen Sprachdenkmäler** vermitteln einen Eindruck vom Vulgärlatein, da die frühesten romanischen Belege i. Allg. in lateinischem Kontext konserviert sind. Hier wären zu nennen: Moreno (1979), Sampson (1980) sowie die konsequent nach Manuskriptdatierungen und Textsorten geordnete Übersicht von Frank/Hartmann (1997).

Nun aber zu den wichtigsten **Quellen zur Kenntnis des Vulgärlateins**, also zu Texten, in denen sich Elemente der konzeptionellen Mündlichkeit sowie Elemente von Substandardregistern auffällig häufen (pro Kategorie sind jeweils nur die bekanntesten Vertreter genannt):[90]

1. **Autoren (vor-) klassischer Zeit** (vgl. 2.1.3):
    - Plautus, Terenz: Komödien (ca. 200 v. Chr.) – hier legt das Genre schon eine nähesprachliche Darstellung nahe (Textbeispiel S. 98)
    - Cicero: Briefe, v. a. die *Epistulae ad Atticum*, also an seinen Freund und Verleger Atticus (ca. 60 v. Chr.); wegen der persönlichen Vertrautheit gibt sich Cicero hier sprachlich deutlich lockerer als in seinen anderen Schriften.
    - Horaz: Satiren (ca. 30 v. Chr.) – Satiren im antiken Sinne sind zwar nicht so stark auf Lacherfolg ausgerichtet wie ihre heutigen Pendants, stellen aber Alltagsgeschichten dar und sind von daher tendenziell nähesprachlich.

---

90   Die Informationen basieren im Wesentlichen auf Iliescu/Slusanski (1991), Väänänen (1981). Rohlfs (1969) und Tagliavini (1998:158 ff). Eine ausführliche Liste von Quellen findet sich auch bei Coseriu (2008/1952:54 ff).

- Petron: *Satyrica* (60 n. Chr.), darin v. a. die *Cena Trimalchionis*, das 'Gastmahl des Trimalchio', wo sich u. a. betrunkene Freigelassene unterhalten (Text S. 275).
2. **metasprachliche Aussagen antiker Grammatiker** (hier wird also beispielsweise erwähnt, ob eine bestimmte Formulierung dem *sermo familiaris* zuzuordnen ist)
    - Quintilian (1. Jh.n. Chr.)
    - Donat (ca. 350 n. Chr.)
    - Priscian (ca. 500 n. Chr.)
3. **Fachbücher** (themenabhängig findet sich hier v. a. Fachvokabular, das keinen Eintritt in die Literatur fand)
    - Cato (2. Jh.v. Chr.) und Columella (1. Jh.n. Chr.) zur Landwirtschaft (*De agricultura*)
    - *Mulomedicina Chironis* (4. Jh.n. Chr.): medizinische Abhandlung zur Behandlung von Pferden und Großvieh, verfasst von einem anonymen Veterinär, der sich selbst das mythologische Pseudonym "Chiron"[91] zulegte.
    - Apicius, *De re coquinaria* (4. Jh.n. Chr.), ein bis heute immer wieder neu aufgelegtes Kochbuch
4. **Christliche Autoren**
    - Bibelübersetzungen ins Lateinische: Hier ist zunächst eine Sammlung von Teilübersetzungen aus dem 2. Jh.n. Chr. auf der Basis griechischer Vorlagen zu nennen, die unter zwei verschiedenen Namen bekannt geworden ist: *Vetus latina* und *Itala*. Erst Hieronymus übersetzte dann zwischen 380 und 405 n. Chr. die komplette Bibel, die sog. „Vulgata", und zwar unter Hinzuziehung des hebräischen Textes für das Alte Testament und der *Vetus latina* für das Neue Testament (Textbeispiele S. 260 und 263).
    - *Itinerarium Egeriae ad loca sancta* (ca. 390 n. Chr.): Es handelt sich um den Reisebericht (*itinerarium*) der wohl aus den Pyrenäen oder aus der Gegend von Lyon (Seidl 2003:524) stammenden Nonne Egeria von ihrer Pilgerfahrt (*peregrinatio*) nach Palästina, wo sie verschiedene biblische Stätten besucht. Teilweise ist als Name der Nonne fälschlicherweise Aetheria überliefert, weshalb sich der Text in älteren Sammlungen unter dem Namen *Peregrinatio Aetheriae* findet (Textbeispiel S. 176).
    - Gregor v. Tours: Der Bischof von Tours schrieb als Hauptwerk eine Geschichte der Franken (*Historia Francorum*), war aber auch bekannt für seine Sammlung von Heiligenviten (*Vitae Patrum*). Beide Werke sind in der zweiten Hälfte des 6. Jh.n. Chr. entstanden und gelten als typische Beispiele des Merowingerlateins.
5. **Volkstümliche Inschriften** (es geht also um Inschriften von Privatpersonen; z. B. gesammelt im CIL: *Corpus Inscriptionum Latinarum*):

---

91  Es erinnert an den Zentauren Chiron, der der Legende nach Begründer der Tiermedizin war.

- Graffiti von Pompeji (79 n. Chr.); diese sind besonders wichtig, da sie wegen des Vesuvausbruchs räumlich und zeitlich (zumindest in Bezug auf den *terminus ante quem*, d. h. den Zeitpunkt, vor dem sie verfasst sein müssen) klar bestimmbar sind (Beispiele: S. 175 und in unserem Ergänzungsband; aktuellste Edition: Wachter 2019).
- Votivtafeln (*defixionum tabellae*): Es handelt sich hierbei um Verwünschungen unliebsamer Personen, die in Blei eingeritzt und anschließend den dafür zuständigen übeltätigen Göttern geweiht wurden (erhalten v. a. aus dem 2. u. 3. Jh. n. Chr.; Editionen und Analysen in Kropp 2008, Beispiele in unserem Ergänzungsband).

6. **Transkriptionen**
   - Transkriptionen von lateinischen Eigennamen in griechischen Buchstaben, wo z. B. die Aussprache des lateinischen <c> durch die Festlegung auf griechische Grapheme (den Lautwerten /k/ oder /ts/ entsprechend) offensichtlich wird (vgl. Adams 2003:41 ff).
   - sog. „Tironische Noten": Tiro, der Schreibsklave Ciceros, hat wegen dessen Diktierfreudigkeit bzw. um Reden mitzuschreiben ein Kurzschriftsystem entwickelt. Dieses System wurde in der Kaiserzeit weiter ausgebaut, so dass einige, auch nähesprachliche Texte in dieser Form erhalten sind.

7. **Antibarbari und Glossen**
   - Der bekannteste Antibarbarus, also eine Handreichung zur Vermeidung barbarischen Sprechens, ist die sog. *Appendix Probi* (ca. 300 n. Chr.). Sie trägt den Namen, weil sie als einer von mehreren Anhängen (*appendix*) an ein Manuskript einer Grammatik von Probus überliefert ist, nicht etwa, weil sie von Probus verfasst worden wäre! Sie besteht aus 227 durch *non* (‚nicht') getrennten Wortpaaren, von denen jeweils das erste Wort die klassische und das zweite die zu vermeidende volkssprachliche Form darstellt (z. B. *masculus non masclus* – ‚[sc. du sollst] masculus [sagen], nicht masclus'). Formal erinnert die Appendix also an eine Glossensammlung, inhaltlich hätte man sie auch unter den Grammatiken einordnen können (Beispiele S. 101 sowie bei Kaiser 2014:90).
   - Reichenauer Glossen (spätes 8. Jh.n. Chr.): Diese Glossensammlung ist in Frankreich entstanden, wurde aber auf der Klosterinsel Reichenau (Bodensee) entdeckt. Sie besteht aus zwei Teilen: einer Liste von 3152 Vokabelpaaren zur Vulgata, die nach dem Auftreten der Wörter im Text sortiert ist (es werden also dem Klassischen Latein nahestehende Ausdrücke der Vulgata durch volkssprachliche Periphrasen erklärt, z. B. *optimum : valde bonum*) sowie aus einem alphabetischen Glossar von 1725 Wortpaaren zu verschiedenen Texten. Die Schreibung folgt noch der merowingischen Tradition, die phonetische Realisierung dürfte aber dem Altfranzösischen schon sehr nahe gekommen sein (Geckeler/Dietrich 2012:203; Beispiele bei Kaiser 2014:91 und in unserem Ergänzungsband).

- Glossen von San Millán (span. *Glosas Emilianenses*) und Silos (span. *Glosas Silenses*): Diese um 1000 entstandenen Glossen sind nicht als Glossar überliefert, sondern als Glossen im engeren Sinne; d. h. es handelt sich um volkssprachliche Ausdrücke, die nachträglich über unverstandene Wörter oder an den Rand eines lateinischen Textes geschrieben wurden, um diesen besser verständlich zu machen. Viele dieser Glossen gelten schon als romanische Sprachdenkmäler (z. B. *hii*: *estos* = Silos Nr. 213), andere sind eher dem Vulgärlatein zuzuschreiben (z. B. *ferre*: *leuare* = Silos Nr. 351).[92] (Textbeispiel S. 291, weitere Beispiele in unserem Ergänzungsband).

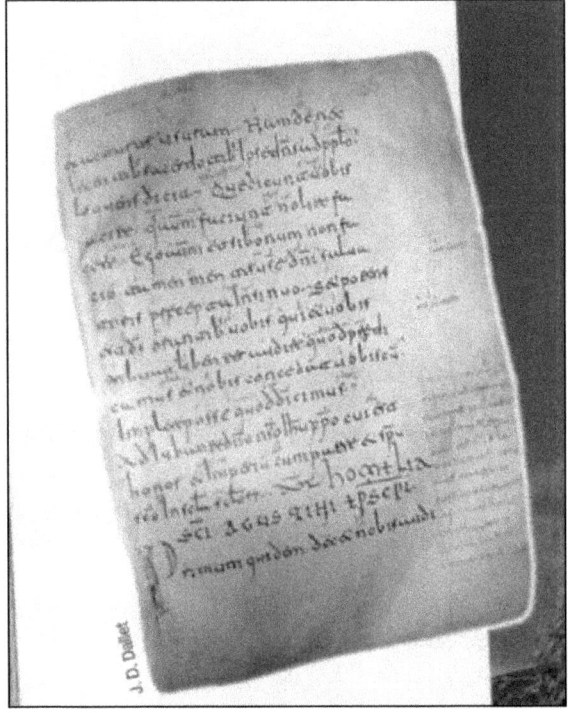

Abb. 12: Glosas Emilianenses (Foto J.D. Dallet aus Escolar 2002:72; ebenfalls abgedruckt in Frank 1994: Anhang, Abb.5)

8. **Schreibfehler und Korrekturen in Handschriften**
    - Handschriftliche Schreibfehler sind selten Zufallsprodukte. Sehr häufig geben sie Aufschluss darüber, wie eine graphische Form im Volksmund phonetisch realisiert wurde. Korrekturen sind vor allem dann interessant, wenn sie eine eigentlich dem Standard entsprechende Form verschlimmbessern, also Hyperkorrekturen darstellen. Damit zeigen sie, dass es eine Tendenz zu

---

92   Nach Iliescu/Slusanski (1991:298 f).

vernarrt in...
**ROMANISTIK!**

Johannes Müller-Lancé, Amina Kropp,
Katrin Siebel, Alexander Stöckl

**Latein für Romanist*innen –
Ergänzungsmaterialien für
Lernende und Lehrende**

Texte, Übungen, Wortschatz

Müller-Lancé, Kropp, Siebel, Stöckl
**Latein für Romanist*innen –
Ergänzungsmaterialien für
Lernende und Lehrende**
Texte, Übungen, Wortschatz
unter Mitarbeit v. Wolfgang Reumuth
2020, 200 Seiten
ISBN 978-3-8233-8419-9
€[D] 24,99

Johannes Müller-Lancé

**Latein für Romanist*innen**

Ein Lehr- und Arbeitsbuch

3. Auflage

narr STUDIENBÜCHER

Müller-Lancé
**Latein für Romanist*innen**
Ein Lehr- und Arbeitsbuch
narr STUDIENBÜCHER
3., überarbeitete Auflage 2020,
332 Seiten
ISBN 978-3-8233-8405-2
€[D] 22,99

**www.narr.de**

einer bestimmten Veränderung des Standards gab, die hier (an falscher Stelle) rückgängig gemacht werden sollte. So findet sich in der Appendix Probi z. B. das Wortpaar *labsus non lapsus*. Der Verfasser ging davon aus, dass hier ein Beispiel typisch volkssprachlicher Silbenauslautverhärtung (b > p) vorläge, und korrigierte es entsprechend. Ihm war also nicht klar, dass *lapsus* die korrekte Form war.

9. **Spätlateinische Urkunden (variabler Teil)**
    ‣ Juristische Urkunden enthalten bis heute zumeist jeweils eine streng vorgegebene Einleitungs- und Schlussformel. Diese Formeln wurden immer wieder abgeschrieben und weisen daher selten Substandard-Elemente auf. Der variable Teil in der Mitte, der vom Gerichtsschreiber spontan nach der jeweiligen Rechtslage verfasst werden musste, weicht dagegen sprachlich häufig vom Register der Standardformeln ab.

10. **Rekonstruktion aus den romanischen Sprachen**
    ‣ Häufig können in unterschiedlichen romanischen Sprachen Parallelformen konstatiert werden, die offensichtlich auf ein gemeinsames Etymon zurückgehen. Mit der Anzahl der Parallelformen steigt die Wahrscheinlichkeit, aufgrund von Lautgesetzen die ursprüngliche lateinische Form rekonstruieren zu können. Wenn das rekonstruierte Ergebnis nicht belegt ist, spricht man von einer rekonstruierten volkssprachlichen Form, die dann mit einem Stern („Asterisk") markiert wird – so z. B. die volkssprachliche Parallelform *\*essere* (statt klassisch *esse*), die von frz. *être* her rekonstruiert wurde (weitere Beispiele bei Kaiser 2014:95).

**Charakteristika**

In dieser Kurzübersicht sollen nur einige grundlegende Tendenzen des sog. Vulgärlateins angesprochen werden. Konkrete Details und Beispiele werden in den jeweiligen innersprachlichen Kapiteln dieses Buches nachgereicht.[93]

Das Vulgärlatein ist durch die folgenden **Züge** charakterisiert, **die es vom klassischen Latein abheben** und die sich überwiegend in den romanischen Sprachen fortsetzten:

‣ **Universalien der gesprochenen Sprache** (vgl. Koch 1995 und Stefenelli 2003:533) wie *turn-taking*-Signale, Zögerungsphänomene, Interjektionen (z. B. *ecce, heus, ohe, eia*), Schnellsprechformen (z. B. *\*allate* statt *ambulate*, s. o.), aggregative Syntax;

‣ **archaische Züge**: also Charakteristika des archaischen Lateins und seiner Nachbardialekte oder aber altlateinische Elemente. So hat man beispielsweise viele Parallelen zwischen der Sprache der plautinischen Komödien und deutlich späteren Vulgärlatein-Quellen entdeckt (z. B. die Ersetzung des Verbs *audire* –

---

93  Eine schöne Zusammenstellung der wichtigsten Charakteristika des Vulgärlateins bietet auch Kaiser (2014:98-162).

‚zuhören' durch das ältere Verb *auscultare* in Horaz Sat. II,7,1, das sich in den romanischen Sprachen erhalten hat: frz. *écouter*, sp. *escuchar*, it. *ascoltare*, port. *escutar*);
- **innovative Züge**: Auch das Klassische Latein verzeichnet bereits Innovationen gegenüber dem Altlatein (z. B. die Assimilation von *ad+capĕre* über *adcipĕre* zu *accipĕre*). Das Vulgärlatein geht aber in der Innovation noch weiter. Solche Phänomene sind das Verstummen von /n/ vor /s/ wie in *mensa* > *mesa* ‚Tisch' (vgl. span. *mesa*), die Bevorzugung von Komposita gegenüber Simplizes (z. B. *comedĕre* statt *edĕre* für ‚essen'; vgl. span. *comer*) oder das Ersetzen von Kasusformen durch Präpositionen;
- **Lehnwörter** aus anderen Idiomen stellen einen typischen Zug von Sprachen dar, die außerhalb des Mutterlandes gebraucht werden. Zu nennen wäre z. B. das keltische *cervesia* (‚Bier', s. o.), das auch noch in drei weiteren Varianten belegt ist: *cervisia*, *cerevisia* und *cerevesia*.
- **Handwerkliche Fachwörter**: Sie waren weder in der Literatur, noch in der Philosophie, noch in der politischen und juristischen Rhetorik üblich. z. B. das in der Küche übliche *ficatum* (‚Leber') anstelle des literarischen *iecur* (vgl. frz. *foie*, sp. *hígado*, port. *fígado*, it. *fegato*, kat. *fetge*);
- **affektiver Wortschatz**: die Wortwahl ist bildhaft und konkret, z. B. *manducare* ‚kauen' für das abstraktere *edĕre* ‚essen' (vgl. frz. *manger*, it. *mangiare*); Verbalperiphrasen dienen der besseren Verdeutlichung, z. B. die Futurperiphrase *cantare habeo* (vgl. frz. *chanter-ai*, sp. *cantar-é*, it. *canter-ò*) statt des synthetischen *cantabo* (‚ich werde singen');
- **Vereinfachung unregelmäßiger Formen**: Solche Vereinfachungen sind im Erst- und Zweitspracherwerb an der Tagesordnung und bieten auch dem geübten Sprecher Erleichterung (z. B. *loquĕre* statt des Deponens[94] *loqui* ‚sprechen'). Entsprechend werden bei alternativen Ausdrucksmöglichkeiten häufig die regelmäßigen Formen, bevorzugt z. B. *portare* statt *ferre*[95] (‚tragen') – vgl. frz. *porter*, sp./port. *portar(se)*, it. *portare*.

## 2.5 Zusammenfassung und Literaturempfehlungen

**Zusammenfassung:**
Das zurückliegende Kapitel versteht sich bereits als Zusammenfassung. Daher soll an dieser Stelle lediglich eine graphische Übersicht über die wichtigsten bisher behandelten Punkte gegeben werden. Da die diatopischen, diastratischen und diaphasischen Varietäten zu zahlreich und zu wenig klar abgegrenzt sind, um sie in einer Grafik sinnvoll darzustellen, werde ich mich auf die diachronischen Varietäten, also die an der

---

[94] „Deponens" = passivisches Verb mit aktivischer Bedeutung.
[95] *ferre* hat unregelmäßige Präsensformen und außerdem einen stark abweichenden Perfekt- (*tuli*) und Supinstamm (*latum*) – vgl. Kap. 4.5.

## 2.5 Zusammenfassung und Literaturempfehlungen

Literatur orientierten Sprachepochen, beschränken (vertikal in chronologischer Folge). Die nichtliterarischen Varietäten werden unter dem Begriff „Vulgärlatein" zusammengenommen – die horizontale Dimension repräsentiert dabei symbolisch das Kontinuum zwischen Nähesprache und Distanzsprache.

Zur Darstellung ist zu sagen, dass eigentlich alle Grenzlinien gestrichelt werden müssten, denn es gibt keinerlei scharfe Grenzen zwischen den Epochen und Varietäten. Charakteristisch für Sprachwandel ist vielmehr das Nebeneinander von Phänomenen, die aus der Retrospektive in verschiedene Epochen gehören.[96] Die Darstellung mit durchgezogenen Linien ist aber nicht nur optisch einprägsamer, sondern macht zugleich deutlicher, dass es sich, wie bei jedem Modell, um eine starke Vereinfachung handelt.

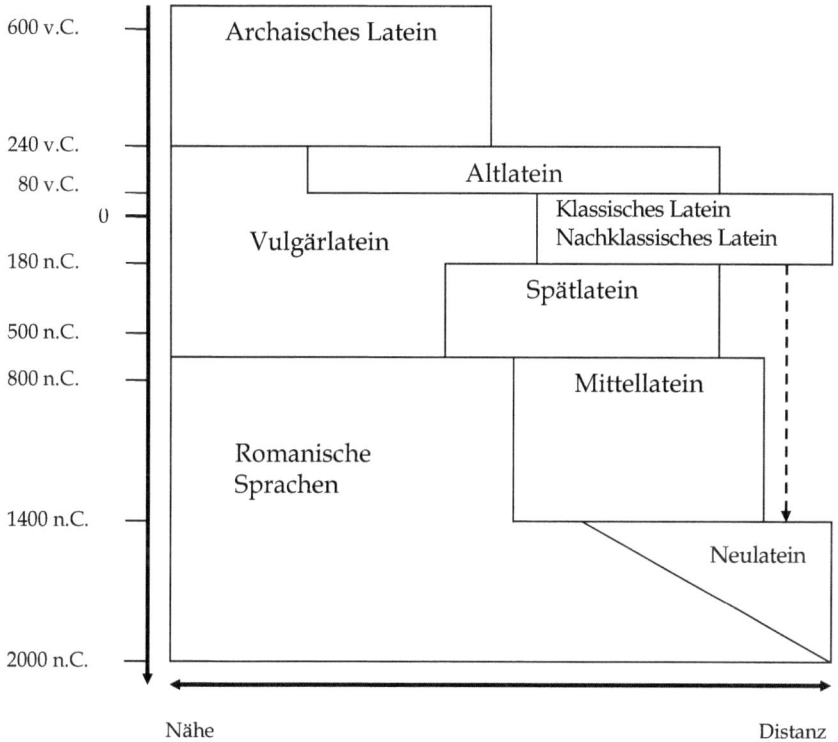

Abb. 13: Lateinische Sprachepochen und ihre Affinitäten zu Nähe- und Distanzsprache

---

[96] Raible hat hierfür den Begriff „Gleichzeitigkeit des Ungleichzeitigen" geprägt und verdeutlicht dies am Beispiel des Übergangs vom Merowingerlatein zu den romanischen Sprachen (Raible 1996:120ff).

**Literaturempfehlungen:**

- **Geschichte der lateinischen Sprache:** Ledgeway (2015), Wilms (2013), Leonhardt (2009), Janson (2006), Poccetti et al. (2005), Meillet (1997), Dangel (1995), Devoto (1968), Palmer (2000/1954), Coseriu (2008/1952:1 ff), Lehmann (online-Materialien zur roman. Sprachgeschichte). Ergänzend zur Geschichte des Griechischen Wilms (2013) und Adrados (2001).
- **Volkssprachliche Varietäten bzw. Vulgärlatein:** Kiesler (2018; v. a. zum aktuellen Forschungsstand zum Vulgärlatein), Adams (2013), Coseriu (2008), Pinkster/Kroon (2006), Euler (2005; v. a. im Hinblick auf die Entstehung der romanischen Sprachen), Seidl (2003), Stefenelli (2003), Adams (2003), Müller (2001), Wright (1996), Herman (1987), Väänänen (1981; nach wie vor das Referenzwerk für Charakteristika des Vulgärlateins), Herman (1975), Reichenkron (1965), Vossler (1954), Hofmann (1951).
- **Lateinisch-romanischer Sprachkontakt:** allgemein Ledgeway (2015), zur Galloromania Bork (2006), zur Iberoromania Bustos Tovar (2006), zur Italoromania Ernst (2006).
- **Anthologien (‚Textsammlungen') zum Vulgärlatein:** Iliescu/Slusanski (1991), Rohlfs (1969).
- **Geschichte der römischen Literatur:** Baier (2010), Schröder (2010), Fuhrmann (2005), Büchner (1994), Bieler (1980).
- **Zeitgeschichte:** König (2004), Kinder/Hilgemann (2000), Wells (1994), Lauffer (1983), Bengtson (1982).

## 2.6 Aufgaben

**Verständnis- und Wiederholungsaufgaben**

a. Welche Sprachen existierten zur Entstehungszeit des Lateinischen auf italienischem Boden?

b. Welche sprachlichen, literarischen oder historischen Ereignisse markieren die Grenzpunkte der verschiedenen Epochen der lateinischen Sprachgeschichte?

c. Weshalb spricht man in der Romanistik üblicherweise vom „sogenannten" Vulgärlatein?

**Weiterführende Aufgaben**

a. Konsultieren Sie eine der gängigen Einführungen ins Vulgärlatein. Welche der darin aufgeführten innersprachlichen Charakteristika des Vulgärlateins können den von Koch/Oesterreicher (2011) genannten sprechsprachlichen Universalien zugeordnet werden, welche Charakteristika sind eher einzelsprachlicher Natur?

## 2.6 Aufgaben

b. Informieren Sie sich im *Kleinen Pauly* über das System der antiken Rhetorik. Welche Stile werden hier unterschieden und unter welchen pragmatischen Bedingungen werden sie jeweils eingesetzt?

c. Informieren Sie sich im Internet über das Leben und Werk Ciceros. Welche sind seine bekanntesten Schriften? Was wissen wir über Entstehung und Überlieferung seiner Briefe?

# 3 Phonetik, Phonologie und Graphie

In den nun folgenden, rein innersprachlichen Kapiteln wird das Material aus pragmatischen Gründen in jeweils zwei voneinander getrennten Unterkapiteln präsentiert. Das erste Unterkapitel bietet immer den Stand des Klassischen Lateins, also die Information, die beispielsweise in Latinumskursen vermittelt wird. Gelegentlich wird dabei auch auf das Altlatein zurückgeblickt. Das zweite Unterkapitel geht auf die Variationen in Vulgärlatein, Spät- und Mittellatein ein. In beiden Unterkapiteln aber werden Bezüge zu den entsprechenden Elementen in den romanischen Sprachen hergestellt – gerade hierin besteht ja eines der Hauptanliegen dieses Buchs.

Natürlich entspricht diese strikte Zweiteilung nicht der sprachlichen Realität. Es wurde ja schon mehrfach auf die Verflechtung von Vulgärlatein und Klassischem Latein hingewiesen. Durch die Trennung in der Darstellung wird es aber möglich, sich schnell einen Überblick über das relativ klare System des Klassischen Lateins zu verschaffen, so wie es im Latinum gefordert ist. Das darauf folgende Unterkapitel zu den Varianten ist zwangsläufig weniger übersichtlich – hier wird beim Leser ein tieferes Interesse an der Entstehung der romanischen Sprachen vorausgesetzt.

## 3.1 (Alt- und) Klassisches Latein

### 3.1.1 Das lateinische Alphabet

Wie die Bezeichung schon vermuten lässt, geht das lateinische Alphabet auf den entsprechenden griechischen Zeichensatz (benannt nach dessen ersten beiden Buchstaben *alpha + beta*) zurück. Vermittelt wurde er allerdings über das Etruskische, wodurch sich einige Veränderungen zum Original ergaben. Bis zur späten Republik wies das lateinische Alphabet die folgenden 21 Zeichen auf:

      A B C D E F G H I K L M N O P Q R S T V X

Geschrieben wurde zunächst in den hier vorgestellten **Majuskeln** (,Großbuchstaben'; man spricht auch von „Monumental-" oder „Quadratschrift"), die ihren griechischen Pendants[1] sehr ähnlich sehen. Die lateinischen **Minuskeln** (,Kleinbuchstaben') wur-

---

1   Griechische Majuskeln und Minuskeln mit ihren Bezeichnungen: Α α (Alpha), Β β (Beta), Γ γ (Gamma), Δ δ (Delta), Ε ε (Epsilon), Ζ ζ (Zeta), Η η (Eta), Θ θ (Theta), Ι ι (Iota), Κ κ (Kappa), Λ λ (Lambda), Μ μ (My), Ν ν (Ny), Ξ ξ (Xi), Ο ο (Omikron), Π π (Pi), Ρ ρ (Rho), Σ σ ς (Sigma; das dritte Zeichen wird nur im Auslaut verwendet), Τ τ (Tau), Υ υ (Ypsilon), Φ φ (Phi), Χ χ (Chi), Ψ ψ (Psi),

den erst in republikanischer Zeit entwickelt, um auf Papyrus oder Pergament schneller schreiben zu können. Sie haben sich formal deutlich weiter von ihren griechischen Vorbildern wegbewegt. Für steinerne Inschriften und auch auf Wachstafeln bevorzugte man aber wegen ihrer geraden und damit gut ritzbaren Kanten weiterhin die Großschreibung. Entscheidend für unser Wissen um lateinische Schreibungen sind übrigens Inschriften auf dauerhaftem Material. Die inhaltlich interessanteren Papyrus- oder Pergamenttexte sind uns zumeist nur über mittelalterliche Abschriften erhalten, in denen häufig die Schreibungen der Vorlagen verändert wurden (Steinbauer 2003:509). Die heutige Form der in der gesamten westlichen Welt verbreiteten lateinischen Buchstaben geht sogar erst auf das 9. Jh. n. Chr. zurück, d. h. auf die sog. „karolingische Minuskel" (zu Schreibrichtungen und Interpunktion vgl. Kap. 5.3.1).

Aufgrund der zahlreichen griechischen Lehnwörter **erweiterte** man zur Zeit des Augustus das Alphabet um die griechischen Grapheme <y> und <z>; zuvor waren die entsprechenden griechischen Laute durch die formal ähnlichen Buchstaben <v> und <s> wiedergegeben worden (z. B. AEGVPTO). Das Graphem <u> wurde erst im Mittelalter für den Vokal /u/ eingeführt. Davor diente das Graphem <v> sowohl für den Vollvokal /u/ als auch für den Halbkonsonanten /w/, der jeweils dann realisiert wurde, wenn ein Vokal folgte: z. B. <VARIVS> für /'warius/ ‚verschieden'. Die lautliche Umgebung gab also vor, wie das Graphem <v> jeweils auszusprechen war. Entsprechendes gilt für das ebenfalls erst im Mittelalter aufgekommene Graphem <j>, das den Halbkonsonanten /j/ vom Vollvokal /i/ unterschied, was graphisch in der Antike noch nicht möglich war: vgl. <IVVENIS> für /'juwenis/ ‚Jüngling' (Rubenbauer et al. 1995:4, Kieckers 1960:12).

Die späte Einführung dieser Graphem-Unterscheidung hatte übrigens zur Folge, dass es auch in den romanischen Sprachen lange dauerte, bis die Graphempaare <i>/<j> und <u>/<v> konsequent unterschieden wurden. Im Französischen beispielsweise beginnen einzelne Verleger und Buchdrucker damit erst in der zweiten Hälfte des 16. Jh. (z. B. <suivant>, <vous>).[2] Auch die bis heute international erhaltene Tradition, an den lateinischen Buchstaben <q> zur Repräsentation des damals folgenden Halbkonsonanten /w/ ein <u> anzufügen (phonetisch noch gerechtfertigt z. B. in dt. *Kolloquium*, aber nicht mehr in frz. *colloque* oder sp. *coloquio*), stammt aus der Zeit, als das Zeichen <v> noch für zwei verschiedene Laute stand (vgl. lat. <seqvvntur> bzw. später <sequuntur> ‚sie folgen').

---

Ω ω (Omega). Das Phonem /h/ wird durch ein hochgestelltes diakritisches Zeichen, den sog. *spiritus asper*, über bzw. vor dem Anlautvokalzeichen markiert (z. B. <Ἑλλάς> für *Hellas* ‚Griechenland'). Zur Entwicklung der lat. Buchstaben aus den phönizischen über die griechischen Buchstaben vgl. die Übersicht in Baldi (1999:120). Zu beachten ist, dass die Formen der lateinischen und griechischen Majuskeln sich zwar oft ähneln, dass sie aber u. U. unterschiedliche Phoneme repräsentieren. So steht z. B. griech. <P> für /r/ und griechisches <H> für /ɛ/. Hier kommt lästigerweise noch hinzu, dass ausgerechnet das Zeichen, das im Griechischen für das geschlossene E steht, also Epsilon („ε"), von der International Phonetic Association als Transkriptionszeichen für das offene E ausgewählt wurde.

2 Zur Orthographieentwicklung der romanischen Sprachen auf der Basis des lateinischen Alphabets vgl. Meisenburg 1996, Weißkopf 1994, Schmid 1992, Beinke/Rogge 1990 und Carnagliotti 1988.

Das Graphem <C> wurde ursprünglich sowohl für den stimmhaften Laut /g/ als auch für den stimmlosen Laut /k/ gebraucht. Erhalten hat sich dies in den Abkürzungen *C.* für *Gaius* und *Cn.* für *Gnaeus.* Ab dem 3. Jh.v. Chr. entwickelte man durch Hinzufügung eines Querstrichs an das <C> ein neues Graphem <G> für die stimmhafte Variante des velaren Verschlusslauts. Das Zeichen <K> wurde in der Folge völlig von <C> zurückgedrängt und blieb nur noch in wenigen Wörtern vor <a> erhalten, z. B. in der Abkürzung *K.* oder *Kal.* für das Pluralwort *kalendae* ('der Monatserste') (Rubenbauer et al. 1995:4). Entsprechend findet sich in der Schreibung romanischer Erbwörter in der Regel kein <k>.

Im Vergleich zum Deutschen oder zu den romanischen Sprachen tritt das Phänomen der Vokal- und Konsonantengemination (‚Doppelung') im Lateinischen nur recht selten auf (z. B. *patruus* 'Onkel', *velle* ‚wollen', *oppidum* ‚befestigter Platz').

Was die Bezeichnung der lateinischen Buchstaben angeht, ist aus romanistischer Perspektive ein Dokument aus dem 4./5. Jh. erwähnenswert, in dem das lateinische Alphabet in griechischer Schrift buchstabiert wird. Hispanisten kennen solche Konstellationen von den sog. „Jarchas", einer mozarabischen, also romanischen Textsorte, die aber in arabischer oder hebräischer Schrift festgehalten wurde (vgl. Bollée/Neumann-Holzschuh 2013:51f). Das gefundene Alphabet diente offensichtlich dazu, Griechen Latein beizubringen. In dieser Liste wird <F> bereits als ιφφε, <L> als ιλλε, <M> als μμε, <N> als ιννε, <R> als ιρρε und <S> als ισσε bezeichnet. Wir finden hier also schon Vorläufer der späteren italienischen und spanischen Ausdrücke für diese Laute: it. *effe, elle, emme, enne, erre, esse* und sp. *efe, ele, eme, ene, erre, ese* (Adams 2003:41f).

### 3.1.2 Phoneminventar

#### 3.1.2.1 Einfache Vokale

Das Klassische Latein verfügte über 5 Grundvokale, die etwa wie im Deutschen ausgesprochen wurden (zur Aussprache des Lateinischen vgl. Meiser 1998:50ff, zum Vergleich mit dem deutschen Phoneminventar ausführlich Kienpointner 2010:19ff). Die Vokale entsprechen im Übrigen auch dem spanischen Grundinventar:

| Öffnungsgrad | Artikulationsort (Zungenstellung) | | |
|---|---|---|---|
| | vorn (palatal) | Mitte (zentral) | hinten (velar) |
| geschlossen | i | | u |
| mittel | | e | o |
| offen | | a | |

Abb. 14: Vokaldreieck des klassischen Lateins

Anders als im Spanischen existierten diese 5 Vokale aber jeweils in einer kurzen und einer langen Variante, die immer bedeutungsunterscheidend waren. Die Länge bzw. Quantität der Vokale ist damit phonologisch relevant. Es ergeben sich also insgesamt 10 lateinische Vokalphoneme (die langen Phoneme sind in der Tabelle entsprechender Minimalpaare mit einem Strich markiert):

| Kurzer Vokal | | Langer Vokal | |
|---|---|---|---|
| Lateinisch | Deutsch | Lateinisch | Deutsch |
| lătus | die Seite | lātus | weit |
| vĕnit | er kommt | uēnit | er kam |
| lĭber | das Buch | līber | frei |
| ŏs | der Knochen | ōs | der Mund |
| fŭris | du tobst | fūris | des Diebes |

Abb. 15: Phonologische Relevanz der Vokalquantität: Minimalpaare (ähnlich Lehmann Webmaterialien)

Die graphische Markierung der Quantitätsunterschiede war in Antike und Mittelalter (leider) völlig unüblich. Entsprechend fehlen solche Markierungen in allen gängigen Texteditionen. Dies ist umso lästiger, als die Metrik der lateinischen Lyrik auf diesen Quantitäten basiert (vgl. Kap. 7.1). Will man sich also über die Quantitäten informieren, dann bleibt nur ein Blick in Wörterbücher oder Grammatiken, wo die Quantitäten meist markiert sind. Einige dieser Quantitäts-Minimalpaare betreffen Kasusmorpheme (vgl. Kap. 4.3.2), sind also besonders häufig und lohnen daher das Memorieren: So wird beispielsweise in der a-Deklination die Form des Nominativs von der des Ablativs durch die Länge des Auslautvokals /a/ unterschieden:

*amicitiă* (Nominativ)  ‚die Freundschaft'
*amicitiā* (Ablativ)  ‚durch die Freundschaft'

In der u-Deklination wird die Kasusendung des Nominativ Singular von der des Genitiv-Singular und auch von der des Nominativs und Akkusativs Plural durch die Quantität des /u/ unterschieden:

*dom**ŭ**s* (Nominativ Sg.)  ‚das Haus'
*dom**ū**s* (Genitiv Sg.)  ‚des Hauses'
*dom**ū**s* (Nom./Akk.Pl.)  ‚die Häuser'

Wichtig ist die Quantitätsunterscheidung auch für die Bestimmung der Konjugationsklasse von Verben (vgl. Kap. 4.5). Hier ist vor allem die langvokalische e-Konjugation (z. B. *respondēre* ‚antworten', 1.Pers.Sg. *responde-o*) von der konsonantischen Konjugation (z. B. *regĕre* ‚lenken', *reg-o*) und der kurzvokalischen bzw. „gemischten" Konjugation (z. B. *capĕre* ‚greifen', *cap-i-o*) zu unterscheiden. Diese Unterschiede, die auch die Position des Akzents betreffen, werden in Deutschland (anders z. B. als in Frankreich)[3] auch in der lateinischen Aussprache berücksichtigt. Man spricht also *respondḗre* und *régĕre*. Aus diesem Grunde werden von nun an alle Infinitive auf *-ere* graphisch mit dem Kürzen- oder Längensymbol gekennzeichnet.

### 3.1.2.2 Diphthonge

Im archaischen und im Altlatein waren Diphthonge noch häufiger als im Klassischen Latein. Drei von ihnen, /o͡i/, /o͡u/ und /e͡i/ wurden aber schon in der altlateinischen Periode monophthongiert. Dabei werden /o͡i/ und /o͡u/ zu /ū/ (z. B. altlat. *oinos* > klat. *ūnus* ‚ein', altlat. *loucos* > klat. *lūcus* ‚Hain, Wald' und altlat. *doucēre* > klat. *dūcĕre* ‚führen').[4] Altlat. /e͡i/ hingegen wird zu klat. /ī/, z. B. *deicĕre* > *dīcĕre* ‚sagen' (Väänänen 1981:38). Monophthongierung ist also kein Phänomen, das erst im Vulgärlatein einsetzt. Ansonsten bleiben jedoch die altlateinischen Diphthonge im Klassischen Latein erhalten.[5] Von der Graphie her scheinen uns diese Diphthonge vertraut, die Aussprache unterscheidet sich allerdings geringfügig von der im Deutschen:

---

3 Französische Latinisten übertragen in der Regel die Endbetonung ihrer Muttersprache auf die lateinischen Wörter und betonen entsprechend *\*regeré* und *\*responderé*.

4 Vgl. auch den Eigennamen *Noumasioi* (> *Numerio*) auf der Fibula Praenestina (Kap. 2.1.1).

5 Dies ist die *communis opinio* der latinistischen Forschung, wie sie neben den o. g. Quellen auch in Rix (1993:11-15) und Adams (2013:71-89) vertreten wird. Schönbergers jüngst vorgebrachte Gegenthese, die Digraphen <ae> und <oe> seien immer monophthongisch ausgesprochen worden (Schönberger 2016, 2016a), ist bisher eine Einzelmeinung, der entsprechend scharf von Blänsdorf (2016, 2017) widersprochen wurde; ein schönes Beispiel einer Gelehrtendebatte, präsentiert in der Altphilologenzeitschrift *Forum Classicum*.

| Diphthong-graphem | **Aussprache** | **Beispiel** |
|---|---|---|
| <au> | wie im Deutschen | *cau*sa ‚Ursache' wie dt. *Auge* |
| <ae> | einsilbig a + e, also gebunden[6] | *Cae*sar ähnlich dt. *Kaiser*[7] |
| <ei> | wie e + i in zwei Silben | *Opus Dei* ‚Werk Gottes' |
| <eu> | wie e + u in zwei Silben | *neu*trum vgl. ital. *neutro* ‚Neutrum' |
| <iu> | wie der Halbkonsonant /j/ | *Iuno* vgl. dt. *Juni* |
| <io> | wie i + o in zwei Silben | *Iovem, nationem* |
| <oe> | einsilbig o + e, also gebunden | *poena* ‚Strafe' ähnlich dt. *heute* |
| <ui> | wie u + i in zwei Silben | *frui* ‚genießen'; außer: lat. *cui* ‚wem?', *cuius* ‚wessen?' =>gebundene Aussprache |

Abb. 16: Diphthonge im Klassischen Latein (vgl. Meiser 1998:57ff, Rubenbauer et al. 1995:8ff, Kieckers 1960:17)

Strenggenommen handelt es sich also gar nicht bei allen hier aufgeführten Vokalkombinationen um Diphthonge (‚Zweitöner').[8] Das wesentliche Kriterium zur Bestimmung von Diphthongen besteht ja darin, dass zwei Vokale in einer einzigen Silbe gebunden ausgesprochen werden. Man geht aber in der lateinischen Metrik sehr flexibel mit diesen Lautgruppen um und wertet sie mal als Diphthong, mal als zwei getrennte Silben, je nachdem, wie die Anforderungen des jeweiligen Versfußes sind.

### 3.1.2.3 Konsonanten

Das Klassische Latein kennt 13 Konsonantenphoneme und zwei Halbkonsonanten. Sie lassen sich folgendermaßen einteilen:

---

[6] Bis ins 3. Jh. v. Chr. überwog noch die Schreibung <ai> und wohl auch die entsprechende Lautung [a͡i] Meiser 1998:58).

[7] Die Tatsache, dass das lateinische *Caesar* im Deutschen als Lehnwort mit <ai> transkribiert wurde (also: *Kaiser*), ist eines der Argumente dafür, dass lateinisch <ae> zum Zeitpunkt der Entlehnung (vermutlich im 1. Jh. n. Chr.) noch als Diphthong gesprochen wurde (Rix 1993:13f).

[8] Unbedingt beachten: Im Deutschen schreibt sich *der Diphthong* mit zweimal <h>, im Französischen *la diphtongue* nur mit einem <h> und im Spanischen *el diptongo* ganz ohne <h>, ebenso wie im Italienischen *il dittòngo*.

## 3.1 (Alt- und) Klassisches Latein

| Artikulations-<br>art | Artikulations-<br>stelle | labial | dental/<br>aveolar | palatal | velar | glottal |
|---|---|---|---|---|---|---|
| okklusiv: | stimmlos | p | t | | k | |
| | stimmhaft | b | d | | g | |
| frikativ: | stimmlos | | f | s | | h |
| nasal | | m | n | | | |
| liquid | | | l, r | | | |
| Halbkonsonant | | w | | j | | |

Abb. 17: Konsonantenphoneme im Klassischen Latein (modifiziert in Anlehnung an Lehmann Webmaterialien, Meiser 1998:52 und Rubenbauer et al. 1995:8)[9]

Anmerkungen: Der Hauchlaut /h/ ist wohl schon im gesprochenen Latein der Klassischen Epoche auf ein Minimum reduziert worden. Er wird daher meist als hochgestelltes /ʰ/ transkribiert. In der gehobenen Sprechweise wurde er allerdings noch eine Weile beibehalten – entsprechend gab es Hyperkorrekturen wie das von Catull verspottete *hinsidiae* statt korrekt *insidiae* ‚Hinterhalt' (Meiser 1998:52, Seidl 2003:522). Die Halbkonsonanten sind deshalb separat aufgeführt, weil sie zwar den Reibelauten nahestehen, aber nicht als echte Reibelaute realisiert werden, sondern einen kleinen Rest an vokalischem Wert behalten (Kieckers 1960:18; s. u.).

Den Konsonantenphonemen werden folgende Grapheme zugeordnet (die letzten beiden aufgeführten Grapheme sind aus dem Griechischen entlehnt. Ihre lautlichen Entsprechungen haben daher im Lateinischen keinen Phonemstatus):

| Graphem | Phonem | lat. Beispiel | Aussprache wie in |
|---|---|---|---|
| <p> | /p/ | *pater* ‚Vater' | span. *Pedro* |
| <t> | /t/ | *testis* ‚Zeuge' | span. *testimonio* ‚Zeugnis' |
| <c><br><q>[10]<br><k> | /k/ | *circum* ‚um ... herum'<br>*quinque* ‚fünf'<br>*kalendae* ‚Monatserster' | span. *casa* ‚Haus' |

---

9   Meiser (1998:52) führt auch /kʷ/ und /gʷ/ als Phoneme auf, räumt aber ein, dass deren phonologischer Status umstritten ist. Bei Rubenbauer et al. (1995:7f) werden als phonetische Varianten zusätzlich die aspirierten Versionen der Verschlusslaute aufgeführt, also [pʰ], [tʰ] und [kʰ]. Diese drangen aber erst unter griechischem Einfluss ins Latein ein (z. B. über Lehnwörter wie *theatrum* [tʰeˈatrũ] ‚Theater' und *schola* [ˈskʰola] ‚Schule'), färbten dann auf urlateinische Wörter ab (z. B. das auf altlat. *polcer* zurückgehende *pulcher* [ˈpulkʰer] ‚schön' und das vom altlateinischen Ruf „triumpe!" abgeleitete *triumphus* [triˈumpʰus] ‚Triumphzug'), konnten aber keinen Phonemstatus mehr erlangen.

10  Häufig wird altlateinisches <qu> in klassischer Schreibung durch <c> ersetzt; z. B. *quottidianus > cotidianus* (‚täglich'). Die französische Graphie orientiert sich häufig an der ursprünglicheren Form (z. B. *quotidien*), ist also auch in Bezug auf das Lateinische archaisierend (vgl. Müller 2001:167 FN).

| | | | |
|---|---|---|---|
| <b> | /b/ | *barba* ‚Bart' | dt. *Bahnhof* |
| <d> | /d/ | *durus* ‚hart' | dt. *Dortmund* |
| <g> | /g/ | *genus* ‚Geschlecht'; aber: <g> vor <n> wie in *ag̲n̲us* ‚Lamm': /ŋn/ | dt. *Genus* dt. *Eng̲n̲aht* |
| <f> | /f/ | *fortuna* ‚Glück' | dt. *Faden* |
| <s> | /s/ | *solus* ‚allein' | frz. *soupe* ‚Suppe', dt. *hassen* |
| <h> | /ʰ/ | *habere* ‚haben' | (schwächer aspiriert als im Dt.) |
| <m> im Auslaut: | /m/ [ᵐ] | *mater* ‚Mutter' *velum* ‚Segel' | dt. *Mutter* (im Auslaut kaum hörbar, dafür aber Nasalierung des vorangehenden Vokals) |
| <n> vor <c,g,q, x> | /n/ [N] | *nomen* ‚Name' *anxius* ‚ängstlich' | dt. *Name* dt. *danke* |
| <l> | /l/ | *labium* ‚Lippe' | dt. *Lippe* |
| <r> | /r/ | *ridiculus* ‚lächerlich' | span. *ridículo* ‚lächerlich' |
| <v>/<u> vor Vokal | /w/ | *vastare* ‚verwüsten' *quam* ‚wie' *lingua* ‚Zunge, Sprache' | engl. *water* ‚Wasser' |
| <i> vor Vokal | /j/ | *i̲ustitia* ‚Gerechtigkeit' | dt. *Lili̲e* |
| <x> | [ks] | *rex* ‚König' | dt. *Xaver* |
| <z> | [dz] [z] | *zona* ‚Gürtel' *zmaragdus* ‚Smaragd' | it. *zona* ‚Zone', *zero* ‚Null' frz. *zone* |

Abb. 18: Konsonantengrapheme und -phoneme im Klassischen Latein (modifiziert in Anlehnung an Kühner et al. 1966:38ff, Leumann et al. 1963:52, Kieckers 1960:18, Rubenbauer et al. 1995:8)

## 3.1 (Alt- und) Klassisches Latein

Fazit: Das Lateinische hat, ähnlich wie das Deutsche und das Spanische, ein recht „**flaches**" bzw. phonographisches Schriftsystem. Im Großen und Ganzen wird also ein Phonem durch ein bestimmtes Graphem abgebildet.[11] Natürlich entsprechen die lateinischen Phonem-Graphem-Korrespondenzen nicht den deutschen. Sie sind sich aber nach unserem heutigen Kenntnisstand recht ähnlich. Deutsche Muttersprachler können daher einen lateinischen Text einigermaßen korrekt laut lesen, wenn sie, zusammengefasst, die folgenden **Abweichungen von den deutschen Lesekonventionen** beachten:

- <ae, oe> sind als Diphthonge zu lesen, nicht als deutsche Umlaute.
- <ei, ui, eu, io> sind als auf zwei Silben verteilte Vokale zu lesen.
- <p, t, k> sind nicht aspiriert und entsprechen daher eher den romanischen Verschlusslauten.
- <c> entspricht immer /k/.[12]
- <t> ist auch vor <i> ein Verschlusslaut (z. B. *ratio*, *natio*), also nicht zu [tʲ] palatalisiert wie in dt. *Kation*[13] oder zu [ts] assibiliert wie in dt. *Nation*.
- <ch, ph, th, rh> werden gesprochen wie /kʰ, pʰ, tʰ, rʰ/, also mit angehängtem Hauchlaut und nicht etwa als Reibelaut /χ/, /f/, oder /θ/.
- <sch> wird /sk/ gelesen: *schola*.
- <r> wird als Zungenspitzen-r realisiert (also /r/) und ist stärker gerollt als das deutsche /ʀ/.
- <h> wird schwächer aspiriert als im Deutschen (vielleicht vergleichbar mit dem [ʰ], das viele Franzosen realisieren, wenn sie versuchen, ein deutsches /h/ zu sprechen).
- <s> wird immer stimmlos realisiert, also /s/, genau wie im Neuspanischen.[14]
- <v> ist als Halbkonsonant /w/ zu lesen.

---

11 „Tiefe" Schriftsysteme besitzen hingegen das Englische und das Französische. Hier spielen Etymologie und, vor allem beim Französischen, Grammatik eine wichtige Rolle für die Schreibung (vgl. hierzu Meisenburg 1996).

12 Also auch vor den ‚hellen' Vokalen /e/ und /i/. Belegt wird dies dadurch, dass im Griechischen das lateinische <c> vor /e/ und /i/ mit Kappa transkribiert wurde, also dem griechischen Schriftzeichen für /k/, obwohl alternativ mit <τσ> auch eine griechische Zeichenkombination für die palatalisierte Affrikata /ts/ zur Verfügung gestanden hätte. Aus lat. *Cicero* wurde also griechisch Κικέρων (Rix 1993:7).

13 Hier liegt kein Tippfehler vor: Gemeint ist das elektrisch geladene Teilchen.

14 Die stimmlose Realisierung des intervokalischen <s> des Neuspanischen ist aber nicht etwa eine direkte Fortsetzung der Verhältnisse des Klassischen Lateins. Im Altspanischen wurde nämlich intervokalisches <s> stimmhaft realisiert, also z. B. in *casa*: /ˈkaza/ (vgl. Cano Aguilar 2002:103). Zu den historischen Quellen unseres Wissens über die Aussprache des Altspanischen vgl. Dworkin (2018: 17 ff).

## 3.1.3 Lautliche Phänomene auf der Wortebene

### 3.1.3.1 Nicht verschriftete Laute

Wir glauben zwar ungefähr zu wissen, wie man die lateinischen Buchstaben in klassischer Zeit „auszusprechen" hatte, die sprachliche Realität ist mit dieser Formulierung aber auf den Kopf gestellt. Schließlich hat man in der Sprachentwicklung vorhandene Laute irgendwann verschriftet und nicht Buchstaben ausgesprochen. Entsprechend kann man annehmen, dass es vielleicht auch Laute gegeben hat, die im graphischen Medium nicht repräsentiert wurden. Lüdtke (2005:459 ff) versucht beispielsweise auf der Basis des sardischen Lautsystems nachzuweisen, dass es im Lateinischen nach bestimmten Verbformen eine Art Murmellaut, vergleichbar dem Schwa im Französischen (z. B. frz. *cidre*), gegeben habe, der aber nicht verschriftet worden sei. Lat. <cantas> („du singst') wäre demnach phonetisch als /ˈkantasa/, <cantat> („er singt') als /ˈkantata/ und <cantant> („sie singen') als /ˈkantanta/ realisiert worden.

### 3.1.3.2 Betonungsregeln

Es wurde bereits gesagt, dass im Klassischen Latein (wie im Deutschen) zwischen langen und kurzen Vokalen unterschieden wird. Die Art der Betonung unterscheidet sich hingegen ganz wesentlich von der im Deutschen oder in den romanischen Sprachen. Während wir hier (wohl unter germanischem Einfluss) durchgehend einen Druckakzent[15] verzeichnen, ist das Lateinische durch einen **melodischen Akzent** gekennzeichnet. Betonung wird also durch die Tonhöhe markiert (Väänänen 1981:32).[16]

Im vorliterarischen Latein herrschte vermutlich Anfangsbetonung. Spätestens seit der altlateinischen Periode aber folgt die Betonung dem „**Dreisilbengesetz**". Da nach diesem Gesetz die Betonung immer auf einer der drei letzten Silben liegt, ist es sinnvoll, sich auch die lateinischen Bezeichnungen für die letzten drei Silben einzuprägen, die da sind: *Ultima* („die letzte' erg. *syllaba* – „Silbe'), *Paenultima* („die vorletzte')[17] und *Antepaenultima* („die vorvorletzte'). Das Gesetz lautet folgendermaßen:

- Zweisilbige Wörter werden immer auf der vorletzten Silbe, also der *Paenultima* betont, egal, ob diese kurz oder lang ist: z. B. *nēmo* („niemand'), *ĕgo* („ich').
- Drei- und mehrsilbige Wörter werden auf der vorletzten Silbe betont, wenn sie lang ist: *Germāni* (Nom.Pl. „die Germanen'), *Germānōrum* (Gen.Pl.), *incīdo* („ich schneide ein': von *in* + *caedĕre* „schneiden' – vgl. dt. *Zäsur*).[18] Ist die vorletzte Silbe kurz, wird die drittletzte Silbe betont, z. B. *incĭdo* (von *in* + *cădĕre* „fallen' – vgl. dt. *Kasus*).

---

15 Bei der Artikulation der betonten Silbe wird der Luftdruck erhöht.
16 Zum Zusammenhang von Akzent, Rhythmus und Wortfolge vgl. Devoto (1968:184 ff).
17 Das Adverb *paene* „beinahe, fast' taucht auch in anderen Zusammensetzungen auf, die sich bis in die romanischen Sprachen erhalten haben, z. B. *paene* + *insula* („Insel') > lat. *paeninsula* („Halbinsel') > frz. *péninsule*, sp. *península*, it. *penisola*.
18 In *caedĕre* ist die erste Silbe wegen des Diphthongs naturlang. Diese Naturlänge behält sie auch in der Ableitung *-cidĕre*.

Ganz entscheidend ist also die **Silbenlänge**. Eine Silbe gilt immer dann als lang, wenn sie einen langen Vokal oder einen Diphthong enthält. Man spricht hier von „Naturlänge" (z. B. am̄oenus ‚angenehm'). Sie ist aber auch lang, wenn auf einen kurzen Vokal zwei oder mehr Konsonanten bzw. die Konsonantenverbindungen /ks/ (geschrieben <x>) und /dz/ (geschrieben <z>) folgen. In diesem Fall spricht man von „Positionslänge": conténtus (‚zufrieden'), fenéstra (‚Fenster'). Die Länge erklärt sich dadurch, dass diese Silben geschlossen sind, d. h. auf einen Konsonanten auslauten (der zweite Konsonant gehört jeweils schon zur nächsten Silbe). Der Konsonantennexus „muta cum liquida" (‚Verschlusslaut mit folgendem Fließlaut') bewirkt allerdings keine Längung der Silbe, weil die Silbe offen bleibt, d. h. auf Vokal auslautet. Beide Konsonanten gehören hier nämlich zur nächsten Silbe. Bis vor wenigen Jahren war diese Unterscheidung auch im Deutschen von Bedeutung, denn man trennte grundsätzlich an der Silbengrenze, also z. B. <Tan-ten> und, wegen Muta cum Liquida, <sa-kral> (nach neuer Rechtschreibung hingegen <sak-ral>). In den folgenden lateinischen Beispielen bleibt die Paenultima-Silbe (jeweils unterstrichen) wegen Muta cum Liquida kurz, weshalb die Betonung auf die Antepaenultima fällt: célebro (‚ich feiere'), óbsecro (‚ich beschwöre'). Wird eines der Enklitika[19] -que (‚und'), -ve (‚oder') oder -ne (Interrogationsmarker) an ein Wort angehängt, dann liegt die Betonung auf der dem Enklitikon vorangehenden Silbe: z. B. ărmă (‚Waffen') vs. ărmăque (vgl. Rubenbauer et al. 1995:7, Kieckers 1960:18 f.).

### 3.1.3.3 Veränderungen in Lautgruppen

Eine typische Eigenschaft der indogermanischen Sprachen besteht darin, dass sich unter dem Einfluss der Akzentposition einzelne Vokale verändern können. Man spricht hier von „**Ablautphänomenen**" (vgl. dt. bi̱nden vs. gebu̱nden, frz. faire vs. je fis, span. hacer vs. hice). Weitere Veränderungen von Vokalen oder Konsonanten können auch durch deren lautliche Umgebung ausgelöst werden. Meist handelt es sich dabei um **Assimilationsphänomene**, also Erscheinungen formaler Angleichung. Beide Phänomene treten besonders häufig auf, wenn ein Präfix (vgl. die Übersicht in Kap. 4.2.3) zu einem einfachen Wort („Simplex") tritt und sich im daraus resultierenden Kompositum die Betonungsverhältnisse bzw. die Nachbarlaute ändern. Dasselbe kann geschehen, wenn eine Personalendung oder ein Kasusmorphem an ein Wort angehängt wird. Diese lautlichen Umgestaltungen vollzogen sich z.T. schon im Altlatein, sind also fester Bestandteil des Klassischen Lateins und nicht mit den lautlichen Veränderungen des Vulgärlateins zu verwechseln, die im Folgekapitel behandelt werden.

Die Systematik dieser Lautveränderungen ist zu komplex, um sie hier ausführlich zu schildern. Daher seien nur einige markante Beispiele aufgeführt, die ausreichen, um die wesentlichen Gesetzmäßigkeiten zu erkennen. Diese Gesetzmäßigkeiten sind äußerst wichtig, wenn es z. B. darum geht, die Zugehörigkeit eines unbekannten Wortes zu einer bestimmten Wortfamilie zu erkennen, um sich so seinen Inhalt zu erschließen.

---

19  Ein „Enklitikon" (von griech. enklínein – sich anlehnen) ist ein Wort, das sich an ein vorangehendes Wort anhängt und mit diesem eine Betonungseinheit bildet.

Für Romanisten ist dies umso wichtiger, als sich häufig eher die lateinischen Komposita als die Simplices erhalten haben: So ist z. B. lat. *capĕre* ‚nehmen' weitgehend verloren gegangen, während sich sein Kompositum *recipĕre* ‚aufnehmen' in zahlreichen Sprachen erhalten hat: vgl. sp. *recibir*, it. *ricevere*, frz. *recevoir*, engl. *to receive*. Es geht also darum, sich einen Überblick darüber zu verschaffen, mit welchen Veränderungsphänomenen man zu rechnen hat, wenn z. B. ein Präfix vor ein Simplex tritt.

Da lateinischer Lautwandel zumeist auch einen graphischen Wandel nach sich zieht und das Lateinische i. Allg. nur in schriftlicher Form vorliegt, orientiert sich die folgende Tabelle an der Graphie – die Spaltenbezeichnung „graphischer Wandel" ist also so zu verstehen, dass ein phonischer Wandel eine Veränderung der graphischen Zeichen ausgelöst hat:

| graphischer Wandel | Beispiel | |
|---|---|---|
| | Einzelkomponenten | Zusammensetzung/Ableitung |
| Vokale: | | |
| a > i | *re* + *capĕre* ‚nehmen' | *recipĕre* ‚aufnehmen' |
| ae > i | *re* + *quaerĕre* ‚suchen' | *requirĕre* ‚verlangen' |
| au > u | *ob* + *claudĕre* ‚schließen' | *occludĕre* ‚verschließen' |
| a > e | *in* + *aptus* ‚fähig' | *ineptus* ‚unfähig' |
| e > i | *cum* + *legĕre* ‚lesen' | *colligĕre* ‚sammeln' |
| u > i | *caput* (Nom./Akk.Sg.: ‚Kopf') | *capitis* (Gen.Sg.: ‚des Kopfes') |
| u > o | *cum* + *venire* ‚kommen' | *convenire* ‚zusammenkommen' |
| Konsonanten: | | |
| s > r | *mos* (Nom. Sg.: ‚Sitte') | *moris* (Gen.Sg.) |
| m > n | *cum* + *ducĕre* ‚führen' | *conducĕre* ‚zusammenführen' |
| n > m | *in* + *pius* ‚fromm' | *impius* ‚gottlos' |
| b > p | *scribĕre* (Inf.: ‚schreiben') | *scripsi* (‚ich habe geschrieben') |
| g > c | *regĕre* (Inf.: ‚regieren') | *rectum* (Part.Pf.Pass. ‚regiert') |
| dc > cc | *ad* + *capĕre* ‚nehmen' | *accipĕre* ‚annehmen' |
| bc > cc | *ob* + *caedĕre* ‚schlagen' | *occidĕre* ‚erschlagen, töten' |

| bf > ff | *ob* + *ferre* ‚tragen' | *offerre* ‚anbieten' |
| --- | --- | --- |
| df > ff | *ad* + *facĕre* ‚machen' | *afficĕre* ‚jdm. etw. antun' |
| xf > ff | *ex* + *ferre* ‚tragen' | *efferre* ‚heraustragen' |
| sf > ff | *dis* + *ferre* ‚tragen' | *differre* ‚auseinandertragen' |
| dg > gg | *ad* + *gradi* ‚schreiten' | *aggredi* ‚sich nähern, angreifen' |
| bp > pp | *ob* + *pugnare* ‚kämpfen' | *oppugnare* ‚bekämpfen' |
| dp > pp | *ad* + *pellĕre* ‚treiben' | *appellĕre* ‚herantreiben' |
| dt > tt | *ad* + *trahĕre* ‚ziehen' | *attrahĕre* ‚anziehen' |
| dl > ll | *ad* + *loqui* ‚sprechen' | *alloqui* ‚ansprechen' |
| nl > ll | *in* + *lustrare* ‚beleuchten' | *illustrare* ‚erklären, verherrlichen' |
| ml > ll | *cum* + *loqui* ‚sprechen' | *colloqui* ‚sich unterhalten' |
| nm > mm | *in* + *mittĕre* ‚schicken' | *immittĕre* ‚hineinschicken' |
| mr > rr | *cum* + *regĕre* ‚regieren' | *corrigĕre* ‚korrigieren' |
| nr > rr | *in* + *ridēre* ‚lachen' | *irridēre* ‚auslachen' |
| br > rr | *sub* + *rapĕre* ‚greifen' | *surripĕre* ‚stehlen' |

Abb. 19: Laut- und Graphiewandel in Lautgruppen (eigene Darstellung auf Grundlage von Rubenbauer et al. 1995:9ff)

Eine Übersicht über die verschiedenen Präpositionen, die als Präfixe in solchen Kompositionen auftreten können, bietet Abb. 24 (S. 124f).

Um zu veranschaulichen, dass der Lautstand des Klassischen Lateins bereits eine Weiterentwicklung darstellt, sei hier eine kurze Passage aus einer altlateinischen Komödie, dem *Miles Gloriosus*[20] von Plautus (1.Akt, 1.Szene), zitiert. Es handelt sich um das früheste datierbare (und erhaltene) Stück der römischen Literaturgeschichte. Die Uraufführung wird auf das Jahr 205 v. Chr. angesetzt (Gaiser 1973:237). Der Titelheld und Hauptmann Pyrgopolinices[21] ermahnt in diesen Versen einige Sklaven, seinen Schild ordentlich zu putzen:

---

20  ‚Der großsprecherische Soldat'.
21  Der Name ist ein Gräzismus und, wie oft bei Plautus, sprechend: Er setzt sich zusammen aus gr. *pýrgos* ‚Turm', *pólis* ‚Stadt' und *níke* ‚Sieg'. Der Held heißt also gewissermaßen ‚Turm- und Stadtbezwinger'.

*Curate ut splendor meo sit cl<u>u</u>peo clarior*
*quam solis radii esse olim <u>quom</u> sudu<u>m</u>st solent,*
*ut, ubi usus <u>u</u>eniat, contra conserta manu*
*praestringat oculorum aciem in acie hostibus.* (V.1-4, ed. Lindsay)

‚Bemüht euch, dass der Glanz meines Schildes heller wird
als es die Strahlen der Sonne zu sein pflegen, wenn einst ein Sommertag ist,
damit er, wenn er zum Einsatz kommt, in fest geschlossener Hand
den Feinden in der Schlachtreihe die Schärfe der Augen blendet.'

In dieser Passage wird zum einen deutlich, dass in der Antike graphisch nicht zwischen <u> und <v> unterschieden wird (z. B. <ueniat> anstelle von <veniat>). Des weiteren zeigen sich altlateinische Lautstadien in *clupeo* für klass. *clipeo* (Abl. ‚Schild') und *quom* für die klassische Konjunktion *cum* (‚als; wenn'). Man sieht auch, dass der Vokal in der Verbform *est* (‚er/sie/es ist') schon in altlateinischer Zeit unterdrückt werden konnte (*sudumst* anstelle von klass. *sudum est* ‚es ist ein Sommertag') – wahrscheinlich in Form einer Nasalierung.

Das folgende Kapitel ist späteren lautlichen Veränderungen gewidmet, die Linguisten dazu geführt haben, eine vom Klassischen Latein deutlich verschiedene Varietät anzunehmen, die dann Grundlage der Entstehung der romanischen Sprachen war.

## 3.2 Vulgär- und Spätlatein

### 3.2.1 Vokale

Die bedeutendste Neuerung im vulgärlateinischen Vokalsystem ist zweifelsohne die Aufgabe der aus dem Alt- und Klassischen Latein bekannten Quantitätenunterscheidung (sog. „**Quantitätenkollaps**"). Natürlich kommt es weiterhin vor, dass Vokale unterschiedlich lang gesprochen werden, aber ihre Länge ist phonologisch nicht mehr distinktiv. Die systematische Unterscheidung von *mālum* (‚Apfel') vs. *mălum* (‚Übel') bzw. *mālus* (fem.:‚Apfelbaum'; masc.: ‚Mast') vs. *mălus* (‚schlecht') oder *femină* (Nom.Sg.: ‚Frau') vs. *feminā* (Abl.Sg.) ist also nicht mehr möglich. Entsprechend legte man im Lateinunterricht der Renaissance besonders viel Gewicht auf die Unterscheidung dieser Wörter und ersann zum Auswendiglernen tiefgründige Merksätze wie den folgenden, der nautische Essgewohnheiten mit paradiesischer Sünde in Beziehung setzt:

| *dum* | *malum* | *comedis* | *iuxta* | *malum* | *navis,* |
|---|---|---|---|---|---|
| während | Apfel-Akk | essen-2.Sg.Prs. | bei | Mast-Akk | Schiff-Gen |

| *de* | *malo* | *comisso* | *sub* | *malo* | *vetita* | *meditare!* |
|---|---|---|---|---|---|---|
| über | Übel-Akk | begehen-PPP | unter | Apfelbaum-Abl | verbieten-PPP | denken-ImperativSg. |

‚Während du den Apfel beim Mast des Schiffes isst, denke an das unter dem verbotenen Apfelbaum begangene Übel!' (William Bath alias Bateus, 1611, *Janua Linguarum*, zitiert nach Titone 1968:11)

Natürlich vollzieht sich ein so tiefgreifender Lautwandel nicht über Nacht – und er vollzieht sich auch nicht, ohne dass neue Möglichkeiten geschaffen würden, um den Informationsverlust zu kompensieren. Man nimmt drei Entwicklungsphasen an: Schon ab dem 2. Jh. v. Chr. gab es eine Tendenz, lange Vokale eher geschlossen zu artikulieren, kurze Vokale hingegen eher offen (vgl. dt. *der Weg* vs. *er geht weg*). In einer zweiten Phase wurde dann der Öffnungsgrad der Vokale wichtiger als deren Länge. Die Quantitäten wurden also entphonologisiert und der Öffnungsgrad bzw. die Lautqualität phonologisiert. Die Opposition *sōlum* (‚allein') vs. *sŏlum* (‚Boden') beispielsweise wird abgelöst von der Opposition /'solu/ vs. /'sɔlu/ (nach dem parallelen Verstummen von Auslaut-*m*; vgl. hierzu Abschnitt 3.2.2). Entsprechend haben wir auch bei den Fortsetzern in den romanischen Sprachen qualitative Unterscheidungen: frz. *seul* vs. *sol*, sp. *solo* vs. *suelo*, it. *solo* vs. *suolo*. Die Umstellung im Lateinischen betraf zunächst die unbetonten Vokale (ab dem 1. Jh.n. Chr.), erst einige Zeit später in einer dritten Phase auch die betonten Vokale (ab 4. Jh.n. Chr.). Die Entwicklung vollzog sich in allen gesprochenen lateinischen Varietäten, ist also ein diachronisches, kein diatopisches oder diastratisches Phänomen (Seidl 2003:520).[22] Bei dieser Umstellung ergaben sich aber zusätzlich regionale Verschiebungen im Vokalsystem, eventuell beeinflusst durch Substratsprachen in den jeweils eroberten Gebieten. Der Quantitätenkollaps ist daher auch für die Herausbildung diatopischer Varietäten relevant. Das folgende Schema präsentiert die gallo-iberisch-italienische Entwicklung:

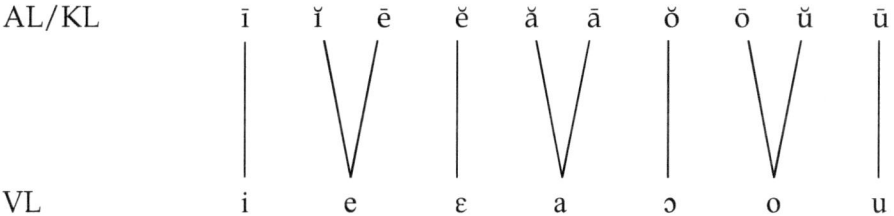

Abb. 20: Wandel der betonten Vokale im Latein der italienischen und iberischen Halbinsel sowie Galliens (modifiziert in Anlehnung an Stefenelli 2003:534)

Für das Latein Nordafrikas, Sardiniens, Siziliens und des Balkans sowie für Teile Kalabriens gelten einige Verschiebungen (hierzu Lausberg 1969:144 ff, Väänänen 1981:30). Die dialektale Vielfalt Italiens geht also bereits auf die lateinischen Verhältnisse zurück.

---

22  Die neueste umfassende Übersicht über die Entwicklung der Vokallängen vom Lateinischen zu den romanischen Sprachen bietet Loporcaro (2015).

All diese lautlichen Veränderungen im gesprochenen Latein finden sich nur selten in den schriftlichen Texten wieder; wenn ja, dann am ehesten in „Schreibfehlern". Die wichtigsten Anhaltspunkte für die Rekonstruktion dieser Neuerungen bieten die romanischen Sprachen. Betrachten wir nur die beiden Fälle, in denen sich ein echter Vokalwandel ergibt, also von /ĭ/ zu /e/ und von /ŭ/ zu /o/: Das ursprünglich lange /ī/ aus lat. *vīvo* („ich lebe') bleibt beispielsweise in it./sp. *vivo* als /i/ erhalten. Das kurze /ĭ/ in *bĭbo* („ich trinke') hingegen wird zu it. *bevo* und sp. *bebo*, also offensichtlich über lateinisches /e/. Entsprechend bleibt /ū/ von *lūce(m)* („Licht') in it. *luce* und sp. *luz* als /u/ erhalten, während sich /ŭ/ in lat. *gŭla* („Kehle') zu /o/ öffnet, vgl. it./sp. *gola* (Väänänen 1981:30).

Der nächstwichtige Wandel betrifft die **Monophthongierung** von Diphthongen. Schon in klassischer Zeit war /au̯/ zu /o/ (z. B. *Claudius* > *Clodius*) monophthongiert worden (s. o.). Nun verbreitet sich in allen Registern auch die Monophthongierung von /ae̯/ zu /ɛ/, die ursprünglich wohl einmal ländlichen Beigeschmack gehabt hatte (Seidl 2003:522).[23] Meist wird dabei die Graphie <ae> beibehalten, weil sie hilft, das neue Phonem /ɛ/ vom geschlossenen /e/ zu unterscheiden. Gelegentlich finden sich aber auch Schreibungen wie <que> für <quae> („die') oder <preceptum> für <praeceptum> („Vorschrift'). Entsprechend sind Hyperkorrekturen wie *baene* für korrektes *bene* („gut') oder *braevis* für *brevis* („kurz') zu beobachten. Im Kirchenlatein deutscher Tradition wird /ae̯/ auch zu /ø/ monophthongiert. Entsprechend wurde aus dem klassischen Adjektiv *caelebs* („ehelos') und seiner nachklassischen Ableitung *caelibatus* („Ehelosigkeit') im Deutschen „der Zölibat",[24] während sich im Französischen das Adjektiv *célibataire* und im Spanischen *celibatario* (vgl. auch it. *celibato*, eingebürgert hat. Die späteste Monophthongierung ist wahrscheinlich die von /oe̯/ zu /e/, auch sie ist aber schon in einzelnen pompejanischen Inschriften belegt, scheint also bereits im 1. Jh. n. Chr. ihren Anfang genommen zu haben: z. B. *amoenus* („angenehm') > *amenus*; *Phoebus* (Kultname Apollos als Sonnengott, entspricht griech. ‚der Leuchtende') > *Phebus* (Väänänen 1981:38).

Parallel zur Entphonologisierung der Quantitäten vollzog sich die Umstellung vom melodischen Akzent zum Intensitäts- bzw. **Druckakzent**. Die starke Akzentuierung der betonten Vokale führte in der Folge dazu, dass bei der Artikulation die unbetonten Zwischenvokale (d. h. Vokale, die zwischen zwei Konsonanten stehen) vernachlässigt wurden und teilweise verstummten: sog. „**Synkopierung**" (vgl. Väänänen 1981:32 ff.). Die lateinischen Wörter werden also immer kürzer, und es sind oft diese verkürzten Formen, die sich in den romanischen Sprachen fortsetzen. Zahlreiche Beispiele hierfür sind in der Appendix Probi (nach Rohlfs 1969:17) belegt: z. B.

---

23  Rix (1993:12 f) und ebenso Müller (2001:33) und Adams (2013:72) belegen das mit einem vom Grammatiker Varro zitierten Beispiel aus den Satiren des Lucilius, wo ein Ziegenzüchter namens *Caecilius* sich um das Amt des *praetor urbanus* bewarb. Der Erzähler äußert sodann die Sorge, dass *Cecilius* zu einem *pretor rusticus* werden könne. Es wird also graphisch (und vermutlich auch phonisch) mit dem Gegensatzpaar „<ae>/städtisch" vs. „<e>/ländlich" gespielt.

24  Der Titel der marianischen Antiphon *Regina Caeli* („Königin des Himmels'), die v. a. während der Osterzeit gesungen wird, ist aus dem Mittellatein auch als *Regina Coeli* überliefert.

*speculum* (,Spiegel') *non speclum*   (> it. *specchio*, span. *espejo*)
*tabula* (,Brett') *non tabla*   (> frz. *table*, span. *tabla*)[25]
*calida* (,warmes' erg. ,Wasser') *non calda*   (> it. *calda*, frz. *chaude*),
*frigida* (,kaltes' erg. ,Wasser') *non fricda*   (> sp. *fría*, it. *fredda*, frz. *froide*)

Auch am Ende von Wörtern verstummen häufig unbetonte Vokale oder Konsonanten. Man spricht hier von „**Apokopierung**", vgl. klat. *quomodo* > vlat. *quomo/como* > sp. *como*, it. *come*, fr. *comme* (Väänänen 1981:48). Dieses Phänomen wird vor allem bei der Entwicklung vom Vulgärlatein hin zu den romanischen Sprachen wirksam, vgl. z. B. *vocem* ,Stimme' > sp. *voz*, fr. *voix*.

Trotz dieser Wortverkürzung bleibt die **Position des Akzents** üblicherweise stabil, d. h. in den romanischen Sprachen ist zumeist derselbe Vokal betont wie im Lateinischen. Da die Wörter aber in der Sprachentwicklung häufig von hinten her verkürzt werden, fällt die Betonung möglicherweise dann von der Zählung her auf eine andere Silbe, also z. B. statt auf die drittletzte auf die vorletzte Silbe: vgl. z. B. lat. *duodecim* (,zwölf') > it. *do**di**ci* (drittletzte Silbe), sp. *do**ze*** (vorletzte Silbe), frz. *dou**ze*** (letzte Silbe) oder lat. *civitate(m)* (,Bürgerschaft') > it. *cit**tá***, sp. *ciu**dad***, frz. *ci**té***. Ein lateinisches Proparoxytonon (Wort mit Betonung auf der drittletzten Silbe) kann also zu einem romanischen Paroxytonon (Betonung auf der zweitletzten Silbe) oder einem Oxytonon (Betonung auf der letzten Silbe) werden, ohne dass der betonte Vokal wechselt.

Der letzte wichtige vokalische Lautwandel ist eigentlich die Folge einer speziellen Konsonantenkonstellation und könnte daher auch im folgenden Abschnitt aufgeführt werden: Es geht um das sog. „**prothetische /i-/**"[26], das später zu /e-/ geöffnet wurde. Es handelt sich um einen zusätzlich eingefügten Vokal, der die Aussprache der Lautfolge /s/ + Konsonant (genannt „s impurum" – ,unreines s') erleichtern soll. Der früheste Beleg entstammt einer pompejanischen Inschrift und ist daher auf vor 79 n. Chr. datierbar: *Ismurna* für *Smyrna* (Väänänen 1981:47 f). Gut in den westromanischen Sprachen[27] dokumentiert sind die Beispiele

*statua* > *istatua* (> sp. *estatua*, port. *estátua*, kat. *estàtua*)
*schola* > *ischola* (> sp. *escuela*, port. *escola*, kat. *escola*, frz. *école*)

Im Französischen ist das prothetische *e-* nur in Erbwörtern erhalten, während Lehnwörter und Neologismen ohne diese Aussprachehilfe auskommen: vgl. frz. *espace* vs. *spacieux* (Wolf 1991:102). Im Spanischen hingegen ist die Prothese als Phänomen heute noch aktiv, vgl. Lehnwörter oder Neologismen wie *estándar, estabilizador, estagnación* etc. Die Prothese wird von spanischen Muttersprachlern also ohne weiteres auf andere Sprachen übertragen – bitten Sie mal einen Spanier, dt. *Sprechstunde* zu artikulieren…

---

25  It. *tavola* hingegen geht auf die klassische Form lat. *tabula* zurück.
26  Ebenfalls üblich ist der Terminus „prosthetisch" bzw. „Prosthese". Im Französischen kursiert auch die Bezeichnung „voyelle épenthétique" (vgl. Seidl 2003:520).
27  Im Ital. und Rum. fehlt die Prothese zumeist, vgl. it. *statua/scuola* und rum. *statuie/şcoală*.

## 3.2.2 Konsonanten

Beim Konsonantenwandel gibt es kein ähnlich herausragendes Phänomen wie den Quantitätenkollaps bei den Vokalen. Immerhin kann man aber sagen, dass alle konsonantischen Veränderungen irgendwie mit dem Prinzip der sprachlichen Ökonomie oder genauer, mit einer gewissen Bequemlichkeit der Artikulation, zusammenhängen. Schon von daher ist es wahrscheinlich, dass die meisten dieser Neuerungen **alle** gesprochenen Register des Lateinischen betroffen haben – sie werden bei Seidl (2003:520) daher als rein diachronische Phänomene aufgeführt. Entsprechend bedeutet im Folgenden der Pfeil „>" nicht etwa, dass sich aus einer klassischen Form direkt eine vulgärlateinische Form entwickelt hat, sondern vielmehr, dass eine aus dem Altlateinischen bekannte Form sich im Klassischen Latein länger gehalten hat, parallel dazu im Vulgärlatein aber schon verändert wurde und sich diese Veränderungen in der Phase des Spätlateins dann flächendeckend über alle Register ausgebreitet haben. Der Wandel geht also von AL/KL zu VL/SL.

Am deutlichsten wird die Wirkung des Ökonomieprinzips bei reinen Schwundphänomenen. Hier sind zunächst zu nennen: **das Verstummen von Auslautkonsonanten** (Väänänen 1981:66-70), vor allem bei /-m/ (was sich sogar im Altlatein schon angedeutet hatte) und /-t/, z. B.: *vocem* > *voce* (Akk. ‚Stimme'); *durum* > *duru* (Akk. ‚hart'); *amat* > *ama* (‚er/sie/es liebt'); *fecerunt* > *fecerun* (‚sie haben gemacht'). In der Graphie wird dieser Schwund zwar häufig ignoriert (immerhin korrigiert die Appendix Probi: *olim non oli* ‚einst'), die Fortsetzer in den romanischen Sprachen belegen ihn aber deutlich, vgl.:

| | |
|---|---|
| klat. *duru<u>m</u>* vs. vlat. *duru* | > it. *duro*, sp. *duro*, port. *duro*, frz. *dur* |
| klat. *voce<u>m</u>* vs. vlat. *voce* | > it. *voce*, sp. *voz*, port. *voz*, fr. *voix* |
| klat. *ama<u>t</u>* vs. vlat. *ama* | > it. *ama*, sp. *ama*, port. *ama*, frz. *aime* |
| klat. *ferun<u>t</u>* vs. vlat. *fecerun* | > it. *fécero*, sp. *hicieron*, port. *fizeram*; dagegen frz. *firen<u>t</u>* mit relatinisierender Graphie. |

Man sieht bei dieser Gelegenheit deutlich, warum das Französische der Romania Discontinua zugerechnet wird: Es hat sich von den hier betrachteten Sprachen lautlich am weitesten vom Lateinischen wegentwickelt, auch wenn die etymologisierende Graphie des Französischen dies ein wenig kaschiert. Der Schwund der Auslautkonsonanten hat im Übrigen weitreichende morphologische Folgen, da er die Kasusendung des Akkusativs bei den Nomina und die Personalendung der 3. Person Singular bei den Verben betrifft (vgl. Kap. 4.6).

Dass dieser Schwund gerade die Auslautkonsonanten betrifft, ist kein Zufall. Der Auslaut von Wörtern wird in vielen Sprachen phonetisch schwächer oder auch in Varianten artikuliert – man denke nur an frz. *tous* (*tous les jours* [tu] vs. *ils sont tous venus* [tus]) oder *plus* (vgl. Väänänen 1981:66). Dies dürfte damit zusammenhängen, dass die kognitive Wortverarbeitung von Sprechern indogermanischer Sprachen beim Worterkennen, Memorieren und auch bei den Wortfindungsprozessen stark die erste Silbe fokussiert (Müller-Lancé 2006:445 f.). Im Lateinischen, wo wegen des Dreisilbengeset-

## 3.2 Vulgär- und Spätlatein

zes mehrsilbige Wörter nie auf der Endsilbe betont werden, sind die Wortenden natürlich besonders gefährdet.

Ein diatopisch markiertes Phänomen scheint jedoch das **Verstummen von Auslaut /-s/** zu sein. Es betrifft nämlich nur die Sprachen der Ostromania, während die westromanischen Sprachen den Auslaut /-s/ aus dem Lateinischen beibehalten, vgl. folgende Übersicht:

|  | Westromania ||||| Ostromania ||
|---|---|---|---|---|---|---|---|
|  | port. | sp. | kat. | okz. | afr. | it. | rum. |
| lat. *nos* (,wir') | *nos* | *nos* | *nos* | *nos* | *nos* | *noi* | *noi* |
| lat. *minus* (,weniger') | *menos* | *menos* | *menys* | *mens* | *moins* | *meno* | - |
| lat. *cantas* (,du singst') | *cantas* | *cantas* | *cantes* | *cantas* | *chantes* | *canti* | *cînţi* |

In den ostromanischen Sprachen Italienisch und Rumänisch ist das lateinische Auslaut /-s/ also vokalisiert oder verstummt. Das Sardische, bekannt für seine Zwischenstellung zwischen West- und Ostromania, würde von diesem Kriterium her zur Westromania gehören: vgl. sard. *nos/minus/cantas* (Väänänen 1981:68). Im Neufranzösischen ist das /-s/ zwar verstummt, es wird aber in der relatinisierenden Graphie weiterhin bewahrt: *nous/moins/chantes*. Für die Zuordnung des Französischen zur Westromania ist dies jedoch ohne Belang, denn:

> Diese Einteilung der Romania entspricht etwa der der ausgehenden Kaiserzeit [...]: sie nimmt, wie die Zweiteilung Italiens [...] zeigt, keine Rücksicht auf die heutige Einteilung in die durch die Geltung der Schriftsprachen [...] geschaffenen nationalsprachlichen Groß-Räume (die ein Faktum der mittelalterlichen und neuzeitlichen Geschichte sind), sondern stützt sich allein auf den Befund der Mundarten [...] (Lausberg 1969:39f).

Ein gemeinromanisches Phänomen ist dagegen das **Verstummen von Anlaut /h-/**. Dies spricht, gemeinsam mit zeitgenössischen metasprachlichen Aussagen, dafür, dass dieser Schwund schon recht früh einsetzte und schließlich alle lateinischen Varietäten betraf, auch wenn er wohl im republikanischen *sermo rusticus* seinen Anfang nahm (vgl. Kap. 3.1.2). In der Appendix Probi ist er dokumentiert durch die Wortpaare *hostiae non ostiae* (,Opfertiere, Hostien') und *adhuc non aduc* (,noch') (Väänänen 1981:55 und Seidl 2003:522). In den modernen romanischen Sprachen ist das verstummte /h-/ allerdings in der Graphie häufig wieder eingesetzt worden, also ein typisches Relatinisierungsphänomen. Besonders interessant ist diesbezüglich der Fall von klat. *homo* > vlat. *omo* (,Mensch, Mann'), dessen romanische Fortsetzer zum Teil auf den Akkusativ zurückgehen:

- Die auf den Nominativ (*h-*)*omo* zurückgehenden Formen haben auch in der heutigen Graphie kein <h> mehr, vgl. it. *uomo*, rr. *um*,[28] rum. *om* und frz. *on* (hier unpersönliches ‚man').
- Die auf den Akk. (*h-*)*ominem* zurückgehenden Formen hingegen sind in Bezug auf <h> fast durchweg relatinisiert: frz. *homme*, sp. *hombre*, port. *homem*, gal. *home*, kat. *home*. Nur das Sardische verstößt wieder gegen den Trend: Die Form des lat. Akkusativs ist hier vergleichsweise am besten erhalten, das Graphem <h> wurde aber nicht restituiert, vgl. sard. *ómine*.

Weiterhin ist zu betonen, dass das sog. „h- aspiré" im Französischen, das die Elision des vorangehenden Vokals verhindert, nichts mit dem lateinischen /h-/ zu tun hat, sondern auf ein germanisches /h-/ zurückgeht: z. B. *la hache* < fränk. \**hâppja*, vgl. dt. *Hacke*.

Auch das Spanische hat ein besonderes Verhältnis zum phonetisch niemals realisierten Graphem <h>, und zwar v. a. am Wortanfang (also als „Initialgraphem"). Dieses Zeichen kann im Spanischen die unterschiedlichsten Ursprünge haben (vgl. Cano Aguilar 2002:95/106/238):

1. kann es an ein schon in lateinischer Zeit (s. o.) verstummtes /h/ erinnern, z. B. in sp. *humano* < lat. *humanum*, oder in sp. *haber* < lat. *habēre*. Diese Schreibungen gehen auf eine spätere Relatinisierung zurück, denn im Altspanischen fehlte das <h> meistens, vgl. asp. *umano* und *aver*;
2. kann es auf ein lateinisches Anlaut-f zurückgehen, das sich möglicherweise unter Einfluss des baskischen Substrats zunächst zum Hauchlaut /h/ reduziert hat und dann ganz verstummt ist, z. B. sp. *hijo* < lat. *filium* oder sp. *hoja* < lat. *folia*. Dieses <h> steht auch im Altspanischen und wurde zu dieser Zeit in der gehobenen Aussprache auch tatsächlich als Hauchlaut realisiert;
3. kann <h> für ein ehemaliges Anlaut-/g/ stehen, das in unbetonter Silbe stand. Während das Anlaut-/g/ in betonter Silbe nämlich zu einem Halbvokal reduziert wurde (z. B. lat. *géneru* > sp. *yerno*), verstummte es in unbetonter Silbe gänzlich und wurde in hyperkorrekter Schreibweise (man wusste, dass man bei manchen Wörtern ein <h> voranstellen muss, ohne dass es gesprochen wird, und tat dies in diesem Fall zu Unrecht) durch <h> ersetzt: z. B. lat. *germánum* > sp. *hermano*, lat. *geláre* > sp. *helar*. Gut merken kann man sich diese Besonderheit des Spanischen, wenn man sich auf kulinarisches Gebiet begibt und sich hier dem Speiseeis zuwendet, das die alten Römer in Europa eingeführt haben: Das lateinische Partizip Perfekt Passiv *gelátum* ‚gefroren' wird spanisch zu *helado*, italienisch zu *gelato* (in der Eisdiele jeweils auch substantiviert) und französisch zu *gelé*. In der bekanntermaßen extravaganten französischen Küche macht das Partizip *gelé* allerdings einen semantischen Wandel durch, nämlich zu der auch im Deutschen gebräuchlichen Substantivierung *Gelée* (dann entsprechend feminin), das auch

---

28   Die hier ausgewählte rätoromanische Form entstammt dem neuen bündnerromanischen Standard, dem sog. „Rumantsch Grischun".

,Sülze' bedeuten kann. ,Eis' hingegen wird im Französischen mit dem von lat. *glacies* bzw. vlat. *glacia* ,Eis' abgeleiteten Lexem *glace* bezeichnet;

4. kann <h> ein rein diakritisches Zeichen ohne jeglichen etymologischen Ursprung sein. „Diakritisch" bedeutet in diesem Zusammenhang, dass es dazu beiträgt, zu entscheiden, wie ein Buchstabe auszusprechen ist; es geht also um eine Hilfsfunktion wie z. B. bei den Akzenten. Das <h> in dieser Funktion wurde eingeführt, als in der altspanischen Graphie noch nicht zwischen <u> und <v> unterschieden wurde (s. o.): Ein Wort wie lat. *ovum* ,Ei' entwickelte sich durch die im Altspanischen übliche Diphthongierung des Vokals der betonten Silbe zu *uevo*. Geschrieben aber wurde ursprünglich lat. <ovvm> und asp. <vevo>. Durch den bis heute erhaltenen lautlichen Zusammenfall von /b/ und /v/ im Altspanischen hätte man nun die Graphie <vevo> lautlich in der gleichen Weise realisieren können wie <bebo> ,ich trinke' (von *beber*), denn <v> vor Vokal wurde üblicherweise als Konsonant /v/ und nicht als Vokal /u/ gelesen. Aus diesem Grunde setzte man ein <h> vor das <v> in <vevo> => <hvevo> und machte so deutlich, dass es als /u/ bzw. als Halbkonsonant /w/ zu lesen sei, denn die Lautkombination /hv/ gab es nicht. Das beschriebene Phänomen ist kein Einzelfall, es trifft z. B. auch für sp. *hueso* < lat. *ossum* (,Knochen') zu, das ansonsten wegen seiner Ähnlichkeit mit sp. *beso* ,Kuss' zu peinlichen Verwechslungen hätte führen können.

Gemeinromanisch ist der **Schwund von /-n-/ vor /-s-/**, der bereits ab dem 3. Jh. v. Chr. einsetzt. So wird aus lat. *pensum* (,abgewogenes Tagewerk') zunächst *pesu* und dann it. *peso*, sp. *peso*, port. *peso*, okz. *pes*, kat. *pes*, altfrz. *pois*, rum. *păs*. Die neufranzösische Schreibung <poids> ist fälschlich etymologisierend (sie verweist auf lat. *pondus* – ,Gewicht', das lexikalisch aber weder mit lat. *pensum* noch mit fr. *pois* verwandt ist) und dient v. a. der Differenzierung vom Homonym *pois* (,Erbse' < lat. *pisum*). In der Appendix Probi sind als Belege aufgeführt *mensa non mesa* (,Tisch') und *ansa non asa* (,Henkel'). Das Phänomen war so verbreitet, dass es immer wieder zu Hyperkorrekturen (auch: „Hyperurbanismen") kam, die gleichfalls in der Appendix korrigiert werden: *Hercules non Herculens*; *formosus non formunsus* (Väänänen 1981:64).

Ein Schwund in gewissem Sinne ist auch die **Reduktion von Doppelkonsonanten**. Diese sog. „Geminaten" (von lat. *geminus* ,Zwilling') waren im Lateinischen nicht sehr häufig und wurden auch erst recht spät, nämlich kurz vor Entstehung der romanischen Sprachen, reduziert. So erklärt sich, dass gerade im Italienischen viele Geminaten konserviert wurden, während sie in anderen romanischen Sprachen eher reduziert wurden:

| lat. | it. | span. | okz. | afr. |
|---|---|---|---|---|
| *vacca* ‚Kuh' | *vacca* | *vaca* | *vaca* | *vache* |
| *bella* ‚schön', f. | *bella* | *bella* | *bele* | *bele* |
| *flamma* ‚Flamme' | *fiamma* | *llama* | *flama* | *flame* |
| *cappa* ‚Kapuzenmantel' | *cappa* | *capa* | *capa* | *chape* |

Wie die altfranzösischen Formen belegen, sind die neufranzösischen Schreibungen <belle> und <flamme> mit ihren graphischen Doppelkonsonanten reine Relatinisierungen. Im Spanischen hingegen setzt die Schreibung <bella> die altspanische Graphie unverändert fort. Es liegt hier also keine Relatinisierung vor. Die späteste Geminatenreduktion betraf wohl /-rr-/, weshalb es in vielen Fällen erhalten ist, z. B. lat. *terra* > it., okz., port., kat. *terra*, sp. *tierra*, frz. *terre*, aber rum. *țară* (Väänänen 1981:58f).

Die zweite große Gruppe der durch sprachliche Ökonomie ausgelösten Konsonantenwandel sind die **Assimilationsphänomene**. Sie treten v. a. dann auf, wenn zwei Laute mit sehr unterschiedlichen Artikulationsarten und -orten unmittelbar aufeinander folgen müssten. Meist gleicht sich dann der erste Laut dem zweiten zumindest teilweise an. Die meisten dieser Phänomene haben sich so früh ausgebreitet, dass sie schon im Klassischen Latein zum Standard wurden (s. S. 96f: Abb. 19). Einige von ihnen treten aber erst im Vulgär- und Spätlatein auf. Hierzu gehört die Assimilation von /-ps-/ zu /-ss-/, die in der Form *isse* statt klassisch *ipse* (‚selbst') in einer pompejanischen Inschrift belegt ist und sich in span. *ese* fortgesetzt hat. Noch besser dokumentiert ist die Assimilation von /-rs-/ zu /-ss-/, und zwar anhand eines Appendix Probi-Belegs: *persica non pessica* (‚Pfirsich'). Beide Formen haben Fortsetzer in den romanischen Sprachen gefunden, auf der einen Seite rum. *piérsică* und okz. *persega* und auf der anderen Seite ital. *pesca* und frz. *pêche*. Auch die Assimilation von /-pt-/ zu /-tt-/ oder /-t-/ hat sich nicht in der ganzen Romania durchgesetzt, vgl. z. B. lat. *septem* (‚sieben') > it. *sette*, sp. *siete*, port. *sete*, afrz./okz./kat. *set* gegenüber rum. *șapte*. Die neufranzösische Schreibung <sept> ist aber nur relatinisierend (vgl. Väänänen 1981:62-64).

Ein lautlicher Wandel, der für die Einteilung der romanischen Sprachen in Ost- und Westromania von Bedeutung ist, ist die **Entwicklung des /kt/-Nexus**, z. B. in lat. *factum* (‚Tat'), *lactem* (Akk. ‚Milch') oder *octo* (‚acht'). Dieser lateinische Konsonantencluster wird in der Ostromania zum Doppelkonsonanten assimiliert (it. *fatto*, *latte*, *otto*) oder zu /pt/ teilassimiliert (rum. *fapt*, *lapte*, *opt*), in der Westromania hingegen palatalisiert (okz. *fach*; sp. *hecho*, *leche*, *ocho*) und ggf. in der Folge noch weiter zu /i/ vokalisiert (vgl. port. *feito*, *leite*, *oito*, frz. *huit*, kat. *vuit*), das in den neufranzösischen Formen *fait* und *lait* nur noch graphisch erhalten ist. In kat. *fet* und *llet* sind sämtliche phonischen und graphischen Spuren des lateinischen /k/-Phonems verschwunden. Lateinische Belege für die entsprechend vorauszusetzenden diatopischen Varianten gibt es allerdings nicht (Väänänen 1981:65):

|  |  | Westromania |  |  |  | Ostromania |  |
|---|---|---|---|---|---|---|---|
|  |  | port. | sp. | kat. | okz. | fr. | it. | rum. |
| lat. *factum* (,Tat') | *feito* | *hecho* | *fet* | *fach* | *fait* | *fatto* | *fapt* |
| lat. *lactem* (,Milch') | *leite* | *leche* | *llet* | *lach* | *lait* | *latte* | *lapte* |
| lat. *octo* (,acht') | *oito* | *ocho* | *vuit* | *uèch* | *huit* | *otto* | *opt* |

Zu den Teilassimilationen kann man die zwischen dem 2. und 5. Jh. n. Chr. (Stefenelli 2003:535) datierbare **Palatalisierung** von /k/ zu /ts/ vor /e/ oder /i/ (nicht im Sardischen) sowie die von /-ti-/ vor einem weiteren Vokal zählen. Genau genommen liegen bei diesen Lautwandelphänomenen zwei verknüpfte Entwicklungen vor. Zunächst die Palatalisierung[29] im engeren Sinne: Der Verschlusslaut passt sich hier jeweils an den palatalen Folgevokal an, wodurch eine palatale Affrikata (/kʲ/ oder /tʲ/) entsteht, also eine Kombination aus einem Verschluss- und einem Reibelaut. Diese palatalen Affrikaten entwickeln sich häufig weiter zu einer Affrikata mit Sibilant (,Zischlaut'), zumeist /ts/ oder /tʃ/. Man spricht beim letztgenannten Phänomen daher auch von „**Assibilierung**". In der Graphie wird dieser Lautwandel jedoch nicht immer deutlich: Im Falle des Phonems /k/ vor /e/ oder /i/ werden weder die Palatalisierung noch die Assibilierung in der lateinischen Schreibung sichtbar: lat. *amicitia* (,Freundschaft') wurde in klassischer Periode wohl /amikitia/ gesprochen, in spät- und mittellateinischer Periode hingegen /amitsitsja/, und im Italienischen wird daraus *amicizia*. Das Graphem <c> steht also zunächst für /k/, später für /ts/ und schließlich für /tʃ/. Im Falle von /ti/ vor Vokal hingegen wird in der lateinischen Graphie gelegentlich das <t> durch <c> ersetzt, vgl. *nuntius > nuncius* (,Bote'), was sich auch in den romanischen Sprachen fortsetzt, vgl. it. *nunzio*, sp. *nuncio* (Väänänen 1981:54f und Seidl 2003:523).

Eine Sonderentwicklung des Französischen ist übrigens die Palatalisierung von /k/ und /g/ vor /a/ wie in lat. *caballum* ,Lastpferd' > frz. *cheval* bzw. in lat. *gamba* ,tierisches Fußgelenk' > frz. *jambe*. Sie tritt erst im Merowingerlatein auf, also ab dem 6. Jh., und sie ist auf Nordgallien begrenzt (Banniard 2008:54f). In den übrigen romanischen Sprachen bleiben das lateinische /k/ und /g/ in dieser Stellung erhalten, vgl. it. *cavallo*, rum. *cal*, port. *cavalo*, sp. *caballo*, okz. *caval* bzw. it. *gamba*, rum. *gambă*, sp. *gamba*, okz. *camba*. Dafür ist die nordfranzösische Palatalisierung ab dem 11. Jh. im Zuge der normannischen Eroberung aber nach England exportiert worden und bis

---

29 Als „Palatalisierung" bezeichnet man die Verlagerung des Artikulationsorts eines Lautes vom weichen Hintergaumen (Velum) zum harten Vordergaumen (Palatum). Es handelt sich hierbei um eine sog. „sekundäre Artikulation", weil ein Folgelaut dazu führt, dass der erste Laut sich in seiner Artikulation ändert. So unterscheidet sich z. B. die phonische Realisierung des /k/ in dt. *Kuh* von der in dt. *Kiel*. Das palatale /i/ führt – im Gegensatz zum velaren /u/ – dazu, dass das /k/ mouilliert bzw. jotiert wird, d. h. es entsteht ein palataler Reibelaut in stimmhafter (/j/ wie in dt. *Björn*) oder stimmloser Variante (/ç/ wie in dt. *ich*); vgl. Glück 2010 „Palatalisierung".

heute z. B. im Eigennamen *Charles* erhalten geblieben (von lat. *Carolus*, ähnlich wie frz. *Charles*,[30] aber im Unterschied zu sp. *Carlos* oder it. *Carlo*).

Deutlich seltener als die Assimilation ist die unsystematisch auftretende **Dissimilation** (also ‚Ungleichmachung'), die z. B. /l/ oder /r/ betrifft, wenn in der Umgebung ein weiteres /l/ oder /r/ vorkommt: z. B. klass. lat. *peregrinus* > spätlat. *pelegrinus* (‚Wanderer, Pilger'). Die Wiederholung des gleichen Lauts wird dadurch vermieden. Die neue Form hat sich fortgesetzt in it. *pellegrino*, kat. *pelegri*, frz. *pèlerin* sowie in engl. *pilgrim* und dt. *Pilger* (Väänänen 1981:70). Diese Dissimilation ist im gesprochenen Spanisch bis heute wirksam, besonders beim Wechsel von /l/ zu dem vom Artikulationsort her benachbarten Laut /r/ (sog. „Rhotazismus", weil dabei ein /r/, -griech. *rho*, entsteht). Vgl. das folgende zeitgenössische Bilddokument, in dem niemand geringeres als die *filología* dem Rhotazismus zum Opfer fällt (vielsagend die schwer lesbare Korrekturglosse links am Ende des Pfeils „Ignorante, es una L"):

Abb. 21: Dissimilation/Rhotazismus im Neuspanischen (Toilettentür der Facultad de Filología, Universidad Complutense de Madrid, Foto JML 1999)

Die dritte große Gruppe konsonantischer Lautwandelphänomene enthält Veränderungen aufgrund von nachlässiger Sprechweise. Hier ist besonders die **Sonorisierung**[31] **der intervokalischen Verschlusslaute -p-/-t-/-k-** zu nennen, die sich auf die Westromania beschränkt und somit eine diatopisch begrenzte Variante darstellt. Ob sie deswegen auf keltischen Einfluss zurückgeht, ist umstritten (Stefenelli 2003:535). In jedem Falle scheint sie erst recht spät, etwa ab dem 5./6. Jh. n. Chr. einzutreten (Seidl 2003: 523). Für die Westromania müssen wir also zu lat. *ripa* (‚Ufer'), *rota* (‚Rad') und *securu(m)* (‚sicher') die stimmhaften Varianten *\*riba*, *\*roda* und *\*seguru* annehmen, die sich in sp. *riba/rueda/seguro*, afr. *rive/roue/seür*, kat. *riba/roda/segur* und port. *riba/roda/seguro* fortgesetzt haben. In der Ostromania hingegen blieben diese Verschlusslaute

---

30 Das /tʃ/ in engl. *Charles* entspricht der phonischen Realisierung im Altfranzösischen. Bis zum Neufranzösischen setzte sich die Assibilierung so weit fort, dass im Anlaut nur noch der Sibilant /ʃ/ übrig blieb.
31 Als „Sonorisierung" bezeichnet man den Lautwandel, bei dem ein stimmloser Laut zu einem stimmhaften Laut (frz. *sonore*) wird, also z. B. /p/ > /b/, /t/ > /d/ oder /k/ > /g/.

stimmlos, vgl. it. *ripa/ruota/sicuro* und rum. *rîpă/roată* (Väänänen 1981:56f) – eine Ausnahme bildet nur rum. *sigur*. Es ergibt sich also folgende Systematik:

|  | Westromania |  |  |  |  | Ostromania |  |
|---|---|---|---|---|---|---|---|
|  | port. | sp. | kat. | okz. | afr. | it. | rum. |
| lat. *ripa* (,Ufer') | *riba* | *riba* | *riba* | *riba* | *rive* | *ripa* | *rîpă* |
| lat. *rota* (,Rad') | *roda* | *rueda* | *roda* | *ròda* | *roue* | *ruota* | *roată* |
| lat. *securu(m)* (,sicher') | *seguro* | *seguro* | *segur* | *segur* | *seür* | *sicuro* | *sigur* |

Die Sonorisierung von z. B. /p/ zu /b/ ist übrigens in den indogermanischen Sprachen kein seltener Vorgang, wie süddeutsche Varianten von *putzen* zeigen:

Abb. 22: Sonorisierung im süddeutschen Raum (Foto JML, Denzlingen 2003)

Parallel zur Sonorisierung der stimmlosen Verschlusslaute werden auch die **stimmhaften intervokalischen Verschlusslaute** des Lateinischen in der Westromania „aufgeweicht", oder besser gesagt: **spirantisiert**. Dabei werden /d/ und /g/ zunächst zu angehauchtem /δ/ und /γ/ und verstummen dann, wie die Fortsetzer von lat. *vidēre* (,sehen') und *striga* (,Strich') zeigen: sp. *ver* (asp. *veer*), kat. *veure*, port. *vêr/estria*, afr. *veoir/estrie*. In der Ostromania bleiben die beiden Konsonanten voll erhalten: it. *vedere/strega*, rum. *vedeá/strigă*, es sei denn, ein palataler Vokal folgt auf das /g/, so z. B. bei lat. *magister* (,Lehrer') > it. *maestro*, rum. *maestru* (also vergleichbar mit afr. *maistre*, sp. *mestro*, port. *mestre*, kat. *maestre*). Das stimmhafte intervokalische /b/ hingegen entwickelt sich in der ganzen Romania über bilabial aspiriertes /β/ zum labiodentalen Reibelaut /v/; vgl. lat. *habēre* > rum. *aveá*, it. *avere*, sp. *haber*, kat. *aver*, port. *haver*, okz.

*aver*, frz. *avoir* (Väänänen 1981:57 f und Seidl 2003:520). Hier hat ausnahmsweise einmal das spanische (und beim Anlaut das portugiesische) Beispiel eine relatinisierte, also an die ursprünglichen lateinischen Zustände angenäherte, Graphie: Noch im Altspanischen wird – phonetisch konsequent – <aver> geschrieben. Wegen der lautlichen Ähnlichkeit wird der neue lateinische Reibelaut /v/ in der Folge häufig mit dem Halbkonsonanten /w/ verwechselt. Es finden sich also lat. Schreibungen wie <cuviculo> für *cubiculum* (‚Schlafzimmer') oder umgekehrt als Hyperkorrektur <bixit> für *vixit* (‚er hat gelebt'). Hispanisten kommt dies sicherlich bekannt vor: Dieser Wandel ist der Ursprung der Verwechslungen von <b> und <v> im Anlaut, die phonetisch nicht zu unterscheiden sind – ein Problem, das seit dem Mittelspanischen ungelöst ist. Damals überwogen Schreibungen wie <bivir> (von lat. *vivĕre*), im Neuspanischen aber ist man dazu übergegangen, den Anlaut /β/ etymologisch zu verschriften, also je nach dem lateinischen Etymon entweder mit <b> oder mit <v>: vgl. nsp. *beber* von lat. *bibĕre* vs. *vivir* von lat. *vivĕre* (vgl. Cano Aguilar 2002:93).[32]

Als letztes Phänomen dieser Gruppe sei noch ein sekundärer Wandel aufgeführt: Durch die bei den Vokalphänomenen (s. o.) aufgeführte **Synkopierung** unbetonter Zwischenvokale entstanden neue, ungewohnte Konsonantenfolgen. Sie wurden häufig durch gängigere Konsonantenfolgen ersetzt, so etwa die Konsonantenfolge /tl/ durch /kl/ in *vetulus*[33] (‚alt') > *vetlus* > *veclus*, woraus dann die romanischen Formen it. *vecchio*, sp. *viejo*, frz. *vieux*, port. *velho*, kat. *vell* entstanden.

## 3.3 Zusammenfassung und Literaturempfehlungen

**Zusammenfassung**:
Die Graphiesysteme aller romanischen Sprachen beruhen im Wesentlichen auf den Phonem-Graphem-Korrespondenzen des Klassischen Lateins. Lautlich hingegen ist das Vulgärlatein wichtiger für die Entwicklung der romanischen Sprachen. Zu nennen ist hier vor allem die Einführung des Druckakzents statt des melodischen Akzents, die Phonologisierung von Vokalqualitäten anstelle von Vokalquantitäten, die Monophthongierung von Diphthongen, das Verstummen unbetonter Vokale und Auslautkonsonanten sowie zahlreiche Assimilationsphänomene. Schon in der vulgär- bzw. spätlateinischen Phase bilden sich die phonetischen Erscheinungen heraus (Umgang mit Auslaut-s, Umgang mit intervokalischen Verschlusslauten), die später zur Unterscheidung ost- und westromanischer Sprachen mit Sonderstellung des Sardischen geführt haben. Des weiteren zeigt sich bei Betrachtung des phonetischen Übergangs vom La-

---

32  Diese Inkonsistenz des an sich recht systematischen spanischen Orthographiesystems führt auch bei Muttersprachlern häufig zu Fehlern. So verwechselte ein befreundeter spanischer Kollege in einem Brief an mich einmal *haber* (Hilfsverb ‚haben') und *a ver* (‚mal sehn'). Wer über solche Homophon-Verwechslungen lächelt, sollte sich jedoch vor Augen führen, wie häufig im Deutschen die Schreibungen der syntaktisch eindeutigen Formen *das* und *dass* verwechselt werden.

33  *vetulus* ist ein deminutivisches Adjektiv. Die Standardform *vetus* war unregelmäßig, weshalb ihr im Vulgärlatein die regelmäßigere Deminutivform vorgezogen wurde (s. Kap. 6.2).

tein zu den romanischen Sprachen, dass Italienisch und Spanisch dem Lateinischen am nächsten sind, während sich Französisch und Rumänisch lautlich am weitesten weg entwickelt haben. Die Graphie des Neufranzösischen dagegen ist durch ihre relativisierende Tendenz sehr nah an den lateinischen Originalzuständen.

**Literaturempfehlungen**:
Das Standardwerk zum Vulgärlatein ist nach wie vor Väänänen 1981 – ergänzend hierzu Coseriu 2008, Kiesler 2018, Seidl 2003 und Stefenelli 2003. Die Vorgeschichte des Klass. Lateins behandelt Meiser 1998, Phonetik und Graphie des Klass. Lateins sind übersichtlich dargestellt in Rubenbauer et al. 1995 und Kieckers 1960. Eine ausführliche Gegenüberstellung des klassisch-lateinischen und des deutschen Phonemsystems bietet Kienpointner 2010. Für den Lautwandel vom Lateinischen hin zu den romanischen Sprachen gibt es unzählige Literatur, nur stellvertretend seien hier Loporcaro 2015 für das Gesamtromanische, Banniard 2008 für das Gesamtromanische und Französische, Lloyd 1987 und Cano Aguilar 2002 für das Spanische und Marazzini 2011 für das Italienische genannt.

## 3.4 Übungen

**Verständnis- und Wiederholungsaufgaben**

a. Bestimmen Sie die Quantität der unterstrichenen Laute und versuchen Sie, zu übersetzen (zum Kasus nach Präpositionen vgl. Abb. 24 auf S. 124 f):

*aqua in piscina est.*
*homines mali sub malo sedent.*
*pecunia furis inventa est.*

b. Erläutern Sie die unterstrichenen Besonderheiten romanischer Orthographien aus historischer Sicht (Hilfe: etymologisches Wörterbuch):

sp. *cuando* – it. *quando* – frz. *quand*
sp. *beso* – sp. *vaso*

c. Erläutern Sie: „Palatalisierung", „Dissimilation", „Synkopierung".

d. Beschreiben Sie den lautlichen Wandel, der vom jeweiligen lateinischen Etymon zu den aufgeführten romanischen Reflexen geführt hat:

lat. *pontem* > it. *ponte*, sp. *puente*, frz. *pont*, port. *ponte*, kat. *pont*
lat. *defendĕre* > it. *difendere*, sp. *defender*, frz. *défendre*, port. *defender*
lat. *edictum* > it. *editto*, sp. *edicto*, frz. *édit*, port. *edito*
lat. *focum* > it. *fuoco*, sp. *fuego*, frz. *feu*, port. *fogo*, kat. *foc*

e. Suchen Sie zu den folgenden lateinischen Etyma Reflexe in „Ihrer" romanischen Sprache und kommentieren sie die auftretenden Lautwandelphänomene: *desiderare, centum, noctem*.

**Weiterführende Aufgaben**

a. Belegen Sie auf Basis von Schmid 1992 u. Weißkopf 1994, dass die moderne spanische Orthographie gelegentlich vom phonographischen Prinzip abweicht und dem etymologischen Prinzip Vorrang einräumt.

b. Recherchieren Sie (z. B. in Tagliavini 1998 oder Lausberg 1969) weitere lautliche Phänomene, die die Sonderstellung des Sardischen im Rahmen der Unterscheidung in Ost- und Westromania belegen.

c. Informieren Sie sich darüber (z. B. in Meisenburg 1996 oder in Beinke/Rogge 1990), wann und weshalb man sich in Frankreich für das etymologische Prinzip in der Orthographie entschieden hat.

# 4 Morphologie und Wortbildung

## 4.1 Vorbemerkungen zur Bedeutung der Morphologie für das Lateinische

Seinen Ruf als logische Sprache, die in besonderer Weise das Denken schule,[1] verdankt das Lateinische vor allem seiner Morphologie und Syntax. Mit solchen überlieferten Werturteilen muss man jedoch sehr vorsichtig sein – auch das Französische wurde schon für seine *clarté* gerühmt, bietet aber heute von allen romanischen Sprachen das extremste Auseinanderklaffen von gesprochener und geschriebener Sprache, was der angeblichen Klarheit sicher nicht zuträglich ist.

Was ist also dran an der vielgerühmten Logik des Lateins? Im Unterschied zu den meisten modernen Fremdsprachen ist die Wortstellung in der lateinischen Syntax ziemlich frei (vgl. Kap. 5.1.1). Dies führt dazu, dass der Morphologie eine überragende Rolle zukommt: Nicht die Position im Satz, sondern allein die Form eines Wortes gibt Auskunft über seine syntaktische Funktion. Obendrein steht das konjugierte Verb, also das Prädikat, meist am Satzende, trennt also nicht etwa Subjekt (erkennbar am Nominativ) und Objekt (Akkusativ oder Dativ) voneinander ab:

| *Claudium* | *Aulus* | *videt.* | ‚Aulus sieht Claudius.' |
|---|---|---|---|
| Akk. | Nom. | | |

| *Claudius* | *Silviae* | *pecuniam dat.* | ‚Claudius gibt Silvia Geld.' |
|---|---|---|---|
| Nom. | Dat. | Akk. | |

Zusammengehörende Elemente können weit auseinanderstehen – nur aus ihrer formalen Kongruenz (z. B. Übereinstimmung von Kasus, Numerus und Genus bei den Nomina – sog. „KNG-Kongruenz") wird die Beziehung ersichtlich. Es gibt auch keine Artikel, die dazu beitragen könnten, ein Substantiv von einem Adjektiv oder Partizip zu unterscheiden:

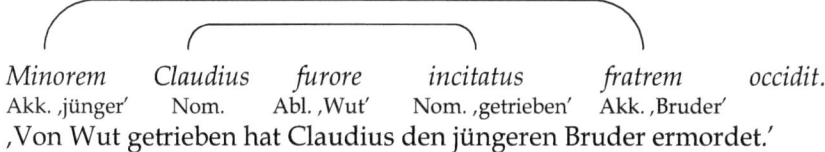

| *Minorem* | *Claudius* | *furore* | *incitatus* | *fratrem* | *occidit.* |
|---|---|---|---|---|---|
| Akk. ‚jünger' | Nom. | Abl. ‚Wut' | Nom. ‚getrieben' | Akk. ‚Bruder' | |

‚Von Wut getrieben hat Claudius den jüngeren Bruder ermordet.'

---

[1] Im schwäbischen Volksmund sagt man nicht ganz zu Unrecht „Latein butzt de Kopf aus", setzt den Lateinunterricht also mit einer Art pädagogischer Gehirnwäsche gleich. Vgl. zur Logik im Sprachunterricht Wirth et al. (2007:17).

Präpositionen sind deutlich seltener als im Deutschen oder in den romanischen Sprachen – vieles wird allein durch reine Kasus mit speziellen Bedeutungsnuancen ausgedrückt.

| | |
|---|---|
| *urbe proficisci* | ‚**aus der Stadt** aufbrechen' (separativer Ablativ) |
| ***Romam** vehi* | ‚**nach Rom** fahren' (Richtungsakkusativ) |
| ***fraude** vincĕre* | ‚**durch Betrug** gewinnen' (instrumentaler Ablativ) |

All dies führt dazu, dass im traditionellen Lateinunterricht der an moderne Sprachen bzw. an die Abfolge Subjekt–Prädikat–Objekt gewöhnte Lateinlernende zunächst einmal Wort für Wort (und Buchstabe für Buchstabe) die Formen bestimmt, anschließend ihre Zugehörigkeiten und Funktionen ermittelt und erst dann mit der Übersetzung beginnt. Bei dieser Übersetzung bringt man die morphologisch analysierten lateinischen Bausteine bzw. deren Bedeutungen in die im Deutschen übliche Reihenfolge. Entsprechend nennt man diese Vorgehensweise in der deutschen Schultradition „Konstruieren". Ein lineares Lesen von vorne nach hinten scheint schier unmöglich. Hinzu kommt, dass die lateinische Morphologie ausgesprochen vielfältig ist – Formen lernen gehört also zum Alltag. Dabei gibt es trotz aller angeblichen „Logik" durchaus viele unregelmäßige Formen. Außerdem haben wir bereits gesehen, dass die strukturell enorm wichtige Vokalquantitätenunterscheidung in der Graphie nicht abgebildet wird – auch kein besonders logischer Zug.

Vor allem auf zwei Säulen ruht also der Ruf des Lateinischen: Wegen der Formenvielfalt gilt es als schwer und lernintensiv, und wegen der übersetzungsvorbereitenden morphosyntaktischen Analyse als logisch. Man lernt zumindest, jeden einzelnen Buchstaben zu beachten. Auf der anderen Seite wird gesagt, dass Latein keine spezielle Sprachenbegabung, sondern eher eine mathematische Begabung erfordere.[2] Wenn man es so lernt, wie oben beschrieben, dann ist dies sicher nicht ganz falsch. Zumindest lassen sich mit einer mathematischen Begabung und etwas Fleiß beim Formen- und Vokabellernen ganz passable Leistungen im Schulfach Latein erzielen. Es hat sich aber gezeigt, dass sehr gute Lateiner, wie man sie beispielsweise im Lateinstudium antrifft, auch für moderne Fremdsprachen begabt sind (Müller-Lancé 2006:204ff) und dank ihrer Erfahrung durchaus in der Lage sind, lateinische Texte nahezu linear zu lesen.

In der modernen Lateindidaktik versucht man daher, die Sprachbegabung der Schüler gezielt anzusprechen. Dies geschieht vor allem im Rahmen von Wort- und linearen Texterschließungsstrategien, die der Übersetzung vorgeschaltet werden und bei denen auf Kenntnisse aus anderen Sprachen zurückgegriffen wird (vgl. Müller-Lancé 2001a und 2004). Dabei wird neuerdings auch das Englische stark einbezogen.[3] Ohne morphologische Kenntnisse des Lateinischen stoßen aber auch diese Strategien sehr schnell an ihre Grenzen.

---

2   Dies führt dazu, dass im deutschen Schulsystem häufig die falschen Schüler Latein lernen, nämlich gerade die weniger sprachbegabten, die das Lateinische später kaum noch brauchen, da sie ihr Berufsleben möglichst fremdsprachenfrei gestalten.
3   Zum Programm „Englisch und Latein in Kooperation" vgl. S. 73f.

In diesem Kapitel soll daher ein grober Überblick über das **Formenspektrum** in den wichtigsten Wortklassen des Lateinischen gegeben werden. Außerdem werden die Grundbausteine der lateinischen Wortbildung beleuchtet. Wo möglich, wird auf romanische und im Einzelfall auch englische und deutsche Parallelformen verwiesen, die das Memorieren erleichtern sollen. Die Existenz der zahlreichen englischen Entsprechungen ist zurückzuführen auf den starken lexikalischen Einfluss des Französischen auf das Englische im Zuge der normannischen Eroberung aus dem Jahre 1066.[4] Ausführliches Eingehen auf Sonderfälle und Ausnahmen ist angesichts der Zielsetzung dieses Buches weder möglich noch angestrebt. Die **Verwendung** der verschiedenen Formen (welche Form hat welche Funktion?) wird, wie üblich, im Rahmen der Syntaxdarstellung behandelt, auch wenn bei dieser Fragestellung durchaus semantische Bereiche berührt werden.

## 4.2 Wortklassen, Flexionsprinzipien, Bausteine der Wortbildung

Typologisch gesehen gilt das Klassische Latein (gemeinsam mit dem Altgriechischen) als Prototyp einer **flektierenden Sprache**.[5] Dies bedeutet, dass die grammatische Information nicht in eigenen Wörtern enthalten ist, sondern in Form von Flexionsendungen an die Lexeme angehängt wird. Vor allem aber trägt jede Endung mehrere grammatische Informationen zugleich: Die Nominalendung -*os* markiert beispielsweise den Kasus „Akkusativ", den Numerus „Plural" und das Genus „Maskulinum". Das ist der wesentliche Unterschied zu den agglutinierenden Sprachen (z. B. Türkisch), wo es für jede dieser Informationen jeweils eine eigene feste Endung gäbe, die dann alle hinter dem Lexem aneinandergeklebt (agglutiniert) würden. Die meisten modernen Sprachen aber sind Mischformen. So gelten die romanischen Sprachen zwar (noch) als flektierend, mit den Artikeln beispielsweise haben sie aber ein Element entwickelt, das nicht zu diesem Typ passt. Die grammatische Information wird ja jetzt gedoppelt und steht einmal isoliert vor dem Lexem und einmal als Flexionsendung dahinter; vgl. lat. *amic-i* („die Freunde') vs. it. *gli amic-i*, sp. *los amigo-s*, frz. *les ami-s*.

Auch im Lateinischen wird nicht jedes Wort flektiert. Man unterscheidet drei große Gruppen von **Wortklassen**, von denen eine die nicht-flektierten Klassen enthält:

---

4   Aus diesem Grund gehören die lateinisch-romanischen Lehnwörter im Englischen historisch betrachtet eher dem Bildungswortschatz an. Der hochfrequente Kernwortschatz hingegen ist germanisch geprägt. Besonders plastisch wird dies am kulinarischen Wortschatz deutlich: Solange die Tiere auf der Weide stehen, tragen sie germanische Bezeichnungen wie *sheep* (,Schaf') und *cow* (,Kuh') bzw. *ox* (,Ochse'). Landen sie aber gut zubereitet auf dem Teller, so wird die Bezeichnung französisch, z. B. engl. *mutton* < fr. *mouton*, oder indirekt sogar lateinisch wie im Falle von engl. *beef* < fr. *boeuf* < lat. *bovem*. Zum Weiterleben lateinischer Lexeme im Englischen vgl. Solodow 2010.

5   Im Unterschied zu den isolierenden Sprachen, wo es keine Endungen gibt, und den agglutinierenden Sprachen, wo jede Endung für genau eine bestimmte Information steht.

- **Nomina**: Substantive, Adjektive, Pronomina, Numeralia (‚Zahlwörter') – die Flexion der Nomina wird als „Deklination" bezeichnet
- **Verben**: Vollverben, Hilfsverben – die Flexion der Verben heißt „Konjugation"
- **Partikeln**:[6] Adverbien, Präpositionen, Konjunktionen, Interjektionen – keine dieser Wortarten wird flektiert (es handelt sich also durchweg um „freie Morpheme"), sie können aber teilweise auch als Affixe für die Wortbildung bedeutsam werden.

Zwischen den Nomina und den Verben stehen die sog. „Nominalformen des Verbs", also z. B. Partizipien, Verbalsubstantive (Gerundium) und Verbaladjektive (Gerundivum), die von ihrem Ursprung her Verbformen sind, aber allesamt dekliniert werden können. Durch Derivation werden also beispielsweise von einem Verb aus Substantive oder Adjektive gebildet, ein typisches Verfahren der Wortbildung.

Um die Verfahren der Flexion und der Wortbildung zu verstehen, ist es wichtig, die einzelnen **Wortbestandteile** zu kennen:

Grundsätzlich enthalten alle veränderlichen Wörter mindestens zwei Bestandteile, eine Wurzel (man spricht auch vom „Wortstock") und eine Endung. Durch die **Wurzel** wird deutlich, zu welcher Wortfamilie (genauer: zu welchem Lexemfeld) ein Wort gehört; vgl. z. B. die Wurzel *am-* in *am-are* (‚lieben'), *am-or* (‚Liebe'), *am-icus* (‚Freund'), *am-abilis* (‚liebenswert'). Pro Wortfamilie gibt es also nur eine einzige Wurzel. Diese Wurzel stellt ein gebundenes lexikalisches Morphem dar, denn sie tritt i. Allg. nicht selbständig auf. Die **Endung** hingegen gibt die grammatischen Beziehungen eines Wortes an, ist also ein gebundenes grammatisches Morphem.

Die meisten veränderlichen Wörter enthalten zwischen Wurzel und Endung noch ein Suffix (eigentlich müsste man korrekter von einem „Infix" sprechen"), das die Bedeutung der Wurzel präzisiert. Dieses Stammsuffix bildet gemeinsam mit der Wurzel den sog. **Wortstamm**; Stammsuffix und Endung bilden miteinander den **Wortausgang**. Am deutlichsten werden die Verhältnisse in der Form des Genitiv Plural. Vergleichen Sie das Beispiel *cura* (‚Fürsorge') bzw. seinen Gen.Pl. *curarum* (Stammsuffix ist *-a-*):

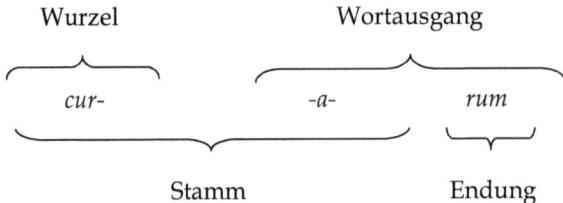

Abb. 23: Wortbestandteile (Darstellung nach Rubenbauer et al. 1995:28)

---

6 Korrekt heißt die Wortart im Singular „die Partikel", ihr Plural ist „die Partikeln". Also nicht zu verwechseln mit dem aus den Naturwissenschaften bekannten Neutrum „das Partikel", dessen Plural „die Partikel" lautet.

4.2 Wortklassen, Flexionsprinzipien, Bausteine der Wortbildung

Dabei kann ein Wort verschiedene Stämme bzw. Stammsuffixe aufweisen. So sind z. B. bei Verben grundsätzlich Präsensstamm (z. B. *lauda-re* ‚loben'; hier ohne Stammsuffix) und Perfektstamm (z. B. *laudav-isse* ‚gelobt haben'; Stammsuffix -v-) voneinander zu unterscheiden. Die für die Wortbildung wichtigste Verbform ist das Partizip Perfekt Passiv bzw. „PPP" (z. B. *laudatum* ‚gelobt'). Von ihm werden nämlich besonders häufig neue Wörter abgeleitet.

Nach der Art der Wortbildung differenziert man für die veränderlichen Wörter drei Typen: Wurzelwörter, Derivationen und Kompositionen (vgl. zum Folgenden Rubenbauer et al. 1995:19 ff).

### 4.2.1 Wurzelwörter

Bei Wurzelwörtern tritt die Flexionsendung ohne ein Stammsuffix direkt an die Wurzel, z. B. *dic-o* (‚ich sage' – Inf.: *dicĕre* ‚sagen').

### 4.2.2 Derivationen

Bei Derivationen (‚Ableitungen') wird der Stamm durch ein Affix (= Überbegriff für Präfix, Infix und Suffix) erweitert – von einem bestehenden Wort wird also ein neues Wort abgeleitet. In der lateinischen Grammatiktradition bezeichnet man aber nur Wortbildungen mit Suffix oder Infix als Derivation, während Bildungen mit Präfix den Kompositionen (s. u.) zugerechnet werden.[7] Ein Suffix kann sprachhistorisch auf zwei ältere Suffixe, die miteinander verschmolzen sind, zurückgehen. Substantive mit einem bestimmten Derivationssuffix haben immer dasselbe Genus. Deswegen lohnt es besonders, sich diese Suffixe einzuprägen. Die wichtigsten **Wortbildungssuffixe** sind[8]

**für Substantive:**

- ▸ *-tor/-sor* für Maskulinum, *-trix* für Femininum.[9] Diese Suffixe treten an den Stamm des PPP von Verben und bezeichnen einen Täter bzw. eine Täterin. z. B. *vincĕre* ‚siegen' – PPP *victum* => *victor* ‚Sieger', *victrix* ‚Siegerin'; *laudare* ‚loben' – PPP *laudatum* => *laudator* ‚Lobredner', *laudatrix* ‚Lobrednerin'; *defendĕre* ‚verteidigen' – PPP *defensum* => *defensor* ‚Verteidiger'.
  Diese Suffixe sind in den romanischen Sprachen bis heute produktiv (vgl. frz. *moniteur/monitrice* und *acteur/actrice*, sp. *emperador/emperatriz*,[10] *actor/actriz*, it. *attóre* und *attrice*; vgl. auch dt. *Traktor* oder engl. *terminator*), die feminine

---

7 Dies liegt daran, dass die meisten Präfixe formal identisch mit frei auftretenden Präpositionen sind, z. B. *deducĕre* ‚ableiten' vs. *de monte* ‚vom Berg herab'.
8 Vgl. zusätzlich das sehr übersichtliche Wortbildungskapitel in Throm (1995:102 ff).
9 Man kann sich streiten, ob das /t/ bzw. /s/ schon zum Suffix gehört, oder noch zum Stamm des PPP. In letzterem Falle wäre das Suffix also nur *-or/-rix*. In der Wirkung ist dies aber egal, weil alle PPP's am Ende des Stammes ein /t/ oder /s/ aufweisen.
10 Bei der weiblichen Form ist das lateinische /t/ deshalb nicht sonorisiert worden, weil es nicht intervokalisch ist.

Form wird aber teilweise durch sekundäre Ableitungen von der maskulinen romanischen Form ersetzt, z. B. sp. *conquistador/conquistadora, hablador/habladora*, frz. *souffleur/souffleuse, masseur/masseuse*, oder aber beide Genera werden von der maskulinen Form abgedeckt, z. B. frz. *une (femme) auteur*.

▸ **-io/-tio/-sio** (immer fem.) und **-tus** (Gen. *-tūs*, immer mask.): Diese ebenfalls an das PPP von Verben angehängten Suffixe markieren Verbalhandlungen in ihrem Verlauf: vgl. *narrare* ‚erzählen' – PPP *narratum* => *narratio* ‚Erzählung'; *canĕre* ‚singen' – PPP *cantum* => *cantus* ‚Gesang'. Beide Muster sind in den romanischen Sprachen gut erhalten (frz. *narration*, sp. *narración*, it. *narrazione*; frz. *chant*, it./sp. *canto*) wirklich produktiv ist aber heute nur noch das erste Muster, vgl. frz. *circuler* => *circulation*; natürlich auch im Englischen und Deutschen: vgl. dt. *Blutzirkulation* oder engl. *circulation*.

▸ **-or** (immer mask.) und **-ium** (immer neutr.) angehängt an den Präsensstamm von Verben, markieren zumeist Verbalabstrakta: vgl. *dolēre* ‚schmerzen' => *dolor* ‚Schmerz', *gaudēre* ‚sich freuen' => *gaudium* ‚Freude'. Beide Muster sind romanisch erhalten (frz. *douleur*, sp. *dolor*, it. *dolore*; frz. *joie*, sp. *gozo*, it. *gaudio*), heute ist aber nur noch das erste Muster produktiv.

▸ **-ia, -itia/-ities, -tas, -tus** (Gen. *-tutis*), **-tudo** (alle immer fem.), zumeist angehängt an den Stamm von Adjektiven oder anderen Substantiven, markieren Eigenschaften als Abstraktum (vgl. die deutschen Suffixe *-heit, -keit, -schaft*). Vgl. *iustus* ‚gerecht' => *iustitia* ‚Gerechtigkeit'; *liber* ‚frei' => *libertas* ‚Freiheit'; *vir* ‚Mann' => *virtus* ‚Mannhaftigkeit, Tugend', *altus* ‚hoch' => *altitudo* ‚Höhe'; *superbus* ‚hochmütig' => *superbia* ‚Hochmut'. Belege für alle Muster sind auch romanisch erhalten, heute produktiv sind vor allem die auf *-itia, -tas* und *-tudo* zurückgehenden Muster (vgl. frz. *justice/liberté/altitude*, sp. *justicia/libertad/altitud*, it. *giustizia/libertà/altitudine* und natürlich engl. *justice/liberty/altitude*). Im Deutschen haben sich besonders viele Fremdwörter erhalten, die auf das lat. Suffix *-tas* bzw. seinen Akkusativ *-tatem* zurückgehen: z. B. lat. *qualis* ‚wie beschaffen' => *qualitas*, Akk. *qualitatem* ‚Eigenschaft' > dt. *Qualität*; lat. *universus* ‚gesamt' => *universitas*, Akk. *universitatem* ‚Gesamtheit' > dt. *Universität*. Grob kann man sich also die Formel merken: **lat. *-tas* bzw. *-tatem* > it. *-tà*, sp. *-tad*, frz. *-té*, engl. *-ty*, dt. *-tät*.** Die stark abweichende Form des Englischen erklärt sich dadurch, dass sie auf die bereits abweichende Form des Französischen zurückgeht.

▸ **-mentum, -trum, -culum, -bulum** (alle immer neutr.), zumeist angehängt an den Präsensstamm von Verben, markieren ein Mittel oder Werkzeug, die beiden letztgenannten Suffixe können auch Orte bezeichnen. Vgl. *ornare* ‚schmücken' => *ornamentum* ‚Schmuck'; *arare* ‚pflügen' => *aratrum* ‚Pflug'; *vehi* ‚fahren' => *vehiculum* ‚Gefährt'; *vestire* ‚ankleiden' => *vestibulum* ‚Ankleideraum'; *arguĕre* ‚beschuldigen, erklären' => *argumentum* ‚Darstellung, Beweis'. Für alle Suffixe haben sich Belege bis in die romanischen Sprachen erhalten, heute produktiv sind v. a. die auf *-mentum* zurückgehenden Suffixe, vgl. frz. *logement*, sp. *alojamiento*, it. *alloggiaménto* für ‚Unterkunft'.

- *-ulus/-olus* und *-culus* bezeichnen, angehängt an andere Substantive, die Verkleinerungsform, also den sog. „Deminutiv" oder „Diminutiv". Sie können je nach Ursprungswort in allen drei Genera auftreten: vgl. *filius* ‚Sohn' => *filiolus* ‚Söhnchen'; *filia* ‚Tochter' => *filiola* ‚Töchterchen'; *oppidum* ‚Stadt' => *oppidulum* ‚Städtchen'. Häufig haben sich lateinische Deminutive aufgrund ihrer Frequenz im Vulgärlatein später in den romanischen Sprachen erhalten. Meist haben sie dabei aber ihre Deminutivbedeutung eingebüßt: vgl. *auris* ‚Ohr' => *auricula* ‚Öhrchen' > frz. *oreille*, sp. *oreja*, it. *orecchio* ‚Ohr' (hierzu Kap. 6). Gelegentlich hat sich aus dem lateinischen Deminutiv auch eine neue Spezialbedeutung ergeben, z. B. in frz. *filleul/filleule* ‚Patenkind'. Für romanische Deminutive hingegen haben sich neue Suffixe herausgebildet, vgl. z. B. frz. *la fillette* ‚kleines Mädchen'. Augmentativsuffixe, also Vergrößerungsformen, wie sie im Spanischen häufig auftreten (z. B. sp. *hombr-azo* ‚Riesenkerl'), spielen bei den lateinischen Derivaten keine Rolle.

**für Adjektive:**

- *-ilis* und *-bilis*, angehängt an den Präsensstamm von Verben, kennzeichnen eine passive Möglichkeit. Vgl. *facere* ‚machen' => *facilis* ‚machbar'; *amare* ‚lieben' => *amabilis* ‚liebenswert'. Beide Muster sind romanisch erhalten (vgl. frz. *facile/aimable*, sp. *fácil/amable*, it. *facile/amabile*) und bis heute produktiv.
- *-osus* und *-(o/u)lentus*, angehängt an substantivische Wurzeln, bezeichnen eine Fülle von etwas: vgl. *gloria* ‚Ruhm' => *gloriosus* ‚ruhmreich'; *opes* (Pl.) ‚Geldmittel' => *opulentus* ‚reich'. Beide Muster haben sich in die romanischen Sprachen erhalten (vgl. frz. *glorieux/opulent*, sp. *glorioso/opulento*, it. *glorioso/opulento*), aber nur die auf *-osus* zurückgehenden romanischen Suffixe sind noch nennenswert produktiv: vgl. z. B. die Neubildungen frz. *scandaleux*, sp. *escandaloso*, it. *scandaloso*.
- *-eus*, angehängt an einen Substantivstamm, bezeichnet als Adjektiv ein Material oder eine Farbe: vgl. *aurum* ‚Gold' => *aureus* ‚aus Gold, golden'; *lignum* ‚Holz' => *ligneus* ‚hölzern'. Diese Bildungen sind nur selten romanisch erhalten (z. B. im Italienischen poetisches *aureo* neben dem gewöhnlichen *d'oro*) und auch nicht mehr produktiv.
- *-tus* am Substantivstamm steht für ‚versehen mit', vgl. *robur* ‚Kraft' => *robustus* ‚kräftig'; *barba* ‚Bart' => *barbatus* ‚bärtig'. Romanisch haben sich diese Bildungen teilweise erhalten (frz. *robuste*, it./sp. *robusto*; frz. *barbu*, sp. *barbudo* und it. *barbuto* stammen aber von der vulgärlateinischen Variante *barbutus* ab). Das Bildungsmuster ist jedoch nicht mehr produktiv und keinesfalls zu verwechseln mit den sehr häufigen romanischen deverbalen Ableitungen vom PPP (z. B. sp. *avanzado* ‚fortgeschritten' von *avanzar*).
- *-ax*, angehängt an eine Verbalwurzel, markiert einen (meist fehlerhaften) Hang zu etwas: vgl. *audere* ‚wagen' => *audax* ‚tollkühn'. Diese Bildungen sind meist

in den romanischen Sprachen erhalten (vgl. sp. *audaz*, it. *audace*),[11] aber als Muster nicht mehr produktiv.

**für Verben:**

- *-(i)tare* und *-sare*, angehängt an den PPP-Stamm von Verben, bezeichnen verstärkte oder wiederholte Handlungen; z. B. *trahĕre* ‚ziehen', PPP *tractum* => *tractare* ‚schleppen'; *currĕre* ‚rennen', PPP *cursum* => *cursare* ‚hin- und herrennen'. Diese Derivationen werden als „Verba intensiva" oder „Verba iterativa" (von *iterare* ‚wiederholen') bezeichnet. Häufig sind die Verba Intensiva besser in den romanischen Sprachen erhalten als ihre Ursprungsverben, weil sie u. a. wegen ihrer regelmäßigen Formen im Vulgär- und Spätlatein bevorzugt wurden (vgl. z. B. *canĕre* ‚singen', PPP *cantum* => *cantare* > it. *cantare*, sp. *cantar*, fr. *chanter*). Gelegentlich findet man auch beide Verbvarianten in den romanischen Sprachen erhalten: vgl. z. B. frz. *traire* ‚melken' < *trahĕre*; frz. *traiter* ‚behandeln' < *tractare*.
- *-scĕre*, angehängt an den Präsensstamm von Verben, bezeichnet den Beginn einer Handlung. Daher werden diese Verben als „Verba inchoativa" (von *incohare* bzw. *inchoare* ‚beginnen') bezeichnet. Vgl. *florēre* ‚blühen' => *florescĕre* ‚erblühen'; *valēre* ‚gesund sein' => *convalescĕre* ‚gesund werden'.
- *-urire*, angehängt an den PPP-Stamm von Verben, bezeichnet ein Verlangen. Man spricht daher auch von „Verba desiderativa" (von *desiderare* ‚wünschen'). Vgl. z. B. *edĕre* ‚essen', PPP *esum* => *esurire* ‚essen wollen, hungern'; *parĕre* ‚gebären', PPP *partum* => *parturire* ‚gebären wollen'.

Zu allen o. g. verbalen Bildungsmustern ist zu sagen, dass es sich strenggenommen um Infix-Bildungen handelt, auch wenn sie in den Grammatiken meist unter den Suffix-Ableitungen aufgeführt werden. Dass es sich tatsächlich um Infixe handelt, sieht man daran, dass am Ende des Wortes jeweils die übliche Infinitivendung *-re* verbleibt. Wie bei Infixen üblich werden *-ta-/-sa-*, *-scĕ-* und *-uri-* also zwischen Stamm und Endung eingefügt.

**für Adverbien:**

- *-ē* wird zur Adverbbildung an den Stamm von Adjektiven der o-/a-Deklination gehängt (zu den Deklinationsklassen vgl. Kap. 4.3.2). Diese Form ist also dann nicht mehr weiter veränderlich. Vgl. *vir doctus* (‚ein gelehrter Mann') und *mulier docta* (‚eine gelehrte Frau') => *doctē loqui* (‚gelehrt sprechen').[12] Gelegentlich führt die Adverbendung auch zu Ablautphänomenen im Wortstamm, vgl. z. B. *bonus* ‚gut' => *bene* (z. B. in der Komposition *benedicere* ‚segnen', die uns im Eigennamen *Benedikt* erhalten ist).

---

11 Das französische Substantiv *audace* stammt vom lat. Substantiv *audacia* (‚Kühnheit'), das entsprechende Adjektiv *audacieux* von der lat. Derivation *audaciosus*.
12 z. B. *vir/mulier doctē loquitur*: ‚ein Mann/eine Frau spricht gelehrt'.

▸ *-iter* wird zur Adverbbildung an den Wortstock von Adjektiven der 3. Deklination gehängt: z. B. *celer* ‚schnell' => *celeriter* ‚schnell'. Adjektive mit Stämmen auf *-nt-* hängen nur *-er* an: *sapiens, sapientis* (Gen.) ‚weise' (vgl. *Homo Sapiens*) => *sapienter* (‚weise').

Die beiden Muster zur Bildung von Adverbien unterscheiden sich semantisch nicht. In den romanischen Sprachen haben sie sich bis auf Einzelfälle wie lat. *bene* (> it. *bene*, sp. *bien*, frz. *bien*, port. *bem*, kat. *bé/ben*, rum. *bine*) allerdings kaum erhalten, weil sie im Vulgärlatein (s. u.) von einem anderen Adverbbildungsmuster abgelöst wurden.

### 4.2.3 Kompositionen

Das Lateinische ist, anders als das Deutsche und Altgriechische, relativ arm an nominalen Komposita, aber reich an verbalen Komposita (man unterscheidet jeweils zwischen dem zusammengesetzten „Verbum Kompositum" und seinem „Verbum simplex", also dem einfachen Verb). Aufgrund dieses Mangels haben die romanischen Sprachen für Nominalkompositionen ein neues Muster entwickelt, bei dem eine Präposition zu Hilfe genommen wird, um die Bestandteile einer Zusammensetzung zu verknüpfen, vgl. dt. *Schreibmaschine* vs. frz. *machine à écrire*, sp. *máquina de escribir*, it. *macchina da scrivere*.

In den genannten romanischen Kompositionen steht das bestimmte Grundwort (sog. „Determinatum"; PPP von *determinare* ‚bestimmen'), also das Wort, das den Ausschlag für die Wortklasse gibt, an erster Stelle, das Bestimmungswort („Determinans", PPA ‚bestimmend') an zweiter Stelle. Im Lateinischen ist es genau umgekehrt: Wie im Deutschen steht also das Determinans vor dem Determinatum:[13] vgl.

*aedes* (‚Gebäude') + *facĕre* (‚machen') => *aedificare* ‚bauen'
*ars* (‚Kunst', Akk. *artem*) + *fex* (‚Macher')[14] => *artifex* ‚Künstler'

Man unterscheidet weiterhin zwischen „echter Zusammensetzung", bei der die beiden Glieder an der Fuge durch phonetische Veränderung so stark miteinander verschmolzen sind, dass sie selbständig nicht mehr stehen könnten (s. o. *aedificare* und *artifex*), und „Zusammenrückung", bei der häufig im Verbund auftretende Morpheme als zusammengehörig empfunden (z. B. *res publica* ‚öffentliche Sache' > ‚Staat') und teilweise auch zusammengeschrieben werden (z. B. *satisfacĕre* ‚befriedigen' < *satis + facĕre* ‚genug machen'). Alle Arten von lateinischen Zusammensetzungen können grundsätzlich in den romanischen Sprachen erhalten sein, vgl. frz. *édifier/république/satisfaire*, sp. *edificar/república/satisfacer*, it. *edificare/repubblica/soddisfare*, auch wenn die Tendenz

---

13 Vgl. dt. *Schuhmacher, Häuslebauer*. Bei den deutschen Verben ist durch einige Neuerungen der teilweise wieder zurückgenommenen Rechtschreibreform der Kompositionscharakter etwas weniger deutlich geworden: vgl. *Eis laufen* (statt *eislaufen*), *Rad fahren* (statt *radfahren*) etc.
14 Bei *fex* handelt es sich um ein gebundenes, vom Verbalstamm **fac**-*ĕre* hergeleitetes Nominalmorphem, das immer nachgestellt ist. Aufgrund seiner Herkunft und seines vollen eigenen Bedeutungsgehalts gilt es nicht als Suffix.

bei den Verbalkomposita in eine andere Richtung geht (s. o.) Im Folgenden wird aber auf die Auflistung romanischer Fortsetzer verzichtet, um die Liste nicht unübersichtlich werden zu lassen.

Die wichtigsten Zusammensetzungsmuster sind:

für **Nomina composita**

- Nomen + substantivierter Verbalstamm, z. B. *agricola* ‚Bauer' (aus *ager* ‚Acker' + *colĕre* ‚pflegen, bebauen'), *iudex* ‚Richter' (aus *ius* ‚Recht' + *dicĕre* ‚sprechen, sagen'), *artifex* (s. o.).
- Nomen + Nomen, z. B. *miseri-cors* ‚barmherzig' (aus *miser* ‚elend' + *cor* ‚Herz'), *magnanimus* ‚hochherzig' (aus *magnus* ‚groß' + *animus* ‚Geist')
- Präposition/Partikel[15] + Nomen, z. B.
  **per** ‚durch' und **prae** ‚vor' mit verstärkender Bedeutung: *permagnus* ‚sehr groß', *praeclarus* ‚sehr berühmt';
  **sub** ‚unter' mit abschwächender Bedeutung, z. B. *subobscurus* ‚etwas dunkel' (vgl. dt. *suboptimal*);
  **a** ‚von', **de** ‚von', **dis-** ‚auseinander', **ne** ‚nicht', **in-**[16] ‚un-' und **se-** (von *sed* ‚aber') mit verneinender Bedeutung, z. B. *demens* (*mens* = ‚Verstand'): ‚verrückt', *dissimilis* (*similis* = ähnlich): ‚unähnlich', *impotens* (*potens* = ‚mächtig'): ‚schwach', *securus* (*cura* = ‚Sorge'): ‚sorglos', *nescius* (Adjektivableitung von *scire* = ‚wissen'): ‚unwissend'

für **Verba composita**

- Nomen + Verb, z. B. *navigare* ‚segeln, zur See fahren' (aus *navis* ‚Schiff' + *agĕre* ‚treiben'), *aedificare* ‚bauen' (s. o.)
- Verb + Verb (2. Verb immer *facĕre*), z. B. *patefacĕre* ‚öffnen' (aus *patēre* ‚offen stehen' + *facere* ‚machen'), *liquefacĕre* ‚flüssig machen' (aus *liquēre* ‚flüssig sein' + *facĕre*)
- Adverb + Verb, z. B. *maledicĕre* ‚lästern' (*male* ‚schlecht' + *dicĕre* ‚reden'), *satisfacĕre* ‚befriedigen' (aus *satis* ‚genug' + *facĕre*)
- untrennbare Partikel (also gebundenes Morphem bzw. reines Präfix) + Verb; in all diesen Fällen müsste man linguistisch präziser von Derivationen sprechen – die lateinische Grammatiktradition tut dies aber nicht:
  **amb-/am-/an-** mit der Bedeutung ‚herum-' (vom Adj. *ambo* ‚beide' > ‚auf beiden Seiten'): *ambire* ‚herumgehen' (von *ire* ‚gehen'), *amputare* ‚ringsum beschneiden' (von *putare* ‚beschneiden, ordnen, vermuten')

---

15  Die meisten der hier aufgeführten Partikeln sind Präpositionen, können also auch frei stehen. Einige Partikeln treten aber nur in gebundener Form auf, sind also reine Affixe und daher durch Bindestrich markiert, z. B. *dis-* und *se-* (nicht zu verwechseln mit der Pronominalform *se*). Streng linguistisch gesehen handelt es sich hierbei also um Derivationen.

16  Man spricht hier auch vom „*in* privativum". Es hat also nichts mit der Präposition *in* zu tun.

## 4.2 Wortklassen, Flexionsprinzipien, Bausteine der Wortbildung

*dis-/dir-/di-* mit der Bedeutung ‚auseinander-, miss-, zer-', z. B. *dirumpĕre* ‚zerreißen' (von *rumpĕre* ‚brechen'), *displicēre* ‚missfallen' (von *placēre* ‚gefallen')
*i(n)-/ne(c)-* mit der Bedeutung ‚nicht', z. B. *ignorare* ‚nicht kennen' (verwandt mit *gnarus* ‚kundig' und *narrare* ‚erzählen'), *nescire* ‚nicht wissen' (von *scire* ‚wissen'), *neglegĕre* ‚nicht achten' (von *legĕre* ‚lesen')
*re(d)-* mit der Bedeutung ‚zurück-, wieder-, wider-', z. B. *redire* ‚zurückkehren' (von *ire* ‚gehen'), *repetĕre* ‚wiederholen' (von *petĕre* ‚erstreben'), *repugnare* ‚widerstreben' (von *pugnare* ‚kämpfen')
*se(d)-* mit der Bedeutung ‚beiseite, weg', z. B. *secedĕre* ‚sich entfernen' (von *cedere* ‚gehen') – vgl. dt. *Sezessionskrieg* –, *separare* ‚absondern' (von *parare* ‚bereiten')

▸ Präposition (also freies Morphem) + Verb:
Dieses Muster ist bei weitem am häufigsten. Es lohnt daher die Mühe, sich die entsprechenden Präpositionen einzuprägen, zumal sie durchweg Fortsetzer in den romanischen Sprachen aufweisen. Wie produktiv dieses Bildungsmuster ist, zeigt exemplarisch die Wortfamilie *esse* ‚sein':
*ab-esse* ‚abwesend sein', *ad-esse* ‚anwesend sein, helfen', *de-esse* ‚weg sein, fehlen', *inter-esse* ‚dazwischen sein, teilnehmen', *ob-esse* ‚schaden', *prae-esse* ‚an der Spitze stehen', *pro-d-esse* ‚nützen', *super-esse* ‚übrig sein' (hier nur zur Verdeutlichung mit Bindestrich; üblicherweise werden diese Formen zusammen geschrieben).

Die in der folgenden Tabelle aufgeführten Präpositionen sind für die Verbalkomposition wichtig. Gelegentlich machen sie bei der Komposition, bei der sie ja zum Präfix werden, eine kleine phonetische Veränderung durch, meist im Sinne einer Assimilation (s. o.). Manchmal führt die Komposition auch zu semantischen Veränderungen, v. a. im Sinne einer Verstärkung (Gliederung nach Throm 1995:106 f).

Wie im Deutschen werden bestimmte Präpositionen mit bestimmten Kasus verknüpft. Diejenigen Präpositionen, die nur mit dem Kasus Ablativ stehen, sind unterstrichen (aus dieser Gruppe fehlt lediglich *sine* ‚ohne' – vgl. sp. *sin*, da es keine Komposita mit Verben bildet). Gestrichelt markiert sind Präpositionen, die mit Ablativ (zur Angabe des Orts, z. B. *in silvā* ‚im Wald') oder mit Akkusativ (zur Angabe der Richtung, z. B. *in silvam* ‚in den Wald') konstruiert werden können. Alle anderen Präpositionen stehen nur mit Akkusativ:

| Präpos. | Bedeutung als Präpos. | Bedeutung als Präfix | Bsp.kompositum mit Bedeutung | Bsp.simplex mit Bed. | roman. Fortsetzer/ dt.Fremdwort |
|---|---|---|---|---|---|
| _a, ab, abs_ | von | ab-, weg- | *abscedĕre* ‚weggehen' | *cedĕre* ‚gehen' | dt. Abszess |
| *ad* | an, zu, bei | heran-, hinzu- | *accedĕre* ‚hinzutreten' | *cedĕre* ‚gehen' | frz. *accéder* sp. *acceder* |
| *ante* | vor | vor(an)-, voraus- | *antecedĕre* ‚vorausgehen, übertreffen' | *cedĕre* ‚gehen' | sp. *anteceder* it. *antecedere* frz. *antécédé* |
| *circum* | um...herum | um(her)- | *circumstare* ‚um ...herum stehen' | *stare* ‚stehen' | frz. *circonstance* |
| _cum_ | mit | zusammen- | *componĕre* ‚zusammenstellen' | *ponĕre* ‚stellen' | dt. komponieren |
| _de_ | herab, über | herab-, weg- | *descendĕre* ‚herabsteigen' *demonstrare* ‚deutlich zeigen' | *scandĕre* ‚steigen' *monstrare* ‚zeigen' | it. *discendere* sp. *descender* frz. *démontrer* |
| _e, ex_ | aus, heraus | heraus- | *exire* ‚herausgehen' | *ire* ‚gehen' | sp. *éxito* engl. *exit* |
| _in_ | in, auf, nach | hinein-, auf- | *imponĕre* ‚auferlegen' | *ponĕre* ‚stellen, legen' | it. *imporre* frz. *imposer* |
| *inter* | unter, zwischen | (da)zwischen unter | *intercedĕre* ‚dazwischentreten' | *cedĕre* ‚gehen' | sp. *interceder* it. *intercedere* |
| *ob* | entgegen, wegen | entgegen-, gegenüber- | *obstare* ‚entgegenstehen' | *stare* ‚stehen' | sp. *obstar* frz. *obstacle* |
| *per* | (hin)durch | durch-, völlig- | *pervenire* ‚ans Ziel gelangen' | *venire* ‚kommen' | it. *pervenire* |
| *post* | nach | nach-, hintan- | *postponĕre* ‚hintanstellen' | *ponĕre* ‚stellen' | frz. *postposition* |
| _prae_ | vor | vor(an)-, voraus | *praedicĕre* ‚voraussagen' | *dicĕre* ‚sagen' | frz. *prédire* it. *predire* |

| | | | | | | |
|---|---|---|---|---|---|---|
| *praeter* | vorbei an, außer | vorbei-, vor-über- | *praeterire* ‚vorbeigehen' | *ire* ‚gehen' | sp. *pretérito* it. *preterito* | |
| *pro* | vor, für | hervor-, fort-, für- | *producĕre* ‚vorführen' | *ducĕre* ‚führen' | sp. *producir* dt. Produkt | |
| *sub* | unter | (da)runter-, zu Hilfe- | *sublevare* ‚von unten hochheben' | *levare* ‚heben' | sp. *sublevar* frz. *soulever* | |
| *super* | über | über-, übrig- | *superfluĕre* ‚überfließen' | *fluĕre* ‚fließen' | it. *superfluo* frz. *superflu* | |
| *trans* | jenseits, hinüber | (hin)über- | *transferre* ‚übertragen' | *ferre* ‚tragen' | dt. Transfer, sp. *transferir* | |

Abb. 24: Lateinische Präpositionen und hiervon gebildete Verba composita[17]

## 4.3 Nominalmorphologie des Klassischen Lateins

Jedes lateinische Nomen lässt sich nach Genus, Kasus und Numerus bestimmen. Welche Form diese Bestimmungsstücke im Einzelfall haben, ist in den verschiedenen Deklinationsklassen festgelegt.

### 4.3.1 Genus, Kasus, Numerus

**Genus:**
Das Lateinische unterscheidet wie das Deutsche drei Genera: Maskulinum (‚männlich', abgekürzt „m"), Femininum (‚weiblich', abgek. „f") und Neutrum (‚keines von beiden', abgek. „n"). Die Substantive haben ein festes Geschlecht, das entweder natürlich oder grammatisch bestimmt ist. Die Adjektive, Pronomina und ein Teil der Numeralia richten sich im Geschlecht (und auch in Kasus und Numerus) nach dem Substantiv, auf das sie sich beziehen.

Dem **natürlichen** Geschlecht nach sind männliche Personen (z. B. *pater* ‚Vater'), Flüsse (z. B. *Rhenus* ‚Rhein') und Winde (z. B. *Auster* ‚Ostwind') Maskulina. Weibliche Personen (z. B. *mater* ‚Mutter') und Bäume (z. B. *pinus* ‚Kiefer') sind Feminina. Das **grammatische** Geschlecht richtet sich nach der Deklinationsklasse. Substantive auf -*us* (o-Deklination) sind zumeist Maskulina, Substantive auf -*a* (a-Deklination) Feminina. Undeklinierbare Substantive gelten als Neutra (z. B. *nefas* ‚Unrecht').

---

17 Aus Platzgründen können in der Spalte „roman. Fortsetzer/Fremdwort" immer nur ein oder zwei exemplarische Belege aufgeführt werden. Diese Fortsetzungen sind z.T. nur indirekter Natur, setzen also noch Zwischenschritte voraus.

Natürliches und grammatisches Geschlecht fallen immer zusammen bei bestimmten Wortbildungsmustern wie z. B. *-tor* (für eine tätige männliche Person) und *-trix* (für eine tätige weibliche Person): *victor* (,Sieger') vs. *victrix* (,Siegerin'), jeweils abgeleitet vom Partizip Perfekt *victum* (von *vincĕre* – ,siegen'). Wenn natürliches und grammatisches Geschlecht einander entgegenstehen, dann ist das natürliche Geschlecht maßgebend. Nach ihm richten sich auch evtl. hinzukommende Attribute, vgl. z. B. *poeta clarus* (,der berühmte Dichter'), *mālus fructuosa* (,der fruchtbare Apfelbaum'). Wenn sich ein Attribut auf feminine und maskuline Substantive zugleich bezieht, dann richtet es sich nach dem Maskulinum (z. B. *pueri puellaeque laeti* ,fröhliche Jungen und Mädchen') – eine politische Unkorrektheit, die sich in den romanischen Sprachen erhalten hat.

**Kasus:**
Im Lateinischen werden 6 verschiedene Kasus[18] (,Fälle') unterschieden:

|    | Kasus | steht auf die Frage | lat. Bspl. | dt. Übersetzung |
|----|-------|--------------------|-----------|-----------------|
| 1. | Nominativ | wer? was? | *pater* | der Vater |
| 2. | Genitiv | wessen? | *patris* | des Vaters |
| 3. | Dativ | wem? | *patri* | dem Vater |
| 4. | Akkusativ | wen? was? | *patrem* | den Vater |
| 5. | Vokativ | (Anredefall) | *pater*[19] | Vater |
| 6. | Ablativ | womit? wodurch? wovon? wann? verglichen mit wem? | *patre* | mit dem Vater[20] vom Vater[21] im Vergleich zum Vater |

Abb. 25: Übersicht Kasus

---

18  Das lateinische Wort *casus* wird nach der u-Deklination dekliniert. Nominativ und Akkusativ Plural enden in dieser Deklinationsklasse auf *-us* (s. u.). Im Deutschen wird die entsprechende Form übernommen, weshalb es im Plural normgerecht *die Kasus* heißt und nicht etwa *die \*Kasi*.

19  Eine eigene Form für den Vokativ gibt es nur im Singular der o-Deklination (z. B. *Marce* für *Marcus*. Nomina auf *-eius, -eus,-ius* lauten im Vokativ auf *-ī* aus, z. B. *Horatī* für *Horatius*. Vgl. die angeblich letzten Worte Caesars bei seiner Ermordung: „*Tu quoque Brute, mi fili?*" ,Auch du, mein Sohn Brutus?').

20  Bei Personen steht für diesen Bedeutungsgehalt in der Regel nicht der reine Ablativ, sondern der Ablativ mit der Präposition *cum* (,mit').

21  Im Ablativ steht auch der Urheber beim Passiv. Handelt es sich dabei um ein belebtes Wesen, so steht die Präposition *a* (vor Konsonant) bzw. *ab* (vor Vokal) beim Ablativ. In den übrigen Fällen steht der reine Ablativ: vgl. *ab adversario oppressus est* (,er wurde von seinem Gegner überrascht') vs. *nocte oppressus est* (,er wurde von der Nacht überrascht').

## 4.3 Nominalmorphologie des Klassischen Lateins

Die genaue Verwendung der verschiedenen Kasus wird im Syntax-Kapitel abgehandelt. Die nicht-nominativischen Kasus werden auch als „oblique" Kasus bezeichnet (von *obliquus* ‚schief'). Die Unterscheidung zwischen Nominativ und den obliquen Kasus ist zum einen wichtig, weil nur der Nominativ Subjektsfunktion haben kann, und zum anderen, weil sich später für die obliquen Kasus eine gemeinsame Kasusform herausgebildet hat (vgl. Kap. 4.4.1)

Im Wörterbuch wird neben der Nominativform und dem Genus immer auch die Genitivform (bzw. die entsprechende Endung) mit angegeben, damit man weiß, nach welcher Deklinationsklasse das jeweilige Substantiv flektiert wird. Man spricht hierbei auch von den „Stammformen".

**Numerus:**
Wie das Deutsche unterscheidet das Lateinische **Singular** (*numerus singularis* = ‚Einzahl') und **Plural** (*numerus pluralis* = ‚Mehrzahl'). Einige Substantive kommen allerdings nur im Plural vor und werden entsprechend als *pluralia tantum* (‚nur Plural') bezeichnet: z. B. *arma, armorum,* n (‚Waffen'); *divitiae, divitiarum,* f (‚Reichtum'). Gelegentlich erhält der Plural Sonderbedeutungen, die sich von der Bedeutung der Mehrzahl des Singularwortes deutlich unterscheiden: z. B. *littera, -ae,* f (‚Buchstabe') vs. *litterae, -rum,* f (‚Buchstaben'/‚Brief'/‚Literatur'/ ‚Wissenschaft'). Diese Sonderbedeutungen des Plurals haben sich teilweise bis in die romanischen Sprachen erhalten, vgl. it. *lettere,* frz. *lettres,* sp. *letras* (‚Geisteswissenschaften'). In der Deklination der Zahlwörter *duo* (‚zwei') und *ambo* (‚beide') sind auch noch Reste eines alten indogermanischen **Duals**, also einer eigenen Numeruskategorie für Substantive in der Zweizahl, zu finden.

### 4.3.2 Die Deklinationen (Substantive und Adjektive)

Da die Deklination der Substantive und Adjektive weitgehend in den gleichen Deklinationsklassen stattfindet, kann sie zusammengefasst behandelt werden. Pronomina und Numeralia folgen in den nächsten Unterkapiteln.

**Zuordnung der Deklinationsklassen**
Welcher Deklination ein Substantiv oder Adjektiv angehört, erkennt man am Stammauslaut (auch „Kennlaut" genannt) – nach diesen Auslauten sind die Deklinationen benannt. Am zuverlässigsten lässt sich der Stammauslaut über die Form des Gen.Pl. bestimmen. Streicht man die Genitiv-Endung *-(r)um* ab, dann bleibt der Stamm übrig, der auf den Stammauslaut endet: z. B. *femina-rum* (Gen.Pl.: ‚der Frauen') => Stamm *femina-*, Stammauslaut *-a-*; *viro-rum* (Gen.Pl.: ‚der Männer') => Stamm: *viro-*, Stammauslaut *-o-* (vgl. S. 116 f).

Zur Bildung der verschiedenen Kasusformen benötigt man auch den Wortstock, da einige Endungen direkt an den Stock gehängt werden, ohne dass der Stammauslaut dazwischentritt. Dieser Wortstock kann sehr leicht über den Gen.Sg. durch Abzug der entsprechenden Endung ermittelt werden, weshalb diese Form zusammen mit dem

Genus in Wörterbüchern als Lernform zusätzlich zum Nom.Sg. mit angegeben ist; z. B. Gen.Sg. *femin-ae* => Wortstock *femin-*; *vir-i* => Wortstock: *vir-*. Erst durch die Kenntnis der Form von Gen.Sg. und Gen.Pl. kann man beispielsweise feststellen, dass in der e-Dekl. und in der konsonantischen Dekl. der Stammauslaut mit dem Auslaut des Wortstocks zusammenfällt (z. B. für die e-Dekl. *res* ‚Sache': Gen.Sg. *re-i*, Gen.Pl. *re-rum*; für die kons.Dekl. *homo* ‚Mensch': Gen.Sg. *homiṇ-is*, Gen.Pl. *homin-um*).

In der folgenden Tabelle ist aufgeführt, welche Stammauslaute (fett gedruckt) bzw. Deklinationsklassen unterschieden werden können. Lange Vokale sind nur dort markiert, wo sie bedeutungsdifferenzierend sind. Auf diese Weise sieht man, welche Quantitäten man sich einprägen muss und welche zweitrangig sind.

| Nom.Sg. und Lernform | Bedeutung | Gen.Sg. u. Wortstock | Gen.Pl. u. Wortstamm | Kennlaut | Deklinations-klasse |
|---|---|---|---|---|---|
| *flamma, ae, f* | Flamme | *flamm-ae* | *flamm**a**-rum* | a | a-Dekl. (1.) |
| *lupus, i, m* | Wolf | *lup-i* | *lup**o**-rum* | o | o-Dekl. (2.) |
| *passus, ūs, m* | Schritt | *pass-ūs* | *pass**u**-um* | u | u-Dekl. (4.) |
| *dies, ei, m* | Tag | *die-i* | *die-rum* | e | e-Dekl. (5.) |
| *turris, is, m* | Turm | *turr-is* | *turr**i**-um* | i | i-Dekl. (3.) |
| *rex, regis, m* | König | *reg-is* | *reg-um* | (g)[22] | kons. Dekl. (3.) |
| *classis, is, f* | Flotte | *class-is* | *class**i**-um* | i | gemischte D. (3.) |

Abb. 26: Übersicht Deklinationsklassen

Zur Bezeichnung der Deklinationsklassen ist zu sagen, dass die alte Durchnummerierung (1., 2., 3. Dekl. etc.) mehr und mehr aus der Mode kommt. Es ist sicher hilfreicher, sich die Deklinationen über den Stammauslaut einzuprägen als über eine willkürliche Nummerierung. In der Darstellung der Deklinationsklassen (Formenparadigmen) ist es zudem am sinnvollsten, die u-Deklination gleich nach der o-Deklination (also die 4. nach der 2.) zu präsentieren, da es zwischen beiden Klassen zahlreiche Überschneidungen gibt und die wenigen Unterschiede in räumlicher Nachbarschaft besser deutlich werden. Ähnliches gilt für die e-Dekl. und die 3. Deklination. Lediglich bei letztgenannter Sammelklasse, die wegen zahlreicher formaler Übereinstimmungen die i-Dekl., die kons.Dekl. und die sog. „gemischte Dekl." zusammenfasst, hat sich die

---

22  Der Kennlaut ist hier eingeklammert, weil auch andere Konsonanten als Kennlaut dieser Deklinationsklasse auftreten können – entscheidend ist, dass es sich um Konsonanten und nicht um Vokale handelt.

Nummerierung in der Namensgebung mangels Alternative nennenswert halten können.

**Die a-Deklination (oder 1. Dekl.)** (Systematik nach Stock 2005)

|  | **Beispiel: *flamma, ae,* f ‚Flamme'** (Wortstock *flamm-*, Stamm *flamma-*) | | **Ausgänge** | |
|---|---|---|---|---|
| Kasus | Singular | Plural | Sing. | Plur. |
| Nom. | *flamm-a*   die/eine Flamme | *flamm-ae*   die Flammen | *a* | *ae* |
| Gen. | *flamm-ae*   der Flamme | *flamm-ārum*   der Flammen | *ae* | *ārum* |
| Dat. | *flamm-ae*   der Flamme | *flamm-īs*   den Flammen | *ae* | *īs* |
| Akk. | *flamm-am*   die Flamme | *flamm-ās*   die Flammen | *am* | *ās* |
| Abl. | *flamm-ā*   durch die Flamme | *flamm-īs*   durch die Flammen | *ā* | *īs* |
| Vok. | *flamm-a*   (oh) Flamme | *flamm-ae*   (ihr) Flammen | | |

Zu allen Deklinationstabellen ist anzumerken, dass man bei jedem lateinischen Substantiv aus dem Kontext heraus entscheiden muss, ob man es deutsch mit bestimmtem oder unbestimmtem Artikel wiedergibt. Der Vokativ ist in allen Deklinationsklassen außer der o-Dekl. (und diese Abweichung gilt auch dort nur für die Maskulina auf *-us*) formal identisch mit dem Nominativ. Deshalb wird er in den rechten beiden Spalten, die eine Art Lernübersicht darstellen sollen, nicht eigens aufgeführt. Für alle Deklinationen gilt weiterhin, dass Dat.Pl. und Abl.Pl. immer formgleich sind. Zur Graphie der Formen: Die Längen werden in den Tabellen nur bei den Endungen eigens markiert, nicht aber bei den Diphthongen, weil die ohnehin immer als lang gelten. In lateinischen Texten wird auf die Darstellung der Quantitäten i. Allg. verzichtet.

Substantive der a-Dekl. sind üblicherweise Feminina. Natürliches Geschlecht haben aber z. B. die Maskulina *agricola, ae,* m ‚Bauer', *incola, ae,* m ‚Einwohner', *poeta, ae,* m ‚Dichter' und *nauta, ae,* m ‚Seefahrer'. Neutra gibt es in dieser Deklinationsklasse nicht. Zu beachten ist in der a-Dekl. weiterhin die Formgleichheit von Gen.Sg., Dat.Sg. und Nom./Vok.Pl. sowie die Tatsache, dass sich Nom.Sg. und Abl.Sg. nur durch die Quantität des Auslauts unterscheiden.

**Die o-Deklination (oder 2. Dekl.)**
Anders als bei der a-Dekl. sind in der o-Dekl. Maskulina und Neutra in ihrem Formenparadigma zu unterscheiden. Diese Unterschiede betreffen aber nur den Nominativ und Akkusativ. So sind beim Neutrum der Nominativ und Akkusativ immer formgleich, im

Neutrum Plural lauten Nom. und Akk. in allen Deklinationsklassen auf -a. Bei den Nominativen der o-Dekl. sind außerdem unterschiedliche Wortausgänge zu beachten. Allen Paradigmen ist gemeinsam, dass der Dat.Sg. mit dem Abl.Sg. formgleich ist (-ō), ebenso wie der Dat.Pl. mit dem Abl.Pl. (-īs).

Maskulina auf -*us*:

| Kasus | Beispiel: *lupus, i,* m ‚Wolf' (Wortstock *lup-*, Stamm *lupo-*) | | | | Ausgänge | |
|---|---|---|---|---|---|---|
| | Singular | | Plural | | Sing. | Plur. |
| Nom. | *lup-us* | der/ein Wolf | *lup-ī* | die Wölfe | us | ī |
| Gen. | *lup-ī* | des Wolfs | *lup-ōrum* | der Wölfe | ī | ōrum |
| Dat. | *lup-ō* | dem Wolf | *lup-īs* | den Wölfen | ō | īs |
| Akk. | *lup-um* | den Wolf | *lup-ōs* | die Wölfe | um | ōs |
| Abl. | *lup-ō* | durch den Wolf | *lup-īs* | durch die Wölfe | ō | īs |
| Vok. | *lup-e* | (oh) Wolf | *lup-ī* | (ihr) Wölfe | | |

Nur bei diesen Wörtern gibt es im Singular eine eigene Vokativform, nämlich -*e*. Bei Substantiven auf -*ius* lautet der Vokativ abweichend auf -*ī*, also z. B. *Lucius* => *Lucī*.

Neutra auf -*um*:

| Kasus | Beispiel: *donum, i,* n ‚Geschenk' (Wortstock *don-*, Stamm *dono-*) | | | | Ausgänge | |
|---|---|---|---|---|---|---|
| | Singular | | Plural | | Sing. | Plur. |
| Nom. | *dōn-um* | das/ein Geschenk | *dōn-a* | die Geschenke | um | a |
| Gen. | *don-ī* | des Geschenks | *don-ōrum* | der Geschenke | ī | ōrum |
| Dat. | *don-ō* | dem Geschenk | *don-īs* | den Geschenken | ō | īs |
| Akk. | *dōn-um* | das Geschenk | *dōn-a* | die Geschenke | um | a |
| Abl. | *don-ō* | durch das Geschenk | *don-īs* | durch die Geschenke | ō | īs |
| Vok. | *dōn-um* | (oh) Geschenk | *dōn-a* | (ihr) Geschenke | | |

Es gibt einige wenige Neutra auf *-us*, die nach der o-Dekl. flektiert werden: z. B. *vulgus*, i, n ‚Volk' und *virus*, i, n ‚Schleim, Gift' (deshalb heißt es im Deutschen korrekt „das Virus"). Hier lautet dann auch der Akk.Sg. auf *-us*. Alle anderen Formen entsprechen denen der Neutra auf *-um*. Achtung: Daneben existieren Neutra auf *-us*, die nach der kons.Dekl. dekliniert werden – erkennbar ist dies an der Lernform, d. h. am Gen.Sg. (z. B. *corpus*, *oris*, n ‚Körper'; *tempus*, *oris*, n ‚Zeit').

Maskulina auf *-er*:

| Kasus | Beispiel: *puer, i,* m ‚Junge' (Wortstock *puer-*, Stamm *puero-*) | | | | Ausgänge | |
|---|---|---|---|---|---|---|
| | Singular | | Plural | | Sing. | Plur. |
| Nom. | *puer* | der/ein Junge | *puer-ī* | die Jungen | - | *ī* |
| Gen. | *puer-ī* | des Jungen | *puer-ōrum* | der Jungen | *ī* | *ōrum* |
| Dat. | *puer-ō* | dem Jungen | *puer-īs* | den Jungen | *ō* | *īs* |
| Akk. | *puer-um* | den Jungen | *puer-ōs* | die Jungen | *um* | *ōs* |
| Abl. | *a puer-ō* | von dem Jungen | *a puer-īs* | von den Jungen | *ō* | *īs* |
| Vok. | *puer* | (oh) Junge | *puer-ī* | (ihr) Jungen | | |

Bei einigen Maskulina auf *-er* ist das *e* nur im Nom./Vok.Sg. vorhanden, gehört also nicht zum Wortstock, z. B. *ager*, *agri*, m ‚Acker' (Stock *agr-*, Stamm *agro-*). Die Endungen sind aber identisch. Auch das gesellschaftsbedingt sehr häufige Substantiv *vir*, *viri*, m ‚Mann' wird nach der o-Dekl. flektiert.

Zur Form des Ablativs ist generell zu sagen, dass Personen im Lateinischen selten mit dem reinen Ablativ stehen, sondern eher mit Präposition + Ablativ. Der bisher für die Darstellung gewählten instrumentalen Bedeutungsvariante des Ablativs (z. B. *donō* – ‚durch ein Geschenk') entspricht bei Personen die Präposition *a* (‚von, durch').

Grundsätzlich sind Substantive der o-Dekl. auf *-us* und *-er* Maskulina, die auf *-um* Neutra. Ausnahmen sind Länder (z. B. *Aegyptus*, i, f ‚Ägypten'), Inseln (z. B. *Rhodus*, i, f ‚Rhodos'), Städte (*Corinthus*, i, f ‚Korinth') und Bäume (z. B. *fagus*, i, f ‚Buche') sowie das Wort *humus*, i, f ‚Erdboden', die durchweg feminin sind, sowie die bereits angesprochenen Neutra *vulgus* und *virus* (s. o.).

**Adjektive der -o/-a-Deklination**
Lateinische Adjektive werden in Kasus, Numerus und Genus grundsätzlich an ihre Bezugswörter angepasst. Eine große Gruppe von Adjektiven wird dabei im Maskulinum und Neutrum nach der o-Dekl. dekliniert, im Femininum jedoch nach der a-Dekl. Diese Adjektive werden im Wörterbuch mit den drei Endungen *-us*, *-a*, *-um* (für Mask., Fem., Neutrum, immer in dieser Reihenfolge) angegeben. Häufig findet man zur Mar-

kierung dieser sog. „dreiendigen" Adjektive im Wörterbuch auch einfach die Zahl „3" (z. B. *bonus*, 3). Ihre Deklination folgt dem Muster der entsprechenden Substantive. Vgl. die Tabelle zum Beispiel *bonus, -a, um* (Wortstock *bon-*):

|  | Singular | | | | Plural | | |
| --- | --- | --- | --- | --- | --- | --- | --- |
|  | mask. | fem. | neutr. |  | mask. | fem. | neutr. |
| Nom. | bonus | bona | bonum | Nom. | bonī | bonae | bona |
| Gen. | bonī | bonae | bonī | Gen. | bonōrum | bonārum | bonōrum |
| Dat. | bonō | bonae | bonō | Dat. | bonīs | bonīs | bonīs |
| Akk. | bonum | bonam | bonum | Akk. | bonos | bonas | bona |
| Abl. | bonō | bonā | bonō | Abl. | bonīs | bonīs | bonīs |
| Vok. | bone | bona | bonum | Vok. | bonī | bonae | bona |

Analog zu den Substantiven gibt es auch bei den Adjektiven eine deutlich kleinere Gruppe, die im Nom.Sg.Mask. auf *-er* auslautet. Nur diese eine Form unterscheidet sich von der Deklination der Adjektive auf *-us/-a/-um*. Zu beachten ist wieder, dass es dabei Adjektive gibt, bei denen das *-e-* Teil des Wortstocks ist, also bei der Deklination erhalten bleibt (z. B. *liber, libera, liberum* ‚frei' und *miser, misera, miserum* ‚elend'), und Adjektive, bei denen dieses *-e-* nur im Nom.Sg.Mask. auftritt: z. B. *pulcher, pulchra, pulchrum* ‚schön'.

**Die u-Deklination**
Die u-Deklination betrifft ausschließlich Substantive, und zwar in deutlich geringerer Anzahl als die formal sehr ähnliche o-Deklination. Ob ein Wort zur o- oder zur u-Dekl. gehört, erkennt man an der im Wörterbuch angegebenen Genitiv-Endung. Zu unterscheiden sind zum einen Substantive auf *-us* (mask. oder fem.), zum anderen Substantive auf *-u* (immer neutrum).

## 4.3 Nominalmorphologie des Klassischen Lateins

|  | **Beispiel: *passus, ūs*, m ‚Schritt'** (Wortstock *pass-*, Stamm *passu-*) | | **Ausgänge** | |
|---|---|---|---|---|
| Kasus | Singular | Plural | Sing. | Plur. |
| Nom. | *pass-us* der/ein Schritt | *pass-ūs* die Schritte | us | ūs |
| Gen. | *pass-ūs* des Schrittes | *pass-uum* der Schritte | ūs | uum |
| Dat. | *pass-ui* dem Schritt | *pass-ibus* den Schritten | ūi | ibus |
| Akk. | *pass-um* den Schritt | *pass-ūs* die Schritte | um | ūs |
| Abl. | *pass-ū* durch den Schritt | *pass-ibus* durch die Schritte | ū | ibus |
| Vok. | *pass-us* (oh) Schritt | *pass-ūs* (ihr) Schritte | | |

Die Mehrzahl der Substantive auf -*us* sind auch bei der u-Deklination **Maskulina**. Die wenigen **Feminina auf -*us*** kann man sich merken, und das lohnt sich auch, denn sie sind hochfrequent oder zumindest kulturell bedeutsam:

| | | |
|---|---|---|
| *domus, ūs,* f[23] | ‚Haus' | vgl. frz. *le domicile*, sp. *el domicilio*, it. *il domicilio* |
| *manus, ūs,* f | ‚Hand, Schar' | > frz. *la main*, sp. *la mano*, it. *la mano* |
| *tribus, ūs,* f | ‚Bezirk' | > frz. *la tribu*, sp. *la tribu*, it. *la tribù* (‚Volksstamm') |
| *porticus, ūs,* f | ‚Säulenhalle' | > frz. *le portique*, sp. *el pórtico*, it. *il portico* |
| *quercus, ūs,* f | ‚Eiche' | > it. *la quercia* |
| *acus, ūs,* f | ‚Nadel' | > it. *l'ago* (m), vgl. auch verwandtes frz. *aiguille* und sp. *aguja* (beide vom vulg.lat. Deminutiv *acucula*) |
| *Idūs, -uum,* f Pl | ‚die Iden' | vgl. *Idūs Martiae*: ‚die Iden des März' (= 15.März, Tag der Ermordung Caesars) |

Bei *manus* und *tribus* hat sich also das ungewöhnliche Femininum bis in die romanischen Sprachen erhalten. *Domus* wurde durch das Neutrumwort *domicilium* verdrängt, von dem sich die romanischen Entsprechungen herleiten.

Ähnlich selten wie die Feminina sind die **Neutra der u-Dekl**:

---

23 Zu *domus* gibt es einige Sonderformen: z. B. *domī* ‚zu Hause'; *domum* ‚nach Hause', *domō* ‚von Hause'. Der Ablativ Singular (*domō*) und der Akk.Pl. (*domōs*) gehen meist nach der o-Dekl.

|  | Beispiel: *cornu, ūs,* n ‚Horn' (Wortstock *corn-*, Stamm *cornu-*) | | | | Ausgänge | |
|---|---|---|---|---|---|---|
| Kasus | Singular | | Plural | | Sing. | Plur. |
| Nom. | *corn-ū* | das/ein Horn | *corn-ua* | die Hörner | *ū* | *ua* |
| Gen. | *corn-ūs* | des Horns | *corn-uum* | der Hörner | *ūs* | *uum* |
| Dat. | *corn-ui (ū)* | dem Horn | *corn-ibus* | den Hörnern | *ūi/ ū* | *ibus* |
| Akk. | *corn- ū* | das Horn | *corn-ūa* | die Hörner | *um* | *ua* |
| Abl. | *corn-ū* | durch das Horn | *corn-ibus* | durch die Hörner | *ū* | *ibus* |
| Vok. | *corn-ū* | (oh) Horn | *corn-ua* | (ihr) Hörner | | |

Die altlateinische Dat.Sg.-Endung *-ui* wird seit klassischer Zeit zunehmend durch *ū* ersetzt.

**Die e-Deklination**

Auch die e-Deklination betrifft nur Substantive. Diese sind in der Regel Feminina, die einzigen Maskulina sind *dies, diei,* m ‚Tag' (sp. *día* stammt von der vulgärlateinischen Variante *\*dia, ae,* m ab) und das damit verwandte Kompositum *meridies* (‚Mittag' und metonymisch: ‚Süden').[24] Im Genitiv und Dativ Singular folgt auf den langen Stammauslaut *-ē-* die gleichfalls lange Kasusendung *-ī-*, also z. B. *diēī* (‚des Tages'). Nach Konsonant wird in diesen beiden Kasus der Stammauslaut jedoch gekürzt (vgl. Rubenbauer et al. 1995: §34.3), was z. B. für das folgende Beispiel *res* gilt:

---

24  Es liegt auf der Hand, eine Verwandtschaft zu frz. *midi*, sp. *mediodía* und it. *mezzogiorno* zu vermuten. Diese ist aber nur entfernt und eher semantischer als phonetischer Natur: Grundsätzlich ist nicht einmal klar, ob *meridies* sich aus den Komponenten *merus* (‚rein') und *dies* zusammensetzt oder ob es auf eine dem Urindogermanischen nahestehende Form *\*mediei-die* zurückgeht, die mit lat. *medius* verwandt ist und ‚mitten am Tag' bedeutet. Nur im letzteren Falle könnte man die it. und die sp. Form als eine Art Lehnübersetzung mit eigenen Mitteln bezeichnen, die teils aus dem klassischen Latein (*medius*, 3 ‚mittel' > sp. *medio*, it. *mezzo*; *diurnus*, 3 > it. *giorno*), teils aus dem Vulgärlatein (*\*dia* > sp. *día*) hergeleitet sind. Die engste Verwandtschaft bestände dann ausnahmsweise einmal zur französischen Variante, also zu *midi*, das sich aus afrz. *mi* (‚halb', von lat. *medius*) und *di* (‚Tag', von lat. *dies*) zusammensetzt.

4.3 Nominalmorphologie des Klassischen Lateins

|  | Beispiel: *rēs, reī*, f ‚Sache' (Wortstock *r*-, Stamm *rē*-) | | | Ausgänge | |
| --- | --- | --- | --- | --- | --- |
| Kasus | Singular | | Plural | Sing. | Plur. |
| Nom. | *r-ēs* | die/eine Sache | *r-ēs* die Sachen | *ēs* | *ēs* |
| Gen. | *r-eī* | der Sache | *r-ērum* der Sachen | *eī* | *ērum* |
| Dat. | *r-eī* | der Sache | *r-ēbus* den Sachen | *eī* | *ēbus* |
| Akk. | *r-em* | die Sache | *r-ēs* die Sachen | *em* | *ēs* |
| Abl. | *r-ē* | durch die Sache | *r-ēbus* durch die Sachen | *ē* | *ēbus* |
| Vok. | *r-ēs* | (oh) Sache | *r-ēs* (ihr) Sachen | | |

**Die Sammelgruppe der 3. Deklination:**
Wie schon angedeutet, werden in der Kategorie „3. Deklination" drei Deklinationsklassen zusammengefasst, die untereinander relativ große Überschneidungen aufweisen: die konsonantische, die i- und die gemischte Deklination. Bei diesen Deklinationsklassen gibt es die meisten Unregelmäßigkeiten, weshalb hier nur die wichtigsten Deklinationsmuster herausgegriffen werden.

**Die konsonantische Deklination**
Zur konsonantischen Deklination gehören alle Substantive, deren Stamm auf einen Konsonanten endet. Wortstock und Stamm sind hier identisch. Der Nominativ hat keine Endung, die man sich eigens merken müsste,[25] und unterscheidet sich zumeist relativ deutlich von den anderen Kasus, die allesamt vom Wortstock abgeleitet werden. Am Nominativ erkennt man den Wortstock also nicht immer. Daher wird im Wörterbuch zumeist auch ein Stück vom Stock zusammen mit dem Genitivausgang angegeben. Vergleichen Sie die Beispiele *labor, -oris*, m (‚Arbeit', Stock/Stamm: *labor*-), *natio, -onis*, f (‚Volk', Stock/Stamm: *nation*-), *flumen, -inis*, n (‚Fluss', Stock/Stamm/: *flumin*-) und *corpus, -oris*, n (‚Körper', Stock/Stamm: *corpor*-) – Systematik nach Throm (1995:24). Bitte beachten: Im Neutrum sind Nom. und Akk. wie immer identisch:

---

25  Strenggenommen haben Wörter wie *virtus, virtutis*, f (‚Tugend'; Stamm: *virtut*-) und *miles, militis*, m (‚Soldat', Stamm: *milit*-) ein -*s* als Nominativausgang. Dieses -*s* hängt jedoch nicht am Stamm, weshalb man sich am besten den Nominativ als ganze Form merkt. Dieser Kasus steht ohnehin in den Wörterbüchern, weshalb durch diese Unregelmäßigkeit in der Praxis keinerlei Probleme entstehen. Ein ähnlicher Fall sind Substantive auf -*x* wie *rex, regis*, m (‚König', Stamm: *reg*-) oder *lex, legis*, f (‚Gesetz', Stamm: *leg*-): Hier wurde die Nominativendung -*s* an den Stammauslaut -*g* angehängt und dieser Cluster mit dem Graphem <x> verschriftet.

|  | Singular | | | | Ausgänge |
|---|---|---|---|---|---|
|  | m | f | n | | m, f / n |
| Nom/Vok | labor | nātio | flūmen | corpus | - |
| Gen. | labōr-is | nātiōn-is | flūmin-is | corpor-is | is |
| Dat. | labōr-ī | nātiōn-ī | flūmin-ī | corpor-ī | ī |
| Akk. | labōr-em | nātiōn-em | flūmen | corpus | em / - |
| Abl. | labōr-e | nātiōn-e | flūmin-e | corpor-e | e |
|  | **Plural** | | | | |
| Nom/Vok | labōr-ēs | nātiōn-ēs | flūmin-a | corpor-a | ēs / a |
| Gen. | labōr-um | nātiōn-um | flūmin-um | corpor-um | um |
| Dat. | labōr-ibus | nātiōn-ibus | flūmin-ibus | corpor-ibus | ibus |
| Akk. | labōr-ēs | nātiōn-ēs | flūmin-a | corpor-a | ēs / a |
| Abl. | labōr-ibus | nātiōn-ibus | flūmin-ibus | corpor-ibus | ibus |

Da die Form des Nom.Sg. (und des Akk.Sg.n) weniger Silben aufweist als die übrigen Formen, verändert sich in der Deklination häufig die Lage des Hauptakzents. Es lohnt sich also, die Quantitäten zu beachten: Vgl. *lábor* vs. *labŏris*, *nátio* vs *nātiónis*, aber ohne Akzentverschiebung *flŭmen/flŭminis* und *córpus/córporis*. Interessanterweise haben sich in der Romania von der ersten Gruppe eher die Akkusative erhalten, also die Formen mit Akzentverschiebung (sp. *labor/nación*, it. *lavoro/nazione*, fr. *labeur/nation*), von der zweiten Gruppe eher die Nominative (it. *fiume/corpo*; sp. *cuerpo*, fr. *corps*). Dies hängt sicher damit zusammen, dass es sich bei letzteren Formen – zumindest im Klassischen Latein – um Neutra handelte, bei denen Nom. und Akk. eben formal identisch waren.

Es gibt zur kons.Dekl. auch einige recht komplizierte Genusregeln, aber die Ausnahmen sind so zahlreich, dass darauf nicht explizit eingegangen werden muss. Als Faustregel kann man sich immerhin merken, dass Substantive auf *-io/-ionis* Feminina sind, Substantive auf *-or/-oris* Maskulina und Substantive auf *-us/-oris* bzw. *-eris* und *-men/-minis* Neutra. Immerhin kann man sich so merken, dass das im Deutschen übliche Fremdwort *Korpus* neutrum ist, ebenso wie *das Genus* (*genus, generis*, n: ‚Geschlecht'). Eine Zusammenstellung linguistischer Belege heißt also „*das Korpus*". „*Der Korpus*" bezeichnet im Deutschen üblicherweise den Hauptteil eines Schranks oder den Leib des Gekreuzigten.

## 4.3 Nominalmorphologie des Klassischen Lateins

Kommen wir zu den **Adjektiven der kons.Dekl.**: Hierzu gehören alle einendigen Adjektive, also solche, die im Nom.Sg. für Mask., Fem. und Neutrum dieselbe Form haben. Dies sind

| | | | |
|---|---|---|---|
| *dives* | Gen. *divitis* | ‚reich' | (ohne direkten roman. Fortsetzer) |
| *vetus* | Gen. *veteris* | ‚alt' | vgl. frz. *vieux*, sp. *viejo*, it. *vecchio*[26] |
| *pauper* | Gen. *pauperis* | ‚arm' | vgl. frz. *pauvre*, sp. *pobre*, it. *povero*[27] |
| *particeps* | Gen. *participis* | ‚teilhaftig' | vgl. dt. *Partizip, partizipieren* |
| *princeps* | Gen. *principis* | ‚der erste' | > it. *principe* |

| | Singular | | | | Plural | | |
|---|---|---|---|---|---|---|---|
| | mask. | fem. | neutr. | | mask. | fem. | neutr. |
| Nom/Vok | | vetus | | Nom/Vok | veter-ēs | veter-ēs | veter-a |
| Gen. | | veter-is | | Gen. | | veter-um | |
| Dat. | | veter-ī | | Dat. | | veter-ibus | |
| Akk. | veter-em | veter-em | vetus | Akk. | veter-ēs | veter-ēs | veter-a |
| Abl. | | veter-e | | Abl. | | veter-ibus | |

**Die i-Deklination**

Substantive der i-Deklination sind insgesamt recht selten. Maskulin sind die Flüsse *Tiberis* (‚Tiber') und *Albis* (Elbe), feminin Substantive wie *turris* (‚Turm', vgl. it. *torre*), *febris* (‚Fieber', vgl. sp. *fiebre*), *puppis* (‚Heck', vgl. frz. *poupe*) und *sitis* (‚Durst', vgl. sp. *sed*). Die größte Gruppe bilden die Neutra auf *-ar, -e, -al* wie *exemplar* (‚Muster', vgl. frz. *exemplaire*), *mare* (‚Meer', vgl. sp. *mar*) und *animal* (‚Tier', vgl. it. *animale*). Der Stamm endet immer auf *-i*. Vgl. die Beispiele *Tiberis* (Stock *Tiber-*, Stamm *Tiberi-*), *turris* (Stock *turr-*, Stamm *turri-*), *mare* (Stock *mar-*, Stamm *mari-*) und *animal* (Stock *animal-*, Stamm *animali-*):

---

[26] All diese Formen stammen von dem im Vulgärlatein häufigeren adjektivischen Deminutiv *vetulus, 3* ab.

[27] Strenggenommen stammen die romanischen Formen von der vulgärlateinischen dreiendigen Variante *pauper, paupera, pauperum* ab.

|        | Singular |        |        |          | Ausgänge   |
|--------|----------|--------|--------|----------|------------|
|        | m        | f      | n      |          | m, f / n   |
| Nom/Vok | Tiber-is | turr-is | mar-e | animal | is / e / - |
| Gen.   | Tiber-is | turr-is | mar-is | animāl-is | is |
| Dat.   | Tiber-ī | turr-ī | mar-ī | animāl-ī | ī |
| Akk.   | Tiber-im | turr-im | mar-e | animal | im / - |
| Abl.   | Tiber-ī | turr-ī | mar-ī | animāl-ī | ī |
|        | Plural   |        |        |          |            |
| Nom/Vok | Tiber-ēs[28] | turr-ēs | mar-ia | animāl-ia | ēs / ia |
| Gen.   | Tiber-ium | turr-ium | mar-ium | animāl-ium | ium |
| Dat.   | Tiber-ibus | turr-ibus | mar-ibus | animāl-ibus | ibus |
| Akk.   | Tiber-īs (ēs) | turr-īs (ēs) | mar-ia | animāl-ia | īs (ēs) / ia |
| Abl.   | Tiber-ibus | turr-ibus | mar-ibus | animāl-ibus | ibus |

Die wichtigsten Unterschiede zur kons.Dekl. bestehen also in der Endung des Akk. (-*im*) und Abl.Sg. (-*ī*) sowie im Gen.Pl. (-*ium*). Für den Akk.Pl. in Mask. und Fem. haben sich zwei Formen eingebürgert. Die ältere Endung ist -*īs*, in klassischer Zeit hat sich dann, analog zur kons.Dekl., die Form -*ēs* verbreitet.

Zu beachten ist als Ausnahme *vis* f (‚Kraft, Gewalt, Macht'), das im Singular die unregelmäßigen Formen *vim* (Akk.) und *vi* (Abl.) bildet. Diese beiden Sonderformen wären an sich mnemotechnisch zu verkraften. Das Wort hat aber schon Generationen von Gymnasiast*innen zur Verzweiflung gebracht, weil sein an sich ganz regelmäßiger Plural (*vires, virium, viribus*) für den Laien gewisse Ähnlichkeiten mit dem Plural des nach der o-Dekl. flektierten *vir, viri*, m (Mann') aufweist: *viri, virorum, viris, viros*. Objektiv betrachtet gibt es bei diesen Formen keinerlei Überschneidung. Sie treten aber zum einen sehr häufig und zum anderen gerne in Kombination auf, denn es geht in antiken Texten relativ oft um Männer und ihre Kräfte...

Bei den **Adjektiven der i-Deklination** kann man nach Stock (2005) drei Gruppen unterscheiden: Adjektive

---

28  Dieser Plural dient ausschließlich dem akademischen Systemgedanken – faktisch ist dem Verfasser nur ein Fluss dieses Namens bekannt.

- auf *-er* mit drei Endungen im Nom.Sg.: z. B. *acer* (m), *acris* (f), *acre* (n) ‚scharf'
  => Stock *acr-*, Stamm *acri-* (> it. *acre*, sp. *acre*, frz. *aigre*)
- auf *-is* mit zwei Endungen im Nom.Sg.: z. B. *fortis* (m/f), *forte* (n) ‚stark, tapfer'
  => Stock *fort-*, Stamm *forti-* (> it. *forte*, sp. *fuerte*, frz. *fort*)
- auf *-x* und *-ns* mit einer Endung im Nom.Sg.: z. B. *felix* (‚glücklich'), *prudens* (‚klug') => Stock *felic-*, Stamm *felici-* bzw. Stock *prudent-*, Stamm *prudenti-* (> it. *felice*, sp. *feliz*; vgl. frz. *féliciter*)

Im Akk.Sg. haben die Adjektive *-em* statt *-im*, ansonsten folgen sie genau dem Muster der Substantive. Vgl. das Beispiel *acer*:

|  | Singular | | | | Plural | | |
| --- | --- | --- | --- | --- | --- | --- | --- |
|  | mask. | fem. | neutr. |  | mask. | fem. | neutr. |
| Nom/Vok | ācer | ācr-is | ācr-e | Nom/Vok | ācr-ēs | ācr-ēs | ācr-ia |
| Gen. | | ācr-is | | Gen. | | ācr-ium | |
| Dat. | | ācr-ī | | Dat. | | ācr-ibus | |
| Akk. | ācr-em | ācr-em | ācr-e | Akk. | ācr-īs(ēs) | ācr-īs(ēs) | ācr-ia |
| Abl. | | ācr-ī | | Abl. | | ācr-ibus | |

**Die gemischte Deklination**

Die gemischte Deklination hat im Singular die Ausgänge der konsonantischen Deklination, im Plural die der i-Deklination (z.T. aber *-a* beim Nom./Akk. Neutrum). Diese Deklinationsklasse ist auch deshalb wichtig, weil das Partizip Präsens Aktiv (PPA) aller Konjugationen nach diesem Muster dekliniert wird (z. B. von *laudare* ‚loben': *laudans*, Gen.Sg. *laudantis*, Nom./Akk.Pl.Neutrum *laudantia*). Vgl. die Formen der Beispiele

- *civis*, *is*, m: ‚Bürger'; Stock: *civ-*, Stamm *civi-*; vgl. das vom entsprechenden Adj. *civilis* abstammende dt. *zivil*)
- *clades*, *is*, f: ‚Niederlage'
- *urbs*, *urbis*, f: ‚Stadt'; Stock *urb-*, Stamm *urbi-*; vgl. den päpstlichen Segen *urbi et orbi* oder das vom Adj. *urbanus* herstammende frz. *urbain*
- *os*, *ossis*, n: ‚Knochen'; Stock *oss-*, Stamm *ossi-*; vgl. frz. *os*, sp. *hueso*[29]:

---

29 Das <h> in *hueso* hat keinerlei etymologische Basis, sondern ist ein diakritisches Zeichen, das zu einer Zeit, als zwischen <u> und <v> noch nicht unterschieden wurde, deutlich machte, dass das auf <h> folgende Graphem als /u/ bzw. als Halbvokal /w/ und nicht etwa als /v/ bzw. /β/ zu lesen sei (also [ˈweso] statt [ˈβeso]. Dasselbe Phänomen zeigt sp. *huevo* (< lat. *ovum* ‚Ei').

|  | Singular | | | Ausgänge |
|---|---|---|---|---|
|  | m | f | n | m, f / n |
| Nom/Vok | cīv-is | clād-ēs | urb-s / os | is, es, s / - |
| Gen. | cīv-is | clād-is | urb-is / oss-is | is |
| Dat. | cīv-ī | clād-ī | urb-ī / oss-ī | ī |
| Akk. | cīv-em | clād-em | urb-em / os | em / - |
| Abl. | cīv-e | clād-e | urb-e / oss-e | e |
|  | Plural | | | |
| Nom/Vok | cīv-ēs | clād-ēs | urb-ēs / oss-a | ēs / a, ia |
| Gen. | cīv-ium | clād-ium | urb-ium / oss-ium | ium |
| Dat. | cīv-ibus | clād-ibus | urb-ibus / oss-ibus | ibus |
| Akk. | cīv-īs (ēs) | clād-īs (ēs) | urb-īs (ēs) / oss-a | īs (ēs)/a, ia |
| Abl. | cīv-ibus | clād-ibus | urb-ibus / oss-ibus | ibus |

## 4.3.3 Steigerung (Komparation) von Adjektiven und Adverbien

Im Lateinischen gibt es, wie im Deutschen und in den romanischen Sprachen, drei Steigerungsstufen: den **Positiv**[30] (Grundstufe), den **Komparativ**[31] (Vergleichsstufe) und den **Superlativ**[32] (Höchststufe). Die Form des Superlativs kann auch den **Elativ**[33] ausdrücken, der einen sehr hohen Grad repräsentiert, ohne ihn mit konkreten Vergleichsgrößen in Beziehung zu setzen. Ähnlich wie bei der Frage, ob lateinische Substantive mit unbestimmtem oder bestimmtem Artikel zu übersetzen sind, muss also auch hier der Kontext hinzugezogen werden, um zu entscheiden, ob eine Form eher superlativisch oder elativisch zu übersetzen ist:

| | | |
|---|---|---|
| Positiv: | hora est **longa**. | Eine Stunde ist lang. |
| Komparativ: | dies est **longior**. | Ein Tag ist länger. |
| Superlativ/Elativ: | annus est **longissimus**. | Ein Jahr ist am längsten/sehr lang. |

---

30  Abgeleitet von *ponĕre, -o, posui, positum* ‚setzen, stellen, legen' – also ‚Grundlage' oder ‚Basis.'
31  Von *comparare, -o, -avi, -atum* ‚vergleichen'.
32  Von *superferre, -o, supertuli, superlatum* ‚über andere drüber tragen/heben'.
33  Von *eferre, -o, etuli, elatum* ‚hinaustragen, herausheben'.

## 4.3 Nominalmorphologie des Klassischen Lateins

Die Bildung der Steigerungsformen im Klassischen Latein funktioniert nach dem synthetischen Prinzip (griech. *sýnthesis* ‚Zusammensetzung'), d. h. die Marker für die unterschiedlichen Steigerungsgrade werden wie eine Kasusendung an den Wortstock angehängt und flektiert. Das Komparativsuffix ist *-ior* (m/f) bzw. *-ius* (n), das Superlativsuffix *-issimus, -a, -um*. Adjektive auf *-er* hängen bei der Superlativbildung das Suffix *-rimus, -a, um* an den Ausgang des Nom.Sg. – vgl. die folgenden Beispiele (Systematik nach Stock 2005 und Throm 1995):

| **Positiv** (m, f, n) | **Wortstock** | **Komparativ** (m/f, n) | **Superlativ** (m, f, n) |
|---|---|---|---|
| *longus, -a, -um* ‚lang' | *long-* | *long-ior, -ius* ‚länger' | *long-issimus, -a, -um* ‚der längste, sehr lang' |
| *brevis, -is, -e* ‚kurz' | *brev-* | *brev-ior, -ius* ‚kürzer' | *brev-issimus, -a, -um* ‚der kürzeste, sehr kurz' |
| *prūdēns, =, =* ‚klug' | *prūdent-* | *prūdent-ior, -ius* ‚klüger' | *prūdentissimus, -a, -um* ‚der klügste, sehr klug' |
| *fēlix, =, =* ‚glücklich' | *fēlic-* | *fēlicior, -ius* ‚glücklicher' | *fēlicissimus, -a, -um* ‚der glücklichste, sehr glücklich' |
| *pulcher, -chra, -chrum* ‚schön' | *pulchr-* | *pulchr-ior, -ius* ‚schöner' | *pulcher-rimus, -a, um* ‚der schönste, sehr schön' |
| *miser, -era, -erum* ‚elend' | *miser-* | *miser-ior, -ius* ‚elender' | *miser-rimus, -a, -um* ‚der eldendeste, sehr elend' |
| *ācer, ācris, ācre* ‚scharf' | *ācr-* | *ācr-ior, -ius* ‚schärfer' | *ācer-rimus, -a, -um* ‚der schärfste, sehr scharf' |

Eine Ausnahme bilden fünf Adjektive auf *-ilis*, die den Superlativ auf *-illimus* bilden, entsprechend dem Muster von *facilis* ‚leicht' (Stock *facil-*) => *facillimus, -a, -um*. Da sie sehr häufig auftreten und ihre Grundformen durchweg in den romanischen Sprachen konserviert sind, lohnt sich die Memorierung:

| | | |
|---|---|---|
| *facilis* ‚leicht' | vgl. frz. *facile*, sp. *fácil*, it. *facile* | |
| *difficilis* ‚schwierig', | vgl. frz. *difficile*, sp. *difícil*, it. *difficile* | |
| *similis* ‚ähnlich', | vgl. (frz. *similitude*),[34] sp. *símil*, it. *simile* | |
| *dissimilis* ‚unähnlich' | vgl. (frz. *dissimilitude*),[35] sp. *disímil*, it. *dissimile* | |
| *humilis* ‚niedrig' | vgl. frz. *humble*, sp. *humilde*, it. *umile* | |

Die übrigen Adjektive auf *-ilis* steigern regelmäßig: z. B. *nobilis* ‚edel' => *nobilior, -ius* => *nobilissimus, -a, -um*.

Eine weitere Besonderheit bilden einige hochfrequente Adjektive, die bei der Steigerung den **Stamm wechseln**, also im Komparativ und z.T. auch im Superlativ einen anderen Stamm zu Grunde legen als im Positiv. Da sich diese Adjektive mitsamt ihren Steigerungsstufen (allerdings meist in Ableitungen oder mit Bedeutungsveränderungen) romanisch fortgesetzt haben (hierzu die klein geschriebenen Entsprechungen in der Tabelle), sollte man sie sich besonders einprägen:

| **Positiv** | **Komparativ** | **Superlativ** |
|---|---|---|
| *bonus* ‚gut' <br> it. *buono*, sp. *bueno* fr. *bon* | *melior, melius* ‚besser' <br> it. *migliore*, sp. *mejor*, <br> fr. *meilleur* | *optimus* ‚der beste, sehr gut' <br> it. *ottimo* |
| *malus* ‚schlecht' <br> it. *malo*, sp. *malo*, <br> fr. *mal* | *pēior, pēius* ‚schlechter' <br> it. *peggiore*, sp. *peor*, <br> fr. *pire* | *pessimus* ‚der schlechteste, sehr schlecht' <br> it. *pessimo* |
| *māgnus* ‚groß' | *māior, māius* ‚größer' <br> it. *maggiore*, sp. *mayor*, <br> fr. *majeur* (v. a. ‚älter') | *māximus* ‚der größte, sehr groß' <br> it. *massimo*, sp. *máximo* |
| *parvus* ‚klein' | *minor* ‚kleiner' <br> it. *minore*, sp. *menor*, <br> fr. *mineur* (v. a. ‚jünger') | *minimus* ‚der kleinste, sehr klein' <br> it. *minimo*, sp. *mínimo*, fr. *minime* |
| *multum* ‚viel'; <br> *multi* ‚viele' <br> it. *molto/-i/-e*, sp. *mucho-s*, <br> afr. *molt-s* | *plūs* ‚mehr' <br> *plūres, plūra* ‚mehr' <br> it. *più*, fr. *plus* | *plūrimum* ‚das meiste, sehr viel' <br> *plūrimi* ‚die meisten, sehr viele' |

---

[34] Die französischen Reflexe *similitude* und *dissimilitude* setzen nicht direkt die lateinischen Adjektive *similis* und *dissimilis* fort, sondern die schon im Lateinischen von diesen abgeleiteten Substantive *similitudo* (‚Ähnlichkeit') und *dissimilitudo* (‚Unähnlichkeit'). Direkt auf die beiden Adjektive zurückgehende Reflexe haben sich im Französischen nicht erhalten.

[35] S. die vorige Fußnote.

## 4.3 Nominalmorphologie des Klassischen Lateins

Eine Ergänzung zu *multum/multi*: Die Singularform wird nur als substantiviertes Neutrum gebraucht. Der Bedeutungsunterschied zwischen *multum* und *multi* entspricht in etwa dem zwischen engl. *much* und *many*. Ersteres bezeichnet viel von einer Sache, letzteres viele zählbare Dinge. Man kann sich den Unterschied auch gut mit dem Arbeitsmotto *multum non multa* einprägen: Man soll nach diesem antiken Ideal viel und intensiv an einer einzigen Sache arbeiten und nicht etwa an vielen Dingen (daher Neutrum Plural) gleichzeitig. Also das Gegenteil von Multitasking...

Nur in Ausnahmefällen gibt es im Klassischen Latein auch die **analytische Komparation** (griech. *análysis* ‚Auflösung'), bei der eine unveränderliche Steigerungspartikel als freies Morphem dem zu steigernden Adjektiv oder Adverb vorangestellt wird. Dies betrifft Adjektive auf *-us*, die vor dem *-us* noch einen weiteren Vokal haben:

| **Positiv** | **Komparativ** | **Superlativ** |
| --- | --- | --- |
| *arduus* ‚steil' | *magis arduus* ‚steiler' | *māximē arduus* ‚der steilste, sehr steil' |
| *dubius* ‚zweifelhaft' | *magis dubius* ‚zweifelhafter' | *māximē dubius* ‚der zweifelhafteste, sehr zweifelhaft' |
| *pius* ‚fromm' | *magis pius* ‚frommer' | *māximē pius* ‚der frommste, sehr fromm' |

Wie wir noch sehen werden, sind ausgerechnet diese Ausnahmen – verbreitet durch das Vulgärlatein – in den romanischen Sprachen zur Regel geworden (vgl. sp. *más arduo, más pío*). Dies gilt auch für die Komparation mit Stammwechsel, die sich im Italienischen fast komplett (vgl. *buono/migliore/ottimo, cattivo/peggiore/ pessimo, grande/maggiore/massimo, piccolo/minore/minimo* etc.)[36] und in weiteren romanischen Sprachen zumindest teilweise erhalten hat (vgl. sp. *bueno/mejor/el mejor* und frz. *bon/ meilleur/le meilleur*). Die regelmäßigen klassischen Bildungsmuster hingegen sind in den romanischen Sprachen zur Ausnahme geworden oder haben einen speziellen stilistischen Anstrich, also eine diaphasische Markierung bekommen, vgl. z. B. den frz. Standardsuperlativ *le plus grand* mit der viel selteneren Variante *grandissime*.

Dekliniert werden die Komparative nach der konsonantischen Deklination:

---

36  Daneben existieren allerdings Konkurrenzformen wie *più buono/buonissimo, più cattivo/ cattivissimo, più grande/grandissimo* und *più piccolo/piccolissimo*.

|  | Singular | | | Plural | | |
| --- | --- | --- | --- | --- | --- | --- |
|  | mask. | fem. | neutr. | mask. | fem. | neutr. |
| Nom/Vok | longior | longior | longius | longiōrēs | longiōrēs | longiōra |
| Gen. | longiōris | | | longiōrum | | |
| Dat. | longiōrī | | | longiōribus | | |
| Akk. | longiōrem | longiōrem | longius | longiōres | longiōrēs | longiōra |
| Abl. | longiōre | | | longiōribus | | |

**Adverbien** tragen im Komparativ wie das Neutrum das Suffix *-ius* (aber natürlich unveränderlich), im Superlativ wird ganz regelmäßig vom Superlativsuffix *-issimus* die Adverbform *-issimē* abgeleitet. Auch bei den Adverbien gibt es einige unregelmäßige Steigerungsformen, die man wegen ihrer Bedeutung für die romanischen Sprachen kennen sollte:

| Positiv | Komparativ | Superlativ |
| --- | --- | --- |
| *māgnopere* ⎱ ‚sehr'  *valdē* ⎰ | *magis* ‚mehr' (Grad) | *māximē* ‚am meisten' |
| *multum* ‚viel' | *plūs* ‚mehr' (Menge) | *plūrimum* ‚am meisten' |
| *nōn multum* ‚wenig' | *minus* ‚weniger' | *minimē* ‚am wenigsten' |
| *prope* ‚nahe' | *propius* ‚näher' | *proximē* ‚am nächsten' |
| *bene* ‚gut' | *melius* ‚besser' | *optimē* ‚am besten, sehr gut' |
| *male* ‚schlecht' | *pēius* ‚schlechter' | *pessimē* ‚am schlechtesten, sehr schlecht' |

Direkt als romanisches Adverb fortgesetzt haben sich von den Positiva:[37]

- *multum* > it. *molto*, afrz. *molt*, asp. *muito* > sp. *muy*
- *bene* > it. *bene*, sp. *bien*, frz. *bien*
- *male* > it. *male*, sp. *mal*, frz. *mal*

von den Komparativa:

- *magis* > sp. *más*, port. *mais*, kat. *més*
- *plus* > it. *più*, frz. *plus*
- *minus* > it. *meno*, sp. *menos*, frz. *moins*

---

37  Die Auflistung der romanischen Fortsetzer ist natürlich unvollständig, der Fokus liegt auf den lateinischen Formen, die sich fortgesetzt haben.

## 4.3 Nominalmorphologie des Klassischen Lateins

- *melius* > afrz. *miels* > frz. *mieux*, it. *meglio*
- *peius* > it. *peggio*

von den Superlativa:

- *maxime* > it. *màssime*

Die meisten Superlative haben sich nur als Ableitungen in anderen Wortklassen erhalten (vgl. z. B. frz. *la proximité, l'optimiste*). Auch einige unregelmäßig gesteigerte romanische Adverbien gehen eher auf den Komparativ des entsprechenden lateinischen Adjektivs als des Adverbs zurück (z. B. frz. *pire* < lat. *pèior*, sp. *peor* < Akk. *pēiōrem*; daher die Betonung auf dem /o/).

Das Element, mit dem etwas verglichen wird, steht im Klassischen Latein entweder im sog. „Ablativus comparationis" (‚Ablativ des Vergleichs'), oder aber es wird mit der vergleichenden Partikel *quam* (‚als') angeschlossen:

*Nihil est **bellō cīvīlī** miserius. / Nihil est miserius **quam bellum cīvīle**.*
‚Nichts ist schlimmer als Bürgerkrieg'

### 4.3.4 Pronomina

Das Klassische Latein kannte deutlich mehr Pronomina, als wir es aus den romanischen Sprachen gewohnt sind – schon deshalb lohnt es sich, den korrekten Neutrum Plural „Pronomina", und natürlich analog dazu auch „Nomina" (von *nomen, nominis*, n ‚Name'), „für" welche die **Pro**-nomina ganz wörtlich stehen, auch im Deutschen zu realisieren und nicht in den grundschulüblichen Plural „die (Pro-)Nomen" zu verfallen.

Wenn ein Pronomen für ein Substantiv steht, dann spricht man von „substantivischer Verwendung": z. B. ***quis** venit?* ‚**Wer** kommt?' Pronomina können aber auch wie Adjektive oder Artikel zu einem Substantiv hinzu treten und werden an dieses angepasst. Man spricht dann von „adjektivischer Verwendung": z. B. ***qui** amicus venit?* ‚**Welcher** Freund kommt?' Strenggenommen handelt es sich im zweiten Falle also nicht mehr um ein Pronomen, da es nicht mehr „für" (*pro*) ein Nomen steht.

A propos „*pro*": Das Lateinische ist aus typologischer Sicht, wie die meisten romanischen Sprachen, eine sog. ***pro-drop*-Sprache**. Das heißt, dass konjugierte Verben auch ohne Subjekt (PRO steht in dieser generativen Terminologie für das logische Subjekt) stehen können, es kann also ausfallen (engl. *to drop*) bzw. „steckt im Verb".[38] Entsprechend sind nominativische Personalpronomina im Lateinischen seltener als in Nicht-*pro-drop*-Sprachen, da sie nur in betonender Absicht gesetzt werden. Solche Nicht-*pro-drop*-Sprachen sind beispielsweise das Englische, das Deutsche und, unter

---

38  Die Terminologie entstammt der sog. „Revidierten Erweiterten Standardtheorie" der Generativen Transformationsgrammatik. Zu den verschiedenen Phasen der Generativen Grammatik vgl. Gabriel/Meisenburg 2017:34ff und 201ff, zu *pro-drop*-Sprachen S. 41f; zur typologischen Einordnung des Lateinischen als *pro-drop*-Sprache im Spektrum der europäischen Sprachen vgl. Hoffmann (2018: 160f).

germanischem Einfluss, das Französische – ein weiterer Grund dafür, dass das Französische der Romania Discontinua zugerechnet wird. Vgl.

| - pro drop | | + pro drop | |
|---|---|---|---|
| dt. | *ich gehe* | lat. | *vado* |
| engl. | *I walk* | it. | *vado* |
| frz. | *je vais* | sp. | *voy* |
| | | port. | *vou* |
| | | kat. | *vaig* |

Die Deklination der Pronomina folgt zwar keiner der bereits genannten Deklinationsklassen, vereint aber doch zahlreiche Elemente von ihnen. Lediglich die bei den Pronomina sehr häufige Gen.Sg.-Endung *-ius* ist gewöhnungsbedürftig.

Die folgenden Klassen von Pronomina sind zu unterscheiden:

**Personalpronomina** (persönliche Fürwörter)
Wie im Deutschen und in den romanischen Sprachen gibt es bei den lateinischen Personalpronomina der ersten und zweiten Person nur eine gemeinsame Form für Maskulinum und Femininum. Anders als in den romanischen Sprachen wird aber nicht zwischen betonten und unbetonten Objektformen unterschieden:

| | 1. Person | | 2. Person | |
|---|---|---|---|---|
| Nom.Sg. | *ego* | ‚ich' | *tū* | ‚du' |
| Gen. | *meī* | ‚meiner'[39] | *tuī* | ‚deiner' |
| Dat. | *mihi* | ‚mir' | *tibi* | ‚dir' |
| Akk. | *mē* | ‚mich' | *tē* | ‚dich' |
| Abl.[40] | *ā mē* | ‚von mir' | *ā tē* | ‚von dir' |
| | *mēcum* | ‚mit mir' | *tēcum* | ‚mit dir' |
| | | | | |

---

39  Dieses „meiner" ist im Deutschen nicht zu verwechseln mit dem substantivierten Possessivpronomen „meiner" (z. B. „Ist das Peters Kuli? – Nein, meiner."). Es steht vielmehr in Konstruktionen, die den Genitiv verlangen, z. B. *um meiner selbst willen*.

40  Der Ablativ von Personen tritt, wie bereits gesagt, zumeist nach Präpositionen auf. Da es bei Personalpronomina nur um Personen geht, wird in den üblichen Grammatiken die Ablativform stets in Kombination mit Präposition angegeben. Denkbar wäre aber auch ein reiner Ablativ, z. B. als Abl. comparationis: *Claudis **me** maior est* – ‚Claudius ist größer **als ich**.'

## 4.3 Nominalmorphologie des Klassischen Lateins

| Nom.Pl. | nōs | ‚wir' | vōs | ‚ihr' |
|---|---|---|---|---|
| Gen. | nostrī | ‚unser' | vestrī | ‚euer' |
| | (Gen. obiectivus)[41] | | (Gen. obiectivus) | |
| | nostrum | ‚von/unter uns' | vestrum | ‚von/unter euch' |
| | (Gen. partitivus)[42] | | (Gen. partitivus) | |
| Dat. | nōbīs | ‚uns' | vōbīs | ‚euch' |
| Akk. | nōs | ‚uns' | vōs | ‚euch' |
| Abl. | a nōbīs | ‚von uns' | a vōbīs | ‚von euch' |
| | nōbīscum | ‚mit uns' | vōbīscum | ‚mit euch' |

Die klassischen Nominativ- und Akkusativformen haben sich in den romanischen Sprachen weitgehend erhalten:

   it.   *io/me, tu/te, noi/noi, voi/voi*
   sp.   *yo/me, tú/te, nosotros/nos, vosotros/os*
   frz.  *je/me, tu/te, nous/nous, vous/vous*

Der Dativ hingegen ist mit dem Akkusativ zusammengefallen, und auch Genitiv und Ablativ wurden aufgegeben (vgl. nachfolgendes Vulgärlatein-Kapitel). Erwähnenswert sind noch die Sonderformen *mecum, tecum, nobiscum* und *vobiscum*. Es handelt sich um ablativische Pronomina mit nachgestellter Präposition (eigentlich ein Widerspruch in sich, denn „Präposition" bedeutet ja ‚Voranstellung'). Hispanist*innen kennen als Fortsetzer die Zusammensetzungen sp. *conmigo, contigo* (‚mit mir', ‚mit dir'): Diese Formen sind eigentlich tautologisch, denn in *-migo* (< *mecum*) und *-tigo* (< *tecum*) steckt etymologisch gesehen das ‚mit' (lat. *cum*) schon drin. Die Konstruktion entspricht in ihrer Doppelung also der von Fußballreportern geprägten deutsch-spanischen Kollokation „die La-Ola-Welle" (Doppelartikel: einmal deutsch, einmal spanisch).[43] Bekannt als Komposition aus Pronomen und nachgestellter Präposition dürfte außerdem der in Fußballstadien eher seltene christliche Gruß „pax vobiscum" sein (‚Friede [erg. sei] mit euch').

---

41  Der Genitivus obiectivus gibt das Objekt der Handlung von Verbalsubstantiven an, z. B. *amor nostri* ‚die Liebe unser/uns gegenüber'.
42  Der Genitivus partitivus steht für den Teil (lat. *pars, partis*, f) eines Ganzen: z. B. *quis vestrum?* ‚wer von euch?'
43  Ein analoger Fall liegt mit den spanischen Arabismen vor, in denen der arabische Artikel *al* später mit dem Substantiv agglutinierte, also eine Einheit bildete, zu der dann erneut ein Artikel hinzutrat, diesmal aber ein spanischer: z. B. ar. *al + súkkar* ‚Zucker' > sp. *azúcar* => nach erneuter Artikelhinzufügung: *el azúcar* – im Unterschied zu it. *zucchero*, das ohne Artikel aus dem Arabischen entlehnt wurde (entsprechend auch z. B. sp. *algodón* vs. it. *cotone* ‚Baumwolle').

Im Lateinischen gibt es strenggenommen kein Personalpronomen der dritten Person (und damit auch keines für Sachen). Hier muss man unterscheiden zwischen reflexivem und nicht-reflexivem Gebrauch. Beim nicht-reflexiven Gebrauch, d. h. wenn das Pronomen sich auf jemand anderen als das Subjekt bezieht, wird das fehlende Personalpronomen durch das Demonstrativpronomen *is/ea/id* ('er/sie/es') und dessen oblique Kasus ersetzt. Entsprechend gibt es unterschiedliche Formen für die drei Genera. Für den reflexiven Gebrauch gibt es eigene Formen, aber nur in den obliquen Kasus, da das Subjekt sich ja nur in obliquen Kasus auf sich selbst rückbeziehen kann und nicht etwa im Nominativ. Außerdem gibt es hier nur eine einzige gemeinsame Formenreihe für Maskulinum und Femininum sowie für Singular und Plural:

| | 3. Person (Sache) | | | | | |
|---|---|---|---|---|---|---|
| | nicht reflexiv | | | | reflexiv | |
| | m | f | n | | | |
| Nom.Sg. | (*is* | *ea* | *id* | ‚er, sie, es') | - | - |
| Gen. | | *eius* | | ‚seiner, ihrer, seiner' | *suī* | ‚seiner, ihr' |
| Dat. | | *eī* | | ‚ihm, ihr, ihm' | *sibi* | ‚sich' |
| Akk. | *eum* | *eam* | *id* | ‚ihn, sie, es' | *sē* | ‚sich' |
| Abl. | *cum eō* | *eā* | *eō* | ‚mit ihm, ihr, ihm' | *ā sē* *sēcum* | ‚von sich' ‚mit sich' |
| | | | | | | |
| Nom.Pl. | (*iī/eī* | *eae* | *ea*) | ‚sie' | - | - |
| Gen. | *eōrum* | *eārum* | *eōrum* | ‚ihrer' | *suī* | ‚ihrer' |
| Dat. | | *eīs/iīs* | | ‚ihnen' | *sibi* | ‚sich' |
| Akk. | *eōs* | *eās* | *ea* | ‚sie' | *sē* | ‚sich' |
| Abl. | | *cum eīs/iīs* | | ‚mit ihnen' | *ā sē* *sēcum* | ‚von sich' ‚mit sich' |

Romanisch hat sich hier praktisch nur das reflexive akkusativische *se* erhalten, das die Funktionen des Dativs mit übernommen hat (vgl. sp. *se*, frz. *se*, it. *si*). Immerhin erklärt die reflexive Formenreihe, warum es in den verschiedenen romanischen Sprachen immer nur ein einziges Reflexivpronomen für Sg./Pl. sowie Mask./Fem. gibt – vgl. frz. *il se lave* vs. *elles se lavent*.

**Possessivpronomina:**
Die lateinischen Possessivpronomina („besitzanzeigende Fürwörter' von *possidēre* ‚besitzen'; Part.Pf.Pass. *possessus, -a, -um*) sind von den Formen her regelmäßiger (alle gehen nach der o/a-Dekl.) und erinnern lexikalisch an ihre romanischen Nachkommen:[44]

|  | 1. Person | 2. Person | 3. Person (reflexiv) |
|---|---|---|---|
| **Singular** | *meus, -a, -um* („mein') | *tuus, -a, -um* („dein') | *suus, -a, -um* („sein/ihr') |
| **Plural** | *noster,- tra, -trum* („unser') | *vester, -tra, -trum* („euer') | *suī, suae, sua* („ihre') |

Die Verwendung der Formen geschieht nach denselben Prinzipien wie in den romanischen Sprachen: Die Person des Besitzers ist maßgeblich für die Wahl des Lexems (Pronomen der 1., 2. oder 3. Person, Singular oder Plural?), das Objekt des Besitzes hingegen maßgeblich für das an das Lexem angehängte Suffix (Kasus, Genus, Numerus). Das Genus des Besitzers spielt keine Rolle:

▸ *Petrus* **fratrem suum/sororem suam** *convenit.* Pierre rencontre **son frère/sa sœur**.
▸ *Paula* **fratrem suum/sororem suam** *convenit.* Paula rencontre **son frère/sa sœur**.

Diese Regelung weicht bei der dritten Person vom Gebrauch in den germanischen Sprachen ab, wo es in Abhängigkeit vom Genus des Besitzers unterschiedliche Lexeme gibt:

▸ **Peter** trifft **seinen** Bruder/**seine** Schwester. **Peter** meets **his** brother/**his** sister.
▸ **Paula** trifft **ihren** Bruder/**ihre** Schwester. **Paula** meets **her** brother/**her** sister.

Dieser Systemunterschied erklärt einige Schwierigkeiten deutschsprachiger Lerner romanischer Sprachen oder des Lateinischen beim Umgang mit den Possessiva.

---

44  Die stärksten Vereinfachungen hat das spanische System durchgemacht, wo die Genera nur noch in der 1. und 2. Pl. unterschieden werden: vgl. sp. *mi, tu, su; nuestro/nuestra, vuestro/vuestra, sus*. Bei den italienischen Possessiva ist dagegen – sieht man einmal vom fehlenden Neutrum ab – fast die gesamte lateinische Formenvielfalt erhalten: vgl. it. *mio/mia, tuo/tua, suo/sua; nostro/nostra, vostro/vostra, loro*. Das Französische steht, was die Nähe zum Latein angeht, hier zwischen dem Italienischen und dem Spanischen. Vgl. frz. *mon/ma, ton/ta, son/sa; notre, votre, ses*. Zu erwähnen ist noch, dass in manchen romanischen Sprachen eigene, aber ebenfalls aus lat. *meus/tuus/suus* hervorgegangene Formen für die substantivische Verwendung der Possessiva auftreten (sp. *mío/tuyo/suyo*; fr. *le mien/ tien/ sien*), während im Lateinischen und Italienischen dieselben Formen substantivisch und adjektivisch gebraucht werden können.

**Demonstrativpronomina:**

Das Lateinische hat zwar keine Artikel, verfügt aber über ein breites Spektrum von Demonstrativpronomina (von *demonstrare* ‚zeigen'), die fein abgestuft sind und deutlich häufiger verwendet werden als ihre Entsprechungen in den romanischen Sprachen. Drei von ihnen zeigen verschiedene Positionen im sog. „deiktischen Feld"[45], also einem vom Sprecher aus gesehenen virtuellen Zeigekreis an:

- *hic, haec, hoc* (‚dieser hier, diese hier, dieses hier') bezeichnen alles, was sich in unmittelbarer Nähe des Sprechers befindet, also z. B. in seiner Hand befindliche Gegenstände; vgl. *videsne hanc epistulam?* (‚Siehst du diesen Brief hier [in meiner Hand]?'). Man spricht wegen dieser Affinität vom „Demonstrativum der 1. Person", obwohl es durchaus auch mit anderen Personen kombiniert sein kann.
- *iste, ista, istud* (‚dieser da, diese da, dieses da') bezeichnen alles, was sich in unmittelbarer Nähe des Angesprochenen befindet. z. B. *istam epistulam peto!* (‚ich will diesen Brief da [in deiner Hand]!'). Man spricht auch vom „Demonstrativum der 2. Person".
- *ille, illa, illud* (‚jener, jene, jenes') bezeichnen alles, was sich weit weg vom Ort des Sprechers bzw. bei einer dritten Person befindet, die nicht direkt angesprochen wird. z. B. *de illa epistula audivi.* (‚von jenem Brief habe ich gehört'). Die bestimmten romanischen Artikel (it. *il/la*, sp. *el/la*, frz. *le/la*...) und einige Pronomina (frz. *il/elle*, sp. *él/ella*, it. *egli/ella, lui/lei*) gehen auf dieses lateinische Pronomen zurück. In kat. *aquell/aquella* (‚jener/jene' bzw. ‚dieser dort/diese dort' < lat. *hac ille/hac illa*) liegt eine Zusammensetzung vor, die in der Opposition zu kat. *aquest/aquesta* (< lat. *hac iste/hac ista*) die deiktische Abstufung des lateinischen Systems weitgehend bewahrt.

Die Formen dieser Pronomina werden nach folgendem Muster gebildet (*iste* analog zu *ille*) – wie bei allen Pronomina sind einige Formen für alle Genera identisch:

|         | m    | f     | n    | m     | f     | n     |
|---------|------|-------|------|-------|-------|-------|
| Nom.Sg. | hic  | haec  | hoc  | ille  | illa  | illud |
| Gen.    |      | huius |      |       | illīus |      |
| Dat.    |      | huic  |      |       | illī  |       |
| Akk.    | hunc | hanc  | hoc  | illum | illam | illud |
| Abl.    | hōc  | hāc   | hōc  | illō  | illā  | illō  |
|         |      |       |      |       |       |       |

---

45  von griech. *deíknymi* ‚zeigen' bzw. *deiktikós* ‚zum Zeigen gehörig'.

| Nom.Pl. | hī | hae | haec | illī | illae | illa |
|---|---|---|---|---|---|---|
| Gen. | hōrum | hārum | hōrum | illōrum | illārum | illōrum |
| Dat. | | hīs | | | illīs | |
| Akk. | hōs | hās | haec | illōs | illās | illa |
| Abl. | | hīs | | | illīs | |

Ein viertes Demonstrativum ist aus personaldeiktischer[46] Sicht neutral. Es handelt sich um das bereits angesprochene *is, ea, id* (,dieser, diese, dieses'), das die fehlende 3. Person der Personalpronomina vertritt (Formentabelle s. dort). Dieses Pronomen hat eine weitere Besonderheit: Es kann aus textlinguistischer Sicht kataphorisch sein, d. h. es verweist dann im Text nach vorne, während die anderen drei Demonstrativa eher anaphorisch sind, also im Text nach hinten verweisen auf einen Gegenstand oder eine Person, von der bereits die Rede war. *is/ea/id* dagegen kann z. B. auf darauf folgende Relativsätze hinweisen: *is, qui venit, vincit* (,derjenige, der kommt, gewinnt'). In dieser Verwendung zählt man dieses Pronomen dann allerdings zu den

**Determinativpronomina:**
Diese sog. „bestimmenden Fürwörter" (von *determinare* ,bestimmen') sind semantisch eng verwandt mit den Demonstrativpronomina. Zu nennen sind neben dem bereits mehrfach angesprochenen *is/ea/id*

- das von diesem Pronomen abgeleitete Pronomen *idem/eadem/idem* (,derselbe, dieselbe, dasselbe'). Die Formen werden analog zu *is/ea/id* gebildet, allerdings mit kleinen Modifikationen im Akk.Sg. (*eundem, eandem, idem*) und Gen.Pl. (*eorundem, earundem, eorundem*). Dieses Pronomen ist beim Übergang zu den romanischen Sprachen untergegangen.
- *ipse, ipsa, ipsum* (,selbst'). Dieses Pronomen wird sowohl zur Steigerung (*Caesar ipse venit* – ,Caesar kam persönlich') als auch zur Begrenzung eingesetzt (*ipso aspectu* – ,beim bloßen Anblick'), also ganz ähnlich wie im Deutschen. Dekliniert wird *ipse* wie *ille* (s. o.), im Neutrum Singular enden Nominativ und Akkusativ allerdings auf -*m* (*ipsum*). Romanisch erhalten hat sich *ipse/ipsa* beispielsweise im span. Pronomen *ese/esa* (vgl. Kap. 4.4.3).

---

46    Man unterscheidet im Konzept der Deixis weiterhin lokale Deixis und temporale Deixis.

**Interrogativpronomina:**
Bei den Fragefürwörtern (vgl. *interrogare* ‚fragen') sind zwei Verwendungen zu unterscheiden:

- **substantivisch**: Das Fragewort steht hier selbst als Substantiv und benötigt nicht unbedingt eine Ergänzung. Maskulinum und Femininum haben hier identische Formen, das Neutrum weicht nur in Nom. und Akk. davon ab. Die Formen im Einzelnen: *quis?* (‚wer?'), *quid?* (‚was?' – Nom.), *cuius?* (‚wessen?'), *cui?* (‚wem?'), *quem?* (‚wen?'), *quid?* (‚was?' – Akk.), *ā quō?* (‚von wem?') / *cum quō* (‚mit wem?'); vgl. *cum quo venisti?* ‚mit wem bist du gekommen?'
- **adjektivisch**: Das Fragewort wird hier als Adjektiv verwendet, bezieht sich also auf ein Substantiv. Erfragt wird hier eine Determination (‚welcher x?') oder eine Eigenschaft (‚was für ein x?'). Die Formen des adjektivischen Fragepronomens sind identisch mit dem Relativpronomen (s. u.), haben aber veränderte Bedeutung: *qui?* (‚welcher?'), *quae?* (‚welche?'), *quod?* (‚welches?'). Vgl. *cum quo amico venisti?* ‚mit welchem Freund bist du gekommen?'

**Relativpronomina:**
Die bezüglichen Fürwörter (von *referre, retuli, relatum* – ‚beziehen auf'; vgl. Referenz) leiten Relativsätze ein. Genus und Numerus stimmen mit dem Bezugswort im übergeordneten Satz überein, der Kasus hängt von der syntaktischen Funktion des Relativpronomens im Relativsatz ab. Folgende Formen sind zu unterscheiden (die Angabe der deutschen Bedeutungen beziehen sich auf das Relativpronomen. Bei interrogativischer Verwendung – s. o. – wären an ihre Stelle ‚welcher/welche/welches' etc. zu setzen):

|  | m | f | n | m | f | n |
|---|---|---|---|---|---|---|
| Nom.Sg. | *qui* | *quae* | *quod* | der | die | das |
| Gen. | | *cuius* | | dessen | deren | dessen |
| Dat. | | *cui* | | dem | der | dem |
| Akk. | *quem* | *quam* | *quod* | den | die | das |
| Abl. | *(ā) quō* | *(ā) quā* | *quō* | durch den | durch die | durch das |
|  | *quōcum* | *quācum* | | mit ihm | mit ihr | |
|  | | | | | | |

| Nom.Pl. | quī | quae | quae | die |
|---------|-----|------|------|-----|
| Gen. | quōrum | quārum | quōrum | deren |
| Dat. | | quibus | | denen |
| Akk. | quōs | quās | quae | die |
| Abl. | | (ā) quibus | | durch die/von denen |
| | | quibuscum | | mit denen |

Die romanischen Relativ- und Interrogativpronomina gehen v. a. auf den lat. Nominativ *qui* (vgl. frz. *qui*, it. *chi*) und den Akkusativ *quem* zurück (vgl. die Pronomina frz. *que*, it. *che*, und sp. *que* – die gleichlautenden Konjunktionen leiten sich übrigens ab von lat. *quia* – ‚weil', spätlat. ‚dass'). Im Spanischen hat sich mit *quien* noch eine zweite Form vom lat. Akkusativ *quem* abgeleitet.

Nahezu völlig aufgegeben bzw. durch Umschreibungen ersetzt wurden in den romanischen Sprachen die lat. **verallgemeinernden Relativa**, nämlich das substantivisch und adjektivisch gebrauchte *quicumque/quaecumque/quodcumque* (‚wer/was auch immer; jeder, der') und das rein substantivische *quisquis/quidquid* (‚jeder, der/alles, was'). Eine wenig verwendete Ausnahme stellt frz. *quiconque* dar, das zwar eigentlich auf afrz. *qui ... qu'onques* (‚wer ... jemals') und damit strenggenommen auf die Koppelung des lat. Relativums *qui* mit dem Temporaladverb *umquam* (‚jemals') zurückgeht, aber von frühen Etymologen auf *quicumque* zurückgeführt und in der Schreibung entsprechend angepasst wurde.

**Indefinitpronomina**:
Indefinitpronomina sind semantisch das Gegenstück zu den Demonstrativ- und Determinativpronomina. Sie bringen also zum Ausdruck, dass man nicht genau weiß, um wen oder was es sich bei einer Sachverhaltsdarstellung handelt (vgl. *indefinitus* ‚unbestimmt'). Da es im Lateinischen keinen unbestimmten Artikel gibt, werden diese Pronomina zum einen häufiger verwendet als in den modernen romanischen oder germanischen Sprachen, und es gibt auch eine deutlich größere Artenvielfalt, was diese Pronomina betrifft. Da die meisten von ihnen in irgendeiner Form auf die Fragepronomina *quis/quid* bzw. *qui/quae/quod* (s. o.) zurückgehen, sind sich die Pronomina in ihren Formen sehr ähnlich, aber durchaus unterschiedlich in Bedeutung und Verwendung. Dieser Umstand hat schon Generationen von Lateinlerner*innen zur Verzweiflung gebracht, und zwar offensichtlich bereits in der Spätantike, denn es haben sich fast keine dieser Formen in die romanischen Sprachen hinübergerettet. Deshalb soll hier nur ein kurzer Überblick über den Lexembestand im Nominativ gegeben werden,

ohne auf die weitere Deklination einzugehen – die Tabellenzeilen repräsentieren also keine unterschiedlichen Kasus (Systematik modifiziert nach Stock 2005:26):

| substantivisch | | | adjektivisch | | | |
|---|---|---|---|---|---|---|
| m | f | n | m | f | n | |
| aliquis | | aliquid | aliquī | aliqua | aliquod | ‚irgendein(er)' |
| quisquam | | quicquam | ūllus | ūlla | ūllum | ‚irgendein(er)' |
| quīdam | quaedam | quiddam | quīdam | quaedam | quoddam | ‚ein gewisser' |
| quisque | quaeque | quidque | quisque | quaeque | quodque | ‚jeder einzelne' |
| quīvīs | quaevīs | quidvīs | quīvīs | quaevīs | quodvīs | ‚jeder beliebige' |
| quīlibet | quaelibet | quidlibet | quīlibet | quaelibet | quodlibet | ‚jeder beliebige' |
| nemo | | nihil | nūllus | nūlla | nūllum | ‚niemand/nichts, kein' |

Die meisten Fortsetzer dieser Pronomina finden wir im Spanischen: Dort hat sich mit *alguién* vom lat. Akk. *aliquem* nicht nur ein lateinisches Indefinitpronomen direkt fortgesetzt, sondern es findet sich mit sp. *quienquiera* (‚wer auch immer' bzw. wörtlich ‚wer will') auch eine Lehnübertragung von *quivis* (wörtl. ‚wer du willst'; *vis* = 2. Sg. von *velle* ‚wollen') bzw. *quilibet* (wörtl. ‚wer beliebt'; *libet* = unpersönl. ‚es beliebt'). Darüberhinaus hat sich das adjektivische *nullus* im Französischen als Pronomen erhalten (*nul, nulle* ‚keiner, kein'), während es im Italienischen nur noch als Substantiv *nulla* ‚nichts' oder Adjektiv *nullo* ‚nichtig' verwendet wird.

**Pronominaladjektive:**
Die Grenze zwischen den adjektivisch gebrauchten Indefinitpronomina und den eigentlichen Pronominaladjektiven ist fließend. So vertreten z. B. die Pronominaladjektive *ullus* und *nullus* fehlende Formen im Paradigma der Pronomina (s. o.). Die Pronominaladjektive sind in der sprachlichen Rezeption unproblematisch, in der Produktion ist aber darauf zu achten, dass sie im Nominativ aussehen, als würden sie nach der o/a-Dekl. dekliniert, faktisch aber wie die Pronomina im Genitiv auf *-īus* und im Dativ auf langes *-ī* enden. Da diese Adjektive hochfrequent und bis auf *ullus* und *uter(-que)* durchweg in den romanischen Sprachen bzw. als weltweite Internationalismen erhalten sind, lohnt sich das Memorieren:

| | | | |
|---|---|---|---|
| *ūnus, a, um* | einer, ein einziger | *uter, utra, utrum* | welcher von beiden |
| *sōlus, a, um* | allein | *alter, era, erum* | der eine/der andere (von beiden) |
| *tōtus, a, um* | ganz | | |
| *ūllus, a, um* | irgendeiner | *neuter, tra, trum* | keiner von beiden |

| | | | |
|---|---|---|---|
| *nūllus, a, um* | keiner | *uterque, utraque* | jeder von beiden |
| *alius, alia, aliud* | ein anderer | *utrumque* | |

Aus kulturgeschichtlicher Sicht ist zu den oben in der rechten Reihe aufgeführten sog. **„Dualpronomina"** *uter(-que)*, *alter* und *neuter* (das sich aus der Negation *ne* + *uter* zusammensetzt) zu sagen, dass sie auch deshalb so häufig verwendet wurden, weil in der römischen Republik alle wichtigen Beamtenposten nach dem Kollegialitätsprinzip besetzt wurden, d. h., es gab jeweils zwei dieser Beamten. Wollte man also über deren Tätigkeiten berichten, dann war man ständig gezwungen, diese Pronomina der Zweizahl zu benutzen; z. B. *uterque consul cedidit* ‚beide Konsuln fielen'.

**Korrelativpronomina:**
Die letzte Gruppe der Pronomina hat ihre Besonderheit darin, dass sie häufig miteinander in Beziehung treten, also korrelieren. Es gibt jeweils eine demonstrative Reihe, deren Elemente mit <t> beginnen, und eine relativische bzw. interrogative Reihe, deren Vertreter mit <qu> beginnen. Daneben existiert eine indefinite Reihe, die man an dem Indefinitpräfix *ali-* erkennt, das wir schon von den Indefinitpronomina her kennen (Systematik modifiziert nach Throm 1995:52):

| Demonstrativ | | Relativ und interrogativ | | Indefinit | |
|---|---|---|---|---|---|
| *tantus, a, um* | so groß | *quantus, a, um* | wie groß (?) | *aliquantus, a, um* | ziemlich groß |
| *tantum* (subst.) | so viel | *quantum* | wie viel (?) | *aliquantum* | ziemlich viel |
| *tālis, e* | so beschaffen | *quālis, e* | wie beschaffen (?) | – | |
| *tot* (undekl.) | so viele | *quot* (undekl.) | wie viele (?) | *aliquot* | einige |

Was die Korrelation angeht, so gibt es zwei mögliche Richtungen:
- Man beginnt eine Aussage mit dem Demonstrativum und vergleicht dieses mit dem Relativum: z. B. *Tantum scimus, quantum memoria tenemus*. ‚Wir wissen so viel, wie wir im Gedächtnis behalten' (Throm 1995:277).
- Man fragt mit dem Interrogativum, und der Gefragte antwortet mangels präziseren Wissens mit dem Indefinitum oder dem Demonstrativum: z. B. *Quot puellas vidisti? – Aliquot*. ‚Wieviele Mädchen hast du gesehen? – Einige.'

In den romanischen Sprachen sind v. a. die Paare *tantus/quantus* (vgl. it. *tanto/quanto*, sp. *tanto/cuanto*, frz. *tant*) und *talis/qualis* gut erhalten (vgl. it. *tale/quale*, sp. *tal/cual*, frz. *tel/quel*). Die Verwendungen entsprechen in etwa denjenigen im Lateinischen.

## 4.3.5 Numeralia

Im Lateinischen werden, wie auch in den romanischen Sprachen, zwei Arten von Zahlwörtern unterschieden: die Grundzahlen und die Ordnungszahlen (Systematik nach Rubenbauer et al. 1995:60ff). Die **Grundzahlen** werden nur von 1-3 und ab 200 dekliniert. Wie so oft haben sich bei diesen deklinierten Zahlwörtern im Italienischen eher die nominativischen, im Spanischen und Französischen eher die akkusativischen Formen fortgesetzt. Die lateinischen **Ordnungszahlen** hingegen werden durchweg dekliniert, und zwar nach dem Muster der Adjektive der o/a-Deklination.

Daneben existieren noch die **Distributivzahlen** („wie viele jedesmal?") *singulī, ae, a*, ‚je einer'; *bīnī, ae, a* ‚je zwei'; *ternī, quaternī, quīnī, sēnī, septēnī, octōnī, novēnī, dēnī* sowie die auf die Frage „wie oft" antwortenden Zahladverbien *semel* ‚einmal', *bis* ‚zweimal', *ter* ‚dreimal' *quater* ‚viermal' (Merkspruch: „in die Semmel biss der Kater"), *quīnquiēs, sexiēs, septiēs, octiēs, noviēs, deciēs* etc. – diese Zahlwörter haben sich nur in Einzelfällen (z. B. it. *singolo*) oder Ableitungen (z. B. fr. *binational*) in den romanischen Sprachen erhalten.

Im Lateinischen liegt, wie im Deutschen, ein Dezimalsystem vor, das sich in den meisten romanischen Sprachen weitgehend erhalten hat. Die folgende Tabelle zeigt die wichtigsten lateinischen Kardinal- und Ordinalzahlwörter (grau unterlegt) und zum schnellen Vergleich in der jeweils folgenden Zeile, etwas kleiner und auf weißem Hintergrund gedruckt, die Entsprechungen aus dem Italienischen, Spanischen und Französischen. Diejenigen romanischen Zahlwörter, die nicht direkt auf die darüber stehenden lateinischen Formen, sondern auf Ableitungen von diesen oder aber auf eigenromanische Ableitungen zurückgehen, stehen zwischen runden Klammern.

| Zahlzeichen | | Cardinalia („wie viele?") | Ordinalia („der wievielte?") |
|---|---|---|---|
| arab. | röm. | | |
| 1 | I | *ūnus, -a, -um*, ‚ein' | *prīmus, -a, -um* ‚der/die/das erste' |
| | | it./sp. *uno,-a*, fr. *un,-e* | it. *primo* (sp. *primero*, fr. *premier*)[47] |
| 2 | II | *duo, duae, duo* | *secundus, -a, -um* |
| | | it. *due* [< *duae*]; sp. *dos*, fr. *deux* [< *duos*] | it. *secondo*, sp. *segundo*, fr. *second* |
| 3 | III | *trēs, tria* | *tertius, -a, -um* |
| | | it. *tre*, sp. *tres*, fr. *trois* | it. *terzo* (sp. *tercero*, fr. *troisième*)[48] |

---

47   Die spanische und die frz. Form gehen auf lat. *primarius* ‚erstklassig, vorzüglich' zurück. Im Französischen taucht gelegentlich auch noch die ältere, direkt auf lat. *primus* zurückgehende Form *prime* auf, z. B. in *prime actant* (‚Erstaktant'), einem zentralen Terminus der Dependenzgrammatik (vgl. hierzu Kap. 5.1.2).

48   Im Französischen wird in festen Wendungen gelegentlich auch noch das ältere, auf *tertius* zurückgehende Adjektiv *tiers* verwendet (z. B. *le Tiers Monde* ‚die Dritte Welt' oder *le tiers état* ‚der Dritte Stand').

4.3 Nominalmorphologie des Klassischen Lateins

| 4 | IV | *quattuor* | *quārtus, -a, -um* |
|---|---|---|---|
|   |   | it. *quattro*, sp. *cuatro*, fr. *quatre* | it. *quarto*, sp. *cuarto* (fr. *quatrième*) |
| 5 | V | *quīnque* | *quīntus, -a, -um* |
|   |   | it. *cinque*, sp. *cinco*, fr. *cinq* | it. *quinto*, sp. *quinto* (fr. *cinquième*) |
| 6 | VI | *sex* | *sextus, -a, -um* |
|   |   | it. *sei*, sp. *seis*, fr. *six* | it. *sesto*, sp. *sexto* (fr. *sixième*) |
| 7 | VII | *septem* | *septimus, -a, -um* |
|   |   | it. *sette*, sp. *siete*, fr. *sept*[49] | it. *settimo*, sp. *séptimo* (fr. *septième*) |
| 8 | VIII | *octō* | *octāvus, -a, -um* |
|   |   | it. *otto*, sp. *ocho*, fr. *huit* | it. *ottavo*, sp. *octavo* (fr. *huitième*) |
| 9 | IX | *novem* | *nōnus, -a, -um* |
|   |   | it. *nove*, sp. *nueve*, fr. *neuf* | it. *nono* (sp. *noveno*, fr. *neuvième*) |
| 10 | X | *decem* | *decimus, -a, -um* |
|   |   | it. *dieci*, sp. *diez*, fr. *dix* | it. *decimo*, sp. *décimo* (fr. *dixième*) |
| 11 | XI | *ūndecim* | *undecimus, -a, -um* |
|   |   | it. *undici*, sp. *once*, fr. *onze* | (it. *undicesimo*) sp. *undécimo* (fr. *onzième*) |
| 12 | XII | *duodecim* | *duodecimus, -a, -um* |
|   |   | it. *dodici*, sp. *doce*, fr. *douze* | (it. *dodicesimo*) sp. *duodécimo* (fr. *douzième*) |
| 13 | XIII | *trēdecim* | *tertius decimus, -a, -um* |
|   |   | it. *tredici*, sp. *treze*, fr. *treize* | (it. *tredicesimo*, sp. *decimotercero*,[50] fr. *treizième*) |

---

49  Das *-p-* in fr. *sept* wurde erst im Mittelfranzösischen relatinisierend eingefügt (vgl. zuvor afr. *set*).
50  Bei den Ordnungszahlen von ‚13.' – ‚19.' existieren im Spanischen zwei autorisierte Schreibweisen. Neben der in der Tabelle gewählten Form existiert auch die Auseinanderschreibung, also z. B. *décimo tercero, décimo cuarto* etc., wo dann *décimo* einen Akzent trägt, weil es als eigenständige Betonungseinheit angesehen wird.

| 14 | XIV | *quattuordecim* | *quārtus decimus, -a, -um* |
|---|---|---|---|
| | | it. *quattordici*, sp. *catorce*, fr. *quatorze* | (it. *quattordicesimo*, sp. *decimocuarto*, fr. *quatorzième*) |
| 15 | XV | *quīndecim* | *quīntus decimus, -a, -um* |
| | | it. *quindici*, sp. *quince*, fr. *quinze* | (it. *quindicesimo*, sp. *decimoquinto*, fr. *quinzième*) |
| 16 | XVI | *sēdecim* | *sextus decimus, -a, -um* |
| | | it. *sedici* (sp. *dieciséis*) fr. *seize* | (it. *sedicesimo*, sp. *decimosexto*, fr. *seizième*) |
| 17 | XVII | *septendecim* | *septimus decimus, -a, -um* |
| | | (it. *diciassette*, sp. *diecisiete*, fr. *dix-sept*) | (it. *diciasettesimo*, sp. *decimoséptimo*, fr. *dix-septième*) |
| 18 | XVIII | *duodēvīgintī* | *duodēvīcēsimus, -a, -um* |
| | | (it. *diciotto*, sp. *dieciocho*, fr. *dix-huit*) | (it. *diciottesimo*, sp. *decimooctavo*, fr. *dix-huitième*) |
| 19 | XIX | *ūndēvīgintī* | *undēvīcēsimus, -a, -um* |
| | | (it. *diciannove*, sp. *diecinueve*, fr. *dix-neuf*) | (it. *diciannovesimo*, sp. *decimonoveno*, fr. *dix-neuvième*) |
| 20 | XX | *vīgintī* | *vīcēsimus, -a, -um* |
| | | it. *venti*, sp. *veinte*, fr. *vingt*[51] | (it. *ventesimo*) sp. *vigésimo* (fr. *vingtième*) |
| 21 | XXI | *vīgintī ūnus / ūnus et vīgintī* | *vīcēsimus primus, -a, -um* |
| | | it. *ventuno*, sp. *veintiuno*, fr. *vingt-et-un* | (it. *ventunesimo*, sp. *vigésimo primero*, fr. *vingt et unième*) |
| 30 | XXX | *trīgintā* | *trīcēsimus, -a, -um* |
| | | it. *trenta*, sp. *treinta*, fr. *trente* | (it. *trentesimo*) sp. *trigésimo* (fr. *trentième*) |

---

51   Auch das -g- in fr. *vingt* wurde erst im Mittelfranzösischen relatinisierend eingefügt (vgl. zuvor afr. *vint*). Latein war ja bis ins 16. Jh. einzige Wissenschaftssprache in Frankreich, entsprechend stark ist der Einfluss der lat. Orthographie auf die frz. Zahlenschreibung.

## 4.3 Nominalmorphologie des Klassischen Lateins

| 40 | XL | *quadrāgintā* | *quadrāgēsimus, -a, -um* |
|---|---|---|---|
| | | it. *quaranta*, sp. *cuarenta*, fr. *quarante* | (it. *quarantesimo*) sp. *cuadragésimo* (fr. *quarantième*) |
| 50 | L | *quīnquāgintā* | *quīnquāgēsimus, -a, -um* |
| | | it. *cinquanta*, sp. *cincuenta*, fr. *cinquante* | (it. *cinquantesimo*) sp. *cuincuagésimo* (fr. *cinquantième*) |
| 60 | LX | *sexāgintā* | *sexāgēsimus, -a, -um* |
| | | it. *sessanta*, sp. *sesenta*, fr. *soixante* | (it. *sessantesimo*) sp. *sexagésimo* (fr. *soixantième*) |
| 70 | LXX | *septuāgintā* | *septuāgēsimus, -a, -um* |
| | | it. *settanta*, sp. *setenta* (fr. *soixante-dix*) | (it. *settantesimo*) sp. *septuagésimo* (fr. *soixante-dixième*) |
| 80 | LXXX | *octōgintā* | *octōgēsimus, -a, -um* |
| | | it. *ottanta*, sp. *ochenta* (fr. *quatre-vingts*) | (it. *ottantesimo*) sp. *octagésimo* (fr. *quatre- vingtième*) |
| 90 | XC | *nōnāgintā* | *nōnāgēsimus, -a, -um* |
| | | it. *novanta*, sp. *noventa* (fr. *quatre-vingt-dix*) | (it. *novantesimo*) sp. *nonagésimo* (fr. *quatre-vingt-dixième*) |
| 100 | C | *centum* | *centēsimus, -a, -um* |
| | | it. *cento*, sp. *cien/ciento*, fr. *cent* | it. *centesimo*, sp. *centésimo*, fr. *centième* |
| 200 | CC | *ducentī, -ae, -a* | *ducentēsimus, -a, -um* |
| | | (it. *duecento*, sp. *doscientos*, fr. *deux cents*) | (it. *duecentesimo*) sp. *ducentésimo* (fr. *deux centième*) |
| 300 | CCC | *trecentī, -ae, -a* | *trecentēsimus, -a, -um* |
| | | it. *trecento* (sp. *trescientos*, fr. *trois cents*) | it. *trecentesimo*, sp. *tricentésimo* (fr. *trois centième*) |
| 400 | CCCC | *quadringentī, -ae, -a* | *quadringentēsimus, -a, -um* |
| | | (it. *quattrocento*, sp. *cuatrocientos*, fr. *quatre cents*) | (it. *quattrocentesimo*) sp. *quadringentésimo* (fr. *quatre centième*) |

| 500 | D | *quīngentī, -ae, -a* | *quīngentēsimus, -a, -um* |
|---|---|---|---|
| | | (it. *cinquecento*) sp. *quinientos* (fr. *cinq cents*) | (it. *cinquecentesimo*) sp. *quingentésimo* (fr. *cinq centième*) |
| 600 | DC | *sescentī, -ae, -a* | *sescentēsimus, -a, -um* |
| | | it. *seicento*, sp. *seiscientos* (fr. *six cents*) | it. *seicentesimo*, sp. *sexcentésimo* (fr. *six centième*) |
| 700 | DCC | *septingentī, -ae, -a* | *septingentēsimus, -a, -um* |
| | | (it. *settecento*, sp. *setecientos*, fr. *sept cents*) | (it. *settecentesimo*) sp. *septingentésimo* (fr. *sept centième*) |
| 800 | DCCC | *octingentī, -ae, -a* | *octingentēsimus, -a, -um* |
| | | (it. *ottocento*, sp. *ochocientos*, fr. *huit cents*) | (it. *ottocentesimo*) sp. *octingentésimo* (fr. *huit centième*) |
| 900 | CM | *nōngentī, -ae, -a* | *nōngentēsimus, -a, -um* |
| | | (it. *novecento*, sp. *novecientos*, fr. *neuf cents*) | (it. *novecentesimo*, sp. *noningentésimo*, fr. *neuf centième*) |
| 1000 | M | *mīlle* | *mīllēsimus, -a, -um* |
| | | it. *mille*, sp. *mil*, fr. *mille* | it. *millesimo*, sp. *milésimo*, fr. *millième*[52] |
| 2000 | MM | *duo mīlia* | *bis mīllēsimus, -a, -um* |
| | | (it. *duemila*, sp. *dos mil*, fr. *deux mille*) | (it. *duemilesimo*, sp. *dosmilésimo*, fr. *deux millième*) |

Zunächst einige Bemerkungen zu den **römischen Zahlzeichen**: Das Zeichen V für ‚5' ergibt sich aus der Halbierung des Zeichens X für ‚10'. Das Zeichen X wiederum entstammt einem älteren westgriechischen Alphabet, aus dem einige Zeichen als Zahlzeichen entnommen wurden. Dies galt z. B. auch für das ursprüngliche Zeichen Θ für ‚1000' und ein in heutigen Zeichensätzen nicht mehr auftauchendes Zeichen für ‚100', deren graphische Teilung die römischen Zahlzeichen D (‚500') und L (‚50') ergab. Die ursprünglichen Ausgangszeichen wurden dann unter dem Einfluss der Zahlwörter *mille* und *centum* durch M und C ersetzt. Die sog. „arabischen" Zahlzeichen, die wir

---

[52] Daneben existiert der Kultismus fr. *millésime*, also eine gelehrte Form, die auf dasselbe Etymon zurückgeht wie das Erbwort *millième* und mit diesem eine Dublette bildet.

heute anstelle der römischen Zahlzeichen verwenden, stammten ursprünglich aus Indien und gelangten im Mittelalter durch Vermittlung der Araber über Spanien nach Mitteleuropa.

Was die **Zählweise** angeht, so weicht das Lateinische (und mit ihm die romanischen Sprachen) in dem Punkt von den germanischen Sprachen ab, dass schon unmittelbar nach 10 auf die 10+Zählung, also die Additionszählung, umgestellt wird. Es gibt daher kein eigenes Morphem für ‚11', sondern eine Zusammensetzung aus 1+10 (*unus + decem > undecim*). Wörtlich übersetzt zählt man also „einzehn, zweizehn, dreizehn" etc. Auf der anderen Seite wird im Lateinischen zwei Schritte vor dem folgenden Zehner auf Subtraktionszählung umgestellt: ‚18' wird also nicht als ‚8+10' verbalisiert, sondern als ‚2 weniger als 20'. In den romanischen Zahlen hat man diese Subtraktion nicht übernommen, sondern zählt addierend weiter. Auch bei den römischen Zahlzeichen wird bekanntlich mit dem Additions- und Subtraktionsprinzip gearbeitet, allerdings taucht hier als Bezugsgröße zusätzlich die ‚5' auf (V), um die Zahl der zu addierenden bzw. zu subtrahierenden Striche zu reduzieren. ‚6' wird also nicht als <IIIIII> notiert, sondern als <VI>.

Betrachtet man die romanischen Entsprechungen des lateinischen Zahlensystems, so erkennt man schnell, dass sich die **romanischen Kardinalzahlen** formal in der gewählten Reihenfolge Ital. – Span. – Frz. zunehmend vom lateinischen Original entfernen. Am größten sind die Abweichungen generell im Bereich zwischen 17 und 20 bzw. 27 und 30 etc., wo im Lateinischen jeweils vom nächsten Zehner herabgezählt wird (z. B. 18: *duo-de-viginti* ‚zwei weniger als zwanzig'), während in den romanischen Sprachen weiter auf den vorigen Zehner addiert wird (z. B. sp. *dieciocho* – vgl. *diez y ocho*: ‚zehn und acht'). Die zusammengesetzten Kardinalzahlen über 20 (21, 22 etc.) sind im Romanischen zumeist Ableitungen mit Hilfe der romanischen Grundzahlen von 1-9. Die vollen Zehner (20, 30, 40 etc.) setzen dagegen meist die entsprechenden lateinischen Zahlwörter direkt fort. Zu den vollen Hundertern ist zu sagen, dass viele lateinische Formen schon in vorklassischer Zeit einen internen Lautwandel durchgemacht haben, der dazu führt, dass der in der Zahl enthaltene Einer sowie die Einheit „Hundert" nicht mehr klar erkennbar sind: z. B. 5 (*quinque*) x 100 (*centum*) => 500 (*quingenti* statt *quinquecenti*). Manche romanische Formen bewahren nun direkt diese klassische Form und sind daher in der Tabelle nicht eingeklammert (z. B. sp. *quinientos*), andere machen die zugrundeliegenden Zahlen wieder durchsichtig[53] – aber mit romanischem Formenmaterial – und entfernen sich dadurch von der klassischen Form (z. B. it. *cinquecento*, fr. *cinq cents*). Diese Formen sind in der Tabelle eingeklammert.

Die **romanischen Ordnungszahlen** bis einschließlich 10 gehen meist auf die lateinische Ordnungszahl zurück, während die romanischen Ordnungszahlen über 10 vornehmlich Ableitungen von der entsprechenden romanischen Kardinalzahl darstellen, und zwar im Italienischen mit der Endung *-esimo* und im frz. mit *-ième* (jeweils zurückgehend auf das lateinische Suffix *-esimus*, das die Ordnungszahlen der vollen

---

53  Zur Theorie der „durchsichtigen Wörter" vgl. Gauger (1971) und Kap. 6.3.2.

Zehner markiert). Im Französischen liegen bereits ab *troisième* solche Ableitungen von der jeweiligen Kardinalzahl vor. Auffallend konservativ ist das Spanische, das bei den Ordnungszahlen 20., 30., 40. etc. sowie bei den vollen Hundertern 200., 300., 400. nahezu unverändert die lateinischen Formen beibehält, während im Italienischen und Französischen bereits innerromanische Ableitungen zum Einsatz kommen. Das in der Tabelle aus Platzgründen nicht aufgeführte Portugiesische bewahrt die runden lateinischen Ordinalzahlen ähnlich gut (mit leichten Abstrichen in der Phonetik) wie das Spanische: vgl. ‚20.': port. *vigésimo*, ‚30.': *trigésimo*, ‚40.': *quadragésimo* etc.; ‚200.': *ducentésimo*, ‚300.': *tricentésimo*, ‚400.': *quadringentésimo* etc. – also ein typisches Phänomen der konservativen Randromania. Bei ‚900.' ist das portugiesische *nongentésimo* sogar noch näher am lateinischen Vorläufer als sp. *noningentésimo*, welches mit dem eingeschobenen *-in-* eine jüngere Analogiebildung zu sp. *octingentésimo* darstellt.

Die etwas aus der Art schlagende Zählweise des Französischen, in der Reste einer **Vigesimalzählung** (‚Zwanzigerzählung') erhalten sind (vgl. *soixante-dix* für ‚70', *quatre-vingts* für ‚80', *quatre-vingt-dix* für ‚90'), wird auf das keltische Substrat zurückgeführt. So finden wir z. B. im zur keltischen Sprachgruppe gehörigen Bretonischen *daou ugent* (‚2 x 20') für ‚40', *tri-ugent* (‚3 x 20') für ‚60' etc. Im Altfranzösischen waren die Vigesimalzahlen auch noch jenseits des Hunderterraumes präsent (vgl. Formen wie *seize vint* für ‚320'), im Mittelfrz. wurden sie dann auf die genannten Ausnahmen reduziert. Außerhalb Frankreichs, z. B. in der Schweiz und in Belgien, hat man auch diese Ausnahmen inzwischen häufig zu den Dezimalentsprechungen *septante, octante, nonante* etc. relatinisiert.

Der Gebrauch der Zahlwörter soll am folgenden neulateinischen Text deutlich gemacht werden, der für die Romanistik aus mehrfacher Sicht interessant ist: In seiner auf Latein veröffentlichten **„Geschichte Venedigs"** geht der Italiener **Pietro Bembo** (1470-1547) auf die Entdeckung amerikanischer Inseln durch den unter spanischer Flagge segelnden Genueser Kolumbus ein – um die Trias[54] vollzumachen, ist dem Auszug hier eine französische Übersetzung beigefügt:

*Anno ab urbe condita <u>millesimo septuagesimo primo</u>,*[55] *<u>tribus</u> cum navibus Columbus ad insulas Fortunatas, quas Canarias appellant, profectus, atque ab iis <u>tres et triginta</u> totos dies occidentem secutus solem, <u>sex</u> numero insulas repperit, quarum sunt <u>duae</u> ingentis magnitudinis. Illis in insulis lusciniae Novembri mense canebant. Homines nudi, ingenio miti, lintribus ex uno ligno factis utebantur.* (Bembo: *Rerum Venetarum Historiae* VI, zit. nach Gason/Lambert 1997:128)

---

54 „Trias" (rhetorisches Stilmittel): ‚Gruppe von drei zusammengehörigen Elementen', also hier italienisch, spanisch, französisch.

55 Die Jahresangabe ist eine Anspielung auf römische Historiographen: Diese zählten seit Titus Livius und seinem epochalen Geschichtswerk *Ab urbe condita* (‚ab der Stadtgründung') die Jahre von der Gründung Roms ab, die nach unserer Zeitrechnung auf das Jahr 753 v. Chr. fiel (Merkspruch: „753 – Rom kroch aus dem Ei"). Bembo aber zählt die Jahre ab der Gründung der Stadt Venedig. Welches Jahr er für diese Gründung ansetzt, findet man heraus, wenn man die hier genannte Jahreszahl vom Jahr der Entdeckung Amerikas, 1492, abzieht.

*La mille soixante et onzième année après la fondation de la ville, avec trois navires, Colomb partit pour les îles Fortunées, que l'on appelle Canaries, et de la ayant suivi la direction du soleil couchant pendant trente-trois jours entiers, il découvrit des îles au nombre de six, dont deux sont d'une grandeur importante ; dans ces îles, les rossignols chantaient au mois de novembre. Les hommes nus, d'un naturel doux, utilisaient des embarcations faites d'un seul tronc d'arbre.*
(Übersetzung nach Gason/Lambert 1997a: 59).

### 4.3.6 Übungen

a. Bestimmen Sie die Art und ggf. Form der Zahlwörter im Text und übersetzen Sie sie.

b. Auf welche lateinischen Präpositionen bzw. Derivationssufixe gehen die in den folgenden romanischen Ableitungen auftretenden Präfixe und Suffixe zurück? Versuchen Sie, jeweils das komplette lateinische Etymon zu rekonstruieren.
   - frz. *impossible, antécédent, contredire*
   - sp. *desigual, preclásico, sobreponer*
   - it. *incidere, riparlare, sostituire*
   - fr. *animation, béatitude, moniteur*
   - sp. *actriz, igualdad, verdoso*
   - it. *sottoalimentazione, riduttore*

c. Ermitteln Sie (auch mit Hilfe eines Wörterbuchs) den Nominativ Singular zu den folgenden Formen bzw. Syntagmen:
   - *qualitatis*
   - *passu*
   - *longiores*
   - *his pueris*
   - *panem nostrum*

d. Verbinden Sie die zueinander passenden Formen mit Linien:

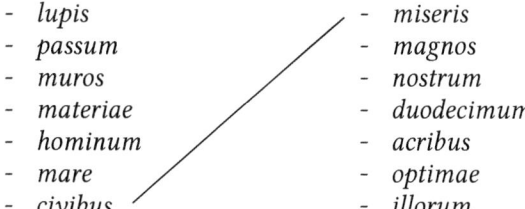

- *lupis*         - *miseris*
- *passum*        - *magnos*
- *muros*         - *nostrum*
- *materiae*      - *duodecimum*
- *hominum*       - *acribus*
- *mare*          - *optimae*
- *civibus*       - *illorum*

e. Bestimmen Sie (u. U. mit Hilfe eines Wörterbuchs) die Form der folgenden lateinischen Substantive (Kasus, Numerus, Genus) und passen Sie die daneben stehenden Adjektive formal an sie an. Übersetzen Sie anschließend den gesamten Ausdruck.

- *dona* — *bonus, 3*
- *qualitatis* — *maximus, 3*
- *senatu* — *honestus, 3*
- *oratorum* — *eloquens, -ntis*
- *principiis* — *vetus, veteris*
- *auditorium* — *grandis, -e*
- *cervisiam* — *tertius, 3*

f. Übersetzen Sie die folgenden Syntagmen mit Hilfe eines Wörterbuchs und setzen Sie die Adjektivformen in die entsprechenden Formen des Komparativs und des Superlativs:
- *urbs magna*
- *bellum crudele*
- *magistros superbos*
- *regis potentis*
- *vinis bonis*

g. Das folgende Epigramm[56] des aus Spanien stammenden Dichters Martial (um 40 – ca. 104 n. Chr.) thematisiert die Zahnpflege in der römischen Gesellschaft, hier am Beispiel der Damen Thais und Laecania. Bestimmen und übersetzen Sie mit Hilfe eines Wörterbuchs die unterstrichenen Nomina und versuchen Sie auf diesem Wege den Inhalt des Epigramms zu erschließen (*ratio* entspricht hier ‚Ursache', *emptos* ist Akk.Pl.Masc. des Partizips Perfekt Passiv von *emĕre* ‚kaufen').

*Thais habet <u>nigros</u>, <u>niveos</u> Laecania <u>dentes</u>.*

*<u>Quae</u> <u>ratio</u> est? Emptos <u>haec</u> habet, <u>illa</u> suos.* (Ep. 5,43)

### 4.3.7 Weiterführende Aufgaben

a. Informieren Sie sich anhand eines linguistischen Wörterbuchs über den Begriff "Synkretismus" und recherchieren Sie, inwiefern der lateinische Ablativ einen Synkretismus darstellt (z. B. anhand der Grammatik von Rubenbauer et al. 1995)

---

56 „Epigramme" waren, dem ursprünglichen griechischen Wortsinn nach, ‚Aufschriften' oder ‚Inschriften', z. B. auf Gefäßen oder Grabsteinen (die Inschriftenkunde heißt daher „Epigraphik"). Später entwickelte sich daraus eine Gattung von Kurzgedichten. Die Epigramme von Martial zeichnen sich durch ihren Spottcharakter aus und erlangten besondere Verbreitung.

b. Ermitteln Sie anhand eines linguistischen Wörterbuchs, auf welchen Wissenschaftler die typologische Unterscheidung von isolierenden, agglutinierenden und flektierenden Sprachen zurückgeht, und suchen Sie moderne Sprachenbeispiele für die drei genannten Typen.

## 4.4 Nominalmorphologie „Vulgär"- und Spätlatein

**Sprachwandel** ist kein Phänomen, das sich auf alte Sprachzustände beschränkt. Auch in unseren „lebenden" Sprachen werden wir ständig Zeugen von Neuerungen. Diese Neuerungen können versehentlich passieren bzw. durch Inkongruenzen im Sprachsystem provoziert werden oder aber gezielt von Individuen erdacht werden – letzteres gilt vor allem für Neuerungen im lexikalischen Bereich, man denke nur an die Arbeit von Werbefachleuten. In solchen Fällen kann man von Prozessen der **„unsichtbaren Hand"** sprechen (Keller 1982, 2003): Ein Individuum will sich aus irgendeinem Grund sprachlich von seiner Umgebung absetzen (z. B. um als Werbetreibender aufzufallen; um gebildet zu wirken; um beim anderen Geschlecht Eindruck zu schinden) und löst damit eine Nachahmungswelle und schließlich einen allgemeinen sprachlichen Wandel aus, der von ihm gar nicht intendiert war. Die meisten Neuerungen werden in einem frühen Stadium noch als ungewöhnlich oder gar fehlerhaft beurteilt, später fallen sie bei entsprechender Verbreitung gar nicht mehr auf und können schließlich sogar Eingang in sprachnormierende Werke wie Wörterbücher und Grammatiken finden.[57]

Über lautlichen und graphischen Wandel im Lateinischen hatten wir bereits gesprochen. Was graphischen Wandel angeht, so sind offizielle Rechtschreibreformen eher selten der Auslöser einer neuen Schreibung. Typischer ist ein schleichender Veränderungsprozess, der irgendwann so stark verbreitet ist, dass die neue Schreibvariante gezwungenermaßen auch von den normbildenden Instanzen akzeptiert wird. Im Deutschen lag ein solcher Fall zuletzt bei der Expansion des apostrophierten Genitivs vor, der uns allen von „Uwe's Würstchenbude", „Rosi's Friseurladen" und ähnlichen graphischen Ausrutschern bekannt ist und in eben dieser Verwendung mittlerweile auch vom Duden akzeptiert wird.

Veränderungen gibt es aber auch in der **Morphosyntax**, im Deutschen vor allem beim Kasussystem. So hat beispielsweise das Syntagma „wegen + Dativ" anstelle des Genitivs in den letzten 30 Jahren Karriere gemacht (vgl. „wegen dem schlechten Wetter" anstatt „wegen des schlechten Wetters"). Ganz selten kommt es auch zu rein syntaktischen Veränderungen, im Deutschen zuletzt in Form der zunehmenden Verbreitung der Konjunktion „weil" mit Hauptsatz (vgl. eine Anzeigenkampagne der *dm*-Märkte von 1996 zum Ladenschluss: „Ich bin für spät, weil früh ist Schnee von gestern").

---

57  Eine schöne Übersicht über klassische und moderne Sprachwandeltheorien findet sich bei Kaiser (2014:27-49).

Für das Lateinische ist vermutlich ein **höheres Sprachwandeltempo** anzunehmen als für unsere modernen Sprachen. Dafür sprechen vor allem vier Faktoren:

- Die Schulbildung, die heute dafür sorgt, dass mehr oder weniger alle Kinder eines Jahrgangs ihren muttersprachlichen Standard erwerben, blieb sowohl im Römischen Reich als auch im Mittelalter nur einer kleinen Elite vorbehalten. Außerdem gab es keine einheitlichen Lehrpläne oder Lehrbücher, die für die Festschreibung eines bestimmten Sprachstandards gesorgt hätten.
- Weder im Römischen Reich noch im Mittelalter gab es Massenmedien, die wie heute für die Verbreitung und den Erhalt des sprachlichen Standards sorgten.
- Das Lateinische wurde zum Teil von Nicht-Muttersprachlern exportiert und von einem großen Teil der Bevölkerung des Römischen Reiches als Fremdsprache erworben, und zwar im ungesteuerten Erwerb, also ohne Korrektur durch ausgebildete Lehrende.
- Das Klassische Latein ist zwar aus unserer heutigen Sicht eine Standardsprache mit entsprechendem Ausbau – für Zeitgenossen war es aber keineswegs „klassisch". Es ist also durchaus fraglich, ob man in der Sprecherschaft überhaupt von einem verbreiteten Bewusstsein für das, was sprachlich „korrekt" ist, ausgehen kann – ein solches Bewusstsein setzt ja kodifizierte Sprachnormen voraus. Das vorhandene Sprachbewusstsein dürfte eher zwischen Größen wie „gewöhnliches" vs. „ungewöhnliches" Sprechen differenziert haben.

Sicherheitshalber sei an dieser Stelle noch einmal betont, dass man zwar von DEM Klassischen Latein sprechen kann – einfach deshalb, weil sich Generationen von Altphilologen hier auf einen sehr engen Kanon von Autoren und Texten geeinigt haben –, dass aber keineswegs von einem einheitlichen Vulgär- oder Spätlatein ausgegangen werden kann. Die sprachlichen Besonderheiten, die im Folgenden aufgeführt werden, sind also sehr unterschiedlich über die verschiedenen Texte und Autoren verteilt, die keinen klassischen Status (s. o.) besitzen. In all diesen unklassischen Texten koexistieren „klassische" bzw. genauer: „unmarkierte" Formen neben volkssprachlich markierten und jüngeren Formen. Bei der folgenden Lektüre zu beachten ist auch, dass der Pfeil „>" von einer klassisch lateinischen zu einer vulgärlateinischen Form nicht unbedingt bedeutet, dass sich die eine Form direkt von der anderen ableitet. Wir hatten ja bereits gesehen, dass es durchaus vulgärlateinische Formen gibt, die älter als ihre klassischen Entsprechungen sind. Wir müssen außerdem von der Existenz von Parallelformen ausgehen.

### 4.4.1 Deklination von Substantiven und Adjektiven

Die wesentlichen Unterschiede zwischen dem Klassischen Latein und den unklassischen Varietäten bezüglich der Deklination laufen auf eine Vereinfachung des Formenparadigmas hinaus. Hier haben offensichtlich zahllose Sprechergenerationen, die das Lateinische als Zweitsprache erwarben, ihre Spuren hinterlassen: Unregelmäßige

## 4.4 Nominalmorphologie „Vulgär"- und Spätlatein

und damit schwer memorierbare Formen wurden durch regelmäßige Analogiebildungen ersetzt, seltene Formen ganz aufgegeben. Im folgenden eine Auswahl der wichtigsten Phänomene:

**Verlust des Neutrums** (vgl. Väänänen 1981:101 ff): Das Neutrum, das ohnehin immer schon eine Art Zwitterstellung innehatte (daher auch die Bezeichnung: *ne-utrum* ‚keines von beiden'), wurde allmählich als eigene Kategorie aufgegeben und spielt auch in den romanischen Sprachen keine große Rolle mehr.[58] Die meisten Neutra wurden dabei zu Maskulina, vgl. klat. *vinum, i*, n ‚Wein' > vlat. *vinus, i*, m[59] (> sp. *el vino*, fr. *le vin*, it. *il vino*, port. *o vinho*, kat. *el vi*) oder *balneum, i*, n ‚Bad' > vlat. *balneus, i*, m (> sp. *el baño*, fr. *le bain*, it. *il bagno*, port. *o banho*, kat. *el bany*).

Eine kleinere Gruppe von Neutra, die häufig im Plural auftraten, wurden wegen der Pluralendung *-a* in Nom./Akk. und deren Ähnlichkeit mit dem Femininum Singular der a-Dekl. wohl als Femininum und damit als Singular interpretiert; vgl. klat. *folium, ii*, n (Pl. *folia, -orum*) ‚Blatt' > vlat. *folia, ae*, f (> sp. *la hoja*, fr. *la feuille*, it. *la foglia*) oder klat. *gaudium, ii*, n (Pl. *gaudia, -orum*) ‚Freude' > vlat. *gaudia, ae*, f (> it. *la gioia*, fr. *la joie*, kat. *la joia*). Eine solche nachträgliche Uminterpretation einer sprachlichen Einheit nennt man in der Linguistik auch **Reanalyse**.[60] Diese Interpretation eines Plurals als Singular ist auch im Gegenwartsdeutschen bei Lehnwörtern häufig zu beobachten: Man hört z. B. immer wieder Fehlgriffe wie „das Antibiotika" und kann sogar in seriösen Tageszeitungen Stilblüten des Typs „der Mafiosi" oder „der Paparazzi" finden (korrekt: *der Mafioso* bzw. *der Paparazzo*). Setzt nun ein Lateinlerner in der Antike das feminin interpretierte *folia* in den entsprechenden Plural (also *foliae, arum*), dann tut er nichts anderes als Sprecher des Deutschen, die weder vor „Praktikas" und „Internas", noch vor „Mafiosis" zurückschrecken.

Erhalten hat sich das Neutrum als Kategorie in den romanischen Sprachen nur im Bereich der Pronomina. Zu nennen wären hier z. B. das italienische Demonstrativum *ciò*, die französische Demonstrativreihe *ce, ceci, cela* bzw. *ça* (im Unterschied zur maskulinen Reihe mit *celui* und der femininen Reihe mit *celle*), oder die spanischen Formen *esto* (z. B. *¿qué es esto?* ‚Was ist das?') im Unterschied zu mask. *este* und fem. *esta* sowie entsprechend *eso* und *aquello*. Daneben findet man einzelne lateinische Neutrumformen, die sich in den romanischen Sprachen zwar erhalten, aber das Genus gewechselt

---

58  Wie groß dadurch die Vereinfachung für Lernende ist, zeigen Polinsky/van Everbroeck (2003) in einem Experiment mit dem Computermodell eines selbstlernenden neuronalen Netzwerks, das den Übergang vom lateinischen zum altfranzösischen Genusgebrauch simuliert.
59  Als mnemotechnische Stütze ist der folgende Witz geeignet:
    Einem Bischof wird beim Besuch in einem Weinort Wein kredenzt. Er probiert und lobt: „Vinus bonus!" Niemand getraut sich, zu diesem Fehler etwas zu sagen. Später, beim Mittagessen, wird ihm wieder Wein vorgesetzt. Diesmal erklärt er mit emporgezogenen Brauen. „Vinum bonum!" Da wagt einer, ihn zu fragen: „Weshalb, hochwürdiger Herr Bischof, haben Sie denn vorher ‚vinus bonus' gesagt?" Darauf der Bischof: „Je besser der Wein, desto besser das Latein!" (nach Gauger 2006:133).
60  Der Terminus stammt ursprünglich aus der Transformationsgrammatik (vgl. Glück 2010 „Reanalyse"), wird aber zunehmend im Rahmen der Grammatikalisierungstheorie verwendet, um Sprachwandelphänomene zu beschreiben (vgl. Lehmann, Webmaterialien).

haben. So wurde z. B. aus dem lateinischen Neutrum *ovum* ‚Ei' im Italienischen das maskuline *uovo* (vgl. tosk. *òvo*), seinen (gleichfalls maskulinen) Plural bildet es aber ganz nach dem Muster des lateinischen Neutrums *ova*: it. *uova* (tosk. *òva*). Anders als in den im vorigen Absatz genannten Beispielen bleibt hier also der Plural Plural und wird nicht zum Singular uminterpretiert.

**Schwanken zwischen Maskulinum und Femininum** (vgl. Väänänen 1981:105): Die Baumnamen, die im Klassischen Latein noch grundsätzlich feminin waren, wurden im Vulgärlatein zunehmend ihrer Form nach als Maskulina aufgefasst, vgl. z. B. klat. *pinus, us/i*, f ‚Kiefer'> vlat. *pinus, i*, m (> fr. *le pin*, sp. *el pino*, it. *il pino*). Bei einigen Substantiven, vor allem Abstrakta, existierten im Vulgär- und Spätlatein maskuline und feminine Formen nebeneinander. Dies erklärt, warum in manchen Fällen die verschiedenen romanischen Sprachen uneinheitliche Genera verwenden. Vgl. z. B. klat. *finis, is*, m ‚Grenze'> vlat. *finis, is*, f (> fr. *la fin*, aber sp. *el fin*; im Italienischen beide Genera: *il fine* ‚Zweck', *la fine* ‚Ende'); klat. *dolor, oris*, m ‚Schmerz' > vlat. *dolor, oris*, f (> fr. *la douleur*, aber sp. *el dolor* und it. *il dolore*); klat. *frons, frontis*, f ‚Stirn' > vlat. *frons, frontis*, m (> fr. *le front*, aber sp. *la frente* und it. *la fronte* ‚Stirn' neben *il fronte* ‚Front').[61]

**Reduktion der Deklinationsklassen** (vgl. Väänänen 1981:106 ff): Substantive aus selten verwendeten Deklinationsklassen wurden zunehmend nach gängigeren Deklinationen flektiert, die ähnliche Endungen aufwiesen. So wurde die u-Deklination hin zur o-Deklination aufgelöst (aus *exercitus, -ūs*, m ‚Heer' wird also z. B. *exercitus, -i*, m; entsprechend bei *senatus, ūs*, m ‚Senat' und *domus, ūs*, m ‚Haus').

Gelegentlich gab es schon im Klassischen Latein Doppelformen mit verschiedenen Stämmen, vor allem bei Substantiven auf *-ies* (e-Dekl.) und *-ia* (a-Dekl.), z. B. *luxuries/luxuria* ‚Prunksucht' oder *mundities/munditia* ‚Sauberkeit'. Von diesen Dubletten setzten sich im Vulgär- und Spätlatein die Formen der a-Dekl. durch. Vgl. z. B. *materies, ei*, f / *materia, ae*, f ‚Baustoff' > sp. *madera*, port. *madeira* ‚Holz', it. *materia* ‚Stoff'; der später entlehnte französische Kultismus *matière* ‚Substanz' dagegen wird auf *materies* zurückgeführt.

Zweiendige Adjektive der sehr unregelmäßigen dritten Deklination wurden zunehmend nach der regelmäßigeren o-Deklination flektiert, die darüberhinaus den Vorteil hatte, dass man durch ihre dreiendigen Formen das Genus besser erkennen kann. z. B. *tristis, -is* ‚traurig' > *tristus, -a, -um*; *pauper, -is* ‚arm' > *pauper, -a, -um*. Die Ersetzung kann aber nicht vollständig gewesen sein, da wir in den romanischen Sprachen Spuren beider Deklinationen finden: vgl. die nach Wegfall des Neutrums einendigen Formen fr. *triste* u. *pauvre*, sp. *triste* u. *pobre* sowie it. *triste* und dagegen die zweiendigen, also auf die lat. o-Dekl. zurückgehenden Formen it. *tristo, a* ‚schlecht' (nach Bedeutungsveränderung) und *poverò, -a*. Im Fall von it. *triste* ‚traurig' vs. *tristo* ‚schlecht' haben wir

---

61   Weitere Beispiele bei Willms (2013:232).

also den seltenen Fall einer romanischen Dublette, die direkt auf eine lateinische Dublette zurückgeht.

**Zusammenbruch des Kasus-Systems** (vgl. Väänänen 1981:110ff): Dies ist sicherlich die markanteste und folgenreichste Veränderung in der vulgär- und spätlateinischen Nominalmorphologie. Sie steht hier aber deshalb nicht an erster Stelle, weil sie zum einen in den überlieferten Texten nur an einzelnen Stellen durchschimmert, und weil sie zum anderen nicht nur die Morphologie, sondern auch die Syntax ganz wesentlich betrifft (vgl. 4.1). Die Funktion der Kasusendungen wird nämlich jetzt teilweise von Präpositionen übernommen, und zwar beim Genitiv durch *de* + Ablativ und beim Dativ durch *ad* + Akkusativ. Hiermit herrschen ganz ähnliche Verhältnisse, wie wir es von den romanischen Sprachen kennen, wo der Dativ beispielsweise durch *a/à* und der Genitiv durch *de* ausgedrückt wird (allerdings hier nur mit einem einzigen Universalkasus). Außerdem entfällt der Vokativ bzw. wird durch den Nominativ ersetzt. In einer letzten Phase fallen dann Akkusativ und Ablativ, die sich wegen des Verstummens des Auslaut-m und der Öffnung des kurzen [u] zu [o] immer ähnlicher wurden, zu einem obliquen Universalkasus zusammen. Damit liegt dann ein **Zweikasussystem** vor, das dem des Altfranzösischen entspricht. Es wird morphologisch nur noch zwischen einem Casus Rectus (Nominativ) und einem Casus Obliquus (ehemaliger Akk./Abl.) unterschieden, die Funktion des Genitivs übernimmt das Syntagma *de* + Obliquus, des Dativs *ad* bzw. *a* + Obliquus:

| Latein./afr. Zweikasussystem am Beispiel von lat. *murus, i*, m bzw. afr. *murs* ‚Mauer' | | |
|---|---|---|
| | **Singular** | **Plural** |
| **Rectus** | lat. *murus* > afr. *murs* | lat. *muri* > afr. *mur* |
| **Obliquus** | lat. *muru(m)* > afr. *mur* | lat. *muros* > afr. *murs* |

Was den Auslöser dieser Entwicklung angeht, so scheiden sich die Geister: Manche machen den phonetischen Verfall der Wortendungen dafür verantwortlich, der die Kasusunterscheidung schwierig macht und damit die zusätzliche Verwendung von Präpositionen nahelegt (s. 3.2.1). Umgekehrt kann man aber auch argumentieren, dass zuerst die zusätzliche Verwendung von Präpositionen wegen derer kommunikativer Vorteile aufkam (man weiß schon vor dem Hören oder Lesen des zugehörigen Substantivs, welche Funktion es innerhalb des Satzes hat) und erst danach die funktionslos gewordenen Kasusendungen zusammenfielen. Im Grunde ist dies die bekannte Henne-/Ei-Problematik und muss als solche nicht aufgelöst werden.

Im Folgenden soll das Prinzip der Kasusauflösung an drei Beispielen gezeigt werden: *homo* ‚Mensch, Mann' (Akk. *hominem*, Abl. *homine*), *amicus* ‚Freund' (Akk. *amicum*, Abl. *amico*) und *amica* ‚Freundin' (Akk. *amicam*, Abl. *amica*).

| Kasus | klassisch lat. Form | vulgärlat. Form | romanische Entsprechungen (fr., sp., it.) |
|---|---|---|---|
| Gen. | hominis<br>amici<br>amicae | de homine<br>de amico<br>de amica | de l'homme, del hombre, dell'uomo<br>de l'ami, del amigo, dell'amico<br>de l'amie, de la amiga, della amica |
| Dat. | homini<br>amico<br>amicae | ad homine(m)<br>ad amicu(m)<br>ad amica(m) | à l'homme, al hombre, all'uomo<br>à l'ami, al amigo, all'amico<br>à l'amie, a la amiga, alla amica |

Der Ablativ *homine* fällt schließlich mit dem Akk. *homine(m)* zusammen und entsprechend *amico* mit *amicu(m)* und *amica* mit *amica(m)*. Der Akkusativ steht also jetzt auch nach Präpositionen, die zuvor mit dem Ablativ konstruiert wurden, d. h. nach *a/ab* ('von, durch'), *e/ex* ('aus'), *de* ('von'), *cum* ('mit'), *sine* ('ohne'), *pro* ('für'), *prae* ('vor'). So heißt es in der Appendix Probi beispielsweise korrigierend „*vobiscum non voscum*".

Der aus diesem letztgenannten Zusammenfall resultierende oblique Kasus setzt sich als Universalkasusform der Westromania durch (z. B. *homine* > port. *homem*, sp. *hombre*, kat. *home*, frz. *homme*),[62] während in der Ostromania häufig auch der lateinische Nominativ als Universalkasus erhalten wird (z. B. *homo* > it. *uomo*, rum. *om*; daneben aber auch z. B. it. *morte* vom lat. Akk. *mortem* im Unterschied zum Nom. *mors*). Eine Ausnahmestellung bezüglich der Kasus nimmt das Rumänische ein: Nur hier sind, wohl unter slavischem Einfluss, Reste des maskulinen Vokativs auf *-e* (z. B. zu lat. *dominus, i*, m 'Herr': *domine* > rum. *Doamne*) sowie Reste des Dativs bei den Feminina der a-Dekl. und der dritten Dekl. erhalten (z. B. zu lat. *casa, ae*, f 'Hütte': *casae* > rum. *case*; zu lat. *mors, mortis*, f 'Tod': *morti* > rum. *morți*). Diese Dative dienen im Rumänischen zugleich als Genitive (Tagliavini 1998:297).

Aus der gesamtromanischen Perspektive betrachtet verzeichnen wir aber typologisch dadurch, dass die Kasusunterscheidung am Wortende wegfällt und durch eine Kasusbestimmung mit Präposition ersetzt wird, einen **Übergang von der Post- zur Prädetermination** und **von der Synthese zur Analyse**. Dieser Übergang wird durch das folgende Phänomen noch verstärkt:

## 4.4.2 Analytische Steigerung

Wie wir bereits gesehen haben, wurde im Klassischen Latein der Komparativ synthetisch durch Anhängen der Endung *-ior* (mask./fem.) oder *-ius* (neutr. und Adverb) gebildet (s. o. Kap. 4.3.3). Im Zusammenhang mit der schleichenden Entwertung der Wortausgänge wurde nun ein analytisches Verfahren, das im Klassischen Latein nur in Ausnahmefällen angewandt worden war, zur Regel: Vor das zu steigernde Adjektiv

---

62  Zur Graphie dieser Beispiele vgl. S. 103.

wird zunächst das komparativische Adverb *magis* („mehr") gesetzt, aus *clarior* („berühmter") wird also *magis clarus*. In einer späteren Phase wird dann das Adverb *magis* von *plus* verdrängt. Die Sprachen der **Zentralromania**, die über längere Zeit intensiven Kontakt zum Zentrum Rom aufwiesen, haben diesen Wandel noch mitgemacht (lat. *plus clarus* > fr. *plus clair*, it. *più chiaro*). Die Sprachen der **Randromania** hingegen, deren Kontakt nach Rom deutlich früher abgebrochen war, haben die ältere Steigerungstechnik bewahrt: lat. *magis clarus* > sp. *más claro*, port. *mais claro*.

Was das Element angeht, mit dem etwas verglichen wird, so wurde dieses im Vulgär- und Spätlatein nur noch mit der Vergleichspartikel *quam* (als) angeschlossen, während im Klassischen Latein an entsprechender Stelle auch noch der Ablativ des Vergleichs („Ablativus comparationis") stehen konnte: vgl. z. B. *alius alio magis erravit* vs *alius magis quam alius erravit* (‚einer irrte noch mehr als der andere'). Infolgedessen finden wir in den romanischen Sprachen durchweg Vergleichsanschlüsse mit *que/che*.

### 4.4.3 Form und Verwendung der Pronomina[63]

Die Pronomina sind, wenn es um die Zuordnung zu sprachlichen Ebenen wie Morphologie oder Syntax geht, ein besonders heikles Phänomen. Fast immer bringt ein formaler Wandel hier auch einen Wandel in der Verwendung mit sich, weshalb man gerade bei den Pronomina gerne von der „Morphosyntax" spricht. Pronomina aber spielen wegen ihrer schon angesprochenen deiktischen Funktion auch eine wichtige Rolle auf der Textebene und überschreiten damit sogar noch die Ebene der Satzsyntax.

Was die reine Morphologie angeht, so ist zu sagen, dass sich im Vulgär- und Spätlatein das klassische Kasussystem offensichtlich am besten bei den Pronomina bewahrt hat. Entsprechend hat sich in den Pronomina der modernen romanischen Sprachen nicht nur das Genus Neutrum erhalten (s. o.), sondern auch eine morphologische Unterscheidung von Nominativ, Akkusativ und Dativ. So finden wir z. B. bei den **Personalpronomina** eine Unterscheidung von Nominativ und Akkusativ vor:

- Nom.: lat. *ego* > frz. *je*, sp. *yo*, it. *io*
- Akk.: lat. *me* > frz. *me*, sp. *me*, it. *mi*

Bei den romanischen **Objektpronomina** hat sich eine Unterscheidung von akkusativischen und dativischen Formen erhalten:

- Akk.: lat. *illum/illam* > frz. *le*[64]*/la*, sp. *lo/la*, it. *lo/la* (der lat. Akk.Pl. *illos/illas* hat sich besonders gut in sp. *los/las* erhalten).
- Dat.: lat. *illi* bzw. *\*illui*[65] > frz. *lui*, sp. *le*, it. *gli* (masc.)*/le* (fem.). Der lat. Dat.Pl. *illis* hat sich z. B. in sp. *les* erhalten.

---

63 Hierzu v. a. Tagliavini (1998:204 ff) und Väänänen (1981:120 ff).
64 Wohl unter Einfluss des Nominativs *ille* bzw. eines dazu analog gebildeten Akkusativs *illem*.
65 Diese Nebenform, die wie *illi* gleichfalls für masc. und fem. steht, wurde wohl analog zur Dativform *cui* des Relativ- und Interrogativpronomens gebildet.

Selbst der Genitiv Plural von *ille*, also *illorum*, hat seine Spuren in den romanischen Sprachen hinterlassen, vgl. frz. *leur* und it. *loro*.

Die folgenden morphologischen Phänomene betreffen auch die (Text-) Syntax: Aus dem gerade genannten und besonders häufig gebrauchten Demonstrativpronomen *ille* haben sich auch die meisten der bestimmten **romanischen Artikel**[66] entwickelt: lat. *ille/illa* > it. *il, la*; sp. *el, la*; fr. *le, la*, kat. *el, la*, port. *o, a*. Das Pronomen *ille* hat also seine deiktische Bedeutung (Demonstrativum der 3.Person bzw. der Ferne) eingebüßt und wird auf die determinative Bedeutung eingeschränkt. Trotzdem kann man im Vulgärlatein bei *ille* sicher noch nicht von einem Artikel sprechen, aber immerhin tritt schon häufiger das Zahlwort *unus* (‚eins') in artikelähnlicher Verwendung auf. Hieraus haben sich entsprechend die unbestimmten Artikel in den romanischen Sprachen entwickelt: lat. *unus/una* > it. *uno/una*, sp. *uno/una*, frz. *un/une*.

Interessant ist die Frage, warum sich *ille* und nicht das in spätlateinischen Texten deutlich häufigere *ipse* zum dominierenden romanischen Artikel entwickelt hat. Selig (1992:177 ff) erklärt dieses Phänomen aus der textlinguistischen Perspektive: Während die Funktionen von *ille* recht vielfältig waren, beschränkte sich *ipse* auf die anaphorische Funktion, also auf den Rückverweis auf Bekanntes, und hatte dabei stark kontrastierende Bedeutung. Mit *ille* hat sich also das merkmallosere und damit vielseitigere Element als Artikel durchgesetzt.

Die Herleitung der Pluralform dieser bestimmten Artikel ist übrigens ein häufig genanntes Kriterium für die Aufteilung in Ost- und Westromania:

| Westromania: | Ostromania: |
|---|---|
| Plural Artikel vom lat. **Akk.** aus gebildet | Artikel vom **Nom**. aus gebildet |
| lat. *illos* > frz. *les*, span. *los*, port. *os* | lat. *illi* > it. *i/gli*, rum. *-i* [67] |
| lat. *illas* > frz. *les*, span. *las*, port. *as* | lat *illae* > it. *le*, rum. *-le* |

Entsprechendes gilt, wie bereits erwähnt, auch für die meisten Substantive: So wird z. B. der lateinische Akk.Pl. *amicos* zu fr. *les amis* bzw. sp. *los amigos* und der Nom.Pl. *amici* zu it. *gli amici*.

Die Veränderungen bei den Pronomina hatten auch **textsyntaktische Konsequenzen**: Nach dem wohl phonetisch (wegen der Kürze der Formen) bedingten Ausfall von *is, ea, id* wurden dessen Funktionen (also z. B. die kataphorische Funktion in *is ... qui*: ‚derjenige ... welcher') teils von *hic*, teils von *ille* übernommen (aus diesen Verwendungen von *ille* entwickelte sich dann der bestimmte Artikel, s. o.), und teilweise auch von *ipse*. An die Stelle von *hic* als Pronomen der ersten Person rückte dann *iste*, das Pronomen der zweiten Person, nach.

---

66  Aus der Art schlägt v. a. der enklitische, also angehängte Artikel *-ul* im Rumänischen, dessen Nachstellung auf slavisches Substrat zurückgeführt wird, vgl. *homo illu* > rum. *omul*, sowie das auf *ipse* bzw. dessen Akkusativ *ipsu(m)* zurückgehende Artikelsystem im Sardischen (vgl. Tagliavini 1998: 289, 204).

67  Die rumänischen Artikel sind enklitisch, werden also an das Bezugswort angehängt (vgl. vorige Fußnote).

4.4 Nominalmorphologie „Vulgär"- und Spätlatein

Als eigenständiges Pronomen hat sich *hic* nicht in den romanischen Sprachen erhalten können, wohl aber in vereinzelten Zusammensetzungen wie z. B. *hoc ille*, das im Altfranzösischen zur Bejahungspartikel *oïl* wurde und bis heute als frz. *oui* verwendet wird (daher wird das Nordfranzösische als *langue d'oïl* im Unterschied zur *langue d'oc* in Südfrankreich bezeichnet, wo die Bejahung auf *hoc* alleine zurückging), oder in *hac hora* (,zu dieser Stunde, jetzt') > asp. *agora* > sp. *ahora*. Auch it. *però* (,aber') geht auf eine solche Zusammensetzung, nämlich *per hoc*, zurück.

*Iste* als neues **Demonstrativum** der ersten Person hat sich beispielsweise in sp. *este* (,dieser hier') erhalten, aber auch in der katalanischen Zusammensetzung *aquest/aquesta* (,dieser/diese hier' < lat. *hac iste/hac ista*). Recht unterschiedlich geartet sind die Fortsetzer von lat. *ipse*: Im Spanischen hat es sich im Demonstrativum *ese/esa* fortgesetzt, im Italienischen in *esso/essa*. Offensichtlich hat es also teilweise als Demonstrativum der 2. Person das Pronomen *iste* verdrängt. Daneben tauchen im Altkatalanischen Nachfolger von *ipse* vorübergehend als bestimmte Artikel *es/sa* auf. Und schließlich verdrängt *ipse* auch noch *idem* als Determinativum. Wie weit das Bedeutungsspektrum von *ipse* gehen konnte, zeigt das christliche Spätlatein, wo *ipse* sogar morphologisch gesteigert wird. So bezeichnet man z. B. in der Theologie bis heute die überlieferten Worte Jesu als *ipsissima verba*, seine Taten als *ipsissima facta*.

Nachdem bloßes *ille* wegen seiner Umfunktionierung zum Determinativum als Demonstrativum der 3. Person ausgedient hatte, rückten an diese Position verschiedene Zusammensetzungen. Sie bestanden zumeist aus einem verstärkenden Präsentativum (z. B. *ecce* oder *eccum* ,siehe', etwa vergleichbar zu fr. *voilà*) und einer Form von *ille*. Auf diese Weise entstanden z. B. it. *quello* und sp. *aquel* oder afr. *cil* (,jener') aus lat. *eccum illu*. Später wurden diese Präsentativkompositionen dann auch auf andere Pronomina, wie z. B. *iste* übertragen, vgl. *eccum istu* > it. *questo*, afr. *cist* (,dieser'); *ecce hoc* > it. *ciò*.

Zusammengefasst ergeben sich also die folgenden Verschiebungen vom klassisch lateinischen zum spätlateinischen Pronominalgebrauch (die durchgezogenen Rahmen repräsentieren das klassische System, die gestrichelten Rahmen symbolisieren spätlateinische Neuschöpfungen. Die Pfeile stehen für Verschiebungen im Pronomengebrauch zur Zeit des Spätlateins):

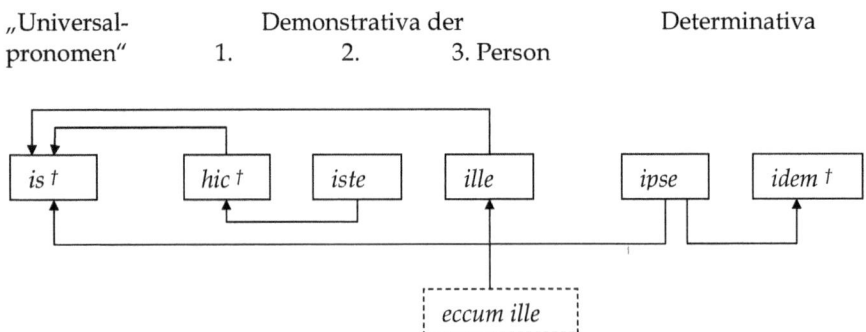

Abb. 27: Verschiebungen in der Verwendung der Pronomina vom Klassischen Latein zum Spätlatein (modifiziert in Anlehnung an Väänänen 1981:121)

### 4.4.4 Zusammenfassung

Die wesentlichen Unterschiede zwischen der Nominalmorphologie des Klassischen Lateins und des Vulgär- und Spätlateins bestehen in der Angleichung unregelmäßiger oder seltener Formparadigmen an regelmäßigere Entsprechungen, in der Reduktion von Kasusformen und in einer Verlegung der grammatischen Information vom Wortende (Endungen) nach vorne (z. B. als Präpositionen). Man kann dies typologisch als einen Trend von der Synthese zur Analyse und von der Post- zur Prädetermination bezeichnen. Insgesamt ist aber weder das Klassische Latein rein synthetisch-postdeterminierend (es gibt ja z. B. unter bestimmten Umständen auch die analytische Steigerung mit *magis*), noch ist das Vulgärlatein rein analytisch-prädeterminierend (der Numerus wird ja z. B. selbst nach dem Kasuszerfall weiterhin am Ende der Wörter angezeigt).[68]

Insgesamt ist die Entwicklung der im Gegenwartsdeutschen vergleichbar, wo synthetisch-postdeterminierende Informationen (v. a. die Kasus-Endungen) gleichfalls im Schwund begriffen sind. Der Balkanologe Hinrichs prognostiziert beispielsweise Sätze wie „Die Sprache von meine Vorfahr war mehr kompliziert wie heut." für das Hochdeutsch in einigen Jahrzehnten (nach Krischke 2006). Dies ist keinesfalls allein auf den Faktor „Deutsch als Zweitsprache" zurückzuführen – auch in Zeitungsartikeln studierter deutscher Muttersprachler sind Genitiv, Dativ und Akkusativ auf dem Rückzug – vgl. Formulierungen wie „keiner kann ihnen Herr werden" (*Der Sonntag im Breisgau* 30.11.2003), „Während eines Streiks gibt's kein Urlaub" (*Badische Zeitung*, 10/1996), „An alle Romanistik-Studierende!" (Flugblatt Uni Freiburg, 30.10.1996), „Lebten Huftiere mit Dinosaurier?" (*Badische Zeitung*, 29.5.96), „nun droht dem Zweitligist Äger" (*Der Sonntag*, 23.7.2006).

---

68 Zum Verhältnis von synthetischen und analytischen Konstruktionen im Rahmen moderner Sprachwandeltheorien vgl. Ledgeway (2015:10-29).

## 4.4 Nominalmorphologie „Vulgär"- und Spätlatein

### 4.4.5 Übungen

a. Konstruieren Sie zu den unterstrichenen Elementen in den folgenden pompejanischen Graffiti die entsprechende klassische Form:

| Originalform | klassische Form | dt. Übersetzung |
|---|---|---|
| Marcus *Spedusa* amat | _____ | Marcus liebt Spedusa |
| Serena *Isidoru* fastidit | _____ | Serena verschmäht Isidorus |
| Viator Pompeis *pane* gustes | _____ | Wanderer, probier das Brot in Pompeji |

b. Wie lautet die entsprechende klassisch lateinische Form zu den folgenden spätlateinischen Varianten?
- *de homine*
- *ad Paulum*
- *magis beatus*
- *plus felix*

c. Bestimmen und übersetzen Sie die folgenden klassisch lateinischen Formen. Wie müssten die entsprechenden spätlateinischen Varianten lauten (z.T. mehrere Möglichkeiten)?
- *exercitibus*
- *puellarum*
- *nationi*
- *senatoris*
- *clariorem*

d. Bestimmen Sie Form und Funktion der folgenden klassisch gebrauchten Pronomina und geben Sie an, wodurch die jeweilige Form im Spätlatein ersetzt wird (es gibt oft mehrere Möglichkeiten, z. B. mit und ohne Präposition):
- *eiusdem*
- *huic*
- *eam*
- *illos*

e. Von welchen lateinischen Kasusformen stammen die folgenden italienischen Substantivformen ab, vom Nominativ oder vom Akkusativ?
- *fonte*
- *cavalli*
- *figlie*
- *codice*

f.  Der Bericht, den die wohl aus den Pyrenäen stammende Nonne Egeria über ihre Pilgerreise nach Palästina (zwischen 381 und 384 n. Chr.) angefertigt hat, gilt als Dokument des Vulgärlateins. Begründen Sie diese Einstufung aus dem Gebrauch der unterstrichenen Nominalformen im folgenden Textauszug (*Itinerarium Egeriae* II,1):

*Vallis autem <u>ipsa</u> <u>ingens</u> est <u>valde</u>, iacens subter latus montis Dei, quae habet forsitan, quantum potuimus videntes estimare aut <u>ipsi</u> dicebant, in longo milia <u>passos</u> forsitan sedecim, in lato autem quattuor milia esse appellabant. <u>Ipsam</u> ergo vallem nos transversare habebamus, ut possimus montem ingredi.* (nach Iliescu/Slusanski 1991:134 f.)

Textnahe Übersetzung: ‚Dieses Tal aber ist sehr groß, unterhalb der Seite des Berges Gottes gelegen, und es hat vielleicht, soweit wir das mit dem Auge abschätzen konnten oder wie die Leute dort sagten, 16.000 Schritte in der Länge, in der Breite aber sagten sie, es seien 4.000. Genau dieses Tal mussten wir durchqueren, um den Berg besteigen zu können.'

### 4.4.6 Weiterführende Aufgaben

a.  Auf welcher Textgrundlage und mit welcher Methode entwickelt Selig (1992) ihre Hypothese, dass wegen seiner Merkmallosigkeit das spätlateinische *ille*, und nicht *ipse*, zum Vorläufer der meisten romanischen Artikel geworden ist? Wie unterscheiden sich diese beiden Pronomina in ihrer textsyntaktischen Verwendung?

b.  Recherchieren Sie (z. B. in Tagliavini 1998) weitere Argumente dafür, dass das Rumänische der Romania Discontinua zugerechnet wird. Welche historischen Ursachen sind für diese starken Abweichungen von den anderen romanischen Sprachen ausschlaggebend?

## 4.5 Verbalmorphologie des Klassischen Lateins

### 4.5.1 Grundbegriffe der Verbalkonjugation

Genau wie in den romanischen Sprachen werden bei der lateinischen Verbalkonjugation die folgenden Parameter unterschieden (man spricht auch von „Bestimmungsstücken des Verbs"):

- **Person**: 1., 2., 3. Person
- **Numerus**: Singular oder Plural
- **Modus**: Indikativ, Konjunktiv, Imperativ (das Konditional ist eine romanische Entwicklung und existiert noch nicht im Lateinischen)
- **Tempus**: Präsens, Imperfekt, Futur I, Perfekt, Plusquamperfekt, Futur II

## 4.5 Verbalmorphologie des Klassischen Lateins

▸ **Genus Verbi/Diathese/Vox:**[69] Aktiv oder Passiv. Die Passivform kann semantisch auch ein Medium, also eine Verbalhandlung zwischen Aktiv und Passiv repräsentieren: z. B. *lavor* – ‚ich wasche mich'. Man spricht hier auch vom „Mediopassiv". In den romanischen Sprachen wird dieses Mediopassiv i. Allg. durch Reflexivkonstruktionen[70] ausgedrückt (vgl. frz. *je me lave*).

Verbformen, die ein Personenzeichen, also eine Personalendung, enthalten, sind immer auch nach den übrigen Parametern bestimmt. Eine solche Verbform bezeichnet man als **„finites"** Verb (lat. *verbum finitum*).

Verbformen, die keine Personalendung enthalten, werden als **„infinite"** Verbformen bezeichnet. Diese Bezeichnung ist etwas unpräzise. Infinite Verbformen sind nämlich durchaus bestimmt, z. B. in Bezug auf das Zeitverhältnis, auf den Kasus und den Numerus, aber eben nicht in Bezug auf die Person (in der Sprachtypologie und Universalienforschung fasst man daher Finitheit als skalaren Begriff auf, es gibt also finitere und weniger finite Formen). Verglichen mit den romanischen Sprachen ist das Lateinische besonders reich an infiniten Verbformen. Drei Typen infiniter Formen werden substantivisch gebraucht, man spricht hier auch von **„Verbalsubstantiven"**:

▸ **Infinitiv**: hier sind sechs Formen zu unterscheiden, nämlich der Inf. Präsens Aktiv, der Inf. Präsens Passiv, der Inf. Perfekt Aktiv und der Inf. Perfekt Passiv., der Inf. Futur Aktiv und der Inf. Futur Passiv. Die Tempora drücken hier, anders als bei den finiten Verben, keine reine Zeitstufe aus, sondern ein Zeitverhältnis. Sie geben also an, ob die durch den Infinitiv wiedergegebene Verbalhandlung gleichzeitig (Inf. Prs.), vorzeitig (Inf. Perf.) oder nachzeitig (Inf. Fut.) zur Handlung des übergeordneten Satzes ist.

▸ **Gerundium**: Das Gerundium wird dann gebraucht, wenn ein substantivisch verwendeter Infinitiv dekliniert werden muss. Der Infinitiv an sich gilt als Nominativ, also als Subjektskasus (z. B. *cantare delectat.* ‚Singen macht Freude'). Da der Infinitiv als Neutrum behandelt wird, entspricht der Akkusativ formal wie bei allen Neutra dem Nominativ, also dem schon genannten Infinitiv (z. B. *bibere volo*

---

69  All diese Termini werden synonym gebraucht. In der Lateindidaktik ist am ehesten „Genus Verbi" gebräuchlich, in der Linguistik eher „Diathese". Die romanischen Sprachen verwenden Entsprechungen von „Vox" (vgl. frz. *la voix passive*, sp. *la voz pasiva*, it. *la voce passiva*).

70  Der Terminus „reflexives Verb" wird in der Grammatikbeschreibung der romanischen Sprachen leider häufig überstrapaziert: **„Reflexiv"** im eigentlichen Sinne sind nur diejenigen Pronominalverben, die eine Handlung beschreiben, die das Subjekt an sich selbst verrichtet. Das vorangestellte Pronomen ist also direktes oder indirektes Objekt der Verbalhandlung, wie z. B. in frz. *il se lave* (‚er wäscht sich'). Davon sind zwei andere Typen der Pronominalverben zu unterscheiden, nämlich zum einen die **reziproken** Verben, in denen die Verbalhandlung von mehreren Subjekten gegenseitig vorgenommen wird (z. B. frz. *ils se battent*: ‚sie schlagen sich') – auch hier ist das vorangestellte Pronomen ein Objekt, aber eben nicht identisch mit dem Subjekt – und zum anderen die **„subjektiven"** oder „nicht-reflexiven" Verben. Bei letzteren ist das vorangestellte Pronomen quasi mit dem Verb zusammengeklebt („agglutiniert") und hat keinerlei Objektbedeutung mehr. Es dient eher dazu, das Subjekt zu betonen; daher rührt die Bezeichnung für diese Art von Verben. Entsprechende Beispiele aus dem Französischen wären: *se mourir* (‚im Sterben liegen'), *s'apercevoir de qc.* (‚etwas bemerken'), *se moquer de qc.* (‚sich über etwas lustig machen') (vgl. Grevisse 1993:1132ff).

‚ich will trinken'). Die übrigen obliquen Kasus (Gen., Dat., Abl.) werden vom Gerundium vertreten. Es wird gebildet, indem man an den Präsensstamm das Infix -nd- (bei der ā- und ē-Konjug.) oder -end- (bei der ī-, ĭ- und der kons. Konjug.) hängt und daran die Kasusendungen der o-Deklination anschließt, und zwar nur die Formen des Neutrums. Zum Infinitiv *laudare* kann man so z. B. den Ablativ *laudando* (z. B. *in laudando* ‚beim Loben') oder den Genitiv *laudandi* bilden (z. B. *ars laudandi* ‚die Kunst des Lobens'). Das Gerundium existiert aber nur im Singular, da man im Lateinischen wie im Deutschen eine infinitivische Verbalhandlung nicht in den Plural setzen kann (vgl. dt. *das Gehen*, aber nicht *die Gehen*). Neben den genannten Formen gibt es eine weitere Akkusativform auf -um, die aber nur in präpositionalen Verbindungen auftritt, z. B. *ad scribendum* (‚zum Schreiben').

▸ **Supinum**: Es gibt zwei Typen von Supina, das Supinum I (auf -um) und das Supinum II (auf -ū). Beide sind erstarrte Kasus von Verbalsubstantiven auf -u und werden recht selten gebraucht. Das Supinum I steht als Akkusativ des Ziels nach Verben der Bewegung, z. B. *cenatum eo*: ‚ich gehe essen' (von *cenare* ‚essen'), das Supinum II als Dativ des Zwecks oder als Ablativ der Beziehung (ablativus respectūs), z. B. in *hoc est facile dictu* ‚das ist leicht zu sagen' von *dicere* ‚sagen').

Zwei weitere Formen werden adjektivisch gebraucht, es handelt sich also um „**Verbaladjektive**":

▸ **Participium**: Das Partizip hat seinen Namen daher, dass es sowohl an der Wortklasse der Verben wie auch der Adjektive partizipiert. Es kann dekliniert werden wie ein Adjektiv, kann aber auch Zeitverhältnisse ausdrücken wie ein Verb. Ähnlich wie beim Infinitiv existieren aktivische und passivische Formen, aber insgesamt nur drei: Partizip Präsens Aktiv (PPA, z. B. *laudans, laudantis*), Partizip Perfekt Passiv (PPP, z. B. *laudatus*, 3) und Partizip Futur Aktiv (PFA, z. B. *laudaturus*, 3).

▸ **Gerundivum**: Das Gerundivum wird zumeist als passivisches Verbaladjektiv verwendet, das eine Verpflichtung oder Empfehlung zum Ausdruck bringt, z. B. *filia laudanda* ‚eine lobenswerte Tochter'. Das Gerundivum kann also alle Genera, Kasus und Numeri annehmen. Unter bestimmten Bedingungen kann das Gerundivum auch das Gerundium vertreten. Gerundium und Gerundivum sind sich formal sehr ähnlich und werden wegen ihres charakteristischen Infixes als „-nd-Formen" bezeichnet.

Supinum, Gerundium und Gerundivum existieren nicht im Deutschen und müssen entsprechend umschrieben werden, also z. B. mit Infinitiv oder Partizip. In vielen romanischen Sprachen hat sich immerhin das Gerundium fortgesetzt (z. B. sp./ital. *cantando*), nicht jedoch das Gerundivum (die Bezeichnung *gérondif* im Französischen ist irreführend: Sie bezeichnet ein Gerundium, das formal mit dem lateinischen PPA zusammengefallen ist: z. B. *en chantant*).

## 4.5.2 Verbstämme und Konjugationsklassen

Diejenigen Formen des Verbs, von denen weitere Formen abgeleitet werden, bezeichnet man als „Stammformen". Um alle Formen eines Verbs bilden oder identifizieren zu können, muss man drei **Verbstämme** kennen (ganz ähnlich, wie man sich im Englischen unregelmäßige Verben einzuprägen hat, z. B. *to go, went, gone*) – die Beispiele beziehen sich auf die a-Konjugation (*laudare* ‚loben'):

- den **Präsensstamm** (z. B. *lauda-*): Von ihm aus werden alle Formen des Präsens (einschließlich der Infinitive), Imperfekt und Futur I, und zwar jeweils Aktiv und Passiv, sowie das Partizip Präsens Aktiv und das Gerundium und Gerundivum gebildet.
- den **Perfektstamm** (oder auch Perfektaktivstamm; z. B. *laudāv-*): Von ihm aus werden die aktivischen Formen des Perfekts, Plusquamperfekts und des Futur II sowie der Infinitiv Perfekt Aktiv gebildet.
- den **Supinstamm** (oder auch Perfektpassivstamm; z. B. *laudāt-*): Von ihm aus werden die passivischen Formen des Perfekts, Plusquamperfekts und des Futur II sowie das Partizip Perfekt Passiv, das Partizip Futur Aktiv, der Inf.Fut.Akt., der Inf.Perf.Pass., der Inf.Fut.Pass. und die Supina gebildet. Außerdem ist dieser Stamm die Basis der meisten Wortbildungen durch Derivation (z. B. *laudator* ‚Lobredner', *laudatio* ‚Lobrede'; vgl. Kap. 4.2.2). Hervorzuheben ist auch noch, dass die hier aufgeführten Passivformen durchweg aus den Bestandteilen PPP + Hilfsverb *esse* (‚sein') zusammengesetzt, d. h. mit einem analytischen Verfahren gebildet werden. Das Klassische Latein ist also keineswegs eine rein synthetische Sprache.

Nach dem Ausgang des Präsensstammes werden **fünf Konjugationsklassen** unterschieden. Die ersten drei Klassen werden wegen des langen Vokals im Stammausgang als „langvokalische Konjugationen" bezeichnet und bilden ihre Formen ziemlich regelmäßig:

- **ā-Konjugation**: z. B. *laudāre* ‚loben'; Stamm *laudā-*; 1.Sg.Prs.Ind.Akt. *laudō*
- **ē-Konjugation**: z. B. *monēre* ‚ermahnen'; Stamm *monē-*; 1.Sg. *moneō*
- **ī-Konjugation**: z. B. *audīre* ‚hören'; Stamm *audī-*; 1.Sg. *audiō*

Entsprechend haben sich diese Konjugationsklassen in den romanischen Sprachen auch recht gut erhalten. Vgl. z. B. lat. *amāre* ‚lieben' > it. *amare*, sp. *amar*, port. *amar*; lat. *tenēre* ‚halten' > ital. *tenere*, sp. *tener*, port. *ter*; lat. *venīre* > it. *venire*, sp. *venir*, frz. *venir*, port. *vir*.

Die anderen beiden Konjugationsklassen sind deutlich komplexer und vereinen zahlreiche unregelmäßige Formen in sich:

- **konsonantische Konjugation**: z. B. *regĕre* ‚lenken'; Stamm *reg-*; 1.Sg. *regō*
- **kurzvokalische ĭ- oder gemischte Konjugation**: z. B. *capĕre* ‚nehmen'; Stamm *capĭ-*; 1.Sg. *capiō*

Zur konsonantischen Konjugation werden auch Verben mit kurzvokalischem ŭ-Stamm (z. B. *statuĕre* ‚festsetzen', Stamm: *statŭ-*) gerechnet, weil diese genauso konjugiert werden wie die Verben mit konsonantischem Stammausgang. Die kurzvokalische ĭ-Konjugation wird deshalb auch als „gemischte" Konjugation bezeichnet, weil sie Formen der langvokalischen ī-Konjugation mit Formen der konsonantischen Konjugation kombiniert.

Als **Lernformen** sollte man sich zu jedem Verb jeweils vier Formen einprägen, nämlich z. B. 1. *amare*, 2. *amo*, 3. *amavi*, 4. *amatum*: Den Infinitiv Präsens Aktiv (= 1.) und die 1.Person Sing. Präsens Indikativ Aktiv (= 2.) benötigt man, um die Konjugationsklasse zweifelsfrei zu bestimmen. Da die Vokalquantitäten üblicherweise graphisch nicht markiert sind, kann man nämlich bei Infinitiven auf <-*ere*> nicht unterscheiden, ob es sich um die ē-, die konsonantische oder die kurzvokalische ĭ-Konjugation handelt, wenn man nicht die Form der ersten Person kennt (-*eo* vs. -*o* vs. -*io*). Außerdem sind die Verben im Wörterbuch üblicherweise unter der 1.Person verzeichnet. Zur Bildung der aktivischen Formen des Perfektstamms merkt man sich die 1.Sg.Pf.Aktiv (= 3.) und schließlich für die passivischen Formen des Perfekts den Supinstamm (= 4.). Form 4 entspricht dem Supinum I und bei transitiven Verben zugleich dem Partizip Perfekt Passiv. Da es von intransitiven Verben naturgemäß kein passivisches Partizip gibt,[71] wird das formgleiche Supinum angegeben (z. B. *venīre*, *venio*, *vēni*, *ventum* ‚kommen').

### 4.5.3 Personen-, Tempus- und Moduszeichen

Was die Personenzeichen angeht, so kann man tatsächlich von „Endungen" sprechen, da sie das Ende der Verbform markieren. Tempus und Modus hingegen werden durch ein einziges gemeinsames Zeichen markiert, das zwischen Stamm und Personalendung tritt. Lediglich beim Indikativ Perfekt Aktiv sind das Tempus-/Moduszeichen und die Personalendung zu einem gemeinsamen Morphem verschmolzen, weshalb man hier nicht von „Endung", sondern von „Ausgang" spricht.

Die folgenden **Personalendungen** können unterschieden werden (Systematik modifiziert nach Rubenbauer et al. (1995:70):

| Personalendungen | | | | | |
|---|---|---|---|---|---|
| **Person** | **Aktiv** | | | **Passiv** | |
| | Indikativ u. Konjunktiv | Ind. Perfekt (Ausgänge) | Imperativ | Indikativ u. Konjunktiv | Imperativ (Deponentien) |
| Sg. 1. | -ō oder -m | -ī | | -(o)r | |
| 2. | -s | -istī | -, -e, (-tō) | -ris | -re (-tor) |
| 3. | -t | -it | (-tō) | -tur | (-tor) |

---

71  Diese Verben heißen ja deshalb „intransitiv", weil man sie nicht ins Passiv setzen kann.

## 4.5 Verbalmorphologie des Klassischen Lateins

|  |  |  |  |  |  |  |  |
|---|---|---|---|---|---|---|---|
| Pl. | 1. | -mus | -imus |  |  | -mur |  |
|  | 2. | -tis | -istis | -te | (-tōte) | -minī | -minī |
|  | 3. | -nt | -erunt |  | (-ntō) | -ntur | (-ntor) |

Zum Imperativ ist zu sagen, dass die Formen auf -(n)to sehr selten auftreten und einem altlateinischen Imperativ Futur entsprechen, der v. a. in Gesetzestexten angewandt wurde. Deshalb sind diese Formen in der Tabelle eingeklammert. Dann ist zu ergänzen, dass ein Imperativ Passiv aus pragmatischer Sicht sinnlos ist. Dass dennoch entsprechende Formen existieren, liegt daran, dass es im Lateinischen eine Gruppe von Verben gibt, die ausschließlich passivische Formen bilden, dabei aber aktivische Bedeutung haben. Diese Verben bezeichnet man als „Deponentien" (s. Kap. 4.5.6). Semantisch sind diese passivischen Imperativformen also durchaus aktivisch. Im Übrigen betreffen die aufgeführten Passivendungen nur das synthetisch gebildete Passiv, also die Formen der Präsensstammgruppe.

In allen synthetisch gebildeten Formen, also in der Präsensstammgruppe Aktiv und Passiv sowie in der Perfektstammgruppe Aktiv, treten die folgenden **Tempus-/Moduszeichen** vor die Personalendungen (Systematik modifiziert nach Throm 1995:56; für die futurischen Tempora existiert kein Konjunktiv):

| Tempus- und Moduszeichen | | | | | | |
|---|---|---|---|---|---|---|
| **Modus** | **Präsensstamm** | | | **Perfektstamm Aktiv** | | |
|  | Präsens | Imperfekt | Futur I | Perfekt | Plusquamp. | Futur II |
| Indikativ | - | -(e)ba- | -b-/-a-/-e- | (s. o.) | -era- | -eri- |
| Konjunktiv | -e-/-a- | -rē- |  | -eri- | -isse- |  |

An den Stellen der Tabelle, wo mehrere Möglichkeiten aufgeführt sind, entscheidet die Konjugationsklasse über die entsprechende Option. Futur II und Konjunktiv Perfekt haben das gleiche Tempus-/Moduszeichen, was häufig zu Verwechslungen führt. Der Indikativ Perfekt hat, wie bereits angesprochen, einen eigenen Ausgang, in dem die Personalendungen mit eingeschlossen sind.

Ein letzter Baustein der Verbalkonjugation, der aber nur wenige Formen betrifft, sind die sogenannten „**Aussprech-** bzw. **Bildevokale**". Sie treten immer dann auf, wenn ein konsonantisch auslautender Verbalstamm (a) oder ein konsonantisch auslautendes Tempus-/Moduszeichen (b) auf eine konsonantische Personalendung trifft. Das Aufeinandertreffen dieser beiden Konsonanten wird also durch das Einschieben des Vokals vermieden.

- Beispiele für (a): *leg-ĭ-t* (2.Sg.Ind.Prs.Akt.), *leg-ŭ-nt* (3.Pl.Ind.Prs.Akt.), *leg-ĕ-ris* (2.Sg.Ind.Prs.Pass.); jeweils zu *legĕre, lego, lēgi, lectum* ‚lesen'
- Beispiele für (b): *amab-ĭ-t* (3.Sg.Fut.I Akt.), *amab-ŭ-nt* (3.Pl.Fut.I Akt.), *amab-ĕ-ris* (2.Sg.Fut.I Pass.); jeweils zu *amāre, amo, amavi, amatum* ‚lieben'

### 4.5.4 Bildung und Übersetzung der einzelnen Verbformen

Im Folgenden werden die wichtigsten regelmäßigen Bildungsmuster vorgestellt. Auf die unregelmäßigen Bildungen kann im Rahmen einer solchen Überblicksdarstellung nicht eingegangen werden (in der Kons. Konjug. und den i-Konjugationen muss man z. B. immer mit zusätzlichen Bildevokalen rechnen). Für das Romanistikstudium genügt es aber i. Allg., lateinische Verbformen identifizieren zu können – man muss sie nicht unbedingt aktiv bilden können.

Zu den Übersetzungsvorschlägen (jeweils unterstrichen) ist zu sagen, dass sie je nach Kontext sehr unterschiedlich ausfallen können und müssen, z. B. je nachdem, ob ein bestimmter Modus im Hauptsatz oder im Nebensatz steht. Die vorliegenden Übersetzungen orientieren sich am Gebrauch der jeweiligen Form im Hauptsatz.

#### 4.5.4.1 Finite Verbformen (Systematik nach Stock 2005)
**Präsensstammgruppe**
**Indikativ Präsens Aktiv und Passiv**: Präsensstamm + Personalendung (z. B. *laudat, tenetur*: ‚er lobt', ‚er wird gehalten'). Gelegentlich tritt zwischen Stamm und Endung der Aussprechvokal *-ĭ-* (z. B. *regit*), in der 3.Pl. *-ŭ-* (z. B. *regunt*).

**Indikativ Imperfekt Aktiv und Passiv**: Präsensstamm + Tempuszeichen *-bā-* + Personalendung (z. B. *laudabat, tenebatur*: ‚er lobte', ‚er wurde gehalten'). u. U. tritt vor das Tempuszeichen der Bildevokal *-ē-* (z. B. *audiebat* ‚er hörte').

**Futur I Aktiv und Passiv**: je nach Konjugation zwei verschiedene Verfahren:

- ā- und ē-Konjugation: Prs.-Stamm + Tempuszeichen *-b-* + Bildevokal *-ĭ-* (bzw. *-ŭ-* in der 3.Pl.) + Pers.-Endung (z. B. *laudabit, tenebitur, tenebunt*: ‚er wird loben', ‚er wird gehalten werden', ‚sie werden halten').
- Kons.Konjug. und i-Konjugationen: Prs.-Stamm + Tempuszeichen *-ē-* (*-a-* in der 1.Sg.) + Pers.-Endung (z. B. *regam, reges, regetur, audiet, capietur*).

**Konjunktiv Präsens Aktiv und Passiv**: je nach Konjugation zwei verschiedene Verfahren (die sich z. B. im Spanischen und Italienischen erhalten haben):

- ā-Konjug: Wortstock + Moduszeichen *-ē-* + Pers.-Endung (*laudet, laudetur*: ‚er soll loben', ‚er soll gelobt werden'). Erklärung: der Prs.-Stamm lautet hier bereits auf *-a-* aus, weshalb der übliche Konjunktivmarker *-ā-* nicht mehr also solcher wahrgenommen worden wäre.

▸ alle anderen Konjugationen: Präsensstamm + Moduszeichen -ā- + Personalendung (z. B. *teneat, regat, audiat, capiat*).

**Konjunktiv Imperfekt Aktiv und Passiv**: Präsensstamm + Moduszeichen -rē- + Personalendung (z. B. *laudaret, teneret, audiretur*. ‚er würde loben', ‚er würde halten', ‚er würde gehört werden'). **Faustregel**: Inf.Präsens + Personalendung (*laudare-m, tenere-m, audire-m, capere-m*).

**Imperativ Präsens**: 2.Sg.: bei den langvokal. Konjugationen der bloße Prs.-Stamm (*laudā!* ‚lobe!'), in der kons. und der kurzvokal. ĭ-Konjug. wird ein *-e* angehängt (*rege!* ‚lenke!'; *cape*' ‚nimm!'). 2.Plural: Prs.-Stamm + *-te* (*laudā-te!* ‚lobt!'), in Kons.Konjug. mit Bildevokal *-i-* (*reg-i-te!* ‚lenkt!').

**Imperativ Futur**: Präsensstamm + Endung *-tō* (für 2. u. 3.Sg: *laudā-tō!* ‚du sollst lieben!/er soll lieben!') bzw. *-tōte* (2.Pl.) und *-ntō* (3.Pl.).

**Perfektstammgruppe Aktiv**
Weder in der Perfektstammgruppe Aktiv noch in der Perfektstammgruppe Passiv gibt es bei der Formenbildung Unterschiede bezüglich der Konjugationsklassen. Kennt man also die beiden Perfektstämme (*laudāre: laudavi/laudatum; tenēre: tenui/tentum; audīre: audivi/auditum; regĕre: rexi/rectum; capĕre: cepi/ceptum*), dann lässt sich jede Form problemlos bilden.

**Indikativ Perfekt Aktiv**: Pf.Akt.-Stamm + Pf.-Ausgänge (z. B. *laudav-i, tenu-i, rex-i, audiv-i, cep-i*: ‚ich habe gelobt/gehalten/ gelenkt/ gehört/ genommen').

**Indikativ Plusquamperfekt Aktiv**: Pf.Akt.-Stamm + Ind.Impf. von *esse* (*eram, eras, erat, eramus, eratis, erant*) als Endung; *laudaveram, tenueram, rexeram, audiveram, ceperam*: ‚ich hatte gelobt/gehalten/gelenkt/ gehört/genommen') .

**Futur II Aktiv**: Pf.Akt.-Stamm + Futur I von *esse* (*ero, eris, erit, erimus, eritis, erunt*); aber in der 3.Pl. als Endung *-erint* statt *-erunt*; z. B. *laudavero, tenueris, rexerit, audiverimus, ceperint*: ‚ich werde gelobt haben', ‚du wirst gehalten haben' etc.

**Konjunktiv Perfekt Aktiv**: Pf.Akt.Stamm + Moduszeichen *-eri-* + Pers.-Endung; z. B. *laudaverim, tenueris, rexerit, audiverimus, ceperint*: ‚ich habe gelobt', ‚du habest gehalten', ‚er habe gelenkt', ‚wir haben gehört', ‚sie haben genommen'. **Beachte**: Futur II Aktiv und Konjunktiv Perfekt Aktiv unterscheiden sich nur in der 1.Sg.: *laudavero* vs. *laudaverim*. Im Deutschen ist der Konjunktiv I teilweise formal identisch mit dem Indikativ. In der Umgangssprache werden diese Formen daher häufig durch den Konjunktiv II (z. B. ‚ich hätte gelobt') ersetzt.

**Konjunktiv Plusquamperfekt Aktiv**: Pf.Akt.-Stamm + Konj. Impf. von *esse* (*essem, esses, esset, essemus, essetis, essent*) wobei dessen Stammvokal *-e-* zu *-i-* abgeschwächt wird: *laudavissem, tenuisses, rexisset, audivissemus, cepissent*: ‚ich hätte gelobt', ‚du hättest gehalten', ‚er hätte gelenkt', ‚wir hätten gehört', ‚sie hätten genommen'. **Faustregel**: Inf.Pf.Akt. + Personalendung, z. B. *laudavisse-m*.

Die häufige Verwendung der Formen von *esse* zeigt, dass auch im Klassischen Latein Hilfsverben bereits eine Rolle spielten. In der Perfektaktivgruppe sind die Hilfsverbformen allerdings noch als gebundene Flexionsmorpheme angehängt, das Bildungsmuster ist also synthetisch.

**Perfektstammgruppe Passiv (Supinstammgruppe)**
Alle Formen der Supinstammgruppe, also Perfekt Passiv, Plusquamperfekt Passiv und Futur II Passiv, jeweils in Indikativ und Konjunktiv, werden nach dem gleichen Muster gebildet: Partizip Perfekt Passiv + Formen des Präsensstamms von *esse*. Anders als bei der Perfektaktivstammgruppe werden aber hier die Hilfsverbformen nicht als gebundene Endungsmorpheme angehängt, sondern als freie grammatische Morpheme. Dies erkennt man schon daran, dass die Hilfsverbformen auch gelegentlich vor das Partizip treten können. Wir haben es also mit analytischen Verbformen zu tun. In den Pluralformen wird auch das Partizip in den Plural gesetzt (genau wie im romanischen Passiv):

**Indikativ Perfekt Passiv**: PPP + Ind.Prs. von *esse* (*sum, es, est, sumus, estis, sunt*); z. B. *laudatus sum, tentus es, capti sumus*: ‚ich bin gelobt worden', ‚du bist gehalten worden', ‚wir sind ergriffen worden'.

**Konjunktiv Perfekt Passiv**: PPP + Konj.Prs. von *esse* (*sim, sis, sit, simus, sitis, sint*); z. B. *laudatus sim, tentus sis, capti simus*: ‚ich sei gelobt worden', ‚du seist gehalten worden', ‚wir seien ergriffen worden'.

**Indikativ Plusquamperfekt Passiv**: PPP + Ind.Imperf. von *esse* (*eram, eras, erat, eramus, eratis, erant*); z. B. *laudatus eram, tentus eras, capti eramus*: ‚ich war gelobt worden', ‚du warst gehalten worden', ‚wir waren ergriffen worden'.

**Konjunktiv Plusquamperfekt Passiv**: PPP + Konj.Imperf. von *esse* (*essem, esses, esset, essemus, essetis, essent*); z. B. *laudatus essem, tentus esses, capti essemus*: ‚ich wäre gelobt worden', ‚du wärst gehalten worden', ‚wir wären ergriffen worden'.

**Futur II Passiv**: PPP + Futur I von **esse** (*ero, eris, erit, erimus, eritis, erunt*); z. B. *laudatus ero, tentus eris, capti erunt*: ‚ich werde gelobt worden sein', ‚du wirst gehalten worden sein', ‚sie werden ergriffen worden sein'.

### 4.5.4.2 Infinite Verbformen
**Infinitive**
**Inf. Präsens Aktiv**: Präsensstamm + Endung *-re*, z. B. *laudare* ‚loben'. Bei der kons.Konjug. wird ein Bildevokal *-ĕ-* eingefügt (*reg-ĕ-re*), bei der kurzvokalischen ĭ-Konjug. wird das *-ĭ-* des Stammes nach der schon angesprochenen Regel (s. Ind.Prs.) zu *-ĕ-* abgeschwächt (*cap-ĕ-re*).

**Inf. Präsens Passiv**: Präsensstamm + Endung *-ri* bei den langvokalischen Konjugationen (z. B. *laudari, teneri, audiri*: ‚gelobt/gehalten/gehört werden'), Endung *-i* bei der kons. und der kurzvokal. ĭ-Konjug. (z. B. *regi, capi*).

**Inf. Perfekt Aktiv**: Perfektaktivstamm + Endung *-isse* (zurückgehend auf den Inf. des Hilfsverbs *esse*); z. B. *laudavisse, tenuisse, cepisse*: ‚gelobt/gehalten/ergriffen haben'.

**Inf. Perfekt Passiv**: PPP (veränderlich) + *esse*; z. B. *laudatus esse, captus esse*: ‚gelobt/ergriffen worden sein'.

**Inf. Futur Aktiv**: Part.Futur Aktiv (PFA, veränderlich, s. u.) + *esse*; z. B. *laudaturus esse, capturus esse*: ‚im Begriff sein zu loben/ergreifen'

**Inf. Futur Passiv**: Supinum I (unveränderlich) + *īrī* (= Inf.Prs.Passiv von *īre* ‚gehen'); z. B. *laudatum iri, captum iri*: ‚im Begriff sein gelobt/ergriffen zu werden'.

## Partizipien
**Part. Präsens Aktiv (PPA)**: Präsensstamm + Endung *-ns* (Gen. : *-ntis*) bei der ā- und ē-Konjugation (z. B. *laudans, tenens* : ‚lobend', ‚haltend'), Endung *-ens* bei den übrigen Konjugationen (z. B. *audiens, regens, capiens*).

**Part. Perfekt Passiv (PPP)**: Supinstamm + Endung *-us, -a, -um* (*laudatus*,3; *tentus*,3 ; *auditus*,3 ; *rectus*,3 ; *captus*,3 : ‚gelobt', ‚gehalten', ‚gehört', ‚gelenkt', ‚ergriffen').

**Part. Futur Aktiv (PFA)**: Supinstamm + Endung *-urus, -a, -um* (*laudaturus*,3 : ‚einer, der loben wird' ; *tenturus*,3 ; *auditurus*,3 ; *recturus*,3 ; *capturus*,3).

## „nd-Formen"
**Gerundium**: Präsensstamm + Endung *-ndi* bei der ā- und ē-Konjugation (z. B. *laudandi, tenendi*) (= Gen.: ‚des Lobens/des Haltens'; Dat./Abl.: *-ndo* ; Akk. *-ndum* ; nur Formen des Neutrum Singular), Endung *-endi* etc. bei den übrigen Konjugationen (z. B. *audiendi, regendi, capiendi*).

**Gerundivum**: Bildung wie bei Gerundium, aber mit den vollständigen Endungen der -o/-a-Dekl. (incl. masc./fem. und Plural); z. B. *laudandus*,3: ‚einer, der gelobt werden soll'/‚lobenswert'; *tenendus*,3; *audiendus*,3; *regendus*,3; *capiendus*,3.

## Supina
**Supinum I**: Supinstamm + Endung *-um* (unveränderlich) ; z. B. *laudatum, tentum, auditum, rectum, captum*: ‚um zu loben/halten/hören/lenken/ergreifen'.

**Supinum II**: Supinstamm + Endung *-ū* (unveränderlich) ; z. B. *laudatu, tentu, auditu, rectu, captu*: ‚zu loben/halten/hören/lenken/ergreifen'.

## 4.5.5 Konjugationstabellen zu den regelmäßigen Verben

### 1. Präsensstammgruppe AKTIV

| Tempus/ Modus | ā-Konjug. *amāre* ‚lieben' Stamm *amā-* | ē-Konjug. *tenēre* ‚halten' Stamm *tenē-* | ī-Konjug. *audīre* ‚hören' Stamm *audī-* | kons. Konjug. *regĕre* ‚lenken' Stamm *reg-* | ĭ-Konjug. *capĕre* ‚ergreifen' Stamm *capi-* |
|---|---|---|---|---|---|
| Präsens Indikat. | 1. *amō* <br> 2. *amā-s* <br> 3. *ama-t* | *tene-ō* <br> *tenē-s* <br> *tene-t* | *audi-ō* <br> *audī-s* <br> *audi-t* | *reg-ō* <br> *reg-i-s* <br> *reg-i-t* | *capi-ō* <br> *cap-i-s* <br> *cap-i-t* |
|  | 1. *amā-mus* <br> 2. *amā-tis* <br> 3. *ama-nt* | *tenē-mus* <br> *tenē-tis* <br> *tene-nt* | *audī-mus* <br> *audī-tis* <br> *audi-u-nt* | *reg-i-mus* <br> *reg-i-tis* <br> *reg-u-nt* | *cap-i-mus* <br> *cap-i-tis* <br> *capi-u-nt* |
| Konjunkt. | 1. *am-e-m* <br> 2. *am-ē-s* <br> 3. *am-e-t* | *tene-a-m* <br> *tene-ā-s* <br> *tene-a-t* | *audi-a-m* <br> *audi-ā-s* <br> *audi-a-t* | *reg-a-m* <br> *reg-ā-s* <br> *reg-a-t* | *capi-a-m* <br> *capi-ā-s* <br> *capi-a-t* |
|  | 1. *am-ē-mus* <br> 2. *am-ē-tis* <br> 3. *am-e-nt* | *tene-ā-mus* <br> *tene-ā-tis* <br> *tene-a-nt* | *audi-ā-mus* <br> *audi-ā-tis* <br> *audi-a-nt* | *reg-ā-mus* <br> *reg-ā-tis* <br> *reg-a-nt* | *capi-ā-mus* <br> *capi-ā-tis* <br> *capi-a-nt* |
| Imperf. Indikat. | 1. *amā-ba-m* <br> 2. *amā-bā-s* <br> 3. *amā-ba-t* | *tenē-ba-m* <br> *tenē-bā-s* <br> *tenē-ba-t* | *audi-ēba-m* <br> *audi-ēbā-s* <br> *audi-ēba-t* | *reg-ēba-m* <br> *reg-ēbā-s* <br> *reg-ēba-t* | *capi-ēba-m* <br> *capi-ēbā-s* <br> *capi-ēba-t* |
|  | 1. *amā-bā-mus* <br> 2. *amā-bā-tis* <br> 3. *amā-ba-nt* | *tenē-bā-mus* <br> *tenē-bā-tis* <br> *tenē-ba-nt* | *audi-ēbā-mus* <br> *audi-ēbā-tis* <br> *audi-ēba-nt* | *reg-ēbā-mus* <br> *reg-ēbā-tis* <br> *reg-ēba-nt* | *capi-ēbā-mus* <br> *capi-ēbā-tis* <br> *capi-ēba-nt* |
| Konjunkt. | 1. *amā-re-m* <br> 2. *amā-rē-s* <br> 3. *amā-re-t* | *tenē-re-m* <br> *tenē-rē-s* <br> *tenē-re-t* | *audī-re-m* <br> *audī-rē-s* <br> *audī-re-t* | *reg-e-re-m* <br> *reg-e-rē-s* <br> *reg-e-re-t* | *cap-e-re-m* <br> *cap-e-rē-s* <br> *cap-e-re-t* |
|  | 1. *amā-rē-mus* <br> 2. *amā-rē-tis* <br> 3. *amā-re-nt* | *tenē-rē-mus* <br> *tenē-rē-tis* <br> *tenē-re-nt* | *audī-rē-mus* <br> *audī-rē-tis* <br> *audī-re-nt* | *reg-e-rē-mus* <br> *reg-e-rē-tis* <br> *reg-e-re-nt* | *cap-e-rē-mus* <br> *cap-e-rē-tis* <br> *cap-e-re-nt* |
| Futur I | 1. *amā-b-ō* <br> 2. *amā-bi-s* <br> 3. *amā-bi-t* | *tenē-b-ō* <br> *tenē-bi-s* <br> *tenē-bi-t* | *audi-a-m* <br> *audi-ē-s* <br> *audi-e-t* | *reg-a-m* <br> *reg-ē-s* <br> *reg-e-t* | *capi-a-m* <br> *capi-ē-s* <br> *capi-e-t* |
|  | 1. *amā-bi-mus* <br> 2. *amā-bi-tis* <br> 3. *amā-bu-nt* | *tenē-bi-mus* <br> *tenē-bi-tis* <br> *tenē-bu-nt* | *audi-ē-mus* <br> *audi-ē-tis* <br> *audi-e-nt* | *reg-ē-mus* <br> *reg-ē-tis* <br> *reg-e-nt* | *capi-ē-mus* <br> *capi-ē-tis* <br> *capi-e-nt* |
| Imperat. Präsens | 2.Sg. *amā!* <br> 2.Pl. *amā-te!* | *tenē!* <br> *tenē-te!* | *audī!* <br> *audī-te!* | *reg-e!* <br> *reg-i-te!* | *cap-e!* <br> *cap-i-te!* |
| Imperat. Futur | 2. *amā-tō!* <br> 3. *amā-tō!* | *tenē-tō!* <br> *tenē-tō!* | *audī-tō!* <br> *audī-tō!* | *reg-i-tō!* <br> *reg-i-tō!* | *cap-i-tō!* <br> *cap-i-tō!* |
|  | 2. *amā-tōte!* <br> 3. *ama-ntō!* | *tenē-tōte!* <br> *tene-ntō!* | *audī-tōte!* <br> *audi-u-ntō!* | *reg-i-tōte!* <br> *reg-u-ntō!* | *capi-tōte!* <br> *capi-u-ntō!* |
| PPA | *amāns, -ntis* | *tenēns, -ntis* | *audiēns, -ntis* | *regēns, -ntis* | *capiēns, -ntis* |
| Gerundium | *ama-ndī* <br> *ama-ndō* <br> *ad ama-ndum* | *tene-ndī* <br> *tene-ndō* <br> *ad tene-ndum* | *audi-e-ndī* <br> *audi-e-ndō* <br> *ad audi-e-ndum* | *reg-e-ndī* <br> *reg-e-ndō* <br> *ad reg-e-ndum* | *capi-e-ndō* <br> *capi-e-ndō* <br> *ad capi-e-ndum* |

## 4.5 Verbalmorphologie des Klassischen Lateins

## 2. Präsensstammgruppe PASSIV

| Modus/ Tempus | ā-Konjug. *amārī* ‚geliebt werden' Stamm *amā-* | ē-Konjug. *tenērī* ‚gehalten werden' Stamm *tenē-* | ī-Konjug. *audīrī* ‚gehört werden' Stamm *audī-* | kons. Konjug. *regī* ‚gelenkt werden' Stamm *reg-* | ĭ-Konjug. *capī* ‚ergriffen werden' Stamm *capi-* |
|---|---|---|---|---|---|
| Präsens Indikat. | 1. *amor* 2. *amā-ris* 3. *amā-tur* 1. *amā-mur* 2. *amā-minī* 3. *ama-ntur* | *tene-or* *tenē-ris* *tenē-tur* *tenē-mur* *tenē-minī* *tene-ntur* | *audi-or* *audī-ris* *audī-tur* *audī-mur* *audī-minī* *audi-u-ntur* | *reg-or* *reg-e-ris* *reg-i-tur* *reg-i-mur* *reg-i-minī* *reg-u-ntur* | *capi-or* *cap-e-ris* *cap-i-tur* *cap-i-mur* *cap-i-minī* *capi-u-ntur* |
| Konjunkt. | 1. *am-e-r* 2. *am-ē-ris* 3. *am-ē-tur* 1. *am-ē-mur* 2. *am-ē-minī* 3. *am-e-ntur* | *tene-a-r* *tene-ā-ris* *tene-ā-tur* *tene-ā-mur* *tene-ā-minī* *tene-a-ntur* | *audi-a-r* *audi-ā-ris* *audi-ā-tur* *audi-ā-mur* *audi-ā-minī* *audi-a-ntur* | *reg-a-r* *reg-ā-ris* *reg-ā-tur* *reg-ā-mur* *reg-ā-minī* *reg-a-ntur* | *capi-a-r* *capi-ā-ris* *capi-ā-tur* *capi-ā-mur* *capi-ā-minī* *capi-a-ntur* |
| Imperf. Indikat. | 1. *amā-ba-r* 2. *amā-bā-ris* 3. *amā-bā-tur* 1. *amā-bā-mur* 2. *amā-bā-minī* 3. *amā-ba-ntur* | *tenē-ba-r* *tenē-bā-ris* *tenē-bā-tur* *tenē-bā-mur* *tenē-bā-minī* *tenē-ba-ntur* | *audi-ēba-r* *audi-ēbā-ris* *audi-ēbā-tur* *audi-ēbā-mur* *audi-ēbā-minī* *audi-ēba-ntur* | *reg-ēba-r* *reg-ēbā-ris* *reg-ēbā-tur* *reg-ēbā-mur* *reg-ēbā-minī* *reg-ēba-ntur* | *capi-ēba-r* *capi-ēbā-ris* *capi-ēbā-tur* *capi-ēbā-mur* *capi-ēbā-minī* *capi-ēba-ntur* |
| Konjunkt. | 1. *amā-re-r* 2. *amā-rē-ris* 3. *amā-rē-tur* 1. *amā-rē-mur* 2. *amā-rē-minī* 3. *amā-re-ntur* | *tenē-re-r* *tenē-rē-ris* *tenē-rē-tur* *tenē-rē-mur* *tenē-rē-minī* *tenē-re-ntur* | *audī-re-r* *audī-rē-ris* *audī-rē-tur* *audī-rē-mur* *audī-rē-minī* *audī-re-ntur* | *reg-e-re-r* *reg-e-rē-ris* *reg-e-rē-tur* *reg-e-rē-mur* *reg-e-rē-minī* *reg-e-re-ntur* | *cap-e-re-r* *cap-e-rē-ris* *cap-e-rē-tur* *cap-e-rē-mur* *cap-e-rē-minī* *cap-e-re-ntur* |
| Futur I | 1. *amā-b-or* 2. *amā-be-ris* 3. *amā-bi-tur* 1. *amā-bi-mur* 2. *amā-bi-minī* 3. *amā-bu-ntur* | *tenē-b-or* *tenē-be-ris* *tenē-bi-tur* *tenē-bi-mur* *tenē-bi-minī* *tenē-bu-ntur* | *audi-a-r* *audi-ē-ris* *audi-ē-tur* *audi-ē-mur* *audi-ē-minī* *audi-e-ntur* | *reg-a-r* *reg-ē-ris* *reg-ē-tur* *reg-ē-mur* *reg-ē-minī* *reg-e-ntur* | *capi-a-r* *capi-ē-ris* *capi-ē-tur* *capi-ē-mur* *capi-ē-minī* *capi-e-ntur* |
| Gerundivum | *ama-ndus*, 3 | *tene-ndus*, 3 | *audi-e-ndus*, 3 | *reg-e-ndus*, 3 | *capi-e-ndus*, 3 |

## 3. Perfektstammgruppe AKTIV

| Tempus/ Modus | | ā-Konjug. amāvisse ‚geliebt haben' Stamm amāv- | ē-Konjug. tenuisse ‚gehalten haben' Stamm tenu- | ī-Konjug. audīvisse ‚gehört haben' Stamm audīv- | kons. Konjug. rēxisse ‚gelenkt haben' Stamm rēx- | ĭ-Konjug. cēpisse ‚ergriffen haben' Stamm cēp- |
|---|---|---|---|---|---|---|
| **Perfekt** Indikat. | 1. 2. 3. | amāv-ī amāv-istī amāv-it | tenu-ī tenu-istī tenu-it | audīv-ī audīv-istī audīv-it | rēx-ī rēx-istī rēx-it | cēp-ī cēp-istī cēp-it |
| | 1. 2. 3. | amāv-imus amāv-istis amāv-ērunt | tenu-imus tenu-istis tenu- ērunt | audīv-imus audīv-istis audīv-erunt | rēx-imus rēx-istis rēx-ērunt | cēp-imus cēp-istis cēp- ērunt |
| Konjunkt. | 1. 2. 3. | amāv-eri-m amāv-eri-s amāv-eri-t | tenu-eri-m tenu-eri-s tenu-eri-t | audīv-eri-m audīv-eri-s audīv-eri-t | rēx-eri-m rēx-eri-s rēx-eri-t | cēp-eri-m cēp-eri-s cēp-eri-t |
| | 1. 2. 3. | amāv-eri-mus amāv-eri-tis amāv-eri-nt | tenu-eri-mus tenu-eri-tis tenu-eri-nt | audīv-eri-mus audīv-eri-tis audīv-eri-nt | rēx-eri-mus rēx-eri-tis rēx-eri-nt | cēp-eri-mus cēp-eri-tis cēp-eri-nt |
| **Plus- quam- perfekt** Indikat. | 1. 2. 3. | amāv-era-m amāv-erā-s amāv-era-t | tenu-era-m tenu-erā-s tenu-era-t | audīv-era-m audīv-erā-s audīv-era-t | rēx-era-m rēx-erā-s rēx-era-t | cēp-era-m cēp-erā-s cēp-era-t |
| | 1. 2. 3. | amāv-erā-mus amāv-erā-tis amāv-era-nt | tenu-erā-mus tenu-erā-tis tenu-era-nt | audīv-erā-mus audīv-erā-tis audīv-era-nt | rēx-erā-mus rēx-erā-tis rēx-era-nt | cēp-erā-mus cēp-erā-tis cēp-era-nt |
| Konjunkt. | 1. 2. 3. | amāv-isse-m amāv-issē-s amāv-isse-t | tenu-isse-m tenu-issē-s tenu-isse-t | audīv-isse-m audīv-issē-s audīv-isse-t | rēx-isse-m rēx-issē-s rēx-isse-t | cēp-isse-m cēp-issē-s cēp-isse-t |
| | 1. 2. 3. | amāv-issē-mus amāv-issē-tis amāv-isse-nt | tenu-issē-mus tenu-issē-tis tenu-isse-nt | audīv-issē-mus audīv-issē-tis audīv-isse-nt | rēx-issē-mus rēx-issē-tis rēx-isse-nt | cēp-issē-mus cēp-issē-tis cēp-isse-nt |
| **Futur II** | 1. 2. 3. | amāv-er-ō amāv-eri-s amāv-eri-t | tenu-er-ō tenu-eri-s tenu-eri-t | audīv-er-ō audīv-eri-s audīv-eri-t | rēx-er-ō rēx-eri-s rēx-eri-t | cēp-er-ō cēp-eri-s cēp-eri-t |
| | 1. 2. 3. | amāv-eri-mus amāv-eri-tis amāv-eri-nt | tenu-eri-mus tenu-eri-tis tenu-eri-nt | audīv-eri-mus audīv-eri-tis audīv-eri-nt | rēx-eri-mus rēx-eri-tis rēx-eri-nt | cēp-eri-mus cēp-eri-tis cēp-eri-nt |

## 4. Perfektstammgruppe PASSIV (Supinstammgruppe)

| Tempus/ Modus | ā-Konjug. | ē-Konjug. | ī-Konjug. | kons. Konjug. | ĭ-Konjug. |
|---|---|---|---|---|---|
| | amātus esse ‚geliebt worden sein' Supinstamm amāt-um | tentus esse ‚gehalten worden sein' Supinstamm tent-um | audītus esse ‚gehört worden sein' Supinstamm audīt-um | rēctus esse ‚gelenkt worden sein' Supinstamm rēct-um | captus esse ‚ergriffen worden sein' Supinstamm capt-um |
| PPP | amātus, 3 | tentus, 3 | audītus, 3 | rēctus, 3 | captus, 3 |
| **Perfekt** Indikat. | amātus/tentus, -a, -um<br>audītus/rēctus, -a, -um<br>captus, -a, -um | | sum ‚ich bin<br>es ‚du bist<br>est ‚er ist | geliebt<br>gehalten<br>gehört | worden' |
| | amātī/tentī, -ae, -a<br>audītī/rēctī, -ae, -a<br>captī, -ae, -a | | sumus ‚wir sind<br>estis ‚ihr seid<br>sunt ‚sie sind | gelenkt<br>ergriffen | |
| Konjunkt. | amātus/tentus, -a, -um<br>audītus/rēctus, -a, -um<br>captus, -a, -um | | sim ‚ich sei<br>sīs ‚du seist<br>sit ‚er sei | geliebt<br>gehalten<br>gehört | worden' |
| | amātī/tentī, -ae, -a<br>audītī/rēctī, -ae, -a<br>captī, -ae, -a | | sīmus ‚wir seien<br>sītis ‚ihr seiet<br>sint ‚sie seien | gelenkt<br>ergriffen | |
| **Plusquamperfekt** Indikat. | amātus/tentus, -a, -um<br>audītus/rēctus, -a, -um<br>captus, -a, -um | | eram ‚ich war<br>erās ‚du warst<br>erat ‚er war | geliebt<br>gehalten<br>gehört | worden' |
| | amātī/tentī, -ae, -a<br>audītī/rēctī, -ae, -a<br>captī, -ae, -a | | erāmus ‚wir waren<br>erātis ‚ihr wart<br>erant ‚sie waren | gelenkt<br>ergriffen | |
| Konjunkt. | amātus/tentus, -a, -um<br>audītus/rēctus, -a, -um<br>captus, -a, -um | | essem ‚ich wäre<br>essēs ‚du wärest<br>esset ‚er wäre | geliebt<br>gehalten<br>gehört | worden' |
| | amātī/tentī, -ae, -a<br>audītī/rēctī, -ae, -a<br>captī, -ae, -a | | essēmus ‚wir wären<br>essētis ‚ihr wäret<br>essent ‚sie wären | gelenkt<br>ergriffen | |
| **Futur II** | amātus/tentus, -a, -um<br>audītus/rēctus, -a, -um<br>captus, -a, -um | | erō ‚ich werde<br>eris ‚du wirst<br>erit ‚er wird | geliebt<br>gehalten<br>gehört | worden sein' |
| | amātī/tentī, -ae, -a<br>audītī/rēctī, -ae, -a<br>captī, -ae, -a | | erimus ‚wir werden<br>eritis ‚ihr werdet<br>erint ‚sie werden | gelenkt<br>ergriffen | |

Infinite Verbformen, die zwar vom Supinstamm aus gebildet werden, aber von ihrer Bedeutung her der Präsensstammgruppe näher stehen:

| | ā-Konjug. | ē-Konjug. | ī-Konjug. | kons. Konjug. | ĭ-Konjug. |
|---|---|---|---|---|---|
| PFA | amāt-ūrus, 3 | tent-ūrus, 3 | audīt-ūrus, 3 | rēct-ūrus, 3 | capt-ūrus, 3 |
| Inf.Fut. Aktiv | amātūrus, 3 esse | tentūrus, 3 esse | audītūrus, 3 esse | rēctūrus, 3 esse | captūrus, 3 esse |
| Inf. Fut. Passiv | amātum īrī | tentum īrī | audītum īrī | rēctum īrī | captum īrī |

**Anmerkungen** (vgl. Throm 1995:57):

- <v> zwischen Vokalen schwindet häufig. Diese sog. „Kontraktion" dürfte auf Schnellsprechformen zurückzuführen sein, z. B. *amāstī* für *amāvistī*, *dēlēram* für *dēlēveram* (von *dēlēre* ‚zerstören'), *cōgnōrunt* für *cōgnōvērunt*, *cōgnōsse* für *cōgnōvisse* (beide von *cōgnōscĕre* ‚kennenlernen'). Bei diesen Kontraktionen schwindet eine Mittelsilbe, es handelt sich also um eine Synkopierung.
- Gelegentlich, besonders in der Dichtung, werden auch die Ausgänge von Verbformen verkürzt (sog. „Apokopierung"). Hier steht dann im Indikativ Perfekt Aktiv *-ēre* für *-ērunt* (z. B. *amāvēre*, *dēlēvēre*, *audīvēre*, *cōgnōvēre*) und in der Präsensstammgruppe Passiv *-re* statt *-ris* (z. B. *amēre* statt *amēris*). Im Indikativ Präsens treten diese Apokopen nicht auf, da ansonsten eine Verwechslung mit dem Infinitiv Präsens möglich wäre.

## 4.5.6 Deponentien und unregelmäßige Verben

### 4.5.6.1 Deponentien und Semideponentien

Wie bereits oben angedeutet, gibt es im Klassischen Latein Verben, die nur in passivischer Form existieren, aber aktivische (oder auch reflexive) Bedeutung tragen. Die Konjugationen dieser sog. „**Deponentien**" (weil sie die aktivische Form ‚abgelegt' haben, lat. *dēpōnĕre*) ist meist ganz regelmäßig und folgt den in den Tabellen aufgeführten Konjugationsklassen, nur muss man bei der Übersetzung jeder Form geistig die Umwandlung ins Aktiv vornehmen. Im Wörterbuch erkennt man diese Verben an den passivischen Stammformen (die Angabe des PPP fehlt jeweils, weil es ja schon in der Lernform des Indikativ Perfekt enthalten ist). Ins Passiv setzen kann man die Deponentien nicht.

Zur Illustration einige hochfrequente Beispiele, die sich zumindest indirekt (d. h. nachdem sie zuvor im Vulgärlatein zu aktivischen Verben umgeformt worden waren) oder in Ableitungen in den romanischen Sprachen erhalten haben:

ā-Konjugation:

| | | |
|---|---|---|
| *cōnārī, cōnor, cōnātus sum* | ‚versuchen' | vgl. it. *conato* ‚Bemühen' |
| *cōnsōlārī, cōnsōlor, cōnsōlātus sum* | ‚trösten' | vgl. sp. *consolar* |
| *grātulārī, grātulor, grātulātus sum* | ‚Glück wünschen' | vgl. fr. *congratuler* |
| *hortārī, hortor, hortātus sum* | ‚ermahnen' | vgl. dt. *Hortativ* |
| *imitārī, imitor, imitātus sum* | ‚nachahmen' | vgl. fr. *imiter* |

ē-Konjugation:

| | | |
|---|---|---|
| *merērī, mereor, meritus sum* | ‚verdienen' | vgl. fr. *mériter* |
| *miserērī, misereor, miseritus sum* | ‚sich erbarmen' | vgl. it. *miserabile* |
| *profitērī, profiteor, professus sum* | ‚offen bekennen' | vgl. it. *professare* |
| *rērī, reor, ratus sum* | ‚glauben, meinen' | vgl. sp. *razón* |
| *verērī, vereor, veritus sum* | ‚sich fürchten' | vgl. sp. *verecundia* |

## 4.5 Verbalmorphologie des Klassischen Lateins

**ī-Konjugation:**

| | | |
|---|---|---|
| *mentīrī, mentior, mentitus sum* | ‚lügen' | vgl. it. *mentire* |
| *partīrī, partior, partitus sum* | ‚teilen' | vgl. fr. *partager* |
| *experīrī, experior, expertus sum* | ‚versuchen, erproben' | vgl. fr. *expert* |

**konsonantische Konjugation:**

| | | |
|---|---|---|
| *lābī, lābor, lāpsus sum* | ‚fallen' | vgl. it. *lapsus* |
| *loquī, loquor, locūtus sum* | ‚sprechen, reden' | vgl. fr. *colloque* |
| *sequī, sequor, secūtus sum* | ‚folgen' | vgl. sp. *seguir* |
| *ūtī, ūtor, ūsus sum* | ‚gebrauchen' | vgl. it. *usare* |
| *oblīviscī, oblīviscor, oblītus sum* | ‚vergessen' | vgl. sp. *olvidar* |

**gemischte bzw. kurzvokalische ĭ-Konjugation:**

| | | |
|---|---|---|
| *aggredī, aggredior, aggressus sum* | ‚herangehen, angreifen' | vgl. fr. *agresser* |
| *morī, morior, mortuus*[72] *sum* | ‚sterben' | vgl. sp. *morir* |
| *patī, patior, passus sum* | ‚leiden, erdulden' | vgl. fr. *patient* |

**Zu beachten**: Aktivisch sind auch beim Deponens die Formen des Partizips Präsens (z. B. *conans*: ‚versuchend'), des Partizips Futur (*locuturus*: ‚einer der sprechen wird') und des Infinitivs Futur (*obliturus esse*: ‚im Begriff sein etwas zu vergessen'). Das Supinum und das Gerundium werden wie von aktiven Verben gebildet (also z. B. *hortatum* ‚zum Ermahnen' oder *partiendi* ‚des Teilens'). Das Gerundivum hat als einzige Form der Deponentien passivische Bedeutung (z. B. *consolandus* ‚einer der getröstet werden muss'). Die Deponentien bilden auch Imperative. Im Singular sehen sie aus wie ein aktivischer Infinitiv (z. B. *miserere!* ‚erbarme dich!'), im Plural entsprechen sie der 2.Pl.Ind.Prs. (*hortamini!* ‚ermahnt!').

Neben den Deponentien gibt es auch eine kleine Zahl von Verben, die in der Präsensstammgruppe aktivische Formen haben, in der Perfektstammgruppe aber passivische Formen mit aktivischer Bedeutung, oder auch umgekehrt. Diese Verben nennt man „**Semideponentien**" (‚Halb-Deponentien'). Ihre wichtigsten Vertreter sind (die passivischen Formen sind jeweils unterstrichen):

| | | | |
|---|---|---|---|
| *audēre, audeo, <u>ausus sum</u>* | (ē-Konjug.) | ‚wagen', | vgl. sp. *audacia* |
| *gaudēre, gaudeo, <u>gavisus sum</u>* | (ē-Konjug.) | ‚sich freuen', | vgl. it. *gaudio* |
| *solēre, soleo, <u>solitus sum</u>* | (ē-Konjug.) | ‚gewohnt sein', | vgl. sp. *soler* |
| *<u>revertī, revertor</u>, revertī* | (kons.Konjug.) | ‚zurückkehren', | vgl. fr. *revers* |

---

[72] Das PFA hierzu ist zwar unregelmäßig, aber über zahlreiche Gladiatorenfilme gut im kollektiven Gedächtnis verankert: *moritūrus*, 3 (vgl. „*Ave Caesar, morituri te salutant*" – ‚Sei gegrüßt Caesar, die Todgeweihten grüßen dich').

### 4.5.6.2 Unvollständige Verben (verba defectiva)

Unter „Verba defectiva" versteht man Verben, die zwar regelmäßigen Konjugationen folgen, aber nicht für alle Tempora und Modi eigene Formen aufweisen. Man kann zwei Gruppen von Verba defectiva unterscheiden:

- Verben, die nur Formen des Perfektstammes aufweisen, dabei aber präsentische Bedeutung haben: z. B. *meminisse* ‚sich erinnern' (*meminī* ‚ich erinnere mich'), *nōvisse* ‚kennen' (*nōvī* ‚ich kenne'), *ōdisse* ‚hassen' (*ōdī* ‚ich hasse').
- Verben, von denen nur einzelne Formen existieren, typischerweise im Bereich von Kommunikationsformeln z. B. *aio/ais/ait/aiunt* (‚ich sage/ .../ sie sagen'), eingeschobenes *inquam* bzw. *inquit* (‚sage ich'; ‚sagte er'), *quaeso* (‚bitte') sowie die Grußformeln *avē/avēte* und *salvē/salvēte* (sei/seid gegrüßt) bzw. *valē/valēte* (‚lebt wohl').

### 4.5.6.3 Unpersönliche Verben (*verba impersonalia*)

Es gibt im Lateinischen einige Verben, die nur im Infinitiv oder in der 3.Person Singular verschiedener Zeiten auftreten und jeweils unpersönlich gebraucht werden. Da diese Ausdrücke auch für die Syntax von großer Bedeutung sind (sie können z. B. mit einer speziellen Infinitivkonstruktion, dem sog. „AcI" – *Accusativus cum Infinitivo* – stehen; vgl. Kap. 5.2.1.1), lohnt es sich, einige davon zu kennen:

| | |
|---|---|
| *pudet* (*pudēre*) | ‚es erfüllt mit Scham' |
| *paenitet* (*paenitēre*) | ‚es reut' |
| *decet* (*decēre*) | ‚es ziemt sich' |
| *libet* (*libēre*) | ‚es beliebt, es gefällt' |
| *licet* (*licēre*) | ‚es ist erlaubt' |
| *oportet* (*oportēre*) | ‚es ist nötig' |

### 4.5.6.4 Unregelmäßige Verben

Die in 4.5.5 aufgeführten Verbtabellen vermitteln den Eindruck großer Regelmäßigkeit der klassischen Verbalmorphologie. Faktisch gilt jedoch diese Regelmäßigkeit in erster Linie für die ā-Konjugation. Hier gibt es kaum Ausnahmen vom Stammformenmuster *-are/-o/-avi/atum*.[73] In den anderen Konjugationen ist zwar die Bildung der einzelnen Formen regelmäßig, es gibt aber zahllose Verben, deren Stämme eigens gelernt werden müssen. Diese Stämme findet man nicht nur in Wörterbüchern verzeichnet, sondern auch in allen gängigen Grammatiken und Wortkunden.

Hiervon zu unterscheiden sind die **unregelmäßigen Verben im engeren Sinne**, also Verben, deren Formen so unregelmäßig sind, dass sie sich keiner der regelmäßigen Konjugationsklassen mehr zuordnen lassen. Leider sind es – genau wie im Deutschen,

---

73  Zwei dieser Ausnahmen seien genannt, und zwar zum einen wegen ihrer Frequenz, zum anderen, weil sie sich in den romanischen Sprachen zumindest in Ableitungen gut erhalten haben: (*ad-*)*iuvare, -o,* (*ad-*)*iuvi, ad*(*iutum*) ‚helfen' und *lavare, -o, lavi, lautum* ‚waschen'. Die Silbe *-av-* wurde hier jeweils getilgt, um den Doppelklang v – v zu vermeiden.

Englischen und den romanischen Sprachen – ausgerechnet die häufigst gebrauchten Verben, die zu großer Unregelmäßigkeit neigen, nämlich die Hilfsverben des Seins, Geschehens, Könnens und Wollens sowie einige Bewegungsverben. Am unregelmäßigsten sind jeweils die Formen des Indikativ Präsens, in den anderen Tempora und Modi lassen sich die restlichen Formen eines Paradigmas leicht erschließen, wenn man die ersten zwei Formen kennt. Entsprechend stellt die folgende Tabelle die Formenparadigmen selektiv dar. Beherrscht man die Formen von *esse*, die man ja ohnehin für die Supinstammgruppe benötigt, dann lassen sich auch die Formen von *posse* ‚können' leicht bilden, da es lediglich ein kontrahiertes Kompositum von *esse* ist (*potesse* > *posse*), was man einigen Formen noch ansieht:

## Konjugation der wichtigsten unregelmäßigen Verben (aktivische Formen)

| Tempus/Modus | | esse ‚sein' | posse ‚können' | velle ‚wollen' | ferre ‚tragen' | ire ‚gehen' | fierī ‚geschehen' |
|---|---|---|---|---|---|---|---|
| **Präsens** Indikat. | 1. | s-u-m | pos-sum | vol-ō | fer-ō | e-ō | fī-ō |
| | 2. | es | pot-es | vī-s | fer-s | ī-s | fī-s |
| | 3. | es-t | pot-est | vul-t | fer-t | i-t | fī-t |
| | 1. | s-u-mus | pos-sumus | volu-mus | fer-i-mus | ī-mus | fī-mus |
| | 2. | es-tis | pos-estis | vul-tis | fer-tis | ī-tis | fī-tis |
| | 3. | s-u-nt | pos-sunt | vol-u-nt | fer-u-nt | e-u-nt | fī-u-nt |
| Konjunkt. | 1. | s-i-m | pos-sim | vel-i-m | fer-a-m | e-a-m | fī-a-m |
| | 2. | s-ī-s | pos-sīs | vel-ī-s | fer-ā-s | e-ā-s | fī-ā-s |
| | 3. | s-i-t … | pos-sit … | vel-i-t … | fer-a-t … | e-a-t … | fī-a-t … |
| | 3. | s-i-nt | pos-sint | vel-i-nt | fer-a-nt | e-a-nt | fī-a-nt |
| **Imperf.** Indikat. | 1. | er-a-m | pot-eram | vol-ēba-m | fer-ēba-m | ība-m | fī-ēba-m |
| | 2. | er-ā-s | pot-erās | vol-ēbā-s | fer-ēbā-s | ībā-s | fī-ēbā-s |
| | 3. | er-a-t … | pot-erat … | vol-ēba-t … | fer-ēba-t … | ība-t … | fī-ēba-t … |
| | 3. | er-a-nt | pot-erant | vol-ēba-nt | fer-ēba-nt | ība-nt | fī-ēba-nt |
| Konjunkt. | 1. | ess-e-m | poss-e-m | vel-le-m | fer-re-m | ī-re-m | fī-e-re-m |
| | 2. | ess-ē-s | poss-ē-s | vel-lē-s | fer-rē-s | ī-rē-s | fī-e-rē-s |
| | 3. | ess-e-t … | poss-e-t … | vel-le-t … | fer-re-t … | ī-re-t … | fī-e-re-t … |
| | 3. | ess-e-nt | poss-e-nt | vel-le-nt | fer-re-nt | ī-re-nt | fī-e-re-nt |
| **Futur I** | 1. | er-ō | pot-erō | vol-a-m | fer-a-m | ī-bō | fī-a-m |
| | 2. | eri-s | pot-eris | vol-ē-s | fer-ē-s | ī-bi-s | fī-ē-s |
| | 3. | eri-t … | pot-erit … | vol-e-t … | fer-e-t … | ī-bi-t … | fī-e-t … |
| | 3. | eru-nt | pot-erunt | vol-e-nt | fer-e-nt | ī-bu-nt | fī-e-nt |
| **Perfekt** Indikat. | 1. | fu-ī | potu-ī | volu-ī | tul-ī | i-ī | factus sum |
| | 2. | fu-istī | potu-istī | volu-istī | tul-istī | īstī | factus es |
| | 3. | fu-it … | potu-it … | volu-it … | tul-it … | i-it … | factus est … |
| | 3. | fu-ērunt | potu-ērunt | volu-ērunt | tul-ērunt | i-ērunt | facti sunt |
| Konjunkt. | 1. | fu-eri-m | potu-eri-m | volu-eri-m | tul-eri-m | i-eri-m | factus sim |
| | 2. | fu-eri-s | potu-eri-s | volu-eri-s | tul-eri-s | i-eri-s | factus sis |
| | 3. | fu-eri-t… | potu-eri-t … | volu-eri-t … | tul-eri-t … | i-eri-t … | factus sit … |
| | 3. | fu-eri-nt | potu-erint | volu-erint | tul-erint | i-erint | facti sint |
| **Plusquamperfekt** Indikat. | 1. | fu-era-m | potu-era-m | volu-era-m | tul-era-m | i-era-m | factus eram |
| | 2. | fu-erā-s | potu-erā-s | volu-erā-s | tul-erā-s | i-erā-s | factus erās |
| | 3. | fu-era-t… | potu-era-t … | volu-era-t … | tul-era-t … | i-era-t … | factus erat… |
| | 3. | fu-era-nt | potu-erant | volu-erant | tul-erant | i-erant | facti erant |
| Konjunkt. | 1. | fu-isse-m | potu-isse-m | volu-isse-m | tul-isse-m | īsse-m | factus essem |
| | 2. | fu-issē-s | potu-issē-s | volu-issē-s | tul-issē-s | īssē-s | factus essēs |
| | 3. | fu-isse-t… | potu-isse-t… | volu-isse-t… | tul-isse-t… | īsse-t… | factus esset… |
| | 3. | fu-isse-nt | potu-isse-nt | volu-isse-nt | tul-isse-nt | īsse-nt | facti essent |
| **Futur II** | 1. | fu-er-ō | potu-er-ō | volu-er-ō | tul-er-ō | i-er-ō | factus erō |
| | 2. | fu-eri-s | potu-eri-s | volu-eri-s | tul-eri-s | i-eri-s | factus eris |
| | 3. | fu-eri-t… | potu-eri-t … | volu-eri-t … | tul-eri-t … | i-eri-t … | factus erit … |
| | 3. | fu-eri-nt | potu-erint | volu-erint | tul-erint | i-erint | facti erunt |

## 4.5 Verbalmorphologie des Klassischen Lateins

**Ergänzungen:**
Die zahlreichen Komposita von *esse* (vgl. S. 123) werden im Prinzip nach dem gleichen Muster wie das Simplex konjugiert. Bei *prodesse* ‚nützen' fällt allerdings vor Konsonant das /d/ aus (z. B. *prosum, prodes, prodest, prosumus* etc.).

Analog zu *velle* werden die verwandten Kontraktionsverben *nolle* (,nicht wollen' < *non velle*) und *malle* (,lieber wollen' < *magis velle*) konjugiert. Zu beachten sind hier lediglich kleine Abweichungen im Indikativ Präsens (*nolle: nolo, non vis, non vult, nolumus, non vultis, nolunt; malle: malo, mavis, mavult, malumus, mavultis, malunt*).

Ein echtes Passiv ist von den genannten Verben eigentlich nur bei *ferre* ,tragen' gebräuchlich. Es wird ganz regelmäßig gebildet, zu beachten ist lediglich der unregelmäßige Supinstamm *lat-um* (=> Ind.Pf. *latus sum* ,ich bin getragen worden' etc.).

Das Verb *fieri* dient als Passiv zu *facere* ,machen'. Die Bedeutung ,geschehen' hat es nur in der 3. Person Singular und Plural, ansonsten wird es mit „gemacht werden" übersetzt. Die Formen des Präsensstamms sind aber durchweg aktivisch. Hier liegt also quasi ein „Anti-Deponens" vor: aktivische Formen mit passivischer Bedeutung.

### 4.5.7 Weiterleben klassischer Verbformen in den romanischen Sprachen

Aus romanistischer Sicht kann man konstatieren, dass das System der klassischen Verbalmorphologie deutlich besser erhalten wurde als das der Nominalmorphologie.

Zunächst einmal sind alle **Tempora** des Indikativ Aktiv und Passiv als solche erhalten geblieben, wenn auch – besonders im Passiv – mit veränderten Formen. Reduziert hat sich dagegen das Spektrum der konjunktivischen und imperativischen Tempora.

Von den **infiniten Formen** haben sich der klassische Infinitiv Präsens Aktiv (z. B. lat. *cantare* > it. *cantare*, sp./port. *cantar*, frz. *chanter*), das Partizip Perfekt Passiv (lat. *cantatum* > it. *cantato*, sp./port. *cantado*, frz. *chanté*) und das Gerundium (lat. *cantandum/cantando* > it./sp./port. *cantando*, frz. *chantant* – letzteres durch Zusammenfall mit dem akkusativischen lat. PPA *cantantem* –) am besten erhalten. Die übrigen infiniten Formen sind weitgehend verschwunden. Hervorzuheben ist besonders der Erhalt zahlreicher unregelmäßiger Formen des Partizip Perfekts in den romanischen Sprachen, die sich nur aus dem lateinischen Ursprung heraus erklären lassen. Vgl. z. B.

| | |
|---|---|
| lat. *aperire/apertum* | => it. *aprire/aperto*, sp. *abrir/abierto* |
| lat. *currĕre/cursum* | => it. *correre/corso* |
| lat. *facĕre/factum* | => it. *fare/fatto*, sp. *hacer/hecho*, fr. *faire/fait* |
| lat. *movēre/motum* | => it. *muovere/mosso*, fr. *mouvoir/mû* |
| lat. *ponĕre/positum* | => sp. *poner/puesto* |
| lat. *ridēre/risum* | => it. *ridere/riso* |
| lat. *scribĕre/scriptum* | => it. *scrivere/scritto*, sp. *escribir/escrito*, fr. *écrire/écrit* |

Recht gut erhalten sind auch die lateinischen **Personalendungen,** natürlich mit gewissen Einschränkungen durch den üblichen Lautwandel (v. a. /b/ > /v/). Dies gilt sowohl für die Universalformen von Indikativ und Konjunktiv wie auch für die Sonderformen des Indikativ Perfekt (hier muss zum Vergleich natürlich das synthetische Perfekt der romanischen Sprachen herangezogen werden, nicht das zusammengesetzte Perfekt). Lediglich die Personalendungen des synthetisch gebildeten Passivs sind gemeinsam mit diesem untergegangen. Besonders nah am Lateinischen sind die iberoromanischen Entsprechungen, sehr weit entfernt hat sich das Französische. Dabei ist zu beachten, dass in der Grammatiktradition der romanischen Sprachen zumeist die Wurzel als Stamm angenommen wird. Das /a/, das im Lateinischen als Stammauslaut die a-Konjugation markiert, wird also in den entsprechenden romanischen Sprachen bereits als Teil der Endung oder des Tempuszeichens aufgefasst. Hier steht es also nach dem Strich, der in Formentabellen die Personalendung abtrennt. Es handelt sich aber historisch um dasselbe /a/. Vgl. z. B. die romanischen Formen entsprechend zu lat. *cantare* ‚singen':

| Tempus/Modus | lat. *cantare* | sp. *cantar* | port. *cantar* | it. *cantare* | fr. *chanter* |
|---|---|---|---|---|---|
| Indikativ Präsens | 1. *cantō* | cant-o | cant-o | cant-o | je chant-e |
| | 2. *cantā-s* | cant-as | cant-as | cant-i | tu chant-es |
| | 3. *cantā-t* | cant-a | cant-a | cant-a | il chant-e |
| | 1. *cantā-mus* | cant-amos | cant-amos | cant-iamo | nous chant-ons |
| | 2. *cantā-tis* | cant-áis | cant-ais | cant-ate | vous chant-ez |
| | 3. *cantā-nt* | cant-an | cant-am | cant-ano | ils chant-ent |
| Indikativ Imperfekt | 1. *cantā-ba-m* | cant-aba | cant-ava | cant-avo | je chant-ais |
| | 2. *cantā-bā-s* | cant-abas | cant-avas | cant-avi | tu chant-ais |
| | 3. *cantā-ba-t* | cant-aba | cant-ava | cant-ava | il chant-ait |
| | 1. *cantā-bā-mus* | cant-ábamos | cant-ávamos | cant-avamo | nous chant-ions |
| | 2. *cantā-bā-tis* | cant-abais | cant-áveis | cant-avate | vous chant-iez |
| | 3. *cantā-ba-nt* | cant-aban | cant-avam | cant-avano | ils chant-aient |
| Indikativ Perfekt | 1. *cantāv-ī* | cant-é | cant-ei | cant-ai | je chant-ai |
| | 2. *cantāv-istī\** | cant-aste | cant-aste | cant-asti | tu chant-as |
| | 3. *cantāv-it* | cant-ó | cant-ou | cant-ò | il chant-a |
| | 1. *cantāv-imus* | cant-amos | cant-ámos | cant-ammo | nous chant-âmes |
| | 2. *cantāv-istis\** | cant-asteis | cant-astes | cant-aste | vous chant-âtes |
| | 3. *cantāv-ērunt* | cant-aron | cant-aram | cant-arono | ils chant-èrent |

Die Tabelle zeigt, dass sich auch einige **Tempuszeichen** in einzelnen romanischen Sprachen erhalten haben, wie z. B. das Imperfektzeichen *-ba-* in der spanischen a-Konjugation oder seine lautlich weiter entwickelten Entsprechungen *-va-* im Portugiesischen und Italienischen. Diese Tempustreue gilt in gleicher Weise für die unregelmäßigen Verben. So hat sich z. B. das Imperfekt von lat. *esse* nahezu unbeschadet in das Spanische und Portugiesische gerettet : lat. *eram, eras, erat...* > sp./port. *era, eras, era* (vgl. ital. *ero, eri, era...*). Im Französischen wurden diese Formen ersetzt durch entsprechende Formen von lat. *stare* ‚stehen': *stabam, stabas, stabat...* > frz. *j'étais, tu étais, il était...*).

Berücksichtigt man für den Indikativ Perfekt, dass es schon im Klassischen Latein Kontraktionsformen gab, nämlich z. B. *cantāstī* und *cantāstis* anstelle der in der Tabelle mit Stern markierten Formen, dann wird deutlich, dass hier wiederum die Formen der

## 4.5 Verbalmorphologie des Klassischen Lateins

romanischen Sprachen direkt auf klassische Vorgänger zurückgreifen. Auch hier gilt das Gesagte für einige Hilfsverben, z. B. für das Perfekt von *esse*: Die lateinische Formenreihe *fui, fuisti, fuit, fuimus, fuistis, fuerunt* setzt sich im spanischen Indefinido von *ser* nahezu unverändert fort: *fui, fuiste, fue, fuimos, fuisteis, fueron* und scheint auch bei port. *ser* noch stark durch: *fui, foste, foi, fomos, fostes, foram*. Eine Besonderheit des Spanischen besteht allerdings darin, dass die Perfektformen von lat. *esse* hier mit denen von lat. *ire* (,gehen' > sp. *ir*) zusammengefallen sind.

Ein besonderes Schmankerl bietet das Portugiesische: Nur hier ist das Plusquamperfekt wie im Klassischen Latein als synthetische Form in der Originalfunktion, d. h. als Vorvergangenheit, erhalten: vgl. lat. *cantaveram, cantaveras, cantaverat, cantaveramus, cantaveratis, cantaverant* > port. *cantara, cantaras, cantara, cantáramos, cantáreis, cantaram* (,ich hatte gesungen' etc.).

Von den klassischen **Moduszeichen** hat sich das überkreuzte System mit dem Konjunktivmarker *-e-* für den Konjunktiv Präsens der ā-Konjugation und dem entsprechenden Marker *-a-* für die übrigen Konjugationsklassen z. B. im Spanischen, Portugiesischen und Italienischen erhalten. Im Italienischen wurde allerdings *-e-* > *-i-*:

| Erhalt der lateinischen Modusmarker im Konjunktiv Präsens | | | | |
|---|---|---|---|---|
| -a-Konjug. | lat. *cantare* | sp. *cantar* | port. *cantar* | it. *cantare* |
| | 1. *cant-e-m* | *cant-e* | *cant-e* | *cant-i* |
| | 2. *cant-ē-s* | *cant-es* | *cant-es* | *cant-i* |
| | 3. *cant-e-t* | *cant-e* | *cant-e* | *cant-i* |
| | 1. *cant-ē-mus* | *cant-emos* | *cant-emos* | *cant-iamo* |
| | 2. *cant-ē-tis* | *cant-éis* | *cant-eis* | *cant-iate* |
| | 3. *cant-e-nt* | *cant-en* | *cant-em* | *cant-ino* |
| übrige Konjugationen | lat. *vivĕre* | sp. *vivir* | port. *viver* | it. *vivere* |
| | 1. *viv-a-m* | *viv-a* | *viv-a* | *viv-a* |
| | 2. *viv-ā-s* | *viv-as* | *viv-as* | *viv-a* |
| | 3. *viv-a-t* | *viv-a* | *viv-a* | *viv-a* |
| | 1. *viv-ā-mus* | *viv-amos* | *viv-amos* | *viv-iamo* |
| | 2. *viv-ā-tis* | *viv-áis* | *viv-ais* | *viv-iate* |
| | 3. *viv-a-nt* | *viv-an* | *viv-am* | *viv-ano* |

Auch das Spanische hat, wie das Portugiesische, einige klassische Elemente bewahrt, die sein Verbalsystem als besonders konservativ kennzeichnen. Hierzu gehört das Erhalten der synthetischen Formen des lateinischen Konjunktiv Plusquamperfekt Aktiv, aber nicht in derselben Funktion, sondern als Alternativformenreihe im spanischen Konjunktiv Imperfekt (Pretérito Imperfecto de subjuntivo). Hier gibt es bekanntlich ohne Bedeutungsunterschied zwei parallele Formenreihen, von denen die eine auf den genannten Konjunktiv Plpf. zurückgeht: lat. *cantavissem, cantavisses, cantavisset...* > sp. *cantase, cantases, cantase..* und die andere auf den lateinischen Indikativ Plpf.: lat. *cantaveram, cantaveras, cantaverat...* > sp. *cantara, cantaras, cantara.* Anders als im Portugiesischen haben sich also hier nur die Formen erhalten, die Funktion bzw. Bedeutung hingegen hat sich verändert: Das Plusquamperfekt wurde zum Imperfekt und – nur in der zweiten Formenreihe – der Indikativ zum Konjunktiv.

### 4.5.8 Zusammenfassung und Literaturempfehlungen

**Zusammenfassung:**
Das klassische Latein hat ein sehr komplexes Verbalsystem, das überwiegend, aber nicht aussschließlich, auf synthetischen Formen beruht. Auffallend ist der Reichtum an infiniten Formen. Generell sind zahlreiche Unregelmäßigkeiten zu verzeichnen, v. a. im Bereich der Konjugation von Hilfsverben. Im Indikativ Aktiv hat sich das System recht gut in den romanischen Sprachen konserviert, im Konjunktiv und im Passiv hingegen kam es zu größeren Veränderungen (s. u.). Am besten hat sich das klassisch lateinische Verbalsystem im Spanischen und Portugiesischen erhalten.

**Literaturempfehlungen:**
Die beste Kombination aus lernerfreundlichem Zugang und wissenschaftlichem Hintergrund bieten die bekannten Schulgrammatiken von Rubenbauer et al. (1995) und Throm (1995, v. a. zur Wortbildung), die inzwischen auch in neueren Auflagen vorliegen. Als reine Lernübersichten zur günstigen Anschaffung empfehlen sich Stock (2005) und die Verbentabelle von Schareika (2007). Analyseübungen finden sich in Pinkster/Kroon (2006). Zur Kontrastierung der klassisch-lateinischen und deutschen Morphologie mit detaillierten Frequenzanalysen ausführlich Kienpointner (2010:55ff). Die Übergänge vom Lateinischen zu den einzelnen romanischen Sprachen mit exemplarischen Übungen sind dargestellt in Nagel u. a. (1997), der sich v. a. an Gymnasiallehrer*innen wendet.

### 4.5.9 Übungen

a. Im folgenden Auszug aus einem Brief Plinius des Jüngeren an Tacitus (ep. VI,20:13) beschreibt Plinius, wie er mit seiner Mutter vor dem Ascheregen anlässlich des Vesuv-Ausbruchs (79 n. Chr.) flieht, in dem sein Onkel, der berühmte Naturforscher Plinius der Ältere, umkommt. Im Text sind alle unveränderlichen und einige seltenere Formen interlinear übersetzt, zu den unterstrichenen Formen gibt es Hilfen unter dem Text. Bestimmen Sie mit Hilfe eines Wörterbuchs die übrigen Formen (Nomina und Verben) und versuchen Sie, den Inhalt des Textes zu erschließen:

4.5 Verbalmorphologie des Klassischen Lateins

*Iam cinis* [sc. *cadit*], *adhuc tamen rarus. respicio: densa* <u>*caligo*</u>
Schon ........ ........, noch aber ....... ....... ....... .......

*tergis imminebat, quae nos* <u>*torrentis*</u> <u>*modo*</u> <u>*infusa*</u> <u>*terrae*</u> *sequebatur.*
..... ......... .... ..... nach Art eines Sturzbachs ergossen auf die Erde. .......

„<u>*deflectamus*</u>", *inquam,* „*dum videmus, ne in via*
............," sage ich, „solange noch ........., damit nicht auf ........

<u>*strati*</u> <u>*comitantium*</u> *turba in tenebris* <u>*obteramur*</u>".
....... ............. ...... im Dunkeln ............".

(Hilfen: *caligo*: Nom.Sg.fem. ‚Rauch'; *torrentis*: Gen.Sg. von *torrens* ‚Sturzbach'; *modo* + vorangestellter Genitiv: ‚nach Art von'; *infusa*: PPP von *infundĕre* ‚aufgießen', bezieht sich auf *caligo*; *terrae* Dat.Sg.f ‚zur Erde, auf die Erde'; *deflectamus* von *deflectĕre* ‚abbiegen'; *strati*: PPP Nom.Pl.m von *sternĕre* ‚niederstrecken'; *comitantium*: PPA Gen.Pl. von *comitare* ‚begleiten'; *obteramur* 1.Pl.Konj.Prs. von *obterĕre* ‚zertreten')

b. Bestimmen und übersetzen Sie die folgenden Verbformen (u. U. mit Hilfe eines Wörterbuchs), und setzen Sie sie dann in den entsprechenden lateinischen Konjunktiv:
- *relinquitur*
- *amati eramus*
- *deleverunt*
- *tegebam*
- *cuperis*
- *venisti*

c. Bestimmen und übersetzen Sie die folgenden Verbformen (u. U. mit Hilfe eines Wörterbuchs), und setzen Sie sie dann in die entsprechende lateinische Passivform
- *clamarem*
- *intellexisti*
- *abit*
- *duxeratis*
- *respondebit*

## 4.5.10 Weiterführende Aufgaben

a. Informieren Sie sich in der Grammatik von Rubenbauer et al. (1995), § 73 und § 211 über die Entstehung des lateinischen Perfekts. Wie erklären sich die unterschiedlichen Bildungs- und Verwendungsweisen?

b. Stellen Sie auf der Basis von Raible (1992, S. 78-103 und 236-239) einige Beispiele aus typologisch ganz unterschiedlichen Sprachen zusammen, die zeigen, welche syntaktischen Möglichkeiten sich aus der Reduktion von Finitheit bieten.

## 4.6 Verbalmorphologie in Vulgär- und Spätlatein

Es wurde bereits gesagt, dass die romanischen Sprachen aus **funktioneller** Sicht die Tempora und Modi des Klassischen Lateins weitgehend erhalten haben. Entsprechend gilt das auch für das Verbalsystem im Vulgär- bzw. Spätlatein. Aus **formaler** Sicht gibt es aber doch einige Unterschiede zwischen dem Klassischen Latein und den romanischen Sprachen, und diese haben ihren Ursprung überwiegend in eben diesem Vulgär- und Spätlatein (zum Folgenden vgl. v. a. Väänänen 1981:127 ff; weitere Beispiele in Willms 2013:233 ff).

### 4.6.1 Reduktion der Konjugationsklassen

Zunächst einmal konstatieren wir im Vulgär- und Spätlatein eine **Reduktion der Konjugationsklassen**. Von den fünf Klassen bleiben nur drei weitgehend unbeschadet, nämlich die ehemals langvokalischen Konjugationen (ā, ē, ī), die aber nun, nach Entphonologisierung der Vokalquantitäten (vgl. Kap. 3.2.1), nicht mehr zwingend langvokalisch sind (vgl. klat. *cantāre* > vlat. *cantare* > sp. *cantar*; klat. *tenēre* > vlat. *tenere* > sp. *tener*, lat. *venīre* > vlat. *venire* > sp. *venir*). Entsprechend fällt die e-Konjugation mit der konsonantischen und der kurzvokalischen i-Konjugation zusammen, deren Vertreter ja im Infinitiv gleichfalls auf *-ere* auslauten. Durch den lautlichen Zusammenfall von kurzem bzw. offenem /i/ mit langem bzw. geschlossenen /e/ gibt es schon im Lateinischen Verwechslungen in den Endungen (z. B. *florere* ‚blühen' > *florire*). Dies erklärt, warum z. B. im Spanischen viele Verben, die im Lateinischen der konsonantischen Konjugation angehörten, jetzt in die i-Klasse gerutscht sind (z. B. lat. *vivĕre* > sp. *vivir*, aber lat. *bibĕre* > sp. *beber*). Besonders zwischen der ehemaligen konsonantischen, der gemischten und der ehemaligen ē-Konjugation gibt es immer wieder Verwechslungen. So wird z. B. aus *respondēre* ‚antworten' im Vulgärlatein häufig *respondĕre* (vgl. konservatives am Klass.Latein orientiertes sp. *responder* vs. innovatives frz. *répondre*) und umgekehrt aus *cadĕre* ‚fallen' *cadēre* (vgl. it. *cadere*) bzw. aus *sapĕre* (*sapio*) ‚schmecken, verstehen' *sapēre* (> it. *sapere*, sp. *saber*, fr. *savoir*).

Einen Schritt weiter als die anderen romanischen Sprachen geht in diesem Punkt das Französische: Während die Verben der ehemaligen lateinischen a-Konjugation durch den französisch-spezifischen Lautwandel /a/ > /e/ eine neue *-er*-Klasse aufmachen (z. B. *cantare* > *chanter*; *parabolare* > *parler*), werden die Verben der ehemals langvokalischen e-Konjugation entweder in die i-Konjugation überführt (z. B. *tenēre* > frz. *tenir*) oder aber sie fallen, wie beim oben bereits genannten Beispiel lat. *respondēre* > frz. *répondre*, mit den Verben der ehemals konsonantischen Konjugation zusammen, bei denen das *-e-* vor der Infinitivendung gänzlich schwindet, vgl. lat. *vivĕre* (kons.Konjug.) > frz. *vivre*.

### 4.6.2 Beseitigung von Unregelmäßigkeiten

Für alle Konjugationsklassen gilt eine zunehmende **Angleichung der Unregelmäßigkeiten** an das regelmäßige Formensystem. In besonderem Maße gilt dies für die Verba Anomala: So wird z. B. im Vulgär- und Spätlatein zu *esse* ein regelmäßiger Infinitiv *essere* gebildet (> it. *essere*, sp. *ser*, afr. *estre*), und unregelmäßige Stammformen wie die von *stare* ‚stehen' (1. Pf. *steti*) werden an das System der a-Konjugation angepasst (> 1.Pf. *stavi*) – weiteres vgl. Kap. 4.6.5. Auch zu *posse* und *velle* werden regelmäßigere Infinitive gebildet, die sich an der Perfektform (*potui*, *volui*) bzw. am PPA (*potens*, *volens*) orientieren: *potēre* (vgl. it. *potere*, sp. *poder*) und *volēre* (vgl. it. *volere*, frz. *vouloir*). Die einzelnen finiten Formen werden ganz regelmäßig gebildet; in Texten belegt sind beispielsweise für das Präsens *poteo* und für das Imperfekt *potebas* und *potebat* (Väänänen 1981:136).

Schon im Altlatein gab es vereinzelte Tendenzen, die **Deponentien in aktivische Verben umzuwandeln**. So findet man z. B. bei Plautus *hortare* für *hortari* (‚ermahnen') und *partire* für *partiri* (‚teilen'). Diese Tendenz breitet sich im Spätlatein so sehr aus, dass auch die gängigsten Deponentien aktivische Form annehmen z. B. *loqui* (‚sprechen') > *loquere*, *sequi* (‚folgen') > *sequere* (vgl. sp. *seguir*, it. *seguire*, fr. *suivre*).

### 4.6.3 Veränderungen beim Passiv: von der Synthese zur Analyse

Das **Mediopassiv** wird im Vulgär- und Spätlatein zunehmend **durch reflexive Konstruktionen ersetzt**, z. B. *verti* (‚sich drehen') > *se vertere*; *exercēri* (‚sich üben') > *se exercere* (vgl. frz. *s'exercer*). Es wird also die Technik eingeführt, die sich später in den romanischen Sprachen nahezu flächendeckend ausbreitet: *clamatur* > *se clamat* > it. *si chiama*, sp. *se llama*; *appellatur* > *se appellat* > fr. *il s'appelle*. Die neue Technik ist zugleich analytisch und prädeterminierend.

Auch das eigentliche **Passiv** macht einen tiefgreifenden **Formenwandel** durch: Das synthetische Passiv der Präsensstammgruppe verschwindet vollständig – offensichtlich bot das analytische Passiv der Supinstammgruppe kommunikative Vorteile. Entsprechend ergibt sich nun eine Verschiebung aus der Supinstammgruppe in die präsentischen Tempora: Das Passivmuster des Indikativ Perfekt (PPP + Präsens von *esse*) wird zunehmend als Präsens Passiv verstanden. Semantisch bieten sich für diese Tempusverschiebung zwei Erklärungen an: Zum einen suggeriert die Präsensform des Hilfsverbs *esse* eine präsentische Bedeutung, zum anderen hat das Perfekt im Klassischen Latein häufig resultative Bedeutung, d. h. eine zurückliegende Handlung wird in ihrer Bedeutung für die Gegenwart geschildert (z. B. *novi* ‚ich habe kennengelernt' = ‚ich weiß' – Inf. *noscĕre*). Man spricht hier auch von einem „präsentischen Perfekt". Durch die Verschiebung der Form des Perfekts Passiv kommt nun das ganze System in

Bewegung, ähnlich, wie wenn man im Supermarkt die unterste Dose aus einem Stapel zieht. Die entstehenden Lücken werden aufgefüllt mit neugebildeten analytischen Formen auf der Grundlage des PPP in Kombination mit anderen Tempora des Hilfsverbs *esse*. Diese neu hinzu kommenden Formen sind in der Tabelle durch das Zeichen „+" markiert.

**Verschiebungen im Formenparadigma des Passivs (Indikativ)**[74]

|  | Klassisches Latein |  | Spätlatein |
|---|---|---|---|
| Präsens | *laudor* | → | *laudatus sum* |
| Perfekt | *laudātus sum* | → | + *laudatus fui* |
| Imperfekt | *laudābar* | → | *laudatus eram* |
| Plusquamperfekt | *laudātus eram* | → | + *laudatus fueram* |

Die aus der Verschiebung resultierenden Formen bzw. Verwendungen haben sich in den romanischen Sprachen im Wesentlichen erhalten, vgl. z. B.

> klat. *am-or* => slat. *amatus sum* > it. *sono amato*, sp. *soy amado*, fr. *je suis aimé*
>
> klat. *ama-bar* => slat. *amatus eram* > it. *era amato*, sp. *era amado*, fr. *j'étais aimé*[75]

### 4.6.4 Neubildung analytischer Tempusformen im Aktiv

Nachdem sich das **analytische Formenbildungsverfahren** über das Passiv schleichend ausgebreitet hat, greift es zunehmend auf die Konjugation der **aktivischen Tempusformen** über. Auch hier werden nun analytische, oder anders formuliert, „periphrastische Tempora" gebildet. Ganz neu ist dieses Verfahren auch im Aktiv nicht, gab es doch schon im Klassischen Latein in ganz bestimmten Verwendungen eine futurische „coniugatio periphrastica" (,umschreibende Konjugation'), zusammengesetzt aus dem PFA und einer Form von *esse* (z. B. *laudaturus sum* – ,ich bin einer, der gleich loben wird' > ,ich werde loben') oder aber auch Zusammensetzungen mit dem Gerundivum (z. B. *laudandi sunt* ,sie sollen/werden gelobt werden'). Entsprechend breiten sich neue analytische Formen zuerst im **Futur** und im **Perfekt**, in dem das Passiv mit seiner analytischen Formenreihe gewisse Vorarbeit geleistet hat (s. o.), aus. Dass der Übergang von der Synthese zur Analyse gerade diese beiden Tempora betrifft, hat aber mehrere Gründe:

---

74  Darstellung modifiziert nach Väänänen (1981:130).
75  Im Französischen wurde das Imperfekt von *esse* durch das Imperfekt von *stare* ,stehen' ersetzt (vgl. hierzu Kap. 4.6.5).

- Sowohl im Futur als auch im Perfekt (allerdings Passiv) bestehen bereits Formen der periphrastischen Konjugation (s. o.).
- Die Formen von Futur und Perfekt waren sich schon im Klassischen Latein phonetisch relativ ähnlich (z. B. *laudabit, laudabimus* vs. *laudavit, laudavimus*). Nach dem recht verbreiteten Lautwandel von /b/ > /v/ waren diese Formen nicht mehr auseinander zu halten. Es bestand also dringender Bedarf an eindeutigen Formen.
- Die 1.Person Singular des Futur I überschnitt sich in manchen Konjugationen mit dem Konjunktiv Präsens (z. B. *regam, capiam*). Auch hier bestand also Klärungsbedarf.
- Das lateinische Perfekt vereint die Funktionen des urindogermanischen Aorists (Standard-Erzählzeit der Vergangenheit; sog. „historisches Perfekt") und des uridg. Perfekts (Abgeschlossenheit einer Verbalhandlung aus Sicht des Präsens oder anders ausgedrückt: perfektiver Aspekt[76]). Es muss also gelegentlich als Präsens übersetzt werden (sog. „präsentisches Perfekt", vgl. *novi* – ‚ich kenne') und ist demnach als Tempus wenig eindeutig.
- Das Futur wird im Klassischen Latein, wenn es um zukünftige Handlungen geht, konsequenter verwendet als im Deutschen, wo auch für die Zukunft häufig das Präsens steht (z. B. dt. *ich schicke dir morgen ein Buch* vs. *cras librum tibi mittam*). Sobald die Zukunft berührt wird, verwendet man also im Lateinischen tatsächlich das Futur[77] – eine Verwendung, die sich in den romanischen Sprachen bewahrt hat, die in diesem Punkt strenger sind als das Deutsche. Umgekehrt kann aber das lateinische Futur gelegentlich in die Gegenwart hineinreichen. Das Beispiel des alten futurischen Imperativs auf *-to/-tote* haben wir bereits kennengelernt (s. o.). Berühmt geworden ist die Formel *memento mori!* (wörtlich: ‚denke daran zu sterben'; sinngemäß: ‚bedenke, dass du sterblich bist'), die während der Triumphzüge dem auf dem Triumphwagen stehenden siegreichen Feldherrn ins Ohr geflüstert wurde, damit dieser angesichts der Ehrungen die Bodenhaftung nicht verlor (der Feldherr, nicht der Wagen...). Daneben kann

---

76  Neben Tempus, Modus und Diathese unterscheidet man bei Verben zwei weitere Kenngrößen, die den Ablauf der Verbalhandlung fokussieren. Dies ist zum einen der **Aspekt**, der die Abgeschlossenheit oder Nicht-Abgeschlossenheit einer Handlung zum Ausdruck bringt (perfektiv vs. imperfektiv) und z. B. im Französischen herangezogen werden muss, um die Gebrauchsunterschiede zwischen Imparfait und Passé simple zu erklären. Zum anderen ist es die **Aktionsart** (z. B. inchoativ – kennzeichnet den Anfang einer Verbalhandlung; iterativ – wiederholte Handlung; punktuell – einmalige und zeitlich kurze Handlung; durativ – lang andauernde Handlung; telisch – auf ein Ziel/Ende hin ausgerichtete Handlung). Da der Aspekt immer an ein bestimmtes Tempus geknüpft ist, handelt es sich um eine grammatische Kategorie. Die Aktionsart hingegen wird entweder durch ein eigenes Affix ausgedrückt (z. B. duratives *florēre* ‚blühen' vs. inchoatives *florēscere* ‚erblühen') oder steckt gewissermaßen in der Lexembedeutung (z. B. lat. *dormire* ‚schlafen' ist nie punktuell). In einer anderen Terminologietradition spricht man deshalb bei der Aktionsart vom ‚**lexikalischen Aspekt**', der eigentliche Aspekt wird entsprechend als ‚**grammatikalischer Aspekt**' bezeichnet. Bei der Aktionsart handelt es sich um eine semantische Kategorie, die im Deutschen häufig durch ein Präfix zum Ausdruck gebracht: vgl. duratives *blühen* vs. inchoatives *erblühen* vs. telisches *verblühen*.

77  Hierzu, sowie auch zum präsentischen Perfekt, vgl. Rubenbauer et al. (1995:240ff).

auch das Futur I stehen, um einen drohenden Befehl oder eine Verpflichtung auszudrücken (z. B. *statim tacebitis!* ‚Ihr werdet sofort den Mund halten!' vgl. Throm 1995:207). Man spricht hier vom „deontischen Futur", also einem Futur des Sollens oder Müssens, das sich z. B. im Französischen in Gesetzestexten erhalten hat (vgl. das 5. Gebot: *tu ne tueras point*).

Die aufgeführten Faktoren führten dazu, dass Futur und Perfekt im Lateinischen sowohl als Form wie auch als funktionelle Kategorie unscharf wurden. Es lag also nahe, neue Formen zu entwickeln und damit die Tempusfunktionen wieder zu stärken bzw. eindeutiger zu machen. Welche Motivation dabei letztlich den Ausschlag für das Kreieren bestimmter Formen bzw. die Durchsetzung einer bestimmten Variante gab, ist durchaus umstritten. Über den formalen Ablauf des Ersetzungsprozesses bei Futur I und Perfekt ist man sich aber weitgehend einig. Schlüsselbegriffe sind, wie bei den meisten morphologischen Sprachwandelphänomenen, die Prinzipien der **Lexikalisierung** und der **Grammatikalisierung**:[78]

Das synthetische Perfekt wird in der spätlateinischen Epoche, zumindest in der gesprochenen Sprache, allmählich durch ein **analytisches Perfekt** verdrängt, das aus dem Hilfsverb *habēre* oder *tenēre* und dem PPP gebildet wird. Die Entwicklung dieser neuen Form kann man in **drei Stufen** darstellen (vgl. Berschin/Felixberger/Goebl 2008:139 ff): In der **ersten Stufe** (Klassisches Latein) sind *habēre* und *tenēre* noch Vollverb (‚besitzen'). Ein Satz wie *magister habet scriptum librum* bedeutet also: ‚der Lehrer besitzt ein Buch, das geschrieben ist'. Wer das Buch geschrieben hat, spielt keine Rolle, wichtig ist nur, dass es geschrieben und nicht z. B. ausschließlich bebildert ist. Auf einer **zweiten Stufe** wird die Verbindung des finiten Verbs *habēre* bzw. *tenēre* mit dem jeweiligen PPP lexikalisiert, d. h. sie verfestigt sich zu einer Kollokation mit einer bestimmten Bedeutungsnuance. Diese Nuance besteht darin, dass das Subjekt des finiten Verbs mit dem Agens[79] des Partizips zusammenfällt. Der Lehrer besitzt also ein Buch, das er selbst geschrieben hat (ähnlich wie es im spanischen *El profesor tiene escrito un libro* unterschwellig verstanden wird). Auf diese Weise wird neben dem Besitz auch die Abgeschlossenheit der Schreibhandlung betont. Eine solche Umschreibung kann alternativ zum präsentischen Perfekt stehen (vgl. Rubenbauer 1995:242: *te cognitum habeo* ‚ich habe dich als erkannten', d. h. ‚ich habe dich kennengelernt und kenne dich nun durch und durch'). In der **dritten Stufe** erhält die gesamte Periphrase temporalen Wert, entspricht also dem französischen *Le professeur a écrit un livre* oder dem spanischen *El profesor ha escrito un libro* (‚der Lehrer hat ein Buch geschrieben'). Das Verb *habēre* verliert dabei seinen Vollverbstatus (der Lehrer besitzt das Buch also nicht mehr unbedingt, sondern es könnte auch jemand anderem gehören) und wird zum Hilfsverb, oder anders ausgedrückt: Aus einem lexikalischen Morphem wird ein grammatisches

---

78 Eine ausführliche Korpusanalyse zu Grammatikalisierungsprozessen vom Lateinischen zum Iberoromanischen bietet Böhmer (2010).

79 Beim Passiv ist es präziser, vom Agens (PPA von *agĕre* ‚tun'), also der tätigen Person zu sprechen, da das Subjekt in passivischen Ausdrücken ja gerade nicht die Person ist, die etwas tut, sondern die, mit der etwas getan wird.

4.6 Verbalmorphologie in Vulgär- und Spätlatein

Morphem – eine sogenannte „Grammatikalisierung". Entsprechendes gilt im Portugiesischen für das aus *tenēre* hervorgegangene Hilfsverb *ter*, das hier für die Perfektbildung verwendet wird (port. *O professor tem escrito um livro*). Dass es sich bei der Form von *habere*[80] bzw. *tenere* nun tatsächlich um ein grammatisches Morphem handelt, erkennt man daran, dass es mit allen Vollverben kombinierbar ist. Entsprechend bildet man nun z. B. auch an Stelle von *cantavi* analytisch *cantatum habeo* bzw. *teneo* (> sp. *he cantado*, it. *ho cantato*, fr. *j'ai chanté*; port. *tenho cantado*).

Nachdem die Technik des analytischen Perfekts sich durchgesetzt hatte, bildete man analog dazu auch ein **analytisches Plusquamperfekt**. Synthetisches *cantaveram* (‚ich hatte gesungen') wurde also von einer Periphrase mit PPP abgelöst, in der das Hilfsverb *habere* bzw. *tenere* ins Imperfekt oder Perfekt trat: *cantatum habebam/habui* bzw. *tenebam/tenui*. In den romanischen Sprachen setzte sich überwiegend die Imperfektform des Hilfsverbs durch, wie wir sie aus den Plusquamperfektformen sp. *había cantado*, it. *avevo cantato*, fr. *j'avais chanté* und port. *tinha cantado* kennen.

Bei der Entwicklung des **analytischen Futur I** wirkten ganz ähnliche Prozesse: Zunächst verbreitete sich im Spätlatein eine bestimmte Technik zum Ausdruck des deontischen Futurs, nämlich eine Periphrase aus Infinitiv + Präsens von *habere*. Die Wahl des Infinitivs lag deshalb nahe, weil er die Nicht-Abgeschlossenheit der Verbalhandlung zum Ausdruck bringt. Eine Form wie *cantare habeo* bedeutete also ‚ich soll singen', im Unterschied zum rein futurischen *cantabo* (‚ich werde singen'). Wie schon beim Perfekt liegt auch hier eine Lexikalisierung der Periphrase vor. Diese Periphrase war so gängig, dass sie sogar in die Vergangenheit gesetzt werden konnte. Einen Beleg hierfür kennen Sie bereits aus der Übung zum Itinerarium Egeriae II,1: „*transversare habebamus*" ‚wir mussten durchqueren' (vgl. Textauszug S. 176).

Der Auslöser der darauf folgenden Grammatikalisierung ist umstritten. Manche Linguisten erklärten den Wechsel vom synthetischen zum analytischen Futur rein morphologisch (z. B. wegen der Verwechslungsmöglichkeit von Perfekt und Futur, s. o.); Coseriu (1979) macht aber beispielsweise das Christentum mit seiner auf das Leben nach dem Tode ausgerichteten Denkweise dafür verantwortlich, dass das deontische Futur in periphrastischer Form das synthetische Futur allmählich verdrängte. In jedem Falle wird auch hier die Periphrase grammatikalisiert, d. h. *habere* wird wiederum zum Hilfsverb bzw. grammatischen Morphem: *cantare habeo* ‚ich werde singen'. Das neue Muster aus infinitivischem Stamm kombiniert mit dem Präsens von *habere* als Futur-Endung hat sich dann in den romanischen Sprachen fortgesetzt: sp. *cantaré* (entspricht *cantar* + *he*), port. *cantarei* (*cantar* + *hei*), fr. *chanterai* (*chanter* + *ai*), it. *canterò* (*cantare* + *ho*).

Analog zu diesem Futur bildete sich in den romanischen Sprachen anschließend ein **Konditional** heraus, das zumeist auf den Elementen Infinitiv + Imperfektendung der jeweiligen Entsprechung von lat. *habere* beruhte (vgl. sp. *cantaría* <= *cantar* + *había*;

---

80  Hier erübrigt sich die Quantitätenmarkierung, da sie zu dieser Zeit nicht mehr phonologisch distinktiv ist.

port. *cantaria* <= *cantar* + *havia*; frz. *chanterais* <= *chanter* + *avais*). Eine entsprechende Kollokation existierte zwar bereits im Spätlatein (s. Egeria-Beispiel *transversare habebamus*), hatte aber damals noch nicht die Funktion eines Konditionals. Die eigentliche Grammatikalisierung fand also erst im Frühstadium der romanischen Sprachen statt. Ein wenig aus der Reihe schert das Italienische, das seine Konditionalformen auf der Grundlage von Infinitiv + Perfektendung von *habere* bildet: *canterei* (aus *cantare* + *ebbi* < lat. *habui*), *canteresti* (aus *cantare* +*avesti* < lat. *habuisti*), *canterebbe* (aus *cantare* + *ebbe* < lat. *habuit*) etc.

### 4.6.5 Veränderungen bei *habēre* und *esse*

Neben den bereits angesprochenen Verwendungen von *habēre* als Hilfsverb (s. o.) kommt es im Spätlatein auch zu einer **unpersönlichen Verwendung von habēre** als Ausdruck des Vorhandenseins. Es ersetzt damit eine bestimmte, im Klassischen Latein übliche, Verwendung von *esse*, nämlich die als Vollverb (z. B. *est modus in rebus* ‚es gibt ein Maß in den Dingen' oder *sunt homines qui* ‚es gibt Leute, die...'). Stattdessen steht nun unpersönliches *habet* (‚es hat/es gibt'), und zwar unabhängig davon, ob das logische Subjekt im Singular oder Plural steht (vgl. z. B. im Itinerarium Egeriae 1,2: „*habebat autem de eo loco ad montem Dei forsitan quattuor milia*" ‚von diesem Ort bis zum Berg Gottes waren es vier Meilen') – also genau dieselbe Verwendungsweise wie in einigen romanischen Sprachen (vgl. z. B. sp. *hay*, frz. *il y a*). Eher am klassischen *esse*-Modus orientiert ist das Italienische mit seinen numerusmäßig angepassten Ausdrücken *c'è* und *ci sono*.

Das vielleicht unregelmäßigste und meistgebrauchte Verb des Klassischen Lateins ist **esse**. Es hat nicht nur sehr unterschiedliche Tempusstämme (z. B. Präsens: *sum, es, est...*; Perfekt: *fui, fuisti, fuit ...*; Imperfekt: *eram, eras, erat...*), sondern auch noch sehr kurze Formen, die dem Lautwandel wenig entgegenzusetzen hatten. Schon minimale lautliche Veränderungen gefährdeten das Verständnis. Darüber hinaus hatte *esse* sehr unterschiedliche Funktionen: Es konnte 1. als Vollverb gebraucht werden – in dieser Funktion wurde es schon früh von unpersönlichem *habet* abgelöst (s. o.). 2. diente *esse* als Kopula[81] und 3. als Hilfsverb in der Konjugation der Perfektstammgruppe Passiv. Es verwundert daher nicht, dass *esse* im Vulgär- und Spätlatein zum einen formal an andere Verben angeglichen wurde (z. B. bildete man einen Infinitiv *essĕre*, der in it. *essere* erhalten ist), zum anderen aber auch **Konkurrenz durch andere Verben** bekam, nämlich durch **sedēre** (‚sitzen') und **stare** (‚stehen'). Beide Verben entsprechen der Tendenz des Vulgärlateins, konkretere Ausdrücke abstrakten Ausdrücken vorzuziehen (*in horto sedet* ‚er sitzt im Garten' ist ja konkreter als *in horto est* ‚er ist im Garten').

---

81 „Kopula" (< lat. *copula* ‚Band') nennt man ein Verb, dessen semantische Rolle allein darin besteht, ein Subjekt mit einem Prädikatsnomen, also einer Aussage über dieses Subjekt, zu verbinden, z. B. in *Der Bahnhof ist groß*.

Alle drei Verben haben sich mit ihren Formen in den romanischen Sprachen gut erhalten können, bei *stare* meist die Variante mit prothetischem *e-* (*estare*). Besonders deutlich ist dies im Spanischen und Portugiesischen, wo es für das Verb ‚sein' gleich zwei lateinbasierte Entsprechungen gibt, nämlich jeweils *ser* (< lat. *sedēre*) und *estar* (< lat. *stare*), die zwei völlig unabhängige Formenreihen bilden und auch semantisch mehr oder weniger klar zu unterscheiden sind (ein Dauerbrenner in allen Spanisch- und Portugiesischkursen...). Als Eselsbrücke für die Unterscheidung könnte man sich merken, dass *ser* als Kopula deshalb bei wesenhaften Eigenschaften verwendet wird (z. B. sp. *ser inteligente*), weil Sitzen eine Tätigkeit ist, die man lange ausüben kann. Stehen hingegen ist meist kürzer befristet, was es nahelegt, *estar* als Kopula bei vorübergehenden Eigenschaften zu verwenden (z. B. sp. *estar contento*).

Die Konservierung zweier separater Formenreihen ist allerdings die Ausnahme. Verbreiteter ist das Phänomen des **Synkretismus**, d. h. des Zusammenfalls der Formenparadigmen verschiedener Verben zu einem einzigen Paradigma. So gehen in die Formenreihe von span. und port. *ser* sowohl Formen von lat. *sedēre* wie auch von *esse* ein. Aus diesem Grunde ist *ser* deutlich unregelmäßiger als *estar*. Im Folgenden wird dies für das **spanische *ser*** ausgeführt (nach Cano Aguilar 2002:158), das portugiesische *ser* verhält sich weitgehend analog; die Reihenfolge der aufgeführten Formen entspricht der üblichen Anordnung 1.-3.Person Sg., 1.-3.Person Pl.:

Von *esse* leiten sich ab:

- Präsens Indikativ: sp. *soy* (< lat. *sum*), *eres* (< lat. *eris* Fut.I!), *es* (< lat. *est*), *somos* (< lat. *sumus*), zur 2.Pl. vgl. *sedēre* (s. u.), *son* (< lat. *sunt*)
- Imperfekt Indikativ: sp. *era, eras, era, éramos, erais, eran* < lat. *eram, eras, erat, eramus, eratis, erant.*
- Perfekt Indikativ: sp. *fui, fuiste, fue, fuimos, fuisteis, fueron* < lat. *fui, fuisti, fuit, fuimus, fuistis, fuerunt.*

Von *sedēre* leiten sich ab:

- Infinitiv: sp. *ser* < asp. *seer* < lat. *sedēre* (evtl. mitbeeinflusst von *essere*)
- 2.Pl.Indikativ Präsens: sp. *sois* < asp. *sodes* < lat. *sedetis* (das *-o-* wurde analog zu den anderen Pluralformen *somos* und *son* eingesetzt)
- Konjunktiv Präsens: sp. *sea, seas, sea, seamos, seáis, sean* < lat. *sedeam, sedeas, sedeat, sedeamus, sedeatis, sedeant*
- Futur I: sp. *seré, serás, será, seremos, seréis, serán* < *sedere habeo, sedere habes, sedere habet, sedere habemus, sedere habetis, sedere habent*
- Konditional I: sp. *sería, serías, sería, seríamos, seríais, serían* < *sedere habebam, sedere habebas, sedere habebat, sedere habebamus, sedere habebatis, sedere habebant*
- Indikativ Perfekt (und alle weiteren analytischen Tempora mit Partizip Perfekt): sp. *he sido, has sido, ha sido, hemos sido, habéis sido, han sido* < *sedetum habeo, sedetum habes, sedetum habet, sedetum habemus, sedetum habetis, sedetum habent*

Einen ähnlichen Synkretismus bietet **frz. être**:

Von *esse(re)* leiten sich ab:

- Infinitiv Präsens: *être* < afr. *estre* < vlat. *essĕre* (das -t- ist ein eingeschobener Gleitkonsonant, um die Aussprache des als Resultat einer Synkopierung entstandenen *essre zu erleichtern)
- Ind.Präsens: fr. *je suis* (< lat. *sum*)[82], *tu es* (< lat. *es*), *il est* (<lat. *est*), *nous sommes* (< lat. *sumus*), *vous êtes* (< lat. *estis*), *ils sont* (< lat. *sunt*)
- Passé Simple: fr. *je fus, tu fus, il fut, nous fûmes, vous fûtes,*[83] *ils furent* < lat. *fui, fuisti, fuit, fuimus, fuistis, fuerunt*
- Konjunktiv Imperfekt: fr. *je fusse, tu fusses, il fût, nous fussions, vous fussiez, ils fussent* < lat. *fuissem, fuisses, fuisset, fuissemus, fuissetis, fuissent* (jeweils Konj. Plusquamperfekt!).

Einige weitere Formen sehen zwar so aus, als könnten sie sich von *sedēre* herleiten (ganz ausgeschlossen ist zumindest ein gewisser Einfluss sicher nicht), die Mehrheit der Fachleute geht aber von spezielleren vulgärlateinischen Neubildungen auf der Basis von *esse* aus, von denen sich die entsprechenden französischen Formen ableiten (vgl. Sergijewskij 1997:77, 84 f, Große 1986:113 ff, Ineichen 1985:95 ff):

- Konjunktiv Präsens: fr. je *sois, tu sois,* il *soit* ... < vlat. *siam, sias, siat* ... bzw. *seam, seas, seat* ... anstelle des klass. *sim, sis, sit*...
- Futur I:[84] fr. *je serai, tu seras* ... < *esseraio, esseras, essera* ...
- Konditional I: fr. *je serais, tu serais, il serait* ... < *essereie, essereies, essereit* ...

Von klat. *stare* bzw. vlat. *estare* leiten sich ab:

- Partizip Perfekt Passiv: *été* < afr. *estet* < lat. *(e)statum*
- Partizip Präsens Aktiv/Gerundium: *étant* < afr. *estant* < lat. *(e)stantem/ (e)stando*
- Indikativ Imperfekt:[85] fr. *j'étais, tu étais, il était, nous étions, vous étiez, ils étaient* < afr. *estoie, estoies, estoit, estions, estiez, estoient* < lat. *(e)stabam, (e)stabas, (e)stabat, (e)stabamus, (e)stabatis, (e)stabant.*

---

82  Die Zwischenstufe zwischen dem lat. *sum* und dem altfranzösischen *sui* (das graphische <s> wird erst im Mfrz. angehängt) ist wohl eine rekonstruierte Form *sóio, die durch Analogie zur lat. Perfektform *fui* entstanden ist (Ineichen 1985:95).

83  Der Zirkumflex auf *fûtes* erinnert an das ausgefallene -s- in lat. *fuistis*. Auf *fûmes* hingegen hat er keine etymologische Berechtigung, sondern steht in Analogie zu *fûtes*, da in den französischen Konjugationsparadigmen die 1. und 2.Pl. meist parallel gebildet sind.

84  Daneben existiert im Afrz. eine Futurreihe *ier, iers, iert* ..., die direkt auf klat. *ero, eris, erit* ... zurückgeht, aber wohl schon wegen ihrer Ähnlichkeit zur zweiten Imperfektreihe (s. u.) nicht erhalten blieb (Große 1986:114, Sergijewskij 1997:84).

85  Die hier aufgeführten altfranzösischen Formen stellen eine spätere Entwicklungsstufe dar. In einer früheren altfranzösischen Phase lauteten die Formen noch *esteie, esteies, estei(e)t, estiiens, estiiez, esteient* (Rheinfelder 1967:197, Sergijewskij 1997:78). Daneben gibt es im Altfranzösischen eine zweite Imperfektreihe *(i)ere, (i)eres, (i)ere/ert* ... die direkt auf das klassische *eram, eras, erat*... zurückgeht. Diese Reihe wird aber später aufgegeben (Große 1986:113).

Auch im Italienischen gibt es Ansätze zum Synkretismus: *esse(re)* ist zwar mit seinen Formen klar dominierend, *stare* ersetzt aber das fehlende Partizip Perfekt von *esse* durch sein Partizip *stato* (vgl. Passato Prossimo: *sono stato* ‚ich bin gewesen'). Bemerkenswert ist auch, dass beide Infinitive ihre (im Falle von *essere*: spät-)lateinische Form erhalten haben. Der Konjunktiv Präsens mit seinem Stamm *si-* (*sia, sia, sia*...) scheint auf dieselbe lateinische Nebenform von *esse* zurückzugehen wie sein französisches Pendant (*\*siam, sias, siat ...* – vgl. Pianigiani 1988: Stichwort „*èssere*"). Auch für die Formen des *sar*-Stammes (z. B. Futur I: *sarò, sarai, sarà*...; Konditional I: *sarei, saresti, sarebbe*...) ist wohl die gleiche Entstehung anzunehmen wie im Französischen.

### 4.6.6 Verlust von Verbalkategorien

Durch den Übergang von den synthetischen zu den analytischen Verbformen gehen zwar viele synthetische Formen verloren, die Kategorien bleiben aber zumeist erhalten, da die Formen ja ersetzt werden (z. B. der Infinitiv Präsens Passiv *laudari* durch die Periphrase *laudatus esse*, oder der Infinitiv Perfekt Aktiv *laudavisse* durch die Periphrase *laudatum habere*).

Es gibt aber auch einige Verbalkategorien, die noch im Klassischen Latein ganz geläufig waren, im Vulgär- und Spätlatein hingegen immer seltener gebraucht wurden und schließlich beim Übergang zu den romanischen Sprachen verloren gingen. Hierzu gehören:

- das Partizip Futur Aktiv (*laudaturus*, 3)
- das Gerundivum (*laudandus*, 3)

Des weiteren fallen das Partizip Präsens Aktiv (PPA: *laudans, laudantis* ‚lobend') und das instrumental verwendete Gerundium (*laudando* ‚durch Loben') formal und teilweise auch funktional zusammen (Väänänen 1981:140). Hieraus resultiert die Form auf *-ndo*, die in den romanischen Sprachen je nach Verwendung als Partizip Präsens oder als Gerundium bezeichnet wird (z. B. lat. *cantando* > sp./it. *cantando*). Im Französischen hingegen setzt sich die Form des lat. PPA durch, weshalb die Universalform für Partizip Präsens und Gerundium im Französischen auf *-ant* auslautet (z. B. lat. *cantantem* > frz. *chantant*). Die frz. Bezeichnung „gérondif" ist hier irreführend: sowohl etymologisch als auch funktional handelt es sich um ein Gerundium.

### 4.6.7 Zusammenfassung und Literaturempfehlungen

**Zusammenfassung:**

Die wichtigsten Neuerungen im Verbalsystem von Vulgär- und Spätlatein sind auf der einen Seite das Angleichen unregelmäßiger Formen und auf der anderen Seite die Entwicklung analytischer Formen anstelle von synthetischen Formen. In gewissem Sinne vollzieht sich hier – genau wie bei der Nominalmorphologie – ein Schub von der Postdetermination zur Prädetermination. Ein Hilfsverb als Tempusmarker kann ja auch vorangestellt werden, ein Tempussuffix dagegen nicht. Zu all diesen Neuerungen ist allerdings zu sagen, dass sie im geschriebenen Spätlatein nur relativ selten zu finden sind. Erklären lässt sich dieses Phänomen dadurch, dass es nur recht wenige Schreibkundige gab, und die waren offensichtlich in einer konservativen Schreibtradition ausgebildet worden. Da sich die beschriebenen Neuerungen aber durchweg in den romanischen Sprachen verbreitet haben, müssen wir annehmen, dass sie im gesprochenen Spätlatein deutlich häufiger verwendet wurden als im geschriebenen Spätlatein.

**Literaturempfehlungen:**
zum Vulgärlatein wie immer grundlegend Väänänen (1981), Coseriu (2008), Kiesler (2018) und mit Abstrichen Herman (1975) und Hofmann (1951). Zu den frühen Stadien der romanischen Sprachen – **Französisch**: Banniard (2008), Sergijewskij (1997), Große (1986), Raynaud de Lage (1984), Wolf/Hupka (1981), Rheinfelder (1967); **Spanisch**: Kabatek/Pusch (2011:241 ff), Böhmer (2010), Cano Aguilar (2002), Lloyd (1987); **Italienisch**: Marazzini (2011), Rohlfs (1966-69).

### 4.6.8 Übungen

a. Verbinden Sie die bedeutungsgleichen Formen aus Klassischem Latein, Spätlatein und romanischen Sprachen und übersetzen Sie sie (zur Hilfe: klass. Stammformen: *legĕre, -o, lēgi, lectum* ,lesen'; *liber, libri*, m ,Buch'):

| KL | SL | RS |
|---|---|---|
| 1 *librum legemus* | 1 *liber lectus est* | 1 fr. *tu as lu le livre* |
| 2 *librum legisti* | 2 *librum legere habemus* | 2 sp. *habían leído el libro* |
| 3 *liber legitur* | 3 *librum lectum habes* | 3 it. *il libro è letto* |
| 4 *liber lectus erat* | 4 *librum lectum habebant* | 4 fr. *nous lirons le livre* |
| 5 *librum legerant* | 5 *liber lectus fuit* | 5 it. *il libro era stato letto* |
| 6 *liber lectus est* | 6 *liber lectus fuerat* | 6 sp. *el libro fue leído* |

b. Einige Verbformen haben beim Übergang zum Spätlatein ihre Bedeutung geändert. Übersetzen Sie die folgenden Formen einmal als klassische Variante und einmal als spätlateinische Variante:
- *liber laudatus est*
- *casa constructa erat*

c. Auf welche lateinischen Formen gehen die folgenden romanischen Formen unmittelbar zurück?
- fr. *nous appellerons*
- sp. *vinieron*
- it. *aveva mandato*
- fr. *j'ai construit*

d. Das älteste Sprachzeugnis des Französischen sind die sog. „Straßburger Eide" (842 n. Chr.). Hier verbünden sich Karl der Kahle und Ludwig der Deutsche, die beiden Söhne Ludwigs des Frommen, gegen ihren Bruder Lothar (alle drei sind Enkel Karls des Großen). Der Rechtsakt vollzieht sich am 14.2.842 nach der Schlacht von Fontanet, im Beisein beider Heere. Dabei spricht Ludwig die Eidesformel auf Altfranzösisch, damit er von dem frankophonen Heer Karls verstanden wird, und Karl spricht umgekehrt die Formel auf Althochdeutsch. Im Folgenden ein Auszug aus der altfranzösischen Formel mit einer neufranzösischen Übersetzung:[86]

*„Pro Deo amur et pro christian poblo et nostro commun salvament, d'ist di in avant, in quant Deus <u>savir</u> et <u>podir</u> me <u>dunat</u>, si <u>salvarai</u> eo cist meon fradre Karlo et in aiudha et in cadhuna cosa, si cum om per dreit son fradra <u>salvar</u> <u>dift</u>, in o quid il mi altresi <u>fazet</u> et ab Ludher nul plaid nunquam <u>prindrai</u>, qui, meon vol, cist meon fradre Karle in damno <u>sit</u>."* (nach Berschin/Felixberger/Goebl 2008:184)

‚Pour l'amour de Dieu et pour le peuple chrétien et notre salut commun, à partir de ce jour, en tant que Dieu me donne le savoir et le pouvoir, je soutiendrai mon frère Charles, que voici, par mon aide et en toute chose, comme on doit soutenir son frère, selon l'équité, à condition qu'il m'en fasse autant, et avec Lothaire je ne prendrai jamais aucun arrangement qui, de ma volonté, soit au détriment de mon frère Charles, que voici.' (nach Geckeler/Dietrich 2012:205)

Charakterisieren Sie die Sprache des Textes zwischen Lateinisch und Romanisch:
1. Welche Wörter sind von der Graphie her rein lateinisch?
2. Welche Wörter entsprechen von der Graphie her bereits dem neufranzösischen Stand?
3. Wie ist die Morphologie der Nomina einzustufen? Sind noch Reste lateinischer Kasus erkennbar?
4. Wie ist die Morphologie der Verben einzustufen (jeweils unterstrichen): Welche Formen erinnern eher an das Lateinische, welche an das moderne Romanische?
5. Zeigen Sie an ausgewählten Wortformen aus dem Text, dass das Altfranzösische dem Spanischen bzw. dem Italienischen näher ist als das Neufranzösische.

---

86  Zur sprachlichen Analyse vgl. auch Klare (2011:52 f.).

### 4.6.9 Weiterführende Aufgaben

a. Suchen Sie aus der lateinischen Wortkunde von Mader (2008) für jede der fünf Konjugationsklassen jeweils zwei Beispielverben heraus, die sich in allen bei Mader aufgeführten romanischen Sprachen erhalten haben. Beschreiben Sie den phonologischen und morphologischen Wandel, der jeweils stattgefunden hat.

b. Informieren Sie sich über die Sprachwandeltheorie von Rudi Keller (z. B. 1982 oder 2014). Welche der im vorliegenden Buch aufgeführten Sprachwandelphänomene aus der lateinisch-romanischen Verbalmorphologie lassen sich mit der „unsichtbaren Hand" erklären, welche nicht?

c. Fassen Sie die Erklärungsansätze für die Entstehung des periphrastischen Futurs zusammen, die Coseriu (1979) auflistet. Was kritisiert er an diesen Ansätzen und wie begründet er seine eigene Hypothese?

# 5 Syntax

Von der Antike bis zum letzten Drittel des 20. Jahrhunderts war die Syntax so etwas wie die „hohe Schule" des Lateinunterrichts. Zunächst einmal lernte man Wörter und Formen auswendig, und erst nach Jahren hielt man die Schüler*innen für reif genug, um ihnen komplexere Sätze oder gar authentische Texte vorzulegen.[1] Erst in den 70er und 80er Jahren des vergangenen Jahrhunderts begann man in der Lateindidaktik unter dem Konkurrenzdruck der neuphilologischen Schulfächer umzudenken. Sprachreflexion rückte als Lernziel neben der Übersetzungskompetenz in den Vordergrund. Gerade für Sprachreflexion aber bietet die Syntax ein ideales Betätigungsfeld. Entsprechend ist es heute durchaus üblich, im Lateinunterricht mit zweisprachigen Textausgaben zu arbeiten, um die Schüler*innen möglichst frühzeitig mit der komplexen Syntax (und natürlich auch den interessanteren Inhalten) authentischer Texte konfrontieren zu können. Verbrachte man früher häufig einmal eine ganze Schulstunde mit der Übersetzung eines einzigen Caesar- oder Cicero-Satzes, so lassen sich heute längere Texte im Unterricht bearbeiten. Dies räumt die Möglichkeit ein, auch textlinguistische Fragestellungen in die Syntaxbehandlung einfließen zu lassen,[2] während man sich früher aus ganz pragmatischen Gründen – nämlich wegen der geringen Übersetzungsgeschwindigkeit – auf die Satzsyntax konzentriert hatte.

Da in der Syntax die Unterschiede zwischen dem Klassischen und dem Vulgär- und Spätlatein weniger markant sind als in der Phonetik und Morphologie, ist dieses Kapitel nicht primär nach Sprachepochen bzw. -registern eingeteilt, sondern nach Syntaxkategorien. Die jeweiligen Besonderheiten des Vulgär- und Spätlateins werden gleich innerhalb der einzelnen Unterkapitel thematisiert. Anzumerken ist noch, dass üblicherweise die Behandlung der Syntax mengenmäßig mindestens die Hälfte einer Latein-Grammatik ausmacht. In diesem Bereich musste also für das vorliegende Buch am meisten gerafft werden.

---

1   Zur Geschichte des Fremdsprachenunterrichts, die größtenteils eine Geschichte des Lateinunterrichts darstellt, vgl. Germain 1993 und Hüllen 2005.
2   Weddigen (2014:27-53) geht beispielsweise ausführlich auf die Thema-Rhema-Struktur in lateinischen Texten ein, und auch Hoffmann 2018 (111-132) betont die Bedeutung der Informationsstruktur für die lateinische Wortstellung.

## 5.1 Der einfache Satz

### 5.1.1 Wortstellung

In der Prosa des Klassischen Lateins gibt es relativ klare Tendenzen, das finite Verb an die letzte Position des Satzes zu setzen, das Subjekt hingegen an den Anfang. Die häufigste und damit unmarkierte Reihenfolge der zentralen Elemente ist also **Subjekt – Objekt – Prädikat**. Dennoch muss man bei der Wortstellung grundsätzlich mit allem rechnen, denn bei besonderer Betonung anderer Elemente können auch diese an die Anfangs- oder Endposition rücken. Das Lateinische ist also keine typische SOV-Sprache, die Wortstellung hängt vielmehr von pragmatischen Faktoren wie der Informationsstruktur ab, also davon, wie Topik (das Element, über das etwas ausgesagt wird) und Fokus (die neue Information) im Satz verteilt sind (Hoffmann 2018:111-131). Steht ein Subjekt am Satzanfang, so hat es meist Topik-Funktion, ein Verb am Satzanfang hingegen erhält durch diese markierte Stellung Fokus-Funktion. Adjektive können vor oder nach ihren Bezugswörtern stehen, und selbst Konjunktionen und Relativpronomina stehen nicht unbedingt am Anfang des Nebensatzes. Es galt zudem als stilistisch elegant, zusammengehörige Elemente möglichst weit auseinander zu stellen. Für diese rhetorische Figur wurde der (griechische) Terminus „**Hyperbaton**" geprägt (‚das Versetzte'): z. B. *haec poena* apud eos est *gravissima* – ‚diese Strafe ist bei ihnen die schwerste'.

Gelegentlich können wir im Deutschen, so wie beim vorigen Beispiel, diese Wortstellung nachahmen. Zumeist aber zieht die Übersetzung vom Lateinischen in eine moderne Sprache mit fester Wortstellung eine Umstellung der Elemente nach sich – es kann nicht einfach linear herübersetzt[3] werden. Am extremsten wird die **Freiheit der Wortstellung** in der metrischen Dichtung ausgenutzt.

Der Veranschaulichung dieser Freiheit soll im Folgenden die vielleicht berühmteste Passage lateinischer Dichtung dienen: der Anfang von **Vergils Aeneis**, die dieser dem Princeps Augustus zum Dank für die Beendigung der Bürgerkriege gewidmet hatte. Im Zentrum des Epos steht der trojanische Held Aeneas, der nach dem Untergang Trojas und einigen Irrfahrten von den Göttern nach Italien gelenkt wurde, wo seine Nachfahren schließlich die Stadt Rom gründeten (das Epos behandelt in gewisser Weise also auch den Urmythos der Romanistik). Der Text, der sich literarisch an die *Ilias* und *Odyssee* Homers anlehnt, wurde sehr schnell zum römischen Nationalepos – seine Wortstellung scheint also niemanden gestört zu haben.

Der Textauszug (Buch I, Vers 1-7) wird mit einer Interlinearversion und einer freieren Übersetzung präsentiert. Hyperbata innerhalb einer Zeile sind durch Bögen von einem zum anderen zusammengehörigen Glied gekennzeichnet. Hyperbata, die Zeilen bzw. Verse überspringen, sind so unterstrichen, dass die wechselseitige Beziehung ihrer

---

3   Bei der Übersetzung (frz. „traduction") werden üblicherweise zwei Richtungen unterschieden: Die Übersetzung aus der Fremdsprache in die Muttersprache wird als „Herübersetzung" (frz. „*version*") bezeichnet, die Übersetzung aus der Muttersprache in die Fremdsprache als „Hinübersetzung" (frz. „*thème*").

Glieder deutlich wird. Der Text folgt der sog. „Oxford-Ausgabe" (ed. Mynors 1969), in der nach klassischem Vorbild grundsätzlich nicht zwischen <u> und <v> unterschieden wird – es steht durchweg <u>. In den ersten beiden Versen sind die metrischen Hebungen (vgl. Kap. 7.1) als Akzente eingetragen:

*Árma   uirúmque   canó,   Troiaé qui prímus   ab óris*
Waffen  den Mann-und besinge ich, Trojas der als erster von den Gestaden

*Italiám   fató   profugús   Lauíniaque   uénit*
nach Italien vom Schicksal verbannt Lavinischen-und⁴ kam

*litora,   multum ille et   terris iactatus   et   alto*
an die Küsten, viel jener sowohl auf Erden herumgetrieben wie auch auf dem Meer

*vi   superum,   saeuae   memorem Iunonis ob iram,*
durch die Gewalt der Götter, der grimmigen unversöhnlichen Iuno wegen des Zorns

*multa quoque et bello passus,   dum conderet   urbem*
vieles auch und im Kriege erlitten habend, bis er gründete die Stadt

*inferretque   deos   Latio;   genus   unde   Latinum*
er brachte-und Götter nach Latium; das Geschlecht woher latinisch

*Albanique   patres   atque altae moenia Romae.*
albanische-und⁵ die Väter und des hohen Mauern Roms.

> ‚Singen will ich von Kämpfen und von dem Mann, der zuerst von
> Trojas Gestade, vom Schicksal verbannt, zu Laviniums Küste,
> nach Italien kam; über Wasser und Lande verschlug ihn
> Göttergewalt, aus unversöhnlichem Grolle der grimmen
> Juno; der viel auch im Kriege erlitt, bis die Stadt er gegründet,
> Götter nach Latium brachte, woher das Latinergeschlecht ward,
> Albas Urväter auch und du, hochragende Roma.' (Übers. Plankl 1980)

Stilistisch auffallend und durchaus repräsentativ für klassisch lateinische Dichtung ist, dass kaum einmal ein Substantiv ohne attributive oder andere Ergänzung verwendet wird: Die Küsten sind lavinisch, die Väter albanisch, Iuno ist grimmig, der Zorn unversöhnlich und Rom hoch. Dieser Wortfluss erinnert fast ein wenig an moderne Discounter-Prospekte, in denen keine Ware ohne Attribut oder Apposition angepriesen wird: „ultimatives Profi-Werkzeug, superschneller High-Tech-Computer, robuste Tre-

---

4   „Lavinium" war der Name der ersten Siedlung, die Aeneas auf italischem Boden gründete.
5   „Albanisch" bezieht sich nicht etwa auf das heutige Albanien, sondern auf die Stadt Alba Longa, die Aeneas' Sohn Ascanius in Latium gründete und wohin er den Hauptsitz seines Volkes verlegte. Erst etwa 300 Jahre später gründete der Sage nach Romulus die Stadt Rom.

cking-Sandale, gigantischer Arbeitsspeicher, ultraflaches Display, Multifunktionsmesser" etc. Was die lateinischen Konstruktionen allerdings von diesen Werbeformeln unterscheidet, ist die Varianz in der Wortwahl – selbst sehr gute Lateiner, die Caesar und Cicero ganz ohne Hilfsmittel übersetzen, brauchen für Vergil ein Wörterbuch. Zudem werden die Möglichkeiten, die solche Doppelkonstruktionen für eine kunstvolle Wortstellung bieten, von den klassischen Dichtern in voller Breite genutzt.

### 5.1.2 Satzglieder/syntaktische Funktionen

Wegen der Freiheit der lateinischen Wortstellung ist es bei der Übersetzung unerlässlich, zunächst die Funktion jedes Elements zu bestimmen und so festzustellen, an welche Position im deutschen Satz ein bestimmtes Element des lateinischen Satzes gehört. Aus diesem Grund hat man in der Geschichte des Lateinunterrichts schon frühzeitig damit begonnen, zusätzlich zu den **Wortklassen** (lat. *partes orationis* ‚Teile der Rede' – entsprechend sp. *partes de la oración*, frz. *les parties du discours*) auch **syntaktische Funktionen** bzw. **Satzglieder** zu unterscheiden. Während die unterschiedlichen Wortklassen mitsamt ihren lateinischen Bezeichnungen sich in den meisten sprachwissenschaftlichen Schulen erhalten haben (vgl. Kap. 4.2), gibt es für die syntaktischen Funktionen je nach Syntaxtheorie inzwischen recht unterschiedliche Begrifflichkeiten. Im Folgenden wird zunächst die Terminologie der sog. „Schulgrammatik" verwendet:

Die wichtigsten syntaktischen Funktionen sind **Prädikat** (*praedicatum* ‚das Ausgesagte' bzw. ‚Satzaussage') und **Subjekt** (*subiectum* ‚das [der Satzaussage] Unterworfene' bzw. ‚Satzgegenstand' – erfragt wird es mit „wer oder was?"). Schon in der Terminologie wird also deutlich, dass nach dieser Vorstellung das Subjekt dem Prädikat unterworfen ist und nicht umgekehrt. Entsprechend gibt es vollständige Sätze ohne explizites Subjekt (z. B. *pluit* ‚es regnet'), aber keine ohne Prädikat. Das Prädikat kann von einem Vollverb gebildet werden (z. B. *agricola laborat* – ‚der Landmann arbeitet') oder aber aus einem Nomen, dem sog. „**Prädikatsnomen**" (fr. „*attribut*"!), und einem Hilfsverb bestehen, das dieses Nomen mit dem Subjekt in Beziehung setzt (sog. „Kopulaverb"): z. B. *agricola severus est* ‚der Landmann ist ernst'. Das Subjekt kann ein Substantiv sein (also auch ein substantiviertes Adjektiv oder ein substantiviertes Verb, z. B. *errare humanum est* ‚Irren ist menschlich'), ein Pronomen (z. B. *aliquis venit* ‚jemand kommt') oder auch ein Nebensatz (sog. „Subjektsatz": z. B. *quae nocent, docent* ‚was schadet, lehrt' entsprechend „aus Schaden wird man klug"). Das Subjekt muss aber, anders als im Französischen, nicht explizit ausgedrückt sein. Es kann sich auch in einer Personalendung „verstecken", vgl. z. B. den berühmten Ausspruch Caesars „*veni, vidi, vici*" ‚ich kam, sah, siegte'.

Entscheidend für das Identifizieren von Prädikat und Subjekt ist die formale Übereinstimmung, die sog. **Kongruenz**, zwischen diesen beiden Satzteilen. Person und Numerus (z. B. 3. Pers. Sg. *agricola laborat* vs. Pl. *agricolae laborant*) müssen also grundsätzlich übereinstimmen. Bei Verbformen, die ein Partizip enthalten, wird auch darauf geachtet, dass dieses im Genus dem Subjekt angepasst ist (z. B. *puellae laudatae sunt*: ‚die Mädchen wurden gelobt'). Wenn das Subjekt aus Personen unterschiedlichen Geschlechts besteht, dann steht dieses Partizip oder ein entsprechendes Prädikatsnomen grundsätzlich im Maskulinum (z. B. *pater et mater laudati sunt*: ‚Mutter und Vater wurden gelobt'; *pater et mater sani sunt*: ‚Mutter und Vater sind gesund'). Hier liegt also eine der Wurzeln des von der feministischen Linguistik viel kritisierten romanischen Genus-Gebrauchs.

Für Romanisten ist in Sachen lateinischer Kongruenz eine weitere Eigenheit von Interesse: Wenn das Prädikat aus einer Kopula mit substantivischem Prädikatsnomen besteht, dann richtet sich ein pronominales Subjekt in Genus und Numerus nach diesem Prädikatsnomen, während im Deutschen in solchen Fällen das Pronomen im Neutrum steht: z. B. *haec est mea filia*: ‚das ist meine Tochter'. Das Romanische hingegen hat die lateinische Genuskongruenz bewahrt – eine typische Fehlerquelle bei der Übersetzung aus dem Deutschen in die romanischen Sprachen. So heißt es beispielsweise im Französischen *celle-ci est ma fille* (und nicht etwa *\*cela*), im Spanischen *esta es mi hija*. Entsprechendes gilt für die Numeruskongruenz, die im Deutschen ebenfalls häufig vernachlässigt wird, vgl. *hi sunt amici mei* – it. *questi sono i miei amici* vs. dt. ‚das sind meine Freunde'.

Jedes Substantiv kann von einem Adjektiv oder weiteren Substantiv näher bestimmt werden. Diese Funktion nennt man „**Attribut**" (fr. „*epithète*"!). Ein adjektivisches Attribut richtet sich in Kasus, Genus und Numerus immer nach seinem Beziehungswort (KNG-Kongruenz): z. B. *pastor bonus* ‚der gute Hirte'; *filia ambitiosa* ‚die ehrgeizige Tochter'. Ein substantivisches Attribut steht meistens im Genitiv (man spricht auch vom „Genitiv-Attribut"): *domus agricolae* ‚das Haus des Landmanns'; *historia Romanorum* ‚die Geschichte der Römer'. Beide Arten von Attributen haben sich in den romanischen Sprachen erhalten (vgl. fr. *le bon pasteur, l'histoire des Romains*). Steht ein substantivisches Attribut im gleichen Kasus wie sein Beziehungswort, was deutlich seltener vorkommt, spricht man von einer „**Apposition**", z. B. *Ovidius poeta mortuus est* ‚der Dichter Ovid ist gestorben'. Wegen der Wortstellungsfreiheit ist es hier häufig schwierig zu unterscheiden, welches der beiden Substantive das Subjekt und welches die Apposition ist.

Eine Besonderheit des Lateinischen ist die syntaktische Funktion des **Prädikativums**. Damit ist ein Substantiv oder Adjektiv gemeint, das ein anderes Substantiv näher bestimmt und mit diesem nach Möglichkeit in Kasus, Genus und Numerus übereinstimmt. Bis hierher also alles wie beim Attribut. Das Prädikativum aber bezieht sich gleichzeitig auf das Vollverb, ist also strenggenommen ein Prädikatsteil. Diese Beziehung besteht darin, dass die im Prädikativum enthaltene Aussage in erster Linie für den Moment der Verbalhandlung gilt, z. B. *Caesar victor revertit* ‚Caesar ist als Sieger zurückgekehrt'; *Claudia felix revertit* ‚Claudia ist glücklich zurückgekehrt'. Oft ist es also Interpretationssache, ob eine solche Ergänzung als Apposition bzw. Attribut (‚der Sieger Caesar'; ‚die glückliche Claudia') oder als Prädikativum anzusehen ist. Prinzipiell gibt es Prädikativa auch in anderen Sprachen. Im Deutschen und in den romanischen Sprachen wird ein **substantivisches Prädikativum** allerdings meist als präpositionaler Ausdruck wiedergegeben (‚als Sieger', vgl. fr. *en tant que vainqueur*, sp. *como vencedor*), weshalb es in der Grammatikbeschreibung üblicherweise als adverbiale Bestimmung klassifiziert wird. Ein **adjektivisches Prädikativum** ist nach der Übersetzung ins Deutsche nicht mehr von einem Adverb zu unterscheiden (*glücklich* kann ja sowohl Adjektiv als auch Adverb sein) – auch hier ist daher meist von einer adverbialen Bestimmung die Rede. Im Lateinischen und Romanischen hingegen wird hier strenger unterschieden: Wird das Adverb verwendet (*Claudia feliciter revertit; Claudine est revenue heureusement*), dann bezieht sich die Fröhlichkeit primär auf die Verbalhandlung, also die Art und Weise der Rückkehr (*glücklich* im Sinne von *glücklicherweise*) – entsprechend handelt es sich um eine adverbiale Bestimmung. Dies wäre z. B. der Fall, wenn Claudia überraschend eine Mitfahrgelegenheit auf der Via Appia bekommen hätte oder wenn man gar nicht mehr damit gerechnet hatte, dass sie erfolgreich zurückkehrt und dies nun doch, zum Glück, geschehen ist. Steht hingegen das Adjektiv als Prädikativum, dann ist Claudia im Moment der Rückkehr glücklich (vgl. fr. *Claudine est revenue heureuse*). Die Art und Weise der Rückkehr ist aber davon nicht betroffen.

Zum **erweiterten einfachen Satz** gehören zusätzlich die bereits genannte adverbiale Bestimmung und die Objekte, also Funktionen, die sich primär auf das Prädikat beziehen:

Eine **adverbiale Bestimmung** ergänzt das Prädikat, indem es das Mittel, die Ursache, den Zweck, die Art und Weise, den Ort oder die Zeit der Verbalhandlung angibt. Sie beantwortet also die Fragen: „womit? wodurch? warum? wozu? wie? wann? wo?" bzw. „wohin/woher?" Meist steht hierzu der reine Ablativ (z. B. *nocte proficisci* ‚bei Nacht aufbrechen'), ein präpositionaler Ausdruck (z. B. *in horto ambulare* ‚im Garten spazieren gehen') oder ein Adverb (z. B. *frequenter celebrare* ‚häufig feiern').

Die **Objekte** werden nach ihren Kasus unterschieden. Das **Akkusativobjekt** gibt an, auf wen oder was sich die Verbalhandlung bezieht (dt. direktes Objekt, fr. *complément d'objet direct*), z. B. *fratrem video* ‚ich sehe den Bruder'. Das **Dativobjekt** (dt. indirektes Objekt, fr. *complément d'objet indirect*) beantwortet die Frage „wem?" bzw. gibt an, zu wessen Gunsten oder Ungunsten etwas geschieht, z. B. *amicae librum do* ‚ich gebe der Freundin ein Buch'. Deutlich seltener gibt es auch ein **Genitivobjekt** – hier sind die Verwendungen aber zu speziell, als dass es sich lohnen würde, eine bestimmte Fragestellung in den Vordergrund zu rücken. Das Genitivobjekt steht beispielsweise, ähnlich wie im Deutschen (und ansatzweise in den romanischen Sprachen, wo allerdings kein Genitiv als Kasus mehr existiert), nach Verben des Erinnerns und Vergessens: *reminiscor patris* ‚ich gedenke des Vaters' (vgl. fr. *je me souviens de mon père*, sp. *me acuerdo de mi padre*). Schließlich ist noch das **Ablativobjekt** zu erwähnen, das allerdings nur nach ganz bestimmten Deponentien steht (z. B. nach *utī* ‚benutzen') und wie ein direktes Objekt übersetzt wird, z. B. *gladio utor* ‚ich benutze das Schwert'. Alle Objekte können wie die Subjekte von Substantiven, substantivierten Adjektiven und Infinitiven, Pronomina und Zahlwörtern gebildet werden. Auch satzwertige Konstruktionen oder Nebensätze können Objektfunktion haben, so z. B. indirekte Fragesätze: *scio quid feceris* ‚ich weiß, was du getan hast'.

Zur Satzanalyse ist es in jedem Falle sinnvoll, sich ein einfaches **Satzmodell** einzuprägen, das dann auch als *tertium comparationis* (wörtlich: ‚das Dritte des Vergleichs')

5.1 Der einfache Satz

beim Vergleich mehrerer Sprachen dienen kann, also als eine Art Vergleichsraster, mit dessen Hilfe sich die einander entsprechenden Elemente in verschiedenen Sprachen ermitteln lassen. Solche Modelle gehören inzwischen zum Standardinventar lateinischer Schulgrammatiken, während man es in neuphilologischen Grammatiken zumeist vergeblich sucht:[6]

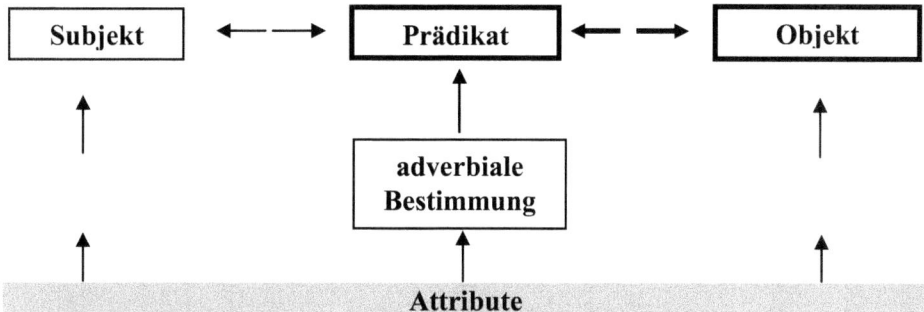

Abb. 28: Vereinfachtes Satzmodell (entnommen aus dem *Cursus grammaticus* zum Lehrbuch *Ostia Altera 1*, S. 5 = Siewert et al. 1995)

Der entscheidende Vorteil des syntaktischen Ansatzes der lateinischen Schulgrammatik besteht darin, dass zwischen Form (Wortklassen) und Funktion (Satzglieder) unterschieden wird. Ein Substantiv kann also z. B. Subjekt, Objekt oder auch Teil einer adverbialen Bestimmung sein.

Linguistischen Niederschlag hat diese schulgrammatische Trennung von Form und Funktion in der **Dependenzgrammatik** von **Lucien Tesnière** gefunden (1976, erstveröffentlicht 1959)[7], die sich stark an der Syntaxbehandlung im deutschen Lateinunterricht orientierte,[8] wo man immer zunächst einmal das Prädikat suchte und formal analysierte und erst dann die übrigen Satzglieder identifizierte.[9] Entsprechend hängen in der Syntaxtheorie Tesnières alle Elemente eines Satzes vom Prädikat ab (lat. *depen-*

---

6   Zu weiteren Defiziten neuphilologischer Schulgrammatiken vgl. Müller-Lancé (2001b).
7   Ein handlicher Überblick über Tesnières Ansatz findet sich in Gauger/Oesterreicher/Windisch (1981:224ff), ausführlicher ist Weber (1997).
8   Zur Zeit der Konzeption der Erstauflage des vorliegenden Buches war es in Mode, Dinge zusammen zu stellen, auf die man als Deutscher stolz sein könne. Die Lateindidaktik deutscher Tradition gehört sicherlich dazu. Dies betrifft zum einen die von Schülern erreichte Übersetzungskompetenz: In Deutschland ist es erklärtes (und erreichtes) Lernziel, die Lerner zu selbständigem Übersetzen klassischer Texte zu bringen. In Frankreich hingegen sind häufig die ohnehin schon mit Hilfen versehenen Lehrbuchtexte zusätzlich noch auf Französisch abgedruckt (z. B. Deléani/Verlander 2003, Gason et al. 1997), und noch im Lateinstudium übersetzen die Professoren vor, und die Studierenden schreiben mit – dies alles, obwohl die im Studium verwendeten lateinischen Textausgaben (Collection Budé) durchweg zweisprachig sind. Besonders die Wiedergabe lateinischer Metrik ist eine Fähigkeit, die man im Lateinunterricht romanischer Länder – und zwar einschließlich der Universitäten – längst aufgegeben hat und deren Erhalt in Deutschland man bewundert. Umgekehrt hat die Klassische Philologie in Deutschland sich weitgehend auf die Literaturwissenschaft konzentriert und weist bis heute in sprach-

*dēre* ‚von etw. abhängen') – oder anders formuliert: Alle Fäden laufen beim Verbalknoten (frz. *nœud verbal*) zusammen. Ganz analog zur lateinischen Schulgrammatik unterscheidet Tesnière drei Kategorien von Ergänzungen des Prädikats: Die erste Kategorie unterscheidet die unmittelbar an der Verbalhandlung beteiligten Instanzen, nämlich einen Erstaktanten (Subjekt), einen Zweitaktanten (dir. Obj.), und einen Drittaktanten (indir. Obj.). Eine zweite Kategorie erfasst die Umstände der Verbalhandlung, die sog. „Zirkumstanten" (adv. Best.). Die dritte, deutlich weniger wichtige, Kategorie beinhaltet Ergänzungen zu den Aktanten oder Zirkumstanten, die sog. „Indizes" (z. B. Attribute, Artikel u. ä.). Die typische Darstellungsweise von Tesnière ist das sog. „Stemma", das z. B. für den Satz *hic liber mihi valde placet* ‚dieses Buch gefällt mir sehr' folgendermaßen aussähe:

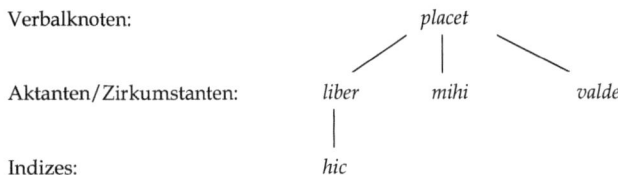

Abb. 29: Satz-Stemma nach Muster von Tesnière (eigene Darstellung)

So wie sich Tesnière von Lateindidaktikern inspirieren ließ, hat man umgekehrt in der deutschen Lateindidaktik am ehesten Tesnières Anregungen aufgegriffen (z. B. Happ 1976) und Lehrbücher konzipiert, die sich bis heute an der Dependenzgrammatik orientieren. Auch das Modell in Abb. 28 ist eine solche Anwendung von Tesnière. Die Linguistik steht hier nicht zurück: So hat z. B. Kienpointner (2010:190 ff) den Syntax-Teil seines lateinisch-deutschen Sprachvergleichs auf ein im Kern dependenzgrammatisches Modell aufgebaut.

Von diesen prädikatszentrierten Modellen unterscheiden sich Syntaxmodelle, die sich eher an den Wortklassen orientieren, wie man es von der Konstituenten- oder **Phrasenstrukturgrammatik** kennt, die in ihrer sog. IC-Analyse (*immediate constituents*) den Satz (S) an die Spitze der Hierarchie stellt und seine unmittelbaren Konstituenten schrittweise (meist in binärer Form) auflöst, bis man am Ende die Wortklassen oder den konkreten Satz einsetzen kann. Primäre Konstituenten sind dabei die Nominalphrase (NP) und die Verbalphrase (VP), die jeweils mindestens ein Nomen (N) oder Verb (V) enthalten. Weitere mögliche Konstituenten sind z. B. Determinanten (Det) oder Modifikatoren (Mod), gelegentlich findet man hier in der Terminologie auch die traditionellen Wortklassen wieder, also z. B. „Adjektiv" oder „Adverb". Das Grund-

---

wissenschaftlicher Hinsicht enorme Rückstände zu ihren Pendants im Ausland auf. Werke wie die von Hoffmann (2018) und Willms (2013) versuchen gezielt, diese Lücke zu schließen.

9  Diese Lesestrategie, im Englischen „hunt-the-verb method" genannt, wird extrem häufig von Lernenden angewandt, ist aber bei fortschrittlichen Lehrenden verpönt, weil sie davon abhält, den Satz zunächst einmal global (top down) zu überblicken (Boyd 2018:324).

## 5.1 Der einfache Satz

prinzip der Phrasenstrukturgrammatik hat später die Generative Grammatik geprägt, die lange Zeit wenig Anwendung in der lateinischen Linguistik oder Didaktik gefunden hat, was sich aber in den letzten Jahren geändert hat.[10]

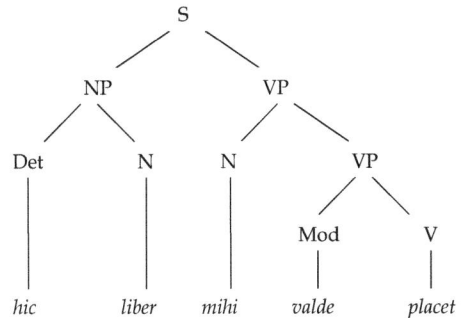

Abb. 30: Satz-Stemma nach Vorbild der Phrasenstrukturgrammatik

Als hilfreich für die Analyse lateinischer Syntax hat sich auch die sog. „**Kasusgrammatik**" erwiesen, die auf Fillmore (1968) zurückgeht. Hier werden universale, d. h. für alle Sprachen geltende, Tiefenkasus oder Handlungsrollen wie AGENS (tätige Person), PATIENS (Person/Sache, an der eine Handlung verrichtet wird), BENEFAKTIV (Nutznießer einer Handlung) und INSTRUMENTAL (Mittel) unterschieden.[11] Diese Tiefenkasus sind im Unterschied zu den traditionellen Oberflächenkasus (Nom., Gen., Akk.

---

10   Eine gute Einführung in die Phrasenstruktur- und die generative Grammatik bietet Linke/Nussbaumer/Portmann (2004). Zur generativen Syntax speziell der romanischen Sprachen vgl. Müller/Riemer (1998) und Gabriel/Meisenburg (2017). Zentral für die Anwendung moderner Syntaxmodelle auf das Lateinische ist nach wie vor Pinkster (1988). Pinkster gilt als Begründer der Amsterdamer Schule der lateinischen Linguistik, die sich in ihrer syntaktischen Ausrichtung an der Funktionalen Grammatik von Dik (1978) orientiert; zu Vertretern und Entwicklung der Schule vgl. Hoffmann (2018:7f). Hoffmann (2018: 12ff) beschreibt als weitere Meilensteine einer auf modernen Syntaxtheorien basierenden lateinischen Linguistik die *Syntaxe latine* von Christian Touratier (1994) sowie die Gemeinschaftswerke *Grammaire fondamentale du latin* (unvollendet; begründet von Guy Serbat ab 1994), die *Sintaxis del latín clásico* (Baños Baños et al. 2009), die mehrbändigen *New Perspectives on Historical Latin Syntax* (hrsg. Baldi/Cuzzolin ab 2009) und schließlich Pinksters gleichfalls mehrbändige, an der funktionalen Grammatik ausgerichtete *Oxford Latin Syntax* (ab 2015). Gleichberechtigt zu nennen wären noch Oniga (2014), der in seiner Darstellung des lateinischen Sprachsystems die Valenztheorie und die Theta-Rollen einbezieht, weiterhin Danckaert (2017), der die Entwicklung lateinischer Satzstrukturen auf generativer Basis beschreibt, und schließlich Ledgeway (2015), der den Schwerpunkt stärker auf die Morphosyntax legt. Aktuelle Beiträge zur Anwendung formaler Linguistiktheorien im Lateinunterricht finden sich bei Oniga et al. (2011). Harm Pinkster ist im Übrigen auch Begründer der Tagungsreihe *International Colloquiums on Latin Linguistics*, dem zweiten Zufluchtsort latinistischer Linguisten neben der schon genannten Tagungsreihe *Latin vulgaire – latin tardif* (vgl. Kap. 2, Fußnote 82). Wichtigstes Publikationsorgan der internationalen latinistischen Linguistik ist das *Journal of Latein Linguistics*, herausgegeben von Gualtiero Calboli und Pierluigi Cuzzolin im De Gruyter Verlag.

11   Diese Handlungsrollen leben als „Theta-Rollen" (von „thematisch") in der Generativen Grammatik weiter. Seit Fillmore hat sich die Terminologie ein wenig verändert: So war bei Fillmore z. B. das Agens noch Teil einer Kategorie „Agentiv", das Patiens hieß „Objektiv".

etc.) semantisch charakterisiert. Damit liefern sie eine komplementäre Ergänzung zur traditionellen Unterscheidung der syntaktischen Funktionen. So erfüllt z. B. der Oberflächenkasus Nominativ aus syntaktischer Sicht üblicherweise die Funktion Subjekt. Semantisch gesehen zeigt er aber nicht unbedingt das Agens an, wie man beispielsweise am Passiv sieht, wo ja die Verbalhandlung am Subjekt vollzogen wird, das Subjekt also Patiens ist: z. B. *discipuli docentur a magistro* ‚die Schüler werden vom Lehrer unterrichtet'. Das Agens wird in diesem Beispiel durch die adverbiale Bestimmung *a magistro* angegeben, also durch eine ablativische Präpositionalphrase. Auch der Dativ kann im Lateinischen gelegentlich das Agens angeben, so z. B., wenn ein Gerundivum mit *esse* konstruiert wird: *hic liber tibi legendus est* (wörtlich: ‚dieses Buch ist für dich ein zu lesendes') ‚dieses Buch muss von dir gelesen werden'. Man spricht hier vom „Dativus auctoris", also dem Dativ des Urhebers.

### 5.1.3 Verwendung der Kasus

In diesem Abschnitt soll ein knapper Überblick darüber gegeben werden, wie die traditionellen Oberflächenkasus syntaktisch verwendet werden können und welche semantischen Varianten sich dabei ergeben. Auch die traditionelle Schulgrammatik hat nämlich bereits erkannt, dass ein morphologisch definierter Kasus semantisch ganz unterschiedliche Funktionen haben kann. Für detailliertere Informationen vgl. Throm (1995:117 ff) und Rubenbauer et al. (1995:126 ff).

**Nominativ**:
Der Nominativ dient ausschließlich als **Subjektskasus** (oder zur Kennzeichnung von Satzgliedern, die sich auf das Subjekt beziehen, wie Attribut oder Prädikatsnomen), und zwar sowohl im Aktiv (z. B. *magister laudat* ‚der Lehrer lobt') wie auch im Passiv (z. B. *discipulus laudatur* ‚der Schüler wird gelobt').

**Akkusativ**:
Der **Akkusativ** bezeichnet üblicherweise das **direkte Objekt** von transitiven Verben, also von Verben, die sich auch ins Passiv setzen lassen (z. B. *magister discipulos laudat* ‚der Lehrer lobt die Schüler'). Bei bestimmten Verben kann der Akkusativ auch als doppeltes Objekt stehen, so z. B. bei *docēre* ‚lehren': *magister me grammaticam docet* ‚der Lehrer lehrt mich die Grammatik'.[12] Von den Tiefenkasus her hat hier *grammaticam* die Patiens-Rolle, *me* hingegen ist Benefaktiv. Hiervon zu unterscheiden ist der „**doppelte Akkusativ**", in dem der Akkusativ einmal als Objekt (im folgenden Beispiel einfach unterstrichen) und einmal als Prädikatsnomen (doppelt unterstrichen) steht. Dieser doppelte Akkusativ steht nach Verben des Be- und Ernennens, des Einschätzens

---

12  In der modernen deutschen Umgangssprache haben wir die Tendenz, den personalen Akkusativ in dieser Konstruktion durch den Dativ zu ersetzen (*mir* statt *mich*). Korrekt ist aber nach wie vor der Akkusativ, wie man sich an geläufigen Kollokationen des Typs „ich lehre dich das Fürchten" merken kann.

oder des Wählens, z. B. *populus Ciceronem consulem creavit* ‚das Volk wählte Cicero zum Consul'.

Zum Akkusativ als direktes Objekt ist zu ergänzen, dass einige lateinische Verben mit Akkusativ stehen, wo die deutschen Entsprechungen einen Dativ verlangen. Hierzu gehören v. a. *sequi aliquem* (jdm. folgen) und *(ad-)iuvare aliquem* (‚jdm. helfen'). Die romanischen Fortsetzer dieser Verben behalten zumeist den Akkusativ bei, und zwar auch dann, wenn ihre Form auf eine vulgärlateinische Zwischenstufe (z. B. *sequĕre*) zurückgeht, vgl. z. B. fr. *suivre qn.* und *aider qn.*, it. *aiutare qualcuno*, *seguire qualcuno*.[13] Die Syntax (die Verwendung von Kasus ist ja ein syntaktisches Phänomen) ist also konservativer als die Morphologie.

Der Akkusativ kann aber auch als **adverbiale Bestimmung** stehen. Typischerweise gibt er dabei die Richtung bzw. das Ziel eines Bewegungsverbs an. Er steht zumeist mit Präposition (z. B. *ad* ‚nach'; *in* ‚in … hinein'; *per* ‚durch'; *trans* ‚über'), vgl. *in silvam fugĕre* ‚in den Wald fliehen', bei Städtenamen und kleineren Inseln aber auch ohne Präposition, also als „reiner" Akkusativ: z. B. *Romam proficisci* ‚nach Rom aufbrechen'. Mit der Präposition *per* kann der Akkusativ auch das Mittel oder die Art und Weise einer Handlung anzeigen, z. B. *per pedes peregrinari* (zu Fuß reisen – hier Akk. Pl. von *pes, pedis*, m. ‚Fuß'). Daneben kann der Akkusativ ohne Präposition auch eine Ausdehnung in Raum und Zeit angeben, z. B. *Graeci Troiam decem annos obsederunt* ‚Die Griechen belagerten Troja zehn Jahre lang'.

**Dativ**:
Der Dativ steht als einziges **Objekt** bei vielen intransitiven Verben, z. B. *invidēre alicui* ‚jemanden beneiden'. Diese Verben mit Dativobjekt müssen eigens gelernt werden, da ihre deutschen Entsprechungen u. U. transitiv sind (z. B. *medēri* ‚heilen', *favēre* ‚begünstigen', *persuadēre* ‚überzeugen', *parcĕre* ‚verschonen'). Es ist also ähnlich, wie wenn man sich z. B. einprägen muss, dass dt. *jemanden anrufen* im Französischen u. U. mit Dativ wiedergegeben wird: *téléphoner à quelqu'un*. Die semantische Rolle ist bei solchen Objektsdativen die eines Patiens – entsprechend wird bei der deutschen Übersetzung meist ein Akkusativ verwendet.

Daneben steht der Dativ als **indirektes Objekt** (Frage: „wem?") bei transitiven Verben (z. B. *librum tibi do* ‚ich gebe dir das Buch'), erfüllt hier also die Rolle des Benefaktivs und tritt u. U. zu einem Akkusativobjekt hinzu.

Hiermit eng verwandt ist der sog. **Dativus commodi/incommodi** (‚des Vorteils' bzw. des Nachteils'), der angibt, zu wessen Nutzen die Verbalhandlung geschieht (vgl. den Seneca zugeschriebenen Ausspruch *non scholae sed vitae discimus* ‚nicht für die Schule, sondern für das Leben lernen wir' – hierzu auch S. 289). Ob es sich hierbei syntaktisch um ein Objekt oder eine adverbiale Bestimmung handelt, ist strittig.

---

13   Dies gilt auch für das Spanische – nur merkt man dies nicht so offensichtlich, da der im Spanischen übliche persönliche Akkusativ mit *a* (*seguir/ayudar a alguién*) sich formal nicht vom Dativ unterscheidet.

Eindeutig als adverbiale Bestimmung fungiert der **Dativus finalis** ('des Zwecks'), der auf die Frage „wozu?" steht: z. B. *auxilio* venire ‚zu Hilfe kommen'. In Kombination mit dem Dativus commodi für die nutznießende Person tritt er auch als doppelter Dativ auf: z. B. *cui bono est?* ‚Wem gereicht das zum Vorteil?'

Auch der schon angesprochene **Dativus auctoris**, der das Agens in der Konstruktion Gerundivum + *esse* anzeigt (z. B. *hic liber tibi legendus est* ‚dieses Buch muss du lesen') gehört eindeutig zu den adverbialen Bestimmungen.

**Genitiv**:
Der Genitiv steht zumeist als **Attribut**, das den Besitzer einer Sache anzeigt (**Genitivus possessivus**), z. B. *domus matris* ‚das Haus der Mutter'. Wenn das Bezugswort ein Verbalsubstantiv im weiteren Sinne darstellt, dann drückt der attributivische Genitiv entweder das Subjekt (besser: Agens) dieser Handlung aus (**Gen. subiectivus**, z. B. *amor patris* ‚die Liebe des Vaters') oder auch – und zwar ohne jeglichen formalen Unterschied – das Objekt (besser Patiens) (**Gen. obiectivus**, z. B. *amor patris* ‚die Liebe zum Vater').

Ebenfalls attributivisch ist der **Gen. partitivus** (‚Gen. des Anteils'), der die Gesamtmenge angibt, aus der das Beziehungswort eine Teilmenge herausgreift (z. B. *multitudo hominum* ‚eine Menge von Menschen'; *tres milia passuum* ‚3.000 Schritte' bzw. ‚drei Meilen'). Dieser Genitiv ist die Grundlage der romanischen Tendenz, Mengenangaben über eine Präposition wie *de* oder *di* mit der fraglichen Materie zu verknüpfen; vgl. dt. *ein Liter Wein* gegenüber fr. *un litre de vin*, sp. *un litro de vino*, it. *un litro di vino*.

Daneben kann der **Genitiv als Objekt** stehen, und zwar entweder nach Verben des Erinnerns und Vergessens (z. B. *patris oblivisci* ‚den Vater vergessen'; *matris reminisci* ‚sich an die Mutter erinnern')[14] oder nach Verben der Gerichtssprache zur Bezeichnung des Vergehens (**Gen. criminis**), z. B. *fraudis accusare* ‚des Betrugs anklagen', oder aber nach einigen gefühlsbetonten unpersönlichen Verben zur Angabe der Ursache der Empfindung: z. B. *me paenitet facti* (wörtlich: ‚es reut mich der Tat'): ‚ich bereue die Tat'.

**Ablativ**:
Der Ablativ tritt zwar fast nur in adverbialen Bestimmungen auf, ist aber aus semantischer Sicht der vielseitigste lateinische Kasus. Diese Vielseitigkeit erklärt sich daher, dass im lateinischen Ablativ drei ur-indogermanische Kasus zusammengefallen sind. Die Kasus, die an diesem Synkretismus beteiligt waren, sind der Separativ (oder „Ablativ im engeren Sinne"; antwortet auf die Frage „woher?" „wovon?"), der zeitlich und räumlich zu verstehende Lokativ (auf die Frage „wo?", „wann?") und schließlich der Instrumental (auf die Frage „womit?", „wodurch?").[15] Entsprechend werden die unterschiedlichen semantischen Funktionen nach diesen drei Gruppen sortiert:

Der **Ablativus separativus** umfasst als Bedeutungsnuancen die Trennung von Gegenständen oder Abstracta (z. B. *liber curis esse* ‚frei von Sorgen sein') wie auch die

---

14  Ganz analog verwenden wir im Deutschen den Genitiv als Objekt beim Verb *gedenken*: z. B. *seines Vaters gedenken*.
15  Zu den Details dieses Kasussynkretismus vgl. Meiser (1998:128f) und Rubenbauer et al. (1995:159ff).

räumliche Trennung (z. B. *urbe proficisci* ‚aus der Stadt aufbrechen'). Zur räumlichen Trennung gehört auch die Verwendung des Ablativs mit den Präpositionen *a/ab* (‚von ... weg'), *e/ex* (‚aus ... heraus') und *de* (‚von' bzw. ‚von ... herab'). Ebenfalls in den separativen Bereich gehört die Angabe des Ausgangspunkts bei Vergleichen, der sog. **„Ablativus comparationis"**: *terra sole minor est* ‚die Erde ist kleiner als die Sonne' – der Ablativ steht hier gleichbedeutend mit der Konstruktion *quam* + Nominativ (*terra minor est quam sol*). Auch die Angabe des Ausgangspunkts der Herkunft (**Ablativus originis**) gehört noch zu den separativen Nuancen: *Cicero equestri ordine natus erat* ‚Cicero stammte aus dem Ritterstand'.

Der **Ablativus locativus** steht als Ortsangabe zum einen nach den Präpositionen *in* (‚in, auf'; z. B. *in monte* ‚auf dem Berg') und *sub* (‚unter'), zum anderen ohne Präposition bei Städtenamen und kleineren Inseln (z. B. *Athenis ambulare* ‚in Athen spazieren gehen'). Auch der **Ablativus temporis** zur Angabe eines Zeitpunktes wird zum Lokativ gerechnet: *aves vere revertuntur* ‚die Vögel kehren im Frühling zurück'.

Der **Ablativ als Vertreter des alten Instrumentals** hat zwei Untergruppen: Die eine wird unter dem Ablativ der Gemeinschaft (Ablativus sociativus) zusammengefasst, die andere unter dem Ablativ des Mittels (Abl. instrumenti).

Der häufigste Fall eines **Ablativus sociativus** ist der **Abl. modi** (Abl. der Art und Weise), der mit oder ohne die Präposition *cum* (‚mit') stehen kann, je nachdem, ob zum Ablativ noch ein Attribut tritt: z. B. *cum diligentia librum perfeci* ‚ich habe das Buch mit Sorgfalt fertig gestellt' oder *maxima diligentia librum perfeci* ‚ich habe das Buch mit größter Sorgfalt fertig gestellt'. Immer mit *cum* steht der **Ablativus comitativus** (Abl. der Begleitung): *pater cum filio ambulat* ‚der Vater geht mit dem Sohn spazieren'. Auch der **Ablativus qualitatis** (Abl. der Eigenschaft) wird zum Sociativus gerechnet: *mulier insigni prudentia* (‚eine Frau von herausragender Klugheit').

Den **Ablativus instrumenti** gibt es zum einen im engeren Sinne, wo er das Mittel bzw. Werkzeug einer Handlung anzeigt, z. B. *oculis videmus* ‚wir sehen mit den Augen'. Auch der **Ablativus causae** zur Angabe eines Grundes (z. B. *victoria laetari* ‚sich über den Sieg freuen') wird hierzu gerechnet. Der **Ablativus mensurae** (Abl. des Maßunterschiedes) gibt bei komparativischen Begriffen das Maß des Unterschiedes an („um wieviel?"): z. B. *paulo post* ‚wenig später'; *multo melior* ‚viel besser'. Der **Ablativus limitationis** oder **respectūs** (Abl. der Einschränkung) gibt an, in welcher Hinsicht eine Aussage gilt, z. B. *maior natu sum quam frater meus* (wörtlich: ‚ich bin größer in Bezug auf die Geburt als mein Bruder') ‚ich bin älter als mein Bruder'. Schließlich steht der Abl. als Vertreter des Instrumentals auch bei Verben des Kaufens und Verkaufens zur Angabe des Preises (**Abl. pretii**): *hunc librum parvo emi* ‚dieses Buch habe ich für einen geringen [erg. Preis] gekauft'.

Neben dem Gebrauch in adverbialen Bestimmungen tritt der Ablativ als Vertreter des Instrumentals auch gelegentlich als **Objekt** auf, und zwar nur nach den Deponentien *uti* ‚benutzen' (z. B. *stilo utor* ‚ich benutze einen Griffel'), *frui* ‚genießen', *fungi* ‚verwalten', *potiri* ‚sich bemächtigen', *vesci* ‚sich ernähren', *niti* ‚sich stützen auf' sowie beim unpersönlichen *opus est* ‚es ist nötig' (z. B. *mihi equo opus est* ‚ich brauche ein Pferd').

Die lateinischen Kasus sind zwar als morphologische Kategorie fast komplett aus den romanischen Sprachen verschwunden, einige Spuren ihrer Verwendungsmodi finden sich aber doch: So stehen z. B. viele Verben des Erinnerns im Romanischen mit der Präposition *de* bzw. *di*, die funktional dem lateinischen Genitiv entspricht (z. B. fr. *se souvenir de qc.*, sp. *acordarse de algo*, it. *ricordarsi di qual cosa* ‚sich erinnern an etwas'), und der Sonderstatus der Namen von Städten und kleineren Inseln hat bis ins Italienische durchgeschlagen: Hier stehen nämlich Ortsnamen und kleinere Inseln gewöhnlich ohne Artikel (z. B. *Capri è famosa* ‚Capri ist berühmt'), Länder, Regionen und größere Inseln hingegen mit Artikel (z. B. *la Corsica appartiene alla Francia* ‚Korsika gehört zu Frankreich').

### 5.1.4 Verwendung von Tempora und Modi

Da auch die Tempora und Modi in einfachen Sätzen meistens in Beziehung zu Tempora und Modi des Kontextes stehen, wird ihre Verwendung im Kapitel zu den komplexen Sätzen behandelt (5.2.5.1).

### 5.1.5 Der einfache Satz: Besonderheiten in Vulgär- und Spätlatein

Es leuchtet sofort ein, dass die **Wortstellung** in der gesprochenen Sprache nicht so frei gewesen sein kann, wie dies im Klassischen Latein der Fall war. Durch Schnellsprechformen und den phonetischen Verfall der Wortendungen war es ja hier viel schwieriger, die zusammengehörigen Elemente zu identifizieren. Außerdem bietet eine Lautkette nicht annähernd die Möglichkeiten, im Text noch einmal zurückzugehen, wie dies bei einer geschriebenen Zeichenkette der Fall ist. Entsprechend verfestigte sich die Wortstellung im Vulgär- und Spätlatein, wobei das Prädikat häufiger vor das Objekt rückte. Die häufigste, aber noch keinesfalls obligatorische, Reihenfolge ist nun **Subjekt – Prädikat – Objekt**, also die Wortstellung, die auch für die romanischen Sprachen charakteristisch ist.

Ebenfalls aus Gründen der kommunikativen Deutlichkeit werden **Pronomina** zunehmend häufiger gebraucht und ändern dabei teilweise ihre ursprünglichen Bedeutungsnuancen. So verlieren, wie wir bereits gesehen haben (Kap. 4.4.3), bestimmte Demonstrativpronomina ihren demonstrativen Charakter zugunsten einer determinativen Verwendung. Sie werden also ähnlich wie Artikel gebraucht. Gelegentlich treten auch Personalpronomina als Subjektpronomina ohne spezielle Betonungsabsicht auf. Auch in diesen Punkten nähern wir uns also den romanischen Sprachen an. So heißt es beispielsweise in einer wegen ihres Wortwitzes[16] berühmten Stelle der Vulgata-Version des Matthäus-Evangeliums: *Et ego dico tibi, quia tu es Petrus, et super hanc petram aedificabo ecclesiam meam* (Mt 16,18: ‚und ich sage dir: Du bist Petrus,

---

16   Das Wortspiel als solches funktioniert im Griechischen wie im Lateinischen, denn griech. *pétros* bedeutet ebenso ‚Stein' wie lat. *petra*.

und auf diesen Felsen werde ich meine Kirche bauen').[17] Ganz abgesehen vom Pronominalgebrauch lässt sich in diesem Beispiel auch eine konsequente Setzung des Prädikats zwischen Subjekt und Objekt beobachten.

Die einzelnen obliquen **Kasus** werden zunehmend durch **Präpositionalphrasen** ersetzt: der Genitiv durch *de* + Abl. (z. B. *hominis* => *de homine* ‚des Menschen'), der Dativ durch *ad* + Akk. (z. B. *homini* => *ad hominem* ‚dem Menschen') und der reine Ablativ durch *ex/ab/de* + Ablativ beim Separativ (z. B. *liber curis* => *liber de curis* ‚frei von Sorgen'), durch *cum* + Abl. beim Instrumental (z. B. *stilo acuto scribere* > *cum stilo acuto scribere* ‚mit einem spitzen Griffel schreiben') und durch *in* + Abl. beim Lokativ (*Mediolano* => *in Mediolano* ‚in Mailand'). Der Präpositionalgebrauch entspricht also weitgehend dem der romanischen Sprachen (vgl. fr. *de l'homme, à l'homme*; sp. *libre de cuidados, escribir con un estilo agudo*; it. *in Milano*), vgl. Kap. 4.4.1.

Die allmähliche Auflösung des Kasussystems zeigt sich auch darin, dass die Regeln der **Kongruenz weniger streng** befolgt werden. So heißt es beispielsweise in einer Inschrift *O. Valerio tribunus militum* (‚für O. Valerius, den Militärtribun'; CIL III 6612), die Apposition *tribunus* wird also im Kasus nicht an den Dativ des Bezugsworts *Valerio* angepasst (klassisch hieße es *tribuno militum*). Mit der bereits genannten Matthäus-Stelle steht eine Passage des Markus-Evangeliums in Beziehung (Mk 3,16), in der Jesus die Apostel einsetzt und dabei seinem wichtigsten Apostel den oben thematisierten Beinamen verleiht: *inposuit Simoni nomen Petrus* (‚er gab Simon den Beinamen „Petrus"'). Hier hätte klassisch der Name „Petrus" entweder als Apposition an das Akkusativ-Objekt *nomen* angepasst werden müssen, also *Petrum*, oder aber als Prädikatsnomen an das Dativ-Objekt *Simoni*, also *Petro*. Gelegentlich werden Fragepronomina nicht mehr streng angepasst, wie das Beispiel *quid est veritas* statt klassischem *quae est veritas* (‚Was ist Wahrheit?') zeigt. Verzichtet wird zunehmend auch auf die Anpassung des Partizips in Verbalperiphrasen, vgl. *haec omnia probatum habemus* (‚wir haben alles gebilligt' – statt klassisch *probata*).[18] Gerade mit diesem letzten Punkt nähern wir uns den hier erfassten romanischen Sprachen an; lediglich das Französische ist bei vorangestelltem Objekt präziser und achtet auf die Kongruenz von Objekt und Partizip (vgl. fr. *nous les avons approuvés*).

Was die **Verwendung infiniter Verbformen** angeht, so geht zunächst das Partizip Futur Aktiv und später auch das Gerundivum unter. Das Partizip Perfekt Passiv hingegen erweitert sogar sein Verwendungsspektrum, weil es zur Bildung zusätzlicher Tempora herangezogen wird (vgl. Kap. 4.6.3 und 4.6.4). Das Partizip Präsens fällt funktional weitgehend mit dem Gerundium zusammen und wird formal zunehmend von diesem verdrängt; vgl. im Itinerarium Egeriae (15,5): *redirent mature ad candelas cum clericis et monachis dicendo psalmos vel antiphonas* ‚sie kehrten in der Frühe zusammen mit Klerikern und Mönchen zu den Kerzen zurück und sangen dabei (wörtlich: sagend/

---

17 Strenggenommen müsste die Stelle mit einem Gliedsatz übersetzt werden (‚Und ich sage dir, dass du Petrus bist ...'). In der deutschen Bibeltradition hat sich aber die Wiedergabe als beigeordneter Hauptsatz eingebürgert.
18 Alle vier Beispiele nach Väänänen (1981:149 f.).

singend) Psalmen und Wechselgesänge' (zit. nach Väänänen 1981:140). Klassisch hätte das Partizip *dicentes* gestanden, in den romanischen Sprachen wird überwiegend die spätlateinische Tradition des Gerundiums fortgesetzt (an dieser Stelle stände im Span. bzw. Ital. z. B. *cantando*).[19]

**Bejahung und Verneinung nach Fragen**: Im Klassischen Latein wurde Bejahung durch die positive Wiederholung der Frage zum Ausdruck gebracht (z. B. *venis? – venio.* ‚kommst du? – ich komme') oder aber durch adverbiale Ausdrücke des Typs *ita est* oder *sic est* (‚so ist es'). Schon im alten Vulgärlatein, wie wir es beispielsweise in den Komödien von Plautus und Terenz ansatzweise überliefert finden, treten dagegen verkürzte Bejahungen auf, in denen das Adverb zur alleinigen Bejahungspartikel wird: *ita* oder *sic* für ‚ja' (z. B. Terenz *Phormio* 813: *illa maneat? – sic.* ‚Soll diese bleiben? – Ja'). Letztere hat sich beispielsweise im Spanischen und Italienischen als Bejahungspartikel *sí* bzw. *sì* erhalten. Bei der Verneinung verläuft die Entwicklung analog: Klassisch wurde als Antwort die Frage mitsamt der Negationspartikel *non* wiederholt (*non venio* ‚ich komme nicht'); *non* bedeutet also lediglich ‚nicht' und kann folglich klassisch nicht alleine stehen. Im Vulgärlatein hingegen reicht die Partikel *non* als verneinende Antwort aus: z. B. Terenz *Eunuchus* 713: *vidistine fratrem Chaeream? – non.* ‚Hast du den Bruder Chaerea gesehen? – Nein' (Beispiele zit. nach Väänänen 1981:151). *non* entspricht also auch ‚nein' und hat sich entsprechend in den romanischen Sprachen erhalten.

**Verneinung im Satz**: Im Klassischen Latein gab es zwei Negationspartikeln, *ne* und *non*, mit klar definiertem Aufgabenbereich (z. B. *ne* in konjunktivischen Wunschsätzen). Im Vulgär- und Spätlatein übernimmt *non* die Funktionen von *ne*, das untergeht. Erhalten hat sich hingegen die verneinende Konjunktion *neque* (vor Konsonant) bzw. ihre Verkürzung *nec* (vor Vokal) ‚und nicht'. Im Vulgär- und Spätlatein verdrängt die Kurzform nun die Langform und wird außerdem häufig als betonte Verneinung anstelle des unmarkierten *non* oder anderer negativer Ausdrücke eingesetzt. So sagt man beispielsweise *nec unus* (‚kein einziger') anstelle von *nullus* (‚keiner'). Diese zweiteiligen Verneinungen scheinen sich vor allem im Vulgärlatein Galliens ausgebreitet zu haben,[20] denn hier sind bis heute entsprechende zweiteilige Negationen üblich (vgl. fr. *ne … pas, ne … point, ne … mie*), die allesamt auf lateinische Vorläufer zurückgehen und jeweils zur Betonung der Verneinung ein als wertlos eingeschätztes Vergleichselement enthalten (*nec passum* ‚kein Schritt'; *nec punctum* ‚kein Punkt'; *nec mica* ‚kein Krümel'[21]).

---

19   Fr. *chantant* setzt zwar formal das lateinische PPA fort, funktional aber überwiegend das Gerundium. Lediglich als kongruierendes Verbaladjektiv schimmert die Verwandtschaft zum lateinischen Partizip durch (vgl. den international üblichen Terminus der Augenheilkunde „mouches volantes" ‚herumfliegende Fliegen' für das scheinbare Wahrnehmen sich bewegender Punkte bei geschlossenen Augen).

20   Offensichtlich fand sich die zweigliedrige Negation auch in Nachbargebieten Galliens wie z. B. in der römischen Alpenprovinz Raetia. So hat sich nach Kaiser (2014:226) bis heute im bündnerromanischen Surmeirischen eine zweiteilige Negationsklammer erhalten: *Pol **n'ò** betg ligia igl codesch*: ‚Paul hat das Buch nicht gelesen'. Für eine Übersicht der Entwicklung von den lateinischen zu den romanischen Negationspartikeln vgl. Kaiser (2014:225-228).

21   Leicht zu merken über das spanische Tapas-Gericht *migas* (geröstete Weißbrotwürfel).

## 5.2 Der komplexe bzw. zusammengesetzte Satz

### 5.2.1 Satzwertige Konstruktionen

Das Klassische Latein zeichnet sich durch eine große Vielfalt sog. „satzwertiger Konstruktionen" aus. Darunter versteht man Konstruktionen, die syntaktisch zwar in einen übergeordneten Satz („Matrixsatz")[22] integriert bzw. eingebettet werden, also ein Satzglied des Matrixsatzes darstellen, semantisch aber so selbständig sind, dass sie zumeist mit einem Nebensatz übersetzt werden. Sie verfügen immer über ein verbales Element, das unabhängig vom Prädikat des Matrixsatzes ist, und häufig auch über eine Art eigenes Subjekt. Von Nebensätzen unterscheiden sich die satzwertigen Konstruktionen dadurch, dass sie nicht durch ein nebensatzeinleitendes Element („Subjunktor") wie z. B. eine Konjunktion oder ein Relativpronomen eingeleitet werden und dass ihr „Prädikat" aus einer infiniten Verbform (z. B. Infinitiv, Partizip oder Gerundium) besteht. Der syntaktische Status der Unterordnung ist also durch reduzierte Finitheit des Prädikats markiert – ein ganz übliches Verfahren in den unterschiedlichsten Sprachen der Welt.[23]

Der Reichtum an infiniten Formen im Lateinischen eröffnet für die Syntax eine Fülle von Möglichkeiten, Sachverhaltsdarstellungen in abhängiger, infiniter und doch satzwertiger Form in übergeordnete Sätze zu integrieren und auf diese Weise die Information zu verdichten.[24] Bei der Übersetzung aus dem Lateinischen in das Deutsche oder in die romanischen Sprachen müssen die entsprechenden Konstruktionen meist in Nebensätze aufgelöst werden. Die Sätze schwellen dadurch deutlich an, als würde man am Computer eine Zip-Datei entpacken.

#### 5.2.1.1 accusativus cum infinitivo (AcI)

Der AcI (,Akkusativ mit Infinitiv') ist eine besonders auffällige satzwertige Konstruktion im Lateinischen. Er besteht, wie der Name schon sagt, aus einem nominalen Element im Akkusativ und einem Infinitiv. Innerhalb der satzwertigen Konstruktion hat der Akkusativ immer Subjektsfunktion. Damit unterscheidet er sich wesentlich von einem abhängigen Infinitiv mit Akkusativobjekt, wie wir ihn aus vielen Sprachen kennen:

a) Inf.+Akk.Obj.: *Paulus librum legere vult.* ‚Paul will das Buch lesen.'
b) AcI: *Paulus librum legi vult.* ‚Paul will, dass das Buch gelesen wird.'
c) AcI: *Paulus filiam legere vult.* ‚Paul will, dass die Tochter liest'

---

22  Die Bezeichnung „Matrixsatz" ist der Bezeichnung „Hauptsatz" gegenüber vorzuziehen, weil satzwertige Konstruktionen auch von Nebensätzen abhängen können.
23  Zu den Möglichkeiten der Finitheitsreduktion in verschiedenen Sprachen vgl. Raible (1992:59 ff und 78 ff).
24  Vgl. zum Begriff „Integration" die Junktionsdimension von Raible (1992). Zum stilbildenden Einfluss der Kürze des Lateinischen vgl. Habermann (2007).

In a) ist das Subjekt des Matrixsatzes (*Paulus*) identisch mit dem Subjekt des Infinitivs, in b) und c) hingegen hat der Infinitiv ein eigenes Subjekt (*librum* bzw. *filiam*). Man spricht hier auch von „Subjektswechsel."

Der AcI kann innerhalb des Matrixsatzes die Subjekts- oder die Objektsfunktion erfüllen:

Der **AcI als Objekt** steht vor allem nach Verben der geistigen und sinnlichen Wahrnehmung (*verba sentiendi*)[25], nach Verben der Behauptung (*verba dicendi*), nach Verben des Glaubens und Meinens, des Affekts, sowie nach *velle/nolle/malle* (‚wollen/nicht wollen/lieber wollen') und *cupĕre* (‚wünschen'), wenn der Infinitiv ein eigenes Subjekt hat (s. o.). Er beantwortet also z. B. die Frage „wen oder was nehme ich wahr?". In manchen Fällen, besonders nach Verben der Wahrnehmung, verfügen wir über eine entsprechende Konstruktion im Deutschen oder in den romanischen Sprachen:

*video eum venire.*   ‚Ich sehe ihn kommen.'
vgl. fr. *Je le vois venir*;   sp. *lo veo venir*; it. *lo vedo venire*

Meist aber empfiehlt es sich, den AcI mit einem Objektsatz wiederzugeben, also einem mit „dass" bzw. romanisch *que/che* eingeleiteten Nebensatz. In diesem Nebensatz übernimmt dann der Akkusativ die Subjektsfunktion (sog. „Subjektsakkusativ") und der Infinitiv die Prädikatsfunktion: ‚Ich sehe, dass er kommt'; fr. *Je vois qu'il vient*. Nötig ist dies beispielsweise, wenn der AcI nicht von einem Wahrnehmungsverb abhängt:

*scio/dico eum venire.*   ‚Ich weiß/sage, dass der Freund kommt.'

Gelegentlich ist das Subjekt des AcI semantisch identisch mit dem Subjekt des Matrixsatzes. In diesen Fällen steht als Subjektsakkusativ ein Reflexivpronomen, der AcI hat also dennoch ein eigenes Subjekt. Prädikatsnomina, die sich auf den Subjektsakkusativ beziehen, stehen gleichfalls im Akkusativ (im Beispiel: *innocentem*):

*Paulus credit se innocentem esse.*   ‚Paul glaubt, dass er unschuldig ist.'

Der **Infinitiv** drückt in allen infinitivischen Konstruktionen ein **Zeitverhältnis** zum Prädikat des Matrixsatzes aus. Dabei gilt grundsätzlich die Regel:

Infinitiv Präsens:   Gleichzeitigkeit
Infinitiv Perfekt:   Vorzeitigkeit           } zum Prädikat des Matrixsatzes
Infinitiv Futur:     Nachzeitigkeit

Ergänzend zum ersten Beispiel wären also noch zwei Varianten zu nennen:

*audio eum venisse.*         ‚Ich höre, dass er gekommen ist.'
*audio eum venturum esse.*   ‚Ich höre, dass er kommen wird.'

---

[25] Dieser Terminus ist im Übrigen en typischer Fall für die Verwendung des Gerundiums – wörtlich: ‚Verben des Fühlens'.

Der **AcI als Subjekt** steht bei unpersönlichen Ausdrücken, wenn der Infinitiv ein eigenes Subjekt hat, z. B.:

>  *necesse est te verum dicere.* ,Es ist nötig, dass du die Wahrheit sagst'
>  *legem brevem esse oportet.* ,Ein Gesetz muss kurz sein.'

Der AcI steht hier also z. B. auf die Frage „Wer oder was ist nötig?". Neben den oben verwendeten Ausdrücken *necesse est* und *oportet* existiert auch noch *opus est* in der Bedeutung ,es ist nötig'. Häufiger gebraucht sind weiterhin *apparet* (,es ist offenbar'), *constat* (,es ist bekannt') und *praestat* (,es ist besser').

**Infinitivkonstruktionen** gibt es auch **in den romanischen Sprachen**. Üblicherweise aber stehen sie nur dann, wenn das Subjekt des Infinitivs mit dem Subjekt des Matrixsatzes übereinstimmt:

> fr. *Je suis très content d'être venu dans cette maison.*
> ,Ich freue mich sehr, in dieses Haus gekommen zu sein.'

Bei Subjektswechsel, also dort, wo im Lateinischen der AcI steht, verwenden die romanischen Sprachen hingegen eher einen Nebensatz:

> fr. *Je suis très content que nous soyons venus dans cette maison.*
> ,Ich freue mich sehr, dass wir in dieses Haus gekommen sind.'

Eine Sonderstellung nimmt das Portugiesische ein. Hier gibt es den sog. „persönlichen Infinitiv", der bei Subjektswechsel immer an Stelle eines solchen Nebensatzes stehen kann (Beispiele nach Raible 1992:89):

> port. *Eu estou contentíssimo de virmos para esta casa.*
> ,Ich freue mich sehr, dass wir in dieses Haus gekommen sind.

Diese Konstruktion ist also dem lateinischen AcI sehr ähnlich, entspricht ihm aber nicht gänzlich, da der portugiesische persönliche Infinitiv eine Endung anhängt, die die grammatische Person angibt (1.Sg.: *vir* ,kommen', 2. Sg. *vir-es*, 3. Sg. *vir*, 1.Pl. *vir-mos*, 2.Pl. *vir-des*, 3.Pl. *vir-em*). Die Form bleibt damit zwar infinit, da die Endung keine Angabe zu Tempus oder Modus enthält, ist aber doch finiter als der lateinische Infinitiv. Funktional entspricht die Endung in etwa einem akkusativischen Subjektspronomen im lateinischen AcI.

### 5.2.1.2 nominativus cum infinitivo (NcI)

Der NcI steht immer dann an Stelle des AcI, wenn Verben, nach denen der AcI als Objekt steht, ins Passiv gesetzt und dabei persönlich (also nicht unpersönlich) gebraucht werden. Bei der Übersetzung ins Deutsche kann das Matrixverb jedoch persönlich oder unpersönlich übersetzt oder auch durch ein Adverb wiedergegeben werden. Das Subjekt des NcI ist anders als beim AcI identisch mit dem Subjekt des Matrixsatzes:

*rei videntur verum non dicere.*  ‚Die Angeklagten scheinen nicht die Wahrheit zu sagen.'
‚Es scheint, dass die Angeklagten nicht die Wahrheit sagen.'
‚Anscheinend sagen die Angeklagten nicht die Wahrheit.'

Da im Lateinischen das Subjekt auch in der Verbalendung enthalten sein kann, gibt es NcI-Konstruktionen, in denen überhaupt kein Nominativ auftaucht:

*videris verum non dicere.*  ‚Du scheinst nicht die Wahrheit zu sagen.'

Wenn die Verben, nach denen der NcI steht, im Deutschen als persönlich gebrauchte Verben übersetzt werden, muss man häufig das Lexem variieren, z. B.

*videri* (wörtlich: ‚gesehen werden'): ‚scheinen' (s. o.)
*dici* (wörtlich: ‚gesagt werden'): ‚sollen'
*putari/existimari* (wörtlich: ‚geglaubt werden'): ‚sollen'

Entsprechend wird der Satz *dicor/putor hoc fecisse* im Deutschen unpersönlich als ‚Man sagt/man glaubt, dass ich das getan habe.' wiedergegeben, persönlich hingegen als ‚Ich soll das getan haben.' Es geht hier also um modales, nicht um deontisches ‚sollen' (das z. B. synonym zu ‚müssen' wäre).

In den romanischen Sprachen ist der NcI weitgehend von unpersönlichen Konstruktionen verdrängt worden, die an die Stelle des persönlich konstruierten *videri*, *dici*, *putari* etc. treten und einen Gliedsatz nach sich ziehen: Im Französischen dient hierzu v. a. das verallgemeinernde Pronomen *on* (*on croit que* ‚man glaubt, dass'; *on dit que* ‚man sagt, dass'). Im Spanischen und Italienischen verwendet man eher unpersönliche Reflexivkonstruktionen (sp. *se cree que, se dice que*; it. *si crede che; si dice che*). Ein besonderer Fall ist offensichtlich die romanische Entsprechung zu *videri* ‚gesehen werden/scheinen': Im Französischen wird hier nicht das verallgemeinernde Pronomen *on* gebraucht, sondern ein echter unpersönlicher Ausdruck: *il semble que* oder *il paraît que* (‚es scheint, dass'), und im Spanischen und Französischen verzichtet man auf das Reflexivpronomen: vgl. sp. *parece que*, it. *pare che; sembra che*. Diese Verben des Scheinens können aber auch in den romanischen Sprachen persönlich konstruiert werden und einen Infinitiv nach sich ziehen, dessen „Subjekt" mit dem Subjekt des übergeordneten Verbs identisch ist. In diesen Fällen liegt – wenn man einmal davon absieht, dass es keine morphologische Unterscheidung von Nominativ und Akkusativ mehr gibt – ein echter NcI vor:

fr. *tu sembles/parais avoir fait cela*
sp. *pareces haber hecho eso*  ‚Du scheinst das getan zu haben.'
it. *sembri/pari aver fatto questo*

### 5.2.1.3 participium coniunctum (PC)

Das Lateinische verzeichnet im Wesentlichen zwei Möglichkeiten der Verwendung von Partizipien: das Participium Coniunctum (,verbundenes Partizip') und den Ablativus Absolutus. Das PC bezieht sich auf ein Satzglied des Matrixsatzes und kann selbst durch ein Objekt oder eine adverbiale Bestimmung erweitert sein. Je nach Grad der Erweiterung empfiehlt es sich, das PC im Deutschen zum Nebensatz aufzulösen. Bezieht sich das PC auf das Subjekt des Matrixsatzes, dann besteht Subjektsgleichheit zwischen Matrixsatz und PC (unterstrichen):

*Caesar milites suos cohortatus proelium commisit.*
\*Caesar Soldaten seine ermutigt habend den Kampf begann
,Caesar begann den Kampf, nachdem er seine Soldaten ermutigt hatte.'

(Im Beispiel ist zu beachten, dass das Partizip Perfekt *cohortatus* aktivische Bedeutung hat, da es auf das Deponens *cohortari* ,ermutigen, ermahnen' zurück geht.)

Bezieht sich das PC auf ein anderes Satzglied des Matrixsatzes, dann besteht zwangsläufig Subjektsverschiedenheit zwischen Matrixsatz und PC:

*Caesar proelium a Gallis provisum commisit.*
\*Caesar den Kampf von den Galliern vorhergesehen begann
,Caesar begann den Kampf, der von den Galliern vorhergesehen worden war.'

Beide Arten von Participia Coniuncta haben sich als Konstruktion in den romanischen Sprachen erhalten, sowohl mit Subjektsgleichheit (üblicher ist hier allerdings eine präpositionale Infinitivkonstruktion des Typs *après avoir encouragé*; *después de haber arengado*; *dopo avere incoraggiato* ...):

    vgl.    fr.    *Ayant encouragé ses soldats, César commença la bataille.*
            sp.    *Habiendo arengado a sus soldados, Cesar empezó la batalla.*
            it.    *Avendo incoraggiato i suoi soldati, Cesare iniziò la battaglia.*

als auch mit Subjektsverschiedenheit:

        fr.    *César commença la bataille prévue par les Gaulois.*
        sp.    *Cesar empezó la batalla prevista por los Galos.*
        it.    *Cesare iniziò la battaglia prevista dai Galli.*

Im Deutschen kann das PC durch einen Nebensatz (Konjunktionalsatz oder Relativsatz – vgl. die Übersetzung unter den obigen Beispielen), einen beigeordneten Hauptsatz (z. B. ,Caesar ermutigte seine Soldaten und begann den Kampf') oder einen präpositionalen Ausdruck (z. B. ,Nach Ermutigung seiner Soldaten begann Caesar den Kampf') wiedergegeben werden. Je nach Vorhandensein entsprechender Partizipialformen kann das PC auch im Deutschen nachgeahmt werden: z. B. ,Caesar begann den von den Galliern vorhergesehenen Kampf.' Für die Übersetzung als Konjunktionalsatz oder präpositionaler Ausdruck muss zunächst entschieden werden, in welcher semantischen Relation das PC zum Matrixsatz steht: temporal – wie im ersten Beispiel –, kausal, konditional, konzessiv oder modal. Bei dieser Entscheidung ist häufig der Kontext heranzuziehen:

| | |
|---|---|
| kausal: | *consul senatum timens concessit.* ‚Aus Furcht vor dem Senat gab der Konsul nach./ Weil er den Senat fürchtete ...' |
| modal: | *senesco multa addiscens.* ‚Ich altere, wobei ich vieles dazu lerne.' |
| konditional: | *Naturam ducem sequentes numquam aberrabimus.* ‚Wenn wir der Natur als Führerin folgen, werden wir niemals in die Irre gehen.' [*sequi* ‚folgen' steht wie frz. *suivre* mit Akk. – im Dt. dagegen mit Dativ] |
| konzessiv: | *collega invitatus non venit.* ‚Der Kollege kam nicht, obwohl er eingeladen worden war.' |

Genau wie die Infinitive drücken auch die Partizipien kein selbstständiges Tempus aus, sondern lediglich ein Zeitverhältnis zum Tempus des Matrixprädikats. Dabei gelten folgende Zeitverhältnisse:

Partizip Präsens: Gleichzeitigkeit
Partizip Perfekt: Vorzeitigkeit          zum Prädikat des Matrixsatzes
Partizip Futur: Nachzeitigkeit

Beispiele zur Gleich- und Vorzeitigkeit sind oben ausreichend aufgeführt. Die nachzeitige Verwendung zeigt folgendes Beispiel:

*gladiatores in arena morituri Caesarem salutaverunt.* ‚Die Gladiatoren, die in der Arena sterben sollten, begrüßten den Kaiser./Vor ihrem Tod in der Arena begrüßten die Gladiatoren den Kaiser.'

### 5.2.1.4 ablativus absolutus (Abl.Abs.)

Als „Ablativus Absolutus" (‚losgelöster Ablativ') bezeichnet man eine in den Matrixsatz eingebettete satzwertige Konstruktion, die mindestens aus zwei Elementen besteht: einem nominalen Element im Ablativ, das im Abl.Abs. die Subjektsfunktion inne hat, und einem weiteren ebenfalls ablativischen Element, das die Prädikatsfunktion übernimmt. Dieses Prädikatselement ist zumeist ein Partizip, gelegentlich aber auch ein Substantiv oder Adjektiv mit stark verbalem Charakter, nie jedoch ein finites Verb. Im Unterschied zum Participium Coniunctum besteht beim Abl.Abs. grundsätzlich Subjektsverschiedenheit zwischen Matrixsatz und satzwertiger Konstruktion (zur Def. vgl. Müller-Lancé 1994:22 f). Das Partizip im Abl.Abs. bezieht sich also nicht auf ein Satzglied des Matrixsatzes, sondern lediglich auf das „Subjekt" der eingebetteten Konstruktion. Aus diesem Grund nennt man die Konstruktion „absolut", also ‚losgelöst' vom Matrixsatz. Die Konstruktion als Ganze (unterstrichen) fungiert aber durchaus als Satzglied des Matrixsatzes, und zwar als adverbiale Bestimmung:

> *Carthagine deleta Romani mare mediterraneum dominabant.*
> ‚<u>Nachdem Karthago zerstört worden war</u>, beherrschten die Römer das Mittelmeer.'
> ‚<u>Nach der Zerstörung Karthagos</u> beherrschten die Römer das Mittelmeer.'

Was die semantischen Relationen und die Zeitverhältnisse bei der Übersetzung angeht, so gelten grundsätzlich dieselben Möglichkeiten wie beim Participium Coniunctum:

> *nullo resistente hostes urbem ceperunt.*
> ‚Die Feinde nahmen die Stadt ein, <u>ohne dass jemand Widerstand leistete</u>.' (modal)
> ‚<u>Weil niemand Widerstand leistete</u>, nahmen die Feinde die Stadt ein.' (kausal)

Nominale Prädikate gelten grundsätzlich als gleichzeitig:

> *me invito bellum declaraverunt.*    <= *invitus*, 3 ‚unwillig, ungern'
> ‚<u>Gegen meinen Willen</u> haben sie den Krieg erklärt.'

> *Caesare duce ad Galliam perveniunt.*    <= *dux, ducis*, m ‚Führer'
> ‚<u>Unter Caesars Führung</u> erreichen sie Gallien.'

Gerade bei absoluten Konstruktionen wird deutlich, dass **Satzwertigkeit** kein Plus-/Minus-Kriterium ist, sondern vielmehr eine **skalare Größe** darstellt: Das eine Extrem bilden Minimalkonstruktionen wie *aperto capite* (Plautus *Captivi* V,75: ‚mit unbedecktem Haupt'), die leicht durch ein Adverb ersetzt werden können, das andere Extrem bilden hochkomplexe Konstruktionen, von denen sogar Nebensätze abhängen können, z. B. *delegato triumviris ministerio, ut monumenta [...] urerentur* (Tacitus *Historiae* 2,86,3: ‚nachdem die Triumvirn beauftragt worden waren, die Denkmäler verbrennen zu lassen'). Dazwischen gibt es die unterschiedlichsten Ausprägungen von Satzwertigkeit (Müller-Lancé 1994:75 f).

Absolute Konstruktionen gibt es auch in den romanischen Sprachen, wobei sie natürlich nicht durch einen bestimmten Kasus markiert sind, sondern allein durch das Faktum eines vom Matrixsatz unabhängigen Subjekts- und Prädikatsglieds. Man findet sie in den unterschiedlichsten Arten von Texten, z. B. in Texten wissenschaftlicher Art:

> it. *Non sarà inopportuno, <u>data l'autorità dello scrittore</u>, esaminare la nuova trattazione con qualche larghezza e con la dovuta cura.* ‚Es wird von Vorteil sein, <u>angesichts der fachlichen Autorität des Verfassers</u>, die neue Abhandlung recht ausführlich und mit der nötigen Sorgfalt zu untersuchen.'[26]

---

26  Jacopini, Emma: Sulla dottrina grammaticale dell'ablativo assoluto. In: *Atti della Accademia delle Scienze di Torino* 53 (1917/1918), 185-189. Das Zitat befindet sich auf S. 185.

literarischer Art:

> sp. *fue de mal en peor hasta que un día, <u>teniendo la muchacha catorce años</u>,*[27] *arrambló con lo poco de valor que en nuestra choza había, y se marchó a Trujillo, a casa de la Elvira.* ‚es wurde immer schlimmer, bis sie eines Tages, <u>als das Mädchen vierzehn Jahre alt war</u>, die wenigen Wertsachen in unserer Hütte an sich riss und nach Trujillo, zum Haus von Elvira ging' (Cela: *La familia de Pascal Duarte*; ed. Destino S. 42).

aber auch in der gesprochenen Sprache:

> fr. *„Autrement les ONCE, c'est vrai qu'ils jouent aussi de maillot vert pour Jalabert, donc – euh – <u>Museuw étant distancé derrière</u> – euh – ils avaient tout intérêt à rouler aussi pour que Jalabert reprenne le maillot."* ‚Was die Fahrer des ONCE-Rennstalls angeht, so stimmt es natürlich, dass sie auch um das grüne Trikot für Jalabert fahren; folglich war es, <u>da Museuw ja zurückgefallen war</u>, ganz in ihrem Interesse, Tempo zu machen, schon auch, damit Jalabert das Trikot wieder übernimmt.'[28]

Auch in Sachen formaler Vielfalt und Satzwertigkeit absoluter Konstruktionen bieten die romanischen Sprachen ein breites Spektrum von Möglichkeiten, das von knappen nominalen Ausdrücken wie

> fr. *Les forces spéciales antiterroristes étaient partout, <u>l'arme prête</u>* ‚Die Anti-Terror-Spezialeinheiten waren überall, <u>die Waffe schussbereit</u>' (Le Monde, 22.4.1992, S. 22)

bis hin zu äußerst komplexen partizipialen bzw. gerundialen Konstruktionen reicht (alle genannten Beispiele nach Müller-Lancé 1994:60 f, 76, 338):

> fr. *<u>Les hommes vivant en moyenne moins longtemps que les femmes (huit ans de différence)</u>, ces situations sont très nombreuses.* ‚<u>Da Männer im Durchschnitt weniger lang leben als Frauen (acht Jahre Unterschied)</u>, sind diese Situationen sehr häufig' (Le Monde, 22.4.1992, S. 16).

Daneben gibt es in den romanischen Sprachen zahlreiche Präpositionen und Konjunktionen, die auf ehemalige absolute Konstruktionen zurückgehen. Ihre Entstehung erklärt sich dadurch, dass besonders häufig vorangestellte partizipiale Prädikatsglieder erstarrten, also nicht mehr an ihr Bezugswort angepasst wurden, und entsprechend als Präposition aufgefasst werden konnten (vgl. *la vitesse vue > vue la vitesse > vu la vitesse*). Solche Präpositionen sind z. B.

---

27 Die vorliegende absolute Konstruktion ist besonders interessant: Hier ist nämlich, wie bei vielen Participia Coniuncta, das Agens des übergeordneten Satzes, das Mädchen *Rosario*, inhaltlich identisch mit dem Agens der absoluten Konstruktion, *la muchacha*. Dadurch, dass das Agens in der satzwertigen Konstruktion aber nochmals eigens genannt wird, ist die Konstruktion aus syntaktischer Sicht absolut.

28 Pascal Lino, der damalige Träger des gelben Trikots, in einem Life-Interview im ‚Vélo Club' (auf *Antenne 2*, dem Vorgänger des heutigen TV-Kanals *France 2*) am 15.7.92 unmittelbar nach der Tour de france-Etappe von Strasbourg nach Mulhouse, auf der er unverhoffte Unterstützung von den ONCE-Fahrern erhielt, die für ihren Kapitän Jalabert und damit zugleich auch für Lino Tempo machten.

fr. *vu*, sp. *visto* ,angesichts'
fr. *nonobstant*, it. *nonostante*, sp. *nonobstante* ,trotz'
fr. *durant*, it./sp. *durante* ,während'
fr. *moyennant*, it./sp. *mediante* ,durch/mittels'

Es liegt also eine Folge von Lexikalisierung und Grammatikalisierung vor. In Kombination mit der Universalkonjunktion *que* können aus diesen Präpositionen neue Konjunktionen entstehen, z. B. fr. *vu que*, sp. *visto que* ,angesichts der Tatsache, dass'. Auf einen adjektivischen Ablativus Absolutus gehen die Präpositionen fr. *sauf*, sp./it. *salvo* ,außer' zurück: vgl. lat. *re salva* ,wobei die Sache unberührt blieb'. Einige präpositionale Fügungen sind sogar komplett erstarrte absolute Konstruktionen: z. B. fr. *compte tenu de/eu égard à* ,wenn man in Betracht zieht'; fr. *exception faite de*, sp. *excepción hecha de*, it. *eccezione fatta per* ,wenn man ausnimmt' (Müller-Lancé 1994:93f.).

Im Übrigen sind absolute Konstruktionen nicht auf das Lateinische und seine Nachkommen beschränkt. Grundsätzlich können sie in allen Sprachen vorkommen, in denen es auch Participia Coniuncta gibt.[29] So finden wir beispielsweise einen Genitivus Absolutus nicht nur im Altgriechischen, sondern auch im Deutschen:

*Erhobenen Hauptes* verließen sie das Spielfeld.
*Unverrichteter Dinge* kehrten sie heim.

Noch häufiger aber ist im Deutschen der absolute Akkusativ:

Er lag da, *die Augen verdreht*.
Ihr spinnt alle, *keinen ausgenommen*.
*Arm in Arm* gingen sie nach Hause.

## 5.2.2 Grundsätzliches zu Koordination und Subordination

In der Schulgrammatik werden zwei Verfahren der Satzverknüpfung unterschieden: **Koordination** (,Beiordnung', griech. „**Parataxe**") und **Subordination** (,Unterordnung', griech. „**Hypotaxe**"). Bei der Koordination stehen beide Propositionen[30] auf der gleichen Hierarchiestufe, man spricht auch von „**Satzreihen**", bei der Subordination wird eine Proposition hierarchisch der anderen untergeordnet, man spricht hier von „**Satzgefügen**". Beide Verfahren existieren in syndetischer (mit Konjunktion) oder asyndetischer Form (ohne Konjunktion). Es ergibt sich also folgendes Vierfelderschema:

---

29 Zu Participia Coniuncta und absoluten Konstruktionen im Englischen, Französischen, Italienischen und Deutschen vgl. Habermann (2007:303ff).
30 Der Begriff „Proposition" lässt offen, ob es sich bei einem Satz um einen Hauptsatz oder einen Nebensatz handelt.

|  | **Koordination** | **Subordination** |
|---|---|---|
| **asyndetisch** | *veni, vidi, vici.* ‚Ich kam, sah, siegte' | *oro vincas.* ‚Ich bitte dich zu siegen.' |
| **syndetisch** | *veni atque vici.* ‚Ich kam und siegte' | *postquam venisti, vicisti.* ‚Nachdem du gekommen warst, hast du gesiegt.'[31] |

Dieses Schema von Oppositionen ist sehr übersichtlich und bietet die Möglichkeit, auch satzwertige Konstruktionen zu erfassen: So fiele ein AcI wie *te vicisse video* (‚ich sehe, dass du gesiegt hast') in die Kategorie der asyndetischen Subordination. Dennoch reicht das Vierfelderschema nicht aus, um die Feinheiten der Satzverknüpfung zu erfassen. So ist beispielsweise ein Participium Coniunctum, das sein Subjekt mit dem des Matrixsatzes teilt, sicher in stärkerem Maße vom Matrixsatz abhängig als ein Ablativus Absolutus, also deutlicher subordiniert. Bei den Koordinationen wiederum kann man sich fragen, ob nicht eine konjunktionslose Reihe, in der der Zusammenhang der Glieder durch Adverbien markiert ist, doch schon so etwas wie eine syndetische Koordination darstellt: *primum veni, deinde vidi, tum vici* ‚erst kam ich, dann sah ich, schließlich siegte ich'.

Des weiteren kennt man z. B. aus dem gesprochenen Französisch Konstruktionen wie „*Tu sais qu'est-ce qui s'est passé?*" (‚weißt du, was passiert ist?'), in der ein Verb des Wissens, das eigentlich als Objekt einen indirekten, also subordinierten Fragesatz verlangt hätte („*ce qui s'est passé*"), mit einem direkten, also selbständigen und koordinierten Fragesatz verknüpft wird (*qu'est-ce qui s'est passé?*) – von entsprechenden vulgärlateinischen Konstruktionen wird noch die Rede sein. Es gibt also offensichtlich syntaktische Gebilde, die sich zwischen Koordination und Subordination bewegen.

Auf diese Problematik ist die Linguistik schon länger aufmerksam geworden (vgl. Calboli 1994). So hat beispielsweise Luigi Sorrento (1950) den Begriff „**Parahypotaxe**" geprägt, und Foley/van Valin (1984) stellten den Begriff „**Kosubordination**" daneben.[32] Christian Lehmann (1988:189 und 1989:157) hat zur Lösung des Problems im Lateinischen eine Skala des „hierarchical downgrading vorgeschlagen", die von der Parataxe zum Nebensatz mit Aktantenstatus reicht.[33]

Sehr hilfreich zur Lösung des Problems ist auch der Ansatz von Raible (1992), die verschiedenen Verfahren der Satzverknüpfung in einem Kontinuum darzustellen, das er die Dimension „**Junktion**" nennt. Diese Dimension erstreckt sich zwischen dem Pol der **Aggregation** (unverbundenes Nebeneinander zweier Sachverhaltsdarstellungen)

---

31  Nach *postquam* in der Bedeutung ‚nachdem' steht im Klassischen Latein stets der Indikativ Perfekt, und zwar auch dann, wenn Vorzeitigkeit zu einem Perfekt im übergeordneten Satz ausgedrückt werden soll. Im Deutschen ist also das Plusquamperfekt zu setzen.
32  Vgl. hierzu ausführlich Raible (1992:104, 181 ff) und Kiesler (2018:87 ff.).
33  Eine Zusammenfassung der Lehmann-Skala mit Anwendung auf absolute Konstruktionen findet sich in Müller-Lancé (1994:80ff).

und dem Pol der **Integration** (Einbettung einer Sachverhaltsdarstellung als nominales Satzglied in einer anderen Sachverhaltsdarstellung). So ist beispielsweise eine Juxtaposition (‚Nebeneinanderstellung') zweier Sätze wie *Ariovistus venit. Caesar vicit.* (‚Ariovist kam. Caesar siegte.') aggregativer als das berühmte *veni, vidi, vici*-Beispiel. In letzterem wird der Zusammenhang der drei Sachverhaltsdarstellungen nämlich nicht nur durch lautliche Regelmäßigkeiten wie die Alliteration (v-v-v) und den Endreim (i-i-i) deutlich, sondern auch durch ein syntaktisches Phänomen, das Raible „Aktantenkoaleszenz" nennt. Alle drei Sachverhaltsdarstellungen sind ja durch einen identischen Erstaktanten, nämlich den Selbstdarsteller Caesar in der 1. Person Singular, quasi zusammen gewachsen (= „Koaleszenz"). Aus diesem Grunde werden die drei Verben auch meist durch Kommata und nicht durch Punkte abgetrennt. Syntaktisch ist dies aber ohne Belang, da die Interpunktion ein rein graphisches Phänomen darstellt und ohnehin erst nachträglich eingefügt wurde.

Explizite Verknüpfungen von Haupt- oder Nebensätzen durch Konjunktionen stehen etwa in der Mitte der Junktionsskala, infinite Konstruktionen zwischen diesen und dem Integrationspol. Die maximale Integration ist erreicht, wenn eine Sachverhaltsdarstellung als Aktant, z. B. in Form eines Verbalsubstantivs, in einer anderen Sachverhaltsdarstellung auftritt. Dies gilt z. B. für das Objekt im Satz *victoriam tuam vidi.* ‚Ich habe deinen Sieg gesehen', das ja dem Sachverhalt ‚du hast gesiegt' entspricht. Die aggregativste Version einer Verknüpfung – oder vielmehr Nicht-Verknüpfung – dieser beiden Sachverhalte wäre *vidi. vicisti.* (‚Ich habe gesehen. Du hast gesiegt.'). Innerhalb der Segmente auf der Junktionsskala kann man beliebig fein ausdifferenzieren: So verbindet beispielsweise die Konjunktion *atque/ac*[34] bzw. angehängtes *-que* (jeweils ‚und') nur zusammengehörige Begriffe oder inhaltlich eng zusammenhängende Propositionen (vgl. unten im Caesar-Text die mit *atque* und *minimeque* eingeleiteten Gliedsätze). Eine Verbindung mit *et* hingegen koordiniert auch ganz unterschiedliche Propositionen, z. B. solche mit verschiedenen Subjekten. A priori ist also eine *et*-Verbindung weniger integrativ als eine *atque*-Verbindung.

Da aber sowohl die mir bekannten lateinischen Schulgrammatiken als auch die wissenschaftlichen Referenzgrammatiken in ihren Syntaxdarstellungen ausschließlich die traditionelle Typologie von Koordination und Subordination anwenden, soll hiervon im folgenden kurzen Überblick nicht abgewichen werden. Die Einheitlichkeit der Terminologie hat ja auch ihre Vorteile.

Die Vorliebe des Klassischen Lateins für **komplexe Perioden**, also Satzgebilde mit zahlreichen unterschiedlichen Hierarchieebenen, ist legendär. Dass es bei deren Übersetzung aber in vielen Publikationen zu einer „geschraubten" Sprache kommt, muss nicht sein und hat ganz pragmatische Gründe: Wichtigstes Lernziel des Lateinunterrichts bis in die 1960er Jahre bzw. des Lateinstudiums bis heute war die Fähigkeit zur Erstellung eines ciceronianischen lateinischen Texts. Man übersetzte also aus dem

---

34   *Atque* kann vor Konsonanten und Vokalen stehen, *ac* nur vor Konsonanten, aber nicht vor *h*- (Menge 1979: § 499); ein weiterer Beleg dafür, dass geschriebenes <h> schon in klassischer Zeit phonetisch nicht mehr realisiert wurde.

Deutschen in das Lateinische. Um die Korrektheit des Ergebnisses überprüfen zu können, war die deutsche Textvorlage immer schon eine textnahe Übersetzung eines lateinischen Originals, so dass die als „Stilübungen" bezeichneten Übersetzungen ins Lateinische faktisch Rückübersetzungen darstellten. Das entsprechend künstliche Deutsch der „Vorlagen" hat mit seiner lateinisch induzierten Syntax lange Zeit den Lateinunterricht geprägt und kuriose Blüten wie den folgenden Satz getrieben: „Die Alten betrachteten den Staat nicht als einen Strom, aus dem möglichst viel Wasser zu schöpfen sich jeder zum Verdienst anrechnete, sondern vielmehr als einen Bach, in den jeder sein eigenes Wasser hineinzuleiten bestrebt war" (zitiert nach Snell 1962:4). Man merkt es kaum, aber es geht hier um denselben Gedanken, den John F. Kennedy in pointierterer Form als „Ask not what your country can do for you; ask what you can do for your country." bekannt gemacht hat und der im Umfeld der Fußball-WM 2006 auch in der „Du bist Deutschland"-Kampagne bemüht wurde.

Ein besonders beliebter Text zur Veranschaulichung syntaktischer Komplexität sind die Kriegsberichte Caesars aus Gallien, die *Commentarii Belli Gallici*. Wann immer es darum geht, den klassischsten lateinischen Text zu küren, ist dieses Buch – oder genauer: diese 8 Bücher[35] – unter den Favoriten. Hier paart sich Ökonomie des Wortflusses mit syntaktischer Komplexität. Der Anfang des ersten Buches und damit die berühmteste Passage ist für Romanisten von elementarer Bedeutung, stellt sie doch eines der besten Zeugnisse für die vorromanische Besiedlung Galliens dar. Außerdem thematisiert sie bereits den gesellschaftlichen Unterschied zwischen der früh romanisierten Provincia Narbonensis im Süden bzw. Südosten Frankreichs (im Text: „*provincia*") und dem wilden, erst 70 Jahre später romanisierten Norden und Westen (im Text: „*Gallia*"). In unserem Abdruck sind die Hauptsätze unmarkiert, die Gliedsätze ersten Grades einfach unterstrichen und die Gliedsätze zweiten Grades doppelt unterstrichen:

> (1) *Gallia est omnis divisa in partes tres, quarum unam incolunt Belgae, aliam Aquitani, tertiam, qui ipsorum lingua Celtae, nostra Galli appellantur.* (2) *hi omnes lingua, institutis, legibus inter se differunt. Gallos ab Aquitanis Garunna flumen, a Belgis Matrona et Sequana dividit.* (3) *horum omnium fortissimi sunt Belgae, propterea quod a cultu atque humanitate provinciae longissime absunt minimeque ad eos mercatores saepe commeant atque ea, quae ad effeminandos animos pertinent, important proximique sunt Germanis, qui trans Rhenum incolunt, quibuscum continenter bellum gerunt.* (Commentarii I,1,1-3, ed. Hornig 1974)

Bis auf den mehrteiligen, durch *propterea quod* (‚deswegen weil') eingeleiteten Kausalsatz sind alle hier enthaltenen Gliedsätze Relativsätze. Das zeigt, dass die Sprache Caesars zumindest in der Auswahl der Gliedsatzarten durchaus schlicht und nicht all-

---

35   Längere römische Schriften sind meist in verschiedene Bücher (*libri*) eingeteilt. Diese Bücher können aber recht kurz sein und entsprechen nach heutigem Verständnis eher längeren Kapiteln. Die Bücher werden mit Ordnungszahlen durchnummeriert, wobei das zweite Buch aber nicht *liber secundus*, sondern *liber alter* (‚das andere Buch von zweien') genannt wird. Hieraus resultiert der klassische deutsche Pennälerwitz, dass Caesar das zweite Buch der *Commentarii* – überschrieben mit „liber alter" – seinem Vater gewidmet habe.

## 5.2 Der komplexe bzw. zusammengesetzte Satz

zuweit von der gesprochenen Sprache entfernt ist – auch im Sprachgebrauch französischer Jugendlicher sind Relativsätze bis heute die bei weitem häufigste Gliedsatzart (Brunet 1995).

Übersetzt man einen solchen Text ins Deutsche, so muss man allerdings u. U. zusätzliche Pronomina, verdeutlichende Adverbien und Konjunktionen einfügen, die Caesar eingespart hat. In der folgenden, recht textnahen Übersetzung sind sie durch eckige Klammern markiert:

> '(1) Gallien als Ganzes ist in drei Teile aufgeteilt, <u>deren einen die Belger bewohnen, den anderen die Aquitaner und den dritten [diejenigen], die in ihrer eigenen Sprache „Kelten", in unserer [hingegen] „Gallier" genannt werden</u>. (2) Diese alle unterscheiden sich nach Sprache, Einrichtungen und Gesetzen voneinander. Von den Aquitanern trennt die Gallier der Fluss Garonne, von den Belgern [die Flüsse] Marne und Seine. (3) Die Tapfersten von allen diesen sind die Belger, [und zwar] <u>deswegen, weil sie am weitesten entfernt von der Kultur und Lebensart der [römischen] Provinz wohnen und zu ihnen am wenigsten häufig die Händler kommen und das importieren, was der Verweichlichung der Gemüter dient</u>, und [weil] sie [außerdem] am nächsten bei den Germanen leben, <u>die jenseits des Rheines wohnen</u> [und] <u>mit denen sie dauernd Krieg führen</u>.' (Übers. JML)

Auch für den Prosastil anderer klassischer Autoren ist es durchaus kennzeichnend, dass auf Wörter, die verzichtbar sind, auch tatsächlich verzichtet wird. Diese Kunst der Knappheit[36] steht damit im Gegensatz zum Wortreichtum der Dichtung, den wir am Beispiel von Vergils *Aeneis* (vgl. S. 214 f) bereits kennengelernt haben.

### 5.2.3 Arten von Hauptsätzen und die darin verwendeten Modi

Genau wie in den romanischen Sprachen unterscheidet man im Lateinischen Aussagesätze, Ausrufesätze, Aufforderungssätze und Fragesätze. Generell gilt für Hauptsätze folgender Modusgebrauch: Wenn sie einen Sachverhalt als Tatsache darstellen, steht der Indikativ, wenn sie ihn als Begehren, als Möglichkeit oder Unwirklichkeit darstellen, steht der Konjunktiv, und wenn sie ihn als Befehl darstellen, der Imperativ. Im Konjunktiv können dabei Vergangenheitstempora auch für Darstellungen verwendet werden, die sich auf die Gegenwart beziehen.

#### 5.2.3.1 Aussagesätze

Aussagen können als wirklich (real), als möglich (potential) oder als unwirklich (irreal) dargestellt werden. Real dargestellte Aussagen stehen im Indikativ:

*Aliquis hoc dixit.*   ‚Jemand hat das gesagt.'

---

36  Hierzu ausführlich Habermann (2007).

Potential dargestellte Aussagen (man spricht auch vom „Potentialis") stehen ohne Bedeutungsunterschied entweder im Konj.Präsens oder im Konj. Perfekt:

> *Aliquis hoc dicat/dixerit.* ‚Jemand könnte das sagen.'

Bei irrealen Aussagesätzen („Irrealis") unterscheidet man danach, ob die Aussage für die Gegenwart oder die Vergangenheit gilt. Der Irrealis der Gegenwart wird durch den Konj. Imperfekt ausgedrückt, der Irrealis der Vergangenheit durch den Konj. Plusquamperfekt:

> *Aliquis hoc diceret.* ‚Jemand würde das sagen.' (aber er ist z. B. nicht da)
> *Aliquis hoc dixisset.* ‚Jemand hätte das gesagt.' (aber er ist schon lange tot)

Insgesamt unterscheiden sich die lateinischen Ausdrucksweisen für den Potentialis und Irrealis also recht stark von den romanischen Sprachen, und zwar vor allem deshalb, weil letztere das neu entwickelte Konditional als Modus der Unwirklichkeit nutzen.

### 5.2.3.2 Ausrufesätze

Ausrufesätze können ohne Verb als bloßer Akkusativ des Ausrufs stehen (z. B. *,me miserum!* ‚Ich Unglücklicher!') oder auch eine Interjektion dabei haben (z. B. *o/heu me miserum!* ‚Ach ich Unglücklicher!'). Es kann aber auch ein Fragesatz zum Ausruf umgeformt werden: *Quanta est tua pulchritudo!* ‚Wie groß ist deine Schönheit!' – also genau wie im Romanischen, vgl. sp. *¡Cuánto lo siento!* ‚Wie leid mir das tut!'. Und schließlich können Ausrufe auch als Wunsch- bzw. Aufforderungssatz formuliert werden – hierzu der folgende Abschnitt.

### 5.2.3.3 Aufforderungssätze

Bei den Aufforderungssätzen kann man Wunschsätze und Befehlssätze unterscheiden (gelegentlich finden sich auch andere Einteilungen).

**Erfüllbar gedachte Wunschsätze** stehen im Konj. Präsens für die Gegenwart und im Konj. Perfekt für die Vergangenheit. Sie können ohne Einleitung stehen oder aber durch *utinam* ‚wenn doch; hoffentlich' bzw. in der Negation durch (*utinam*) *ne* ‚wenn doch nicht; hoffentlich nicht' eingeleitet werden:

> *utinam nos salvent!* ‚Hoffentlich retten sie uns!'
> *utinam ne frustra dixerim!* ‚Hoffentlich habe ich nicht umsonst gesprochen!'

**Unerfüllbar gedachte Wunschsätze** stehen im Konj. Imperfekt für die Gegenwart und im Konj. Plusquamperfekt für die Vergangenheit. Sie stehen immer mit Einleitung, und zwar nur mit den Varianten *utinam* und *utinam ne*:

> *utinam viveret!* ‚Wenn er doch noch am Leben wäre!'
> *utinam ne hoc dixisset!* ‚Wenn er das doch nicht gesagt hätte!'

**Befehls- bzw. Aufforderungssätze im engeren Sinne** stehen im Imperativ oder im Konjunktiv Präsens, verneint wird mit *ne*:

| | |
|---|---|
| *ora et labora!* | ‚Bete und arbeite!' (Motto des Benediktinerordens) |
| *audiatur et altera pars!* | ‚Auch die andere Partei soll gehört werden!' |
| *ne desperemus!* | ‚Lasst uns nicht verzweifeln!' |

Ein Sonderfall ist das Verbot an die 2. Person Singular oder Plural: Hier steht entweder der zeitstufenlose Konj. Perfekt (sog. „Prohibitiv") oder aber eine Umschreibung bestehend aus dem Imperativ *noli/nolite* (von *nolle* ‚nicht wollen') und einem Infinitiv:

| | |
|---|---|
| *ne dubitaveris!* | ‚Zweifle nicht!' |
| *nolite timere!* | ‚Fürchtet euch nicht!' |

Insgesamt ist der Modusgebrauch in der Gruppe der Aufforderungssätze also recht nahe am Gebrauch in den romanischen Sprachen: Konjunktive und Imperative prägen das Bild. Verändert haben sich v. a. die Satzeinleitungen, weggefallen ist die Umschreibung mit *noli(te)* + Infinitiv. Übrig geblieben ist aus letzterer Konstruktion ein verneinter Infinitiv mit aufforderndem Charakter, den wir alle aus den unvermeidlichen mehrsprachigen Schildern in öffentlichen Verkehrsmitteln kennen, z. B. in Zügen fr. „*Ne pas se pencher dehors*" (‚Nicht aus dem Fenster lehnen') oder Bussen it. „*non disturbare il conducente*" (‚nicht mit dem Fahrer sprechen'). Als positive Aufforderung wird dieser Infinitiv vor allem in Aufbauanleitungen und Kochrezepten verwendet: vgl. fr. *remuer la sauce lentement* (‚die Soße langsam umrühren'), sp. *añadir 20 cl de leche* (‚20 cl Milch hinzufügen'). An das Lateinische erinnert auch die spanische Regel, den Imperativ bei der Verneinung in einen Konjunktiv umzuwandeln. Vgl. sp. *ve te!* vs. *no te vayas!* (‚geh weg!' vs. ‚geh nicht weg!').

#### 5.2.3.4 Fragesätze

Im Lateinischen werden drei Arten von direkten Fragesätzen (also Fragesätzen mit Hauptsatzstatus) unterschieden: Wortfragen, Satzfragen und Doppelfragen.

**Wortfragen** werden mit einem Fragewort eingeleitet und unterscheiden sich in der Struktur nicht von ihren Pendants in den romanischen Sprachen, wenn man einmal von den dort möglichen Inversionsstellungen absieht:

| | |
|---|---|
| *quomodo venisti?* | – sp. *¿cómo has venido?* fr. *comment es-tu venu?* |
| *quantum emetis?* | – sp. *¿cuánto compraréis?* fr. *combien vous allez acheter?* |

**Satzfragen** beziehen sich auf den Inhalt eines ganzen Satzes und verlangen als Antwort ein „ja" oder „nein" (Entscheidungsfragen). Je nachdem, was für eine Antwort erwartet wird, verwendet man eine andere Partikel zur Frageeinleitung: Ist die Antwort offen, so steht ein enklitisches *-ne*, das an das betonte Wort angehängt wird und mit diesem die Anfangsposition des Satzes einnimmt. Es entspricht also in seiner Funktion als Interrogationsmarker exakt dem französischen *est-ce que*:

| | |
|---|---|
| *laudatne magister discipulos?* | fr. *Est-ce que le professeur loue les élèves ?* |
| | ‚Lobt der Lehrer die Schüler?' |

Wird die Antwort „ja" erwartet, so verwendet man als Einleitung die Partikel *nonne* (zusammengesetzt aus *non* + *ne*) – die Wortstellung bleibt ansonsten unverändert gegenüber einem Aussagesatz:

| | |
|---|---|
| *nonne magister discipulos laudat?* | ‚Der Lehrer lobt doch wohl die Schüler, oder?' |

Wird die Antwort „nein" erwartet, dann steht entsprechend die Fragepartikel *num* (im Deutschen gut wiederzugeben mit ‚etwa'):

| | |
|---|---|
| *num magister discipulos laudat?* | ‚Lobt der Lehrer etwa die Schüler?' |

Für *nonne* und *num* gibt es keine direkt abgeleiteten Entsprechungen in den romanischen Sprachen.

**Doppelfragen** stellen dem Befragten zwei Antwortmöglichkeiten zur Wahl. Das zweite und jedes weitere Glied einer Doppelfrage wird immer durch *an* eingeleitet, das erste Glied kann durch *utrum* oder angehängtes *-ne* eingeleitet werden oder aber ganz ohne Fragepartikel stehen:

| | | |
|---|---|---|
| *utrum manemus* | *an abimus?* | |
| *manemusne* | *an abimus?* | ‚Bleiben wir oder gehen wir?' |
| *manemus* | *an abimus?* | |
| *manemus* | *an non?* | ‚Bleiben wir oder nicht?' |

In der Entwicklung zu den romanischen Sprachen sind die Partikeln, die das erste Glied von Doppelfragen einleiten, untergegangen. Auch die Fragepartikel *an* zur Einleitung des zweiten Gliedes hat sich nicht erhalten, ist aber immerhin ersetzt worden durch die jeweilige allgemeine Disjunktivpartikel (‚Trennungspartikel') mit der Bedeutung ‚oder', vgl. fr. *restons ou non?*; sp. *¿nos quedamos o no?*

## 5.2.4 Arten von Gliedsätzen – Verwendung von Tempora und Modi

Zunächst eine Vorbemerkung: In der Schulgrammatik werden die Termini „Nebensatz" und „Gliedsatz" synonym verwendet. Passender ist aber sicherlich der Terminus „Gliedsatz", weil er nicht suggeriert, dass er weniger Wichtiges enthielte. Es gibt ja durchaus Gliedsätze, deren Information wichtiger ist als die des sog. „Hauptsatzes" (z. B. „ich glaube, dass gerade jemand dein Auto klaut").

Es gibt **drei gängige Möglichkeiten, Gliedsätze zu kategorisieren**:

- nach ihrer syntaktischen Funktion innerhalb des übergeordneten Satzes: Subjektsätze, Objektsätze, Attributssätze und Adverbialsätze
- nach der Wortart ihres Einleitungsworts: Relativsätze, indirekte Fragesätze, Konjunktionalsätze
- nach dem Grad ihrer Abhängigkeit: Gliedsätze ersten Grades hängen direkt vom Hauptsatz ab, Gliedsätze zweiten Grades von einem Gliedsatz ersten Grades, Gliedsätze dritten Grades von einem Gliedsatz zweiten Grades etc.

5.2  Der komplexe bzw. zusammengesetzte Satz

In der Folge sollen die Gliedsätze primär nach der Form ihrer Einleitung aufgelistet werden, da dies auch in den Grammatiken moderner Sprachen üblich ist und sich auf diese Weise leichter Querverbindungen herstellen lassen.

Vorab sei aber noch Allgemeines zum Gebrauch von **Tempora und Modi in Gliedsätzen** gesagt: Manche Gliedsatztypen können im Indikativ oder Konjunktiv stehen, andere haben immer den Konjunktiv. Grundsätzlich kann jeder Gliedsatz als Meinung eines anderen dargestellt werden und tritt dann in den Konjunktiv. Man spricht hier vom „obliquen Konjunktiv" (wörtlich: ‚schiefer Konjunktiv') oder dem „Konjunktiv der fremden Meinung". Auch ein Nebensinn (z. B. final, kausal, konsekutiv etc.) kann dazu führen, dass ein eigentlich indikativischer Nebensatz konjunktivisch wird.

In **indikativischen Gliedsätzen** werden die Tempora üblicherweise so gebraucht, wie wir das von den romanischen Sprachen her kennen:[37] Bei Gleichzeitigkeit zur übergeordneten Proposition steht dasselbe Tempus wie dort, wobei zum Perfekt auch das Imperfekt als gleichzeitig gilt. Bei Vorzeitigkeit zum Präsens steht das Perfekt, bei Vorzeitigkeit zu einem Vergangenheitstempus das Plusquamperfekt und bei Vorzeitigkeit zum Futur I das Futur II. Nachzeitigkeit zum Präsens wird durch das Futur I ausgedrückt. Daneben gibt es einige Sonderregeln (hierzu Throm 1995:244 f).

In **konjunktivischen Gliedsätzen** gibt es eine eigene, recht streng eingehaltene Zeitfolge, die sog. *consecutio temporum* (‚Zeitenfolge'). Entscheidendes Kriterium ist dabei das Zeitverhältnis zum Tempus der übergeordneten Proposition: Handelt es sich dabei um ein Präsens, Futur I oder Futur II (sog. „Haupttempora"), dann steht bei Vorzeitigkeit der Konj.Pf., bei Gleichzeitigkeit der Konj.Prs. und bei Nachzeitigkeit eine Verbalperiphrase auf *-urus sim* (bzw. *sis, sit* etc.). Steht das übergeordnete Verb in einem Vergangenheitstempus (Impf., Pf., Plpf. – sog. „Nebentempora"), dann steht im Gliedsatz bei Vorzeitigkeit der Konj.Plpf., bei Gleichzeitigkeit der Konj.Prs. und bei Nachzeitigkeit eine Periphrase auf *-urus essem* (*esses, esset* etc.). Die vom Präsensstamm abgeleiteten Konjunktive stehen also für Gleichzeitigkeit, die vom Perfektstamm für Vorzeitigkeit, und alle Periphrasen, die das Part.Fut.Aktiv enthalten, bringen Nachzeitigkeit zum Ausdruck.

Auf ein Beispiel angewandt ergibt sich damit folgendes Schema:

---

37  Schönes Vergleichsmaterial bietet Stein (1997), der Livius-Übersetzungen in verschiedene romanische Sprachen miteinander vergleicht.

**Abhängig von Haupttempora**

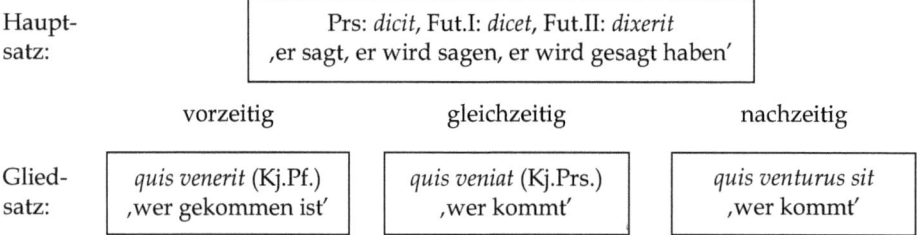

| | vorzeitig | gleichzeitig | nachzeitig |
|---|---|---|---|
| Glied-satz: | *quis venerit* (Kj.Pf.) ‚wer gekommen ist' | *quis veniat* (Kj.Prs.) ‚wer kommt' | *quis venturus sit* ‚wer kommt' |

**Abhängig von Nebentempora**

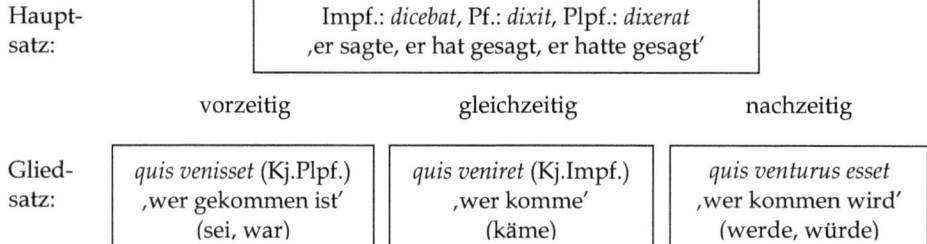

| | vorzeitig | gleichzeitig | nachzeitig |
|---|---|---|---|
| Glied-satz: | *quis venisset* (Kj.Plpf.) ‚wer gekommen ist' (sei, war) | *quis veniret* (Kj.Impf.) ‚wer komme' (käme) | *quis venturus esset* ‚wer kommen wird' (werde, würde) |

Abb. 31: Zeitenfolge in konjunktivischen Gliedsätzen (in Anlehnung an Throm 1995:236)

Diese Unterteilung der Hauptsatz-Tempora in eine Gegenwartsgruppe und eine Vergangenheitsgruppe ist im Italienischen, Spanischen und Französischen bis heute für die Zeitenfolge in konjunktivischen Gliedsätzen von entscheidender Bedeutung.

### 5.2.4.1 Relativsätze

Relativsätze sind typischerweise Attributsätze und erläutern in dieser Funktion ein Nomen des übergeordneten Satzes (=Beziehungswort). Eingeleitet werden sie durch ein Relativpronomen wie *qui* (‚der'), *quicumque* (‚wer auch immer'), *quantus* (‚wie groß'), *qualis* (‚wie beschaffen') oder ein relativisch gebrauchtes Adverb wie *ubi* (‚wo') oder *quo* (‚wohin'). Die **Form des Relativpronomens** richtet sich in Genus und Numerus nach dem Beziehungswort, im Kasus jedoch nach seiner syntaktischen Funktion innerhalb des Relativsatzes (zur Deklination der Relativpronomina vgl. Kap. 4.3.4):

> *Cicero, qui orator maximus putatur, et multum scripsit.*
> ‚Cicero, der für den größten Redner gehalten wird, hat auch viel geschrieben.'

> *Cicero, quem oratorem maximus putamus, et multum scripsit.*
> ‚Cicero, den wir für den größten Redner halten, hat auch viel geschrieben.'

Gelegentlich kann ein Relativpronomen auch anstelle eines Demonstrativpronomens einen Hauptsatz oder einen Konjunktionalsatz einleiten. Man spricht dann vom

5.2 Der komplexe bzw. zusammengesetzte Satz

„**relativischen Satzanschluss**". Bei Caesar steht er besonders häufig in Kombination mit einem Ablativus Absolutus:

*quibus rebus cognitis* ‚nachdem diese Dinge bekannt geworden waren, '

Einer dieser relativischen Anschlüsse ist durch häufige Verwendung lexikalisiert und schließlich sogar zu einem kausalen Adverb grammatikalisiert worden: *quam ob rem* ‚deshalb' (wörtl.: ‚wegen dieser Sache').

Üblicherweise stehen lateinische Relativsätze im Indikativ. Sie können aber in den Konjunktiv treten, wenn sie eine fremde Meinung zum Ausdruck bringen oder wenn sie einen finalen (Zweck), konsekutiven (Folge), kausalen (Ursache) oder konzessiven (Einschränkung) Nebensinn haben:

*Caesar misit, qui specularentur.* (final)
‚Caesar schickte [erg. Leute][38], die beobachten sollten.'

*Non is sum, qui terrear.* (konsekutiv)
‚Ich bin nicht der Mann, der sich erschrecken lässt.'

Besonders der Konjunktiv beim finalen bzw. konsekutiven Nebensinn hat sich bis in die romanischen Sprachen erhalten. Hier steht ja bekanntlich der Konjunktiv im Relativsatz, wenn dieser eine gewünschte Eigenschaft zum Ausdruck bringt:

fr. *Nous cherchons un hôtel qui soit moins cher.*
sp. *Buscamos un hotel que sea menos caro.*
it. *Cerco un hotel che sia meno caro.*

### 5.2.4.2 Indirekte Fragesätze

Indirekte, also abhängige Fragesätze werden meist als Objekt nach Verben des Fragens, Sagens, Wissens und Denkens gebraucht und stehen immer im Konjunktiv. Wie bei den direkten Fragen unterscheidet man Wortfragen, Satzfragen und Doppelfragen. **Abhängige Wortfragen** werden durch die gleichen Fragewörter eingeleitet wie direkte Fragen, also durch Fragepronomina (z. B. *quid?* ‚was?') oder Frageadverbien (z. B. *quando?* ‚wann?'):

*nesciebam, quid fecisset.* – ‚Ich wusste nicht, was er getan hatte'

**Abhängige Satzfragen** werden durch angehängtes *-ne* oder *num* eingeleitet:

*interrogavi, num cervisiam mallent.* – ‚Ich fragte, ob sie lieber Bier wollten'.

---

38  Wenn das Beziehungswort ein Pronomen oder ein ähnlich unbestimmtes Nomen ist, dann kann es auch wegfallen und wird auf Basis des Relativpronomens geistig ergänzt.

Bei **abhängigen Doppelfragen** wird das zweite Glied immer mit *an* (‚oder') eingeleitet, das erste mit *utrum*, *-ne* oder ohne Fragepartikel (im Deutschen steht jeweils ‚ob'):

| | | | |
|---|---|---|---|
| *Deliberamus,* (‚Wir überlegen') | utrum maneamus | an abeamus. | ‚ob wir bleiben |
| | maneamusne | an abeamus. | oder weggehen sollen.' |
| | maneamus | an abeamus. | |
| | maneamus | necne. | ‚ob wir bleiben oder nicht.' |

### 5.2.4.3 Konjunktionalsätze

Es gibt zu viele verschiedene Arten von Konjunktionalsätzen, als dass sie hier alle ausführlich dargestellt werden könnten. Das ist aber auch nicht nötig, da diese Gliedsätze von der Struktur her ihren romanischen Entsprechungen recht ähnlich sind. Die folgende Auflistung (basierend auf Throm 1995:250 ff und Rubenbauer et al. 1995:275 ff) stellt daher in erster Linie die jeweiligen gliedsatzeinleitenden Konjunktionen vor, damit deutlich wird, welche von ihnen sich romanisch fortgesetzt haben. Etwas ausführlicher werden lediglich die Konditionalsätze behandelt, da diese in ihrem Modusgebrauch etwas abweichen und auch in den romanischen Sprachen einen Sonderstatus in diesem Punkt aufweisen.

#### Finalsätze

Finalsätze stehen a) als Subjekt- oder Objektsatz nach Verben des Bemühens oder Verhinderns sowie des Begehrens und Fürchtens (deutsche Einleitung: ‚dass') oder b) als Adverbialsatz nach ganz beliebigen Verben, um den Zweck oder die Absicht einer Handlung darzustellen (deutsch ‚damit, um zu'). In beiden Fällen werden sie mit *ut* eingeleitet, negiert werden sie mit *ne* (‚dass nicht, damit nicht'). Es steht grundsätzlich der Konjunktiv:

a) *Cura, ut valeas.*  ‚Sorge dafür, dass du gesund bleibst.'
b) *Venio ad te, ne solus sis.*  ‚Ich komme zu dir, damit du nicht allein bist.'

Interessant aus romanistischer Sicht ist die Regel, dass nach Verben des Fürchtens und des Verhinderns *ne* für ‚dass' steht (und *ut* bzw. *ne non* für ‚dass nicht'). Dies ist der Ursprung des sog. „*ne*-explétif" im Französischen, das nach Verben des Fürchtens stehen kann, aber mittlerweile im Rückzug befindlich ist:

*timeo, ne venias.*  ‚Ich fürchte, dass du kommst'.
vgl. fr. *je crains que tu (ne) viennes.*

#### Konsekutivsätze

Konsekutivsätze stehen immer im Konjunktiv und drücken eine tatsächliche oder mögliche Folge aus. Eingeleitet werden sie durch *ut* bzw. *uti* (‚so dass'), verneint durch *ut non* (‚so dass nicht'), *ut nemo* (‚so dass niemand'), *ut nihil* (‚so dass nichts') oder *ut numquam* (‚so dass niemals'). Häufig steht schon im übergeordneten Satz ein Hinweis auf die konsekutive Relation, z. B. Pronomina wie *talis* (,so beschaffen'), *tantus* (,so groß') oder Adverbien wie *tam* (,so' – vor Adjektiven) oder *ita/sic* (,so' – vor Verben):

*tales sumus, ut iure laudemur.* ,Wir sind so, dass wir zu Recht gelobt werden.'

Die auf einen Konsekutivsatz hinweisenden Pronomina bzw. Pronominaladjektive *tantus* und *talis* sind in den romanischen Sprachen sehr gut erhalten, das *ut* ist allerdings durch die Universalkonjunktion *que/che* ersetzt worden: vgl. fr. *tant/tel que*, sp. *tanto/tal que*, it. *tanto/tale che*. Im Spanischen hat sich auch das *tam* vor Adjektiven in der Form *tan* erhalten: *tan grande que*.

Meist sind Konsekutivsätze Adverbialsätze. Sie können aber auch als Subjektsätze nach unpersönlichen Ausdrücken des Geschehens stehen, z. B. *fit, ut* (,es kommt vor, dass'), *fieri potest, ut* (,es ist möglich, dass').

**Temporalsätze**
Temporalsätze können den Zeitpunkt der Hauptsatzhandlung genauer bestimmen, aber auch ein Zeitverhältnis zum Hauptsatzverb zum Ausdruck bringen. Üblicherweise stehen sie im Indikativ, bei zusätzlichem adverbialem Nebensinn (final, kausal, konsekutiv, konzessiv) oder beim Ausdruck fremder Meinung im Konjunktiv.

Die mit Abstand häufigste temporale Konjunktion ist *cum* (Grundbedeutung ,als'), also ein Homonym zur Präposition *cum* (,mit'). Entsprechend haben sich einige Bedeutungsvarianten entwickelt: ,als'; ,wenn'; ,jedesmal wenn'; ,indem':

*cum tacent, clamant.* ,Indem sie schweigen, schreien sie.'

Weitere häufig gebrauchte temporale Konjunktionen sind *antequam* und *priusquam* (beide: ,bevor'), *dum* (,während, solange'), *donec, quoad, quamdiu* (alle: ,solange') und *postquam* (,nachdem'), dessen Wurzel *post* in sp. *des*pués *que* erhalten ist. Zu nennen ist schließlich ein weiteres Homonym: *ubi* kann nicht nur lokales Relativum und Fragewort (,wo?') sein, sondern auch temporale Konjunktion (,sobald'; ,als'). Dieses Zusammenfallen von Zeit und Raum hat sich teilweise in fr. *où* (,wo') erhalten, das etymologisch auf *ubi* zurückgeht[39] und in bestimmten Kollokationen ebenfalls temporal gebraucht werden kann, z. B. in *au moment où* (,als'). Bekannt ist dieser semantische Zusammenfall auch im Süddeutschen, wo „wo" nicht nur Relativpronomina (vgl. die SWR3-Parodie auf „Jogis Jungs": „Mir sin die, wo gwinne welle")[40], sondern auch temporale Konjunktionen vertreten kann: vgl. „Wo du gekommen bist, bin ich gegangen".

---

39  Die gleich lautende französische Disjunktivkonjunktion *ou* (,oder') geht etymologisch auf ihre lat. Entsprechung *aut* (,oder') zurück. Nur zur besseren Unterscheidung wird das lokale *où* mit Akzent geschrieben.
40  Der Trainer der deutschen Fußballnationalmannschaft, Joachim (Jogi) Löw, stammt aus Südbaden. Vgl. zur Comedy-Serie z. B. www.youtube.com/watch?v=XntsGJb2ZPc

## Kausalsätze

Kausalsätze liefern die Begründung für die Aussage des übergeordneten Satzes. Bei Angabe eines tatsächlichen Grundes stehen vor allem die Konjunktionen *quod* und *quia* (beide: ‚weil') sowie *quoniam* (‚da ja'), und zwar jeweils mit Indikativ:

> *non veni, quia aegrotus eram.*         ‚Ich bin nicht gekommen, weil ich krank war.'

Bei Angabe eines subjektiven Grundes steht vor allem kausales *cum* (‚weil') mit Konjunktiv.

Ein hervorzuhebendes Phänomen ist das sog. „faktische *quod*". Es steht semantisch gewissermaßen zwischen dem Relativpronomen *quod* (‚das') und dem kausalen *quod* (‚weil') und gibt eine Tatsache an, die den übergeordneten Satz erklärt. Die übliche Übersetzung ist ‚dass' oder ‚die Tatsache, dass':

> *pergratum mihi est, quod venisti.*         ‚Es ist mir sehr angenehm, dass du gekommen bist.'

## Konditionalsätze

Konditionalsätze geben die Bedingung an, unter der die Sachverhaltsdarstellung des übergeordneten Satzes zutrifft. Konditionalsatz und übergeordneten Satz bezeichnet man zusammengenommen als „Bedingungsgefüge". Als Konjunktion steht im Konditionalsatz vor allem *si* (‚wenn') oder *nisi* (‚wenn nicht'), in bestimmten Zusammensetzungen oder ohne Verb auch *si non* (‚wenn nicht'). Das Konjunktionsinventar ist Romanist*innen also sehr vertraut.

Was den Tempus- und Modusgebrauch angeht, so stehen im Lateinischen, anders als in den romanischen Sprachen, grundsätzlich dieselben Tempora und Modi in *si*-Satz (griech.: „Protasis": ‚Vordersatz') und Hauptsatz (griech. „Apodosis": ‚Nachsatz'). Dabei sind nach dem Verhältnis zur Wirklichkeit drei Kategorien zu unterscheiden, die wir bereits von den Aussagesätzen her kennen:

Im **Realis** oder **Indefinitus** (denn das Verhältnis zur Wirklichkeit ist hier eigentlich unbestimmt) steht der Indikativ:

> *Si hoc dicis, erras.*         ‚Wenn du das sagst, irrst du dich.'
> *Si hoc dixisti, erravisti.*         ‚Wenn du das gesagt hast, hast du dich geirrt.'
> *Si hoc dices, errabis.*         ‚Wenn du das sagst, wirst du dich irren.'

Aus romanistischer Sicht ist zu beachten, dass im Lateinischen, anders als im Spanischen, Italienischen oder Französischen, auch im *si*-Satz das Futur stehen kann.

Im **Potentialis** werden Bedingung und Folgerung als möglich dargestellt. Diese Kategorie fehlt in den romanischen Sprachen teilweise. Im Lateinischen steht hier sowohl im *si*-Satz als auch im Hauptsatz ohne Bedeutungsunterschied der Konjunktiv Präsens oder Perfekt:

> *Si hoc dicas, erres.*         ‚Wenn du das sagen solltest,
> *Si hoc dixeris, erraveris.*         dürftest du irren.'

Im **Irrealis** werden Bedingung und Folgerung als unwirklich oder unmöglich dargestellt. Dabei steht für den Irrealis der Gegenwart der Konjunktiv Imperfekt, für den Irrealis der Vergangenheit der Konjunktiv Plusquamperfekt:

> *Si hoc diceres, errares.* ‚Wenn du das sagen solltest, würdest du dich irren' (aber du sagst es nicht).
> *Si hoc dixisses, erravisses.* ‚Wenn du das gesagt hättest, hättest du dich geirrt.'

**Konzessivsätze**

Konzessivsätze drücken einen Gegengrund oder eine Einräumung in Bezug auf den übergeordneten Satz aus. Der verwendete Modus hängt von der einleitenden Konjunktion ab: Nach *quamquam* (‚obwohl') steht der Indikativ, nach *cum* (‚obwohl') oder *ut* (‚wenn auch') der Konjunktiv:

> *Ut desint vires, tamen est laudanda voluntas.* ‚Wenn auch die Kräfte fehlen, so ist doch der gute Wille zu loben.'

Keine dieser Konjunktionen hat sich im Spanischen, Italienischen oder Französischen erhalten.

**Komparativsätze**

Komparativ- oder Vergleichssätze erläutern Aussagen des übergeordneten Satzes durch Vergleiche des Grades oder der Art und Weise. Die Modi und Tempora werden genauso verwendet wie in Aussagesätzen, die Negation ist *non*. Wenn zwischen übergeordnetem und untergeordnetem Satz Subjektsgleichheit besteht und das Prädikat im Gliedsatz ergänzt werden kann, wird der Gliedsatz oft verkürzt (genau wie im Deutschen):

> *Matrem non minus amo quam patrem.* ‚Ich liebe die Mutter nicht weniger als den Vater.'

**Indikativische Komparativsätze** stehen nach Komparativ + *quam* (‚als'; s. Beispiel oben) und nach Ausdrücken der (Un-)Gleichheit + *ac/atque* (‚als'):

> *Non aliter scribo ac sentio.* ‚Ich schreibe nicht anders, als ich denke.'

Ebenfalls mit Indikativ stehen Komparativsätze, die durch korrelierende Elemente mit dem Hauptsatz verbunden sind. Im Hauptsatz steht dann jeweils ein Demonstrativum, das im Gliedsatz durch eine passende vergleichende Konjunktion aufgegriffen wird. Im Deutschen steht hier im Gliedsatz durchweg ‚als' oder ‚wie', im Romanischen überwiegend *que* bzw. *che* oder das auf lat. *quomodo* (‚wie') zurückgehende *como/come/comme*.

> *Tantum scimus, quantum memoria tenemus.* ‚Wir wissen so viel, wie wir im Gedächtnis behalten.'
> vgl. fr. *Nous savons autant que nous gardons dans la mémoire.*

Die wichtigsten Korrelativa, die sich teilweise auch in den romanischen Sprachen erhalten haben, sind:

| | |
|---|---|
| *ita/sic ... ut/uti* | ‚so ... wie' (bei Verben) |
| *item ... ut* | ‚ebenso ... wie' |
| *tam ... quam* | ‚so ... wie' (vor Adjektiven und Adverbien)[41] |
| *totiens ... quotiens* | ‚so oft ... wie' |
| *quo ... eo* | ‚je ... desto' |
| *talis ... qualis* | ‚so (beschaffen) ... wie'[42] |
| *tantus ... quantus* | ‚so groß ... wie'[43] |
| *tantum ... quantum* | ‚so viel ... wie' |
| *tot ... quot* | ‚so viele ... wie' |

**Konjunktivische Komparativsätze** stehen z. B. nach *quasi, tamquam, tamquam si, ut si* und *velut si* (alle: ‚wie wenn'; ‚als ob'), die jeweils eine Annahme zum Ausdruck bringen (lexikalisch meist markiert durch das Element *si*):

*Gloriatur, quasi ipse interfuerit.*   ‚Er rühmt sich, als ob er selbst dabei gewesen wäre.'

Von diesen Konjunktionen hat sich *quasi* im Italienischen (*quasi*), Spanischen (*casi*) und im Französischen (*quasi/quasiment*) als Adverb erhalten, im Italienischen auch als vergleichende Konjunktion mit Konjunktiv: *quasi* (*che*) ‚als ob'. Alle drei Sprachen nutzen auch die auf lat. *si* zurückgehende Konjunktion *si/se* für die Einleitung hypothetischer Komparativsätze (sp. *como si*; fr. *comme si*; it. *come se* ‚wie wenn'; ‚als ob'), vgl. sp. *Le respeta como si fuera su padre*. ‚Er respektiert ihn, als ob er sein Vater wäre.'

### 5.2.5 Der zusammengesetzte Satz: Besonderheiten im Vulgär- und Spätlatein

#### 5.2.5.1 Tempus- und Modusgebrauch[44]

Ein verbreitetes Phänomen des Vulgär- und Spätlateins besteht darin, dass in Gliedsätzen häufig der **Indikativ anstelle des Konjunktivs** steht. Dies gilt für alle Arten von Gliedsätzen. So verwendet z. B. selbst Cicero in einem Brief an Atticus den Indikativ in einem indirekten Fragesatz:

*vides [...] in quo cursu sumus.* (Cic. ad Att. 1,1,4)
‚Du siehst, in was für einem Wettlauf wir uns befinden.'

Was die **Tempora** angeht, so werden sowohl im einfachen wie auch im zusammengesetzten Satz die **Zeitverhältnisse weniger streng beachtet**. So steht z. B. häufig das Präsens anstelle des Futurs oder in lebhaften Erzählungen anstelle des Perfekts,

---

41   Vgl. sp. *tan que*.
42   Vgl. frz. *tel quel*, it. *tale quale*, sp. *tal cual*.
43   Vgl. hierzu und auch zum folgenden *tantum quantum*: frz. *tant que*, it. *tanto quanto*, sp. *tanto cuanto* – die Verwendungsmodalitäten haben sich in den romanischen Sprachen allerdings stark geändert, vor allem, was das zweite Glied angeht, das z. B. im Spanischen oft durch *como* oder *que* und in den anderen romanischen Sprachen durch deren Entsprechungen ersetzt wird.
44   Alle Belege nach Väänänen (1981:163 ff).

ganz wie wir das auch aus dem Deutschen kennen (z. B. *cras venio* – ‚ich komme morgen'). Daneben wurden neue Tempusformen entwickelt, die wir bereits im Morphologiekapitel behandelt haben (vgl. Kap. 4.6.4).

Änderungen, die sowohl den Modus als auch das Tempus betreffen, gab es vor allem im komplexen **System der Konditionalsätze**. Recht verbreitet war hier eine Variante des Potentialis, in der der *si*-Satz im Futur II anstelle des Konj.Pf. steht. Formal fielen die meisten Formen von Futur II und Konj.Pf. ohnehin zusammen. Im Gliedsatz stand also z. B. *si fuerit*, im Hauptsatz konnte wie im Realis *est/erit* folgen. Dieser Gliedsatztyp hat sich im Spanischen erhalten, wo es eine Art Potentialis gibt („relación contingente"), in der der Konjunktiv Futur (*fuere, fueres, fuere...*, formal resultierend aus lat. Konj.Pf. *fuerim, fueris, fuerit* und Fut.II: *fuero, fueris, fuerit...*) in der Protasis steht:

*Si el tiempo fuere bueno, iremos a pasear.*
‚Wenn das Wetter gut sein sollte, werden wir spazieren gehen.'

Potentialis und Realis waren damit im Spätlatein nicht mehr genau auseinanderzuhalten, was sich auf die romanischen Konditionalsätze entsprechend ausgewirkt hat, die diese drei Verhältnisse zur Wirklichkeit ja nicht mehr durchgehend anbieten (vgl. Kiesler 2018:96-98). Auch im Irrealis geht der spätlateinische Trend dahin, im *si*-Satz den Indikativ (Imperfekt oder Plusquamperfekt) zu setzen – also ganz ähnlich wie im Französischen. So findet sich im Merowingerlatein bei Fredegar (80,11) die folgende Formulierung:

*Si iubebas, accederemus ad prilium.* (*prilium* entspricht klass. *proelium*)
‚Wenn du es befehlen würdest, würden wir in die Schlacht gehen.'
vgl. fr. *Si tu ordonnais, nous irions à la bataille.*

### 5.2.5.2 Satzwertige Konstruktionen
**Infinitivkonstruktionen**:
Der AcI wird im Vulgär-und Spätlatein meist durch einen Objektsatz (auch: „**Kompletivsatz**" < fr. *proposition complétive*) mit *quod* oder *quia* (beide in der Bedeutung ‚dass') ersetzt. *Quia* (ursprünglich ‚weil') macht also einen Bedeutungswandel durch (> ‚dass'):

*scis enim quod epulum dedi* (Petron, *Sat.* 71,9) statt *scis enim me epulum dedisse*
‚Du weißt ja, dass ich ein kleines Essen gegeben habe.'

*Scimus quia hic est filius noster* (*Vulgata*, Joh. 9,20) statt *Scimus hunc esse filium nostrum*
‚Wir wissen, dass dieser unser Sohn ist.'

Die Bevorzugung des Kompletivsatzes im christlichen Latein wird auch darauf zurückgeführt, dass es im Griechischen an den betreffenden Stellen keinen AcI, sondern nur Kompletivsätze mit *hotí* (‚dass') gab (vgl. Kiesler 2018:89 f, 118). Gelegentlich findet man anstelle des AcI aber auch einfache Beiordnung, so z. B. in folgender Petron-Stelle:

*scitis autem, in angustiis amici apparent.* (Petron, *Sat.* 61,9)[45]
statt klassisch: *scitis autem in angustiis amicos apparere.*
‚Ihr wisst doch, in Notlagen zeigen sich die [wahren] Freunde.'

Wie es vom Kompletivsatz mit *quod/quia* zur romanischen Universalkonjunktion *que* (bzw. it. *che*) kommt, ist noch umstritten (hierzu ausführlich Kiesler 2018:89f). Man vermutet, dass auch das Relativpronomen, und zwar vor allem dessen Formen *quae* (Nom.Sg.Fem.) und *quem* (Akk.Sg.Masc.), sowie das Fragepronomen *quid* (,was?') daran beteiligt sind. Nach dem üblichen Lautwandel verbleibt von beiden Formen graphisch nur ein <que>, das im Merowingerlatein belegt ist. Fest steht, dass die klassisch übliche Unterscheidung zwischen AcI, faktischem *quod* und dem konsekutiven *ut*-Satz nach unpersönlichen Ausdrücken (z. B. *accidit, ut* ,es geschieht, dass') im Spätlatein aufgehoben ist und dass an deren Stelle besagte *quod/quia*-Konstruktion rückt. Kiesler sieht im ausgeweiteten Gebrauch des Fragepronomens *quid* das entscheidende Moment und rekonstruiert folgendes vulgärlateinisches Beispiel (2018:90):

*\*Sapio quid meu patre adventu est.*   ,Ich weiss, dass mein Vater angekommen ist.'
vgl. sp.   *sé que mi padre ha llegado*
fr.   *je sais que mon père est arrivé*
it.   *so che mio padre è arrivato*

**Partizipialkonstruktionen** (alle Beispiele nach Müller-Lancé 1994:41 ff):
Im Gebrauch der **Partizipia Coniuncta** besteht kein wesentlicher Unterschied zwischen dem Klassischen Latein und dem Vulgär- und Spätlatein, abgesehen davon, dass sich wegen des Kasusverfalls gelegentliche Inkongruenzen zwischen Partizip und Bezugswort ergeben können.

Größer sind die Abweichungen bei den **absoluten Konstruktionen**: Zunächst einmal finden sich in den vulgär- und spätlateinischen Texten alle Typen von Ablativi Absoluti, die es auch schon im Klassischen Latein gab. Es fällt jedoch auf, dass die rein nominalen Konstruktionen generell seltener sind als im Klassischen Latein. Schon im frühen Vulgärlatein gab es bei bestimmten Partizipien formelhafte **Mischkonstruktionen**, in denen der Numerus von Subjekts- und Prädikatsglied nicht übereinstimmte, wodurch das im Singular verbleibende Prädikatsglied des Abl.Abs. den Charakter einer Präposition bekam, also quasi grammatikalisiert wurde (vgl. die Entstehung romanischer Präpositionen aus absoluten Konstruktionen S. 236f):

*praesente nobis* (Plautus, *Amphitruo* 400)   ,während unserer Anwesenheit/vor uns'
*absente nobis* (Terenz, *Eunuchus* 649)   ,während unserer Abwesenheit/ohne uns'

Solche Mischkonstruktionen gibt es im Spätlatein dann auch mit verschiedenen Kasus, also z. B. einem Nominativ oder Akkusativ als Subjektsglied und einem Ablativ als Prädikatsglied – hier ein Beispiel aus der Frankengeschichte Gregors von Tours:

---

45   Die Textüberlieferung ist bei *scitis* allerdings nicht gesichert; zu diesem und weiteren Beispielen Kiesler (2018:86).

> *quae* [= *bella civilia*] <u>*cessante*</u>, *rursum quasi ex humo surrexit.* (Hist.Franc. 190,19)
> ‚Als die Bürgerkriege zu Ende gingen, stand er sozusagen vom Boden wieder auf.'

Daneben entstehen absolute Konstruktionen mit anderen Kasus: Unter griechischem Einfluss zeigt sich vereinzelt, vor allem in christlichen Texten, ein **Genitivus Absolutus**:

> *multiplicantium discipulorum* (Acta apost. 6,1, Codex Laudianus)
> ‚als die Zahl der Jünger zunahm'

Häufiger finden sich Belege für einen **Accusativus Absolutus**, so z. B. beim Historiker Jordanes:

> *Halaricus* [...] <u>*vastatam Italiam*</u> *Romam ingressus est.*[46]
> ‚Halaricus zog in Rom ein, nachdem er Italien verwüstet hatte.'

Daneben findet sich gelegentlich auch ein **Nominativus Absolutus**, so z. B. im Itinerarium Egeriae:

> <u>*benedicens nos episcopus*</u> *profecti sumus* (Itin.Eg. 16,7)
> ‚Während uns der Bischof segnete, brachen wir auf.'

Die Vielzahl der Formen zeigt, dass das Muster der absoluten Konstruktionen auch im Spätlatein produktiv blieb. Dabei überwiegen in den Texten nach wie vor deutlich die Ablativi Absoluti. Ihrer Beliebtheit entsprechend haben sich absolute Konstruktionen auch in den frühen Epochen der romanischen Sprachen erhalten und sind keineswegs erst im Zuge von Renaissance-Relatinisierungen in die romanischen Sprachen eingedrungen.[47] Über die Verbreitung in den gegenwärtigen romanischen Sprachen wurde ja bereits gesprochen (vgl. Kap. 5.2.1.4). Im durch seine Zweikasus-Flexion geprägten Altfranzösischen zeigten sich diese Konstruktionen überwiegend als absoluter Obliquus:

> *ses gens vers Lymors conduisoit,* <u>*hiaumes laciez*</u>, <u>*haubers vestuz*</u> (Chrétien de Troyes, *Erec et Enide* 4929/4930)
> ‚er führte seine Leute nach Lymors, die Helme festgebunden, die Kettenhemden angelegt'.

Im Altspanischen (und in den anderen romanischen Sprachen) hingegen stehen absolute Konstruktionen wie im Neuspanischen im Universalkasus:

> <u>*La oración fecha*</u>, *luego cavalgava* (*Poema de mio Cid* 54)
> ‚Nachdem die Rede gehalten worden war, ritt er sogleich davon'.

---

46   Jordanes, Rom. 323 (41,29), zitiert nach Helttula (1987:6).
47   Mastrantonio (2017) liefert zahlreiche Beispiele für syntaktische Latinismen im Italienischen des 13. Jahrhunderts, darunter finden sich AcI-Entsprechungen (2017:193ff) ebenso wie Entsprechungen absoluter Partizipialkonstruktionen (2017:49ff). Die AcI-Entsprechungen hält er eher für „calchi", also gebildete Nachahmungen des Lateinischen, die absoluten Partizipialkonstruktionen hingegen sind seiner Auffassung nach eher Erbkonstruktionen, also unmittelbare Fortsetzer der lateinischen Vorläufer (2017:249f).

### 5.2.5.3 Satzverknüpfung

Was die Satzverknüpfung angeht, so finden im Vulgär- und Spätlatein einige Vereinfachungen statt:

Zunächst einmal wird die Anzahl der zur Verfügung stehenden koordinierenden und subordinierenden **Konjunktionen** (für letztere findet man gelegentlich auch den Ausdruck „Subjunktionen") **reduziert**. So wird für die aufzählende Beiordnung aus dem Spektrum *et/atque/ac/-que* (‚und') deutlich *et* bevorzugt, das sich entsprechend in den romanischen Sprachen erhalten hat (vgl. frz. *et*, it. *e*, sp. *y/e*, kat. *i*, port. *e*). Von den unterordnenden Konjunktionen bzw. Relativ- und Frageadverbien bleiben nur *quando*, *quomodo*, *si* und *quod* im Spätlatein und in den romanischen Sprachen flächendeckend in der Originalfunktion erhalten. Vor allem die klassisch extrem häufig und vielfältig verwendeten Konjunktionen *cum* und *ut* gehen gänzlich unter.

Des weiteren werden **Konjunktionen umfunktioniert bzw. neu geschaffen:** So gibt es schon im frühen Vulgärlatein bei Plautus Verwendungen der konditionalen Konjunktion *si* (‚wenn') als Einleitung eines indirekten Fragesatzes (‚ob'), genau so, wie wir es aus den romanischen Sprachen kennen:

> *expecto, si quid dicas* ‚ich warte, ob du etwas sagst' (Plautus *Trinummus* 98)
> vgl. fr. *j'attends pour voir si tu dis quelque chose.*

Dieser Gebrauch weitet sich aus und verdrängt die klassisch üblichen Einleitungen *num*, *-ne* etc. (Väänänen 1981:164).

Zu den beiordnenden Konjunktionen kommt *sic* neu hinzu, das einen funktionalen Wandel (Adverb > Konjunktion) sowie einen semantischen Wandel durchgemacht hat (‚so' > ‚und so' > ‚und') und z. B. als Konjunktion in rum. *şi* (‚und') erhalten ist.

Bei den Temporalsätzen verdrängen die Frageadverbien *quando* (‚wann?') und *quomodo* (‚wie?') die Konjunktionen *ut* und *cum* in der Bedeutung ‚als':

> *quomodo audierunt verba ista* (Itala Acta; nach Väänänen 1981:163)
> ‚als sie diese Worte gehört hatten'.

In den romanischen Sprachen hat sich vor allem *quando* fortgesetzt. Die prototypische Entwicklung war also klat. *cum Romam venit* (‚als er nach Rom kam') > slat. *\*quando ad Roma(m) venit* > sp. *cuando vino a Roma*; fr. *quand il vint à Rome* etc. (Kiesler 2018:93 f.).

Nachdem die ehemaligen Kausalkonjunktionen *quod/quia* zu Kompletivkonjunktionen umfunktioniert worden waren (‚weil' > ‚dass') – s. o. bei satzwertigen Konstruktionen –, benötigte man eindeutigere Kausalkonjunktionen. Hierzu verwendete man verschiedene Zusammensetzungen, z. B. *pro eo quod*, *per id quod*, *per hoc quid* und rekonstruiertes *\*por hoc quid* (‚weil'; wörtlich jeweils: ‚durch das, dass' bzw. ‚dadurch, dass'). Aus den beiden Letztgenannten entstehen afr. *por ço que* (> fr. *parce que*), ait. *per cio che* (it. *perché*) und sp. *porque*. Im Französischen kommt noch ein hauptsatzeinleitendes kausales Adverb hinzu, das funktional dem klassisch lateinischen *nam* (‚denn') entspricht, aber formal auf das Frageadverb *quare* (‚warum') zurückgeht: fr. *car* (Kiesler 2018:94).

## 5.2 Der komplexe bzw. zusammengesetzte Satz

Bei den Konsekutivsätzen wird die klassische Konjunktion *ut* durch *quod* oder *quid* ersetzt, die Funktion des Korrelativums im Hauptsatz übernehmen nur noch *sic* (,so'), *tantum* (,so sehr, so viel') und *talis* (,so beschaffen'). Hierauf gehen z. B. afr. *si ... que* und it. *talché* zurück (Kiesler 2018:94).

Von den konzessiven Konjunktionen *quamquam, quamvis, etsi* und *etiamsi* (alle: ,obwohl', ,auch wenn') hat sich im Spätlatein am ehesten *etiamsi* erhalten. Im Romanischen treten an die Stelle dieser Konjunktionen analoge Zusammensetzungen mit eigenem Material: sp. *aunque*, fr. *quoique*, it. *anche se* (Kiesler 2018:95).

Im Vulgär- und Spätlatein wird auch die **Anzahl der Relativpronomina reduziert**: Vom klassischen Formenspektrum der Pronomina *qui/quae/quod* bleiben am Ende nur nominativisches *qui* und akkusativisches *quem* übrig. *Qui* in Subjektsfunktion ist im Neufranzösischen (*qui*) und Italienischen erhalten (*chi*)[48], sowie im Altspanischen bis ins 14. Jh. (*qui*). Spanisch *que* und *quien* sowie fr. *que* leiten sich vom akkusativischen *quem* ab, it. *che* hingegen geht wohl auf *quid* (altit. *ched*) zurück (Kiesler 2018:92).

Die **Komplexität der Satzgefüge** wird im Vulgär- und Spätlatein gleichermaßen **reduziert**. Dies liegt zwar auch daran, dass die Sprachkompetenz in Folge späten Spracherwebs (Latein als Zweitsprache) nachlässt, vor allem aber ist es wohl dadurch begründet, dass das Vulgär- und Spätlatein, soweit es überhaupt geschrieben wurde, der gesprochenen Sprache deutlich näher ist als das Klassische Latein. Es gibt nach wie vor Hypotaxe, aber seltener Gliedsätze zweiter, dritter und vierter Ordnung.

Ein typisches Phänomen des Vulgär- und Spätlateins besteht darin, dass Hypotaxe und Parataxe öfters nicht mehr klar voneinander getrennt werden. Auf dieses Phänomen wurde in Kap. 5.2.3 schon hingewiesen. Es gibt hier zum einen die als „**Parahypotaxe**" bezeichnete Erscheinung, bei der z. B. auf einen Nebensatz eine koordinierende Konjunktion mit einem Hauptsatz folgt:

> *At ubi autem sexta hora se fecerit, <u>sic</u> itur ante Crucem* (Itin. Egeriae 37,4)[49]
> ,Wenn aber die sechste Stunde schlägt, <u>und</u> dann geht man zum Kreuz.'

Auf der anderen Seite gibt es Hauptsätze, an die sich eine Gliedsatzeinleitung anschließt, der aber dann ein weiterer Hauptsatz folgt. Auch hier könnte man von Parahypotaxe oder **Kosubordination** sprechen. So schreibt im 4. Jh. Flavius Vopiscus, einer der Autoren der *Historia Augusta* (Sammlung von Kaiserviten):

> *Curiosum [...] puto [...] fabellam de Diocletiano Augusto ponere hoc convenientem loco <u>quae illa</u> data est ad omen imperii* (zit. n. Touratier 1980:486).
> ,Ich halte es für interessant, die an dieser Stelle passende Anekdote vom Kaiser Diokletian einzuschieben, <u>welche diese</u> hat sich ereignet zur Ankündigung seiner Herrschaft.' (statt einfachem *quae*)

---

48   Diese Form ist allerdings nur in verallgemeinernden Relativsätzen üblich, z. B. *Chi cerca trova* (,Wer sucht, der findet'). Das standardmäßige Relativpronomen im Italienischen ist auch in Subjektsfunktion *che*.
49   Zitiert nach Väänänen (1981:159). Auch Kiesler (2018:88) weist auf diese Stelle hin.

Dieses Verfahren ist auch im gesprochenen Französisch sehr häufig, und zwar vor allem bei Relativsätzen, der beliebtesten Art der Subordination:⁵⁰

> *c'est moi que je leur dis d'aller faire ça et ça* (Blanche-Benveniste 1997:103)
> *c'est une femme qu'elle a pas beaucoup de courage* (Gadet 1995:143)

Interessanterweise findet man dieselbe Technik in der frz. Kindersprache:

> *j'ai un copain qu'il a des cheveux longs* (Kielhöfer 1997:100 f.).

Auch an diesen Stellen vertritt eine „doppelt gemoppelte" Formel das einfache Relativpronomen *qui*, das offensichtlich in seiner Anwendung gar nicht so einfach ist, sondern, genau wie im lateinischen Beispiel, zerlegt wird in seine relativische Funktion (Herstellung der Beziehung zum Bezugswort: realisiert durch das Relativpronomen) und seine syntaktische Funktion innerhalb des untergeordneten Satzes (hier jeweils Subjekt: realisiert durch das Demonstrativ- bzw. Personalpronomen).

## 5.3. Textsyntax

### 5.3.1 Klassisches Latein

Die Textsyntax behandelt Fragestellungen, die die Verknüpfung von Sätzen über das Satzende hinaus behandeln und die Gesamtstruktur von Texten betreffen.

Was die Gesamtstruktur bzw. den Aufbau literarischer Texte angeht, so sei hier nur vermerkt, dass das **System der antiken Rhetorik** starken Einfluss auf die verschiedensten Textsorten hatte. In diesem System werden Reden bzw. Texte in die folgenden grundlegenden Abschnitte eingeteilt (vgl. „Rhetorik" in *Der kleine Pauly*):

a) *exordium* (Einleitung)
b) *narratio* (Erzählung des Hergangs)
c) *divisio* (Aufteilung bzw. Präzisierung des Sachverhalts)
d) *argumentatio* (Beweisführung)
e) *peroratio* bzw. *conclusio* (Schlussfolgerung)

Auf dieser Strukturgrundlage – textlinguistisch könnte man auch von einer „**Makrostruktur**" sprechen – basieren die meisten philosophischen, poetischen und sogar historischen Texte der klassischen Antike. Bis heute hat dieses Strukturprinzip im gesamten abendländischen Kulturraum nur wenig an Geltung eingebüßt. Nach wie vor gilt es als Formideal, dem es z. B. in französischen Schulaufsätzen nachzueifern gilt.

Eher zur „**Mikrostruktur**" gehört nun die Frage, wie diese Teile voneinander abgesetzt bzw. miteinander verknüpft sind – dies umso mehr, als lesefreundliche

---

50  Zu den Parallelen zwischen Spätlatein und gesprochenem Französisch, was die Relativsätze betrifft, vgl. Müller-Lancé (2004a:214 ff.).

## 5.3. Textsyntax

Layout-Techniken (Absätze, Zwischentitel, Hervorhebung von Initialen etc.) erst im Mittelalter aufkamen (hierzu Frank 1994). In der Antike hingegen herrschte *Scriptio Continua* vor, d. h. man schrieb Fließtext von links nach rechts (ursprünglich sogar von links nach rechts und in der nächsten Zeile von rechts nach links)[51] und machte dabei nicht einmal Abstände („Spatien" < von lat. *spatium* ‚Raum'; vgl. fr. *espace*) zwischen den Wörtern, von Interpunktion ganz zu schweigen.

Da das Layout also nichts zur Sichtbarmachung der Textteile beitrug, musste alles über sprachlich segmentierbare Mittel abgedeckt werden. Hierzu diente ein hochgradig differenziertes System von **Konnektoren**, das den Text deiktisch[52] strukturierte:

Die Transparenz der **temporalen Deixis** wurde durch gliedernde Adverbien (z. B. *primum – deinde – tum* ‚zuerst – anschließend – zuletzt'), einfaches Durchnummerieren (*primum – iterum – tertium – quartum ...* ‚1. – 2. – 3. – 4.') und durch das strenge Einhalten bestimmter Regeln der Tempusverwendung (z. B. zu Zeitverhältnissen) gewährleistet. Da es keinen vollständigen Satz ohne irgendeine Tempusmarkierung am Verb gibt, egal ob dieses finit oder infinit ist, weiß man immer, ob man sich im Verhältnis zum letztgenannten Verb in der Vor-, Nach- oder Gleichzeitigkeit befindet.

Hinweise zur **lokalen Deixis** erfolgten über lokale Präpositionen und Adverbien (z. B. *hic – ibi – alibi*:[53] ‚hier – dort – anderswo'), aber auch durch Demonstrativpronomina, die klar zwischen verschiedenen Räumen differenzierten. Der Begriff „Raum" bezieht sich dabei sowohl auf die Außenwelt als auch auf den Text als räumliche Größe. So kann z. B. *ille mons* ‚jener Berg da hinten am Horizont' bedeuten oder auch ‚jener Berg, von dem ich in diesem Text schon in einer weiter zurückliegenden Passage gesprochen habe'. Pronomina können also anaphorisch (nach hinten verweisend) oder kataphorisch (nach vorne verweisend, z. B. *is qui*: ‚derjenige, der ...') verwendet werden. Aber nicht nur Demonstrativa, sondern auch Relativpronomina können bei ihren Verweisen die Satzgrenze überspringen, wie wir am Beispiel des relativischen Satzanschlusses gesehen haben (vgl. *quam ob rem* ‚wegen dieser Sache').

Auch die **personale Deixis** wird über ein hoch differenziertes System von Pronomina zum Ausdruck gebracht. Hierzu gehören neben den schon erwähnten Demonstrativa (*hic – iste – ille*: ‚dieser hier – dieser da – dieser dort') und den üblichen Personalpronomina vor allem ein üppiges Angebot an Indefinitpronomina, die die Wirklichkeit genauer strukturieren, als dies unsere modernen Artikel können, die ja nur zwischen ‚bestimmt' und ‚unbestimmt' unterscheiden. Vgl. z. B. *quisque* ‚jeder ein-

---

51  Diese Art der Schreibung, also linksläufig und rechtsläufig im Wechsel, wird bis heute „Bustrophedon" genannt. Der Terminus rührt vom altgriechischen Ausdruck *boustrophedon* her, abgeleitet vom Substantiv *bous* (‚Ochse') und dem Verb *strephein* (‚wenden'). Die geschriebenen Zeilen werden also mit den Furchen eines pflügenden Ochsen verglichen, der ja am Ende des Feldes nicht auf die andere Seite zurückspringt, sondern wendet und in die Gegenrichtung pflügt. Im Deutschen sind für diese Schreibart auch die Ausdrücke „ochsenwendig" oder „furchenwendig" gebräuchlich. Mehr Informationen über die Entwicklung der Schrift finden sich in Kap. 3.1.1 sowie in Haarmann 1991 und 2002.

52  „Deixis" (von gr. *deíknymi* – ‚zeigen') wird zumeist als ‚Zeigfeld' übersetzt. Es geht also darum, im Text nach vorne, nach hinten etc. zu verweisen.

53  Im Deutschen war also ein Tatverdächtiger mit „Alibi" zur Tatzeit anderswo.

zelne', *quivis* ‚jeder beliebige', *quidam* ‚ein gewisser', *quis* ‚irgendeiner', *aliquis* ‚irgendeiner mit einem gewissen Gewicht'. Hinzu kommen Korrelativpronomina, die die Beziehungen innerhalb eines Textes hervorheben: z. B. *talis – qualis* (‚ein solcher – wie'), *tantus – quantus* (‚ein so großer – wie'), *tot – quot* (‚so viele – wie').

Der Verdeutlichung von Beziehungen über Satzgrenzen hinweg dient auch die sog. **Informationsstruktur**. Sie unterscheidet je nach linguistischer Schule zwischen Thema vs. Rhema oder Topik vs. Fokus, wobei jeweils der erste Ausdruck das vom vorausgehenden Text her bekannte und der zweite das neue, also betonte Element bezeichnet. Je nachdem, an welcher Stelle im Satz ein Element steht, kann man auch im Lateinischen mit seiner vergleichsweise freien Wortstellung erkennen, ob eine bekannte oder neue Information vorliegt. So hat z. B. ein Prädikat in der für dieses Element ungewöhnlichen Anfangsstellung zumeist die Fokusfunktion inne (s. o. Kap. 5.1.1 und Hoffmann 2018:111-131).

### 5.3.2 Vulgär- und Spätlatein

Wie wir bereits gesehen haben, wird das System der klassischen Konnektoren im Vulgär- und Spätlatein deutlich vereinfacht oder weniger streng eingehalten (z. B. bei den Tempora). Es bietet also weniger Differenzierungsmöglichkeiten. Dadurch, dass sich die Wortstellung innerhalb der Satzgrenzen zunehmend festigt, bleiben die Texte dennoch klar. Sie wirken allerdings von der Struktur her oft deutlich schlichter als im Klassischen Latein. Besonders deutlich wird das im Bibellatein, wo als Textgliederungspartikel überwiegend die beiordnenden Konjunktionen *et* und *-que* sowie das Adverb *tunc* (‚dann') verwendet werden. Das Ganze erinnert von der Satzverknüpfung her ein wenig an Grundschulaufsätze:

> <u>Tunc</u> *Jesus ductus est in desertum a Spiritu, ut tentaretur a diabolo.* <u>Et</u> *cum jejunasset quadraginta diebus, et quadraginta noctibus,* <u>postea</u> *esuriit.* <u>Et</u> *accedens tentator dixit ei : Si filius Dei es, dic ut lapides isti panes fiant* (Mt. 4,1-3)
> <u>Dann</u> wurde Jesus vom Geist in die Wüste geführt, damit er vom Teufel versucht würde. <u>Und</u> als er vierzig Tage und vierzig Nächte gefastet hatte, <u>danach</u> hatte er Hunger. <u>Und</u> der hinzutretende Versucher sagte zu ihm: Wenn du der Sohn Gottes bist, sag, dass die Steine zu Brot werden sollen.' (Übers. JML)

Dieser **Bibelstil** wurde in zahlreichen christlichen Texten kopiert, u. a. auch in mittelalterlichen Heiligenviten und Legenden (hierzu Riehl 1993).

Im Mittelalter entwickelte sich dann zunehmend ein Bewusstsein dafür, dass man die **Textgestalt** für die pragmatischen Ziele eines Textes nutzen kann. Während alltägliche Gebrauchstexte (Notizen, Entwürfe) optisch meist anspruchslos gestaltet blieben, stattete man „wissenschaftliche" Texte, die zur mehrmaligen Leserezeption vorgesehen waren, mit optischen Hilfen wie tabellarischen Inhaltsverzeichnissen oder unterschiedlichen Schriftarten aus. Diese Gestaltung ermöglichte ein gezieltes Springen im Text, unabhängig von der linearen Leserichtung. Texte, die für eine mündliche

Rezeption (lautes Vorlesen oder Vorsingen) gedacht waren, orientierten sich an den Bedürfnissen des Vorlesers, offerierten also z. B. Lesezeichen oder eine Hervorhebung bestimmter Vorleseabschnitte durch kunstvoll verzierte Initialen ('Anfangsbuchstaben'), (Frank 1994:191f). Im Spätmittelalter glichen einzelne Lehrbücher von der Textgestaltung her durchaus schon unseren heutigen Lehrwerken, wie die folgende Seite der sog. „Seligenstädter Lateinpädagogik" aus dem 15. Jh. zeigt, in der unter dem Kapitel „Verbum" die Form und Verwendung der drei Tempora Präsens, Perfekt und Futur am Beispiel des Verbs *portare* erläutert werden. Zum Verständnis sei angemerkt, dass lateinische Manuskripte sich üblicherweise durch ein hohes Maß an Kürzeln auszeichnen, die häufig durch eine superskribierte Tilde markiert sind. Die große geschweifte Klammer in der Abbildung weist auf den einleitenden und stark gekürzten Satz hin *tria sunt tempora* ('es gibt drei Tempora'), auf der nächsten Gliederungsebene innerhalb der Klammer folgen von oben nach unten Präsens, Präteritum und Futur:

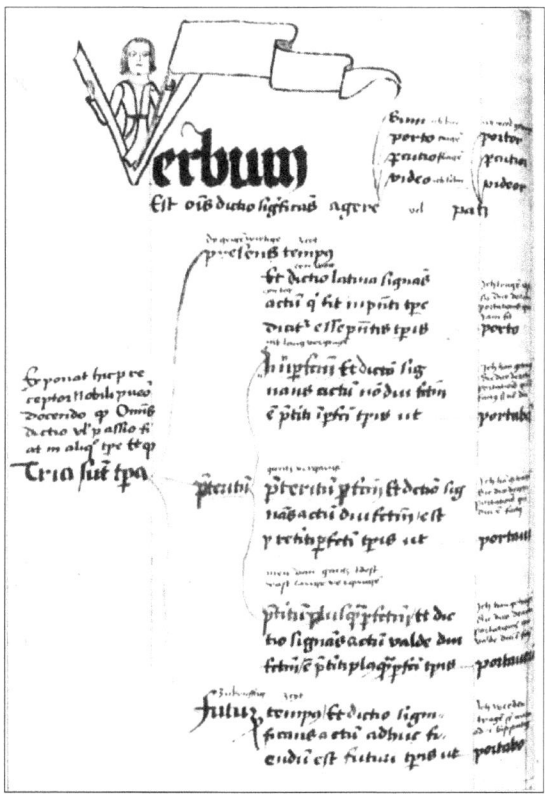

Abb. 32: Seligenstädter Lateinpädagogik (aus Bodemann 1997:42)

## 5.4 Zusammenfassung und Literaturangaben

**Zusammenfassung**
Die klassisch lateinische Syntax schöpft die Möglichkeiten des reichhaltigen morphologischen Angebots voll aus. Die Einhaltung strenger Regeln der Kongruenz zusammengehöriger Elemente, der Zeitenfolge und der räumlichen und personalen Deixis macht es trotz freier Wortfolge möglich, die mikrostrukturellen Beziehungen innerhalb eines Textes auch weit über die Satzgrenze hinaus zu erkennen. Im Vulgär- und Spätlatein werden diese – im Prinzip noch bestehenden – Möglichkeiten nur eingeschränkt genutzt. Bestimmte Konnektoren werden beispielsweise anderen deutlich vorgezogen. Außerdem werden die genannten Beziehungsregeln nicht mehr in aller Strenge verfolgt. Dieser Verlust an Eindeutigkeit wird durch eine weniger freie Wortstellung und tendenziell weniger komplexe Satzgefüge kompensiert.

**Literaturempfehlungen:**
Zur Syntax des Klassischen Lateins: Throm (1995) und Rubenbauer et al. (1995) sowie, extrem detailliert und präskriptiv, Menge (1979); als wissenschaftliche Referenzgrammatik: Kühner/Stegmann (1982) und Hofmann/Szantyr (1997). Eine eher linguistisch orientierte Darstellung der klassisch lateinischen Syntax mit vielen Textbeispielen und Übungen bieten Pinkster/Kroon (2006), Hoffmann (2018:111-131) behandelt aus textlinguistischer Perspektive speziell den Zusammenhang von Informationsstruktur und Wortstellung. Zur Syntax des Vulgärlateins: Väänänen (1981:149 ff) und Kiesler (2018: 79 ff). Zu absoluten Konstruktionen im Lateinischen und in den rom. Sprachen: Müller-Lancé (1994); zum Layout mittelalterlicher Texte: Frank (1994; mit vielen Abbildungen); zum Vergleich der Syntax des Klassischen Lateins mit der Syntax des Deutschen, einschließlich Textgrammatik: Kienpointner (2010:129 ff).

## 5.5 Übungen

a. Analysieren Sie die ersten Verse von Vergils *Aeneis* aus syntaktischer Sicht (s. S. 214 f): Bestimmen Sie den Hauptsatz, Gliedsätze, satzwertige Konstruktionen und die einzelnen Satzglieder.

b. Identifizieren Sie die Art der satzwertigen Konstruktionen, die in die folgenden Sätze eingebettet sind, und versuchen Sie, jeweils den ganzen Satz zu übersetzen:
   1. *Marcus putabatur stilos cepisse.*
   2. *proelio perfecto Galli se receperunt.*
   3. *discipulos legere libros oportet.*
   4. *equos a Romanis relictos Galli invenerunt.*

c. Formen Sie die folgenden AcI-Konstruktionen zu NcI-Konstruktionen um:
   1. *Paulam pontem transgredi videmus.*
   2. *magistros multum legisse putavimus.*

d. Vergleichen Sie den folgenden Textauszug zum Turmbau zu Babel (Genesis 11,1-4) mit den romanischen Übersetzungen: Woran lässt sich syntaktisch jeweils der Bibelstil festmachen? Wo wird in der Übersetzung von der lateinischen Syntax abgewichen? Formen Sie die Interlinearversion in sauberes Deutsch um und orientieren Sie sich dabei am lateinischen Text (Texte und Interlinearversion nach Pöckl/Rainer/Pöll 2013; in der Interlinearversion sind die Kasus der Nomina durch ihre Anfangsbuchstaben markiert).

*Erat autem terra labii unius, et sermonum eorundem.*
Es-war aber Erde-Nom Lippe-Gen eine-Gen und Redeweisen-Gen gleiche-Gen
*Cumque proficiscerentur de oriente, invenerunt campum in terra*
Als-und sie-brachen-auf von Orient-Abl sie fanden Feld-Akk in Land-Abl
*Sennaar, et habitaverunt in eo. Dixitque alter ad proximum suum:*
Sinear und sie-wohnten in ihm. Sagte-und einer-Nom zu nächster-Akk sein-Akk
*Venite, faciamus lateres, et coquamus eos igni.* (2013:45)
Kommt machen-wir Ziegel-Akk und brennen-wir sie-Akk Feuer-Abl

**Fr.:** *Toute la terre avait une seule langue et les mêmes mots. Comme ils étaient partis de l'orient, ils trouvèrent une plaine au pays de Schinear, et ils y habitèrent. Ils se dirent l'un à l'autre : Allons ! faisons des briques, et cuisons-les au feu.* (2013:115)

**It.:** *Or tutta la terra fu un labbro solo e gesta uguali. E avvenne, nel loro vagare dalla parte d'Oriente, che gli uomini trovarono una pianura, nel paese di Sin'ar e vi si stabilirono. E si dissero l'un l'altro. „Orsù ! Facciamoci dei mattoni, e poi cuociamoli al fuoco".* (2013:75)

**Sp.:** *Era entonces toda la tierra de una lengua y unas mismas palabras. Y aconteció que, como se partieron de oriente, hallaron una vega en la tierra de Sinaar, y asentaron allí. Y dijeron los unos a los otros : Vaya, hagamos ladrillo y cozámoslo con fuego.* (2013:157)

## 5.6 Weiterführende Aufgaben

a. Recherchieren Sie, wie Tesnière die Verknüpfung von Sätzen in seiner *Syntaxe structurale* darstellt.

b. Welche Segmente unterscheidet Raible (1992) auf seiner Junktionsskala? Geben Sie jeweils selbst gewählte romanische Beispiele dazu.

c. Stellen Sie anhand von Müller-Lancé (1994:72 ff) kurz dar, inwiefern sich die Satzwertigkeit absoluter Konstruktionen auf einer Skala zwischen Adverbialsatz und Adverb bewegt.

d. Erläutern Sie auf der Basis von Kiesler (2018:89 ff) und Väänänen (1981:161 ff), wie sich die Universalkonjunktion *que* nach herrschender Meinung herausgebildet hat und in welchen Punkten noch Unklarheit besteht.

# 6 Wortschatz

Zunächst sei vorausgeschickt, dass das vorliegende Buch nicht das Ziel verfolgt, systematisch den wichtigsten lateinischen Wortschatz zu vermitteln.[1] Es geht vielmehr darum, exemplarisch Eigenheiten des klassischen und vulgär- bzw. spätlateinischen Wortschatzes zu vermitteln, die Auswirkungen auf den Wortschatz der romanischen Sprachen hatten.

Dennoch sollen in den meisten Abschnitten dieses Kapitels Klassisches und Vulgär- und Spätlatein gemeinsam behandelt werden. Dies hat mehrere Gründe: Zum einen gibt es **sprachliche Universalien**, die den Bereich des Wortschatzes betreffen und damit für Klassisches und Vulgär- und Spätlatein gleichermaßen Geltung haben. Hierzu gehört die Tatsache, dass die meisten und kurzfristigsten sprachlichen Innovationen im Wortschatz stattfinden, einfach deshalb, weil neue Gegenstände nach neuen Bezeichnungen verlangen. Es geht also um den **Ausbau** des Wortschatzes. Ein typisches Beispiel hierfür sind **fremdsprachliche Entlehnungen**. Zum anderen nutzen Klassisches und Vulgär- und Spätlatein weitgehend dieselben Techniken der **Wortbildung**. Dies betrifft die Komposition ebenso wie die Derivation.

## 6.1 Gemeinlateinischer Ausbau des Wortschatzes

### 6.1.1 Fremdsprachliche Entlehnungen

Die mit Abstand meisten Entlehnungen im Lateinischen stammen aus dem Griechischen. Solche **Gräzismen** finden wir sowohl im Klassischen Latein (z. B. *rhetorica*: ‚Rhetorik') als auch im Vulgär- und Spätlatein (z. B. *baptizare*: ‚taufen'). Nur stammen die einen eher aus dem Bereich der „heidnisch"-griechischen Bildungswelt, die anderen verstärkt aus dem volkstümlichen Christentum und sind entsprechend jüngeren Datums. Für die Überlieferung in den romanischen Sprachen spielt dieser Unterschied keine Rolle: Hier findet sich z. B. fr. *rhétorique* friedlich vereint neben *baptiser* im Wörterbuch (zu den Gräzismen vgl. Kiesler 2018:110 ff und Coseriu 2008/1993:329 ff). Naturgemäß tauchen auch **Keltismen** und **Germanismen** erst in späteren lateinischen Epochen auf, als nämlich durch die römische Expansion Kontakt mit eben diesen Völkern entstand. Anders als bei den Griechen war dieser Kontakt aber überwiegend kriegerischer Natur. Die Entlehnungen waren daher nicht nur seltener, sondern wurden

---

1 Den aus Sicht der Mehrsprachigkeitsdidaktik wichtigsten lateinischen Wortschatz mit dem größten Transferpotenzial hat Siebel (2017:290-309) zusammengestellt. Er findet sich auch in unserem Ergänzungsband.

auch überwiegend von Soldaten getätigt und hatten es entsprechend schwer, ins Klassische Latein vorzudringen. Solche Keltismen sind *carrus* ‚vierrädriger Wagen' (> sp./it. *carro*, fr. *char*), *cerevisia* ‚Bier' (> sp. *cerveza*), *braca* ‚Hose' (> fr. *braie*, sp. *bragas*) und *camisia* ‚Hemd' (> sp. *camisa*, it. *camicia*, fr. *chemise*). Noch seltener und jünger sind Germanismen wie *burgus* ‚befestigte Ortschaft' (vgl. fr. *Fribourg*, dt. *Freiburg*).

### 6.1.2 Wortbildung[2]

Die Prinzipien der Wortbildung sind in Kap. 4.2 bereits ausführlich behandelt worden. Zur **Komposition** ist aus Sicht des Gesamtwortschatzes nachzutragen, dass die „echte" Komposition, also die Zusammensetzung zweier Substantive mit gleichem Kasus, im Lateinischen generell sehr selten ist. Meist spürt man noch durch, dass eines der Kompositionsglieder ein ehemaliges Substantiv als Genitiv-Attribut ist (z. B. *parricida* ‚Vatermörder' < *patris-cida* ‚des Vaters Mörder'; *aquae-ductus* ‚Aquaedukt' bzw. wörtl. ‚des Wassers Führung'). Im Vulgärlatein ist der „echte" Kompositionstyp zwar geringfügig häufiger, aber vorwiegend bei der Zusammensetzung von Adjektiven, vgl. *stultiloquus* ‚Dummschwätzer' (< *stultus*, 3 ‚dumm' + *loquus*, 3 ‚sprechend') und *caldicerebrius* ‚hitzköpfig' (*calidus*, 3 ‚heiß' + *cerebrius*, 3 ‚hirnig' von *cerebrum* ‚Gehirn'). Insgesamt bleibt echte Komposition im Lateinischen jedoch selten. Entsprechend verzeichnen wir auch in den romanischen Sprachen bis heute deutlich weniger echte Kompositionsphänomene als in den germanischen Sprachen: vgl. dt. *Apfelbaum*, eng. *apple tree* vs. fr. *pommier*, sp. *manzano*, it. *melo*. Ein generell beliebter und besonders im Vulgärlatein hochfrequenter Kompositionstyp hingegen ist die Zusammensetzung eines Präfixes mit einem anderen Lexem, die in Kap. 4.2.3 ausführlich behandelt wurde: z. B. vlat. *com-edĕre* ‚miteinander-essen' (> sp. *comer*).

Auch die **Derivation**, wie wir sie am Beispiel der Verba inchoativa (*florēre* => *flore-scĕre* ‚erblühen') und intensiva (*canĕre*/*cantus* => *cantare* ‚laut singen') kennengelernt haben (vgl. Kap. 4.2.2), ist in allen Registern und Sprachepochen präsent. Bei den Nomina gilt dies beispielsweise auch für die abgeleiteten **Deminutiva** (z. B. *frater* > *fratellus* ‚Brüderchen').

## 6.2 Tendenzen im Vulgär- und Spätlatein

### 6.2.1 Bevorzugung bestimmter Wortbildungsmuster

Das Vulgärlatein ist ausgesprochen produktiv im Wortbildungssektor. Die meisten dieser Wortbildungselemente und -verfahren kennt man aber auch aus dem Klassischen Latein,[3] nur eben mit anderen Lexemen. Der Unterschied ist im Bereich der Wortbil-

---

2    Beispiele nach Väänänen (1981:84 ff).

dung also weniger qualitativer als quantitativer Art: In den volkstümlichen Registern werden nämlich Komposita, Verba intensiva und Deminutiva ihren Ausgangswörtern gegenüber häufig bevorzugt. Dies gilt auch dann, wenn das jeweilige Simplex im klassischen Wortschatz hochfrequent war, wie z. B. im Falle von *putare* ‚vermuten', das selbst untergegangen ist, während sich seine Komposita *computare* (‚zusammenrechnen') und *amputare* (‚beschneiden') sowohl in den romanischen Sprachen wie auch im Deutschen und Englischen (*computer, amputation*) erhalten konnten.

Ein kleiner Wesensunterschied ergibt sich aus diesen Verschiebungen aber doch: Mit der Generalisierung im Vulgärlatein verlieren diese Bildungen zumeist ihre Sonderbedeutung, es findet also ein **Bedeutungswandel** statt. So bedeutet das ehemalige Verbum Intensivum *cantare* im Vulgärlatein nur noch ‚singen' (vgl. fr. *chanter*, sp. *cantar*, it. *cantare*), das Kompositum *comedĕre* nur noch ‚essen' (vgl. sp. *comer*) und der Deminutiv *fratellus* nur noch ‚Bruder' (vgl. it. *fratello*). Diese Kette lässt sich beliebig fortsetzen: Gern zitierte Beispiele sind die Intensiva *natare* statt *nare* ‚schwimmen' (vgl. sp. *nadar*, it. *nuotare*, fr. *nager*) und *adiutare* statt *(ad-)iuvare* ‚helfen' (vgl. frz. *aider*, sp. *ayudar*, it. *aiutare*), oder auch die Deminutiva *auricula* statt *auris* ‚Ohr' (vgl. sp. *oreja*, fr. *oreille*, it. *orecchia*) und *vetulus* statt *vetus* ‚alt' (vgl. sp. *viejo*, fr. *vieux/ vieil*, it. *vecchio*). Den Deminutiva wird darüber hinaus eine affektische Konnotation zugeschrieben: Sie übertragen also neben der rein lexikalischen Information z. B. eine Atmosphäre der Intimität oder Herzlichkeit. Wir kennen dieses Phänomen aus dem Schwäbischen, wo beispielsweise die deminutivische Formulierung „Gut's Nächtle!" keinesfalls bedeutet, dass die Nacht kurz werden wird.

In Abhängigkeit von der Frage, inwieweit aus den Techniken der Wortschatzerweiterung Wortartwechsel und Bedeutungsveränderungen erfolgten, unterscheidet Kiesler (2018:103 ff) bei der Wortbildung fünf typische vulgärlateinische Entwicklungen:

▸ **Erweiterungen ohne Wortartwechsel oder Bedeutungsveränderung** wie z. B. die aus den klassischen Bestandteilen *cum* ‚mit' + *initiare* ‚anfangen' erstellte Komposition *\*cuminitiare* > it. *cominciare*, sp. *comenzar*, fr. *commencer*. Entsprechendes gilt für vulgärlateinische Derivationen wie *\*parescĕre* (von klat. *parēre* ‚scheinen'), das zu sp. *parecer* und fr. *paraître* wird, oder auch für Intensivbildungen wie *\*oblitare* (von klat. *oblivisci/ oblitus* ‚vergessen'), das in sp. *olvidar* und fr. *oublier* erhalten ist.

▸ **Derivationen mit Wortartwechsel**: so z. B. vom klassischen Substantiv *passus* ‚Schritt' zum vlat. Verb *\*passare* ‚überschreiten, vorübergehen' (> it. *passare*, fr. *passer*, sp. *pasar*) oder vom Gräzismus *parabola* ‚Rede, Gleichnis' zum vlat. Verb *parabolare* ‚sprechen' (> it. *parlare*, fr. *parler*).

---

3   Vorwiegend im Vulgärlatein anzutreffende Derivationssuffixe sind dagegen z. B. *-o/-onis* und *-aster/-astra/-astrum*: vgl. *strabo* ‚Schieler' < *strabus*, 3 ‚schielend'; *filiastra* ‚Schwiegertochter' < *filia, -ae*, f ‚Tochter' (Väänänen 1981:88 f).

- **Zusammensetzungen**, aus denen **neue Bedeutungen** erwachsen: z. B. *cum* ‚mit' + *panis* ‚Brot' > vlat. *companio* ‚Gefährte', also wörtl. ‚Brotgenosse'; vgl. fr. *compagnon*, it. *compagno*, sp. *compañero*.
- **Onomatopoetika**, also lautmalerische Wortbildungen, wie es sie in allen Sprachen der Welt gibt. Besonders gut erhalten hat sich das vom Klopfgeräusch [toktok] abgeleitete vlat. Verb *\*toccare* ‚schlagen, klopfen', das sich semantisch zu ‚berühren' weiterentwickelt und das klassische Wort *tangĕre* verdrängt hat (vgl. it. *toccare*, sp. *tocar*, fr. *toucher*).
- **Elliptische Bildungen, bei denen zumeist ein Adjektiv zum Substantiv wird**: So entsteht aus *medius* (*dies*) ‚Mittag' fr. *midi*, aus (*via*) *strata* ‚gepflasterte Straße' it. *strada*, aus (*caseus*) *formaticus* ‚geformter Käse' it. *formaggio* und fr. *fromage* sowie aus (*hora*) *sexta* ‚sechste Stunde' die spanische *siesta*.

## 6.2.2 Tendenz zu „Lautstärke" und Regelmäßigkeit

All die oben genannten Zusammensetzungen und Ableitungen haben zwei pragmatische Vorteile, die sie für die gesprochene Sprache, also das Vulgärlatein, prädestinieren: Zum einen sind sie durch ihre größere Länge **lautstärker**, bieten also den phonetisch-morphologischen Reduktionstendenzen mehr Widerstand, zum anderen sind sie morphologisch **regelmäßiger**, also leichter zu lernen (z. B. *a*-Konjug. statt kons. Konjug.; *a-/o*-Dekl. statt kons. Dekl.). Wenn man bedenkt, wie viele Menschen wegen der permanenten Expansion des Römischen Reiches Latein als Zweitsprache erworben haben, bieten diese Bildungen enorme Vorteile. Dies gilt bis heute: So fällt beispielsweise auf, dass Ausländer\*innen in Württemberg sehr gerne auf die dort verbreiteten Deminutiva zurückgreifen. Hier gibt es nämlich weder Probleme mit dem Genus, noch mit der Wortendung: vgl. dt. *die Nacht, der Hase, das Bier* vs. schwäbisch *das Nächtle, das Häsle, das Bierle*.

Daneben gibt es auch Fälle, in denen lautstärkere bedeutungsähnliche Wörter konkurrierenden Wörtern mit anderen Lexemstämmen vorgezogen werden. So verdrängt beispielsweise *homo* (‚Mensch') den lautschwachen Ausdruck *vir* (‚Mann') und übernimmt beide Bedeutungen, also zugleich ‚Mensch' und ‚Mann' – vgl. fr. *homme*, sp. *hombre* (beide vom Akk. *hominem*), it. *uomo* (vom Nom. *homo*). Entsprechendes gilt für klat. *os, oris*, n ‚Mund', das wegen seiner Kürze und der Ähnlichkeit mit *os, ossis*, n ‚Knochen' und *ora, ae*, f (Abl. Pl. *oris*) ‚Küste' im Vulgärlatein durch *bucca* ‚Backe' ersetzt wird (vgl. sp. *boca*, fr. *bouche*, it. *bocca*).[4]

Aus romanistischer Sicht besonders interessant ist die **partielle Verdrängung von** *ire* ‚**gehen' durch lautstärkeres** *vadĕre*: Hier entsteht, ähnlich wie wir es schon beim Hilfsverb *esse* kennengelernt haben, ein Synkretismus aus den Formen dreier Verben,

---

4 Die italienische Spezialität *Saltimbocca* lässt sich also linguistisch ohne weiteres aus ihren lateinischen Ingredienzien erklären (lat. *salta in buccam* ‚spring in den Mund'), auch wenn diese mit den kulinarischen Ingredienzien (Kalbsschnitzel, Schinken, Salbei) herzlich wenig zu tun haben.

wobei die Domäne von *vaděre*, einem ebenfalls klassischen Verb, jeweils das Präsens ist:

- Im **Spanischen** entsteht das Formenparadigma des Verbs *ir* in folgender Weise: Das Präsens wird, außer dem Infinitiv, von lat. *vaděre* her gebildet (Ind. *voy, vas, va...*, Konj. *vaya*), das Imperfekt, Futur I und Konditional sowie der Inf.Prs. von lat. *ire* aus (*iba, iré, iría, ir*) und die Formen des Perfektstamms (Präteritum, Konj. Impf. und Konj. fut.) von lat. *esse* aus (*fui, fuera, fuere/fuese*).
- Im **Französischen** kommt als drittes Verb die auf klat. *ambulare* ‚spazieren gehen' zurückgehende vulgärlateinische Kontraktion *amblare hinzu, die den Infinitiv fr. *aller* und einige weitere Formen bildet (vgl. Prs. *je vais, tu vas, il va* vs. *nous allons, vous allez,* aber: *ils vont,* Impf. *j'allais,* Fut.I: *j'irai,* Kond. *j'irais*).
- Im **Italienischen** hat sich *ire* als defektives Verb im literarischen Sprachgebrauch halten können (erhalten sind z. B. im Präsens *ite*, im Passato Remoto *isti* und *irono* sowie einige Futurformen). Ansonsten wurde *ire* aber von it. *andare* verdrängt, das auf vlat. *ambitare[5] zurückgeht und sich das Formenparadigma mit den Abkömmlingen von lat. *vaděre* teilt: z. B. im Präsens Sg. *vado, vai, va* vs. Pl. *andiamo, andate* – aber dann bei der 3.Person Pl. wieder *vanno*.

Zur Verdeutlichung eine Übersicht zu dem besonders interessanten Formenparadigma des Indikativ Präsens. Diese Formen sind ein weiterer Beleg dafür, dass in der Randromania (z. B. Port., Span.) tendenziell ältere lateinische Sprachformen fortgesetzt sind (hier: *ire*, hellgrau unterlegt) als in der Zentralromania (Frz., Ital.), wo Fortsetzer der Neubildungen *amblare und *ambitare (dunkelgrau unterlegt) an deren Stelle treten. Mit aufgeführt sind deshalb hier auch die portugiesischen Entsprechungen, wo mit *ides* sogar eine flektierte Form von klat. *ire*, nämlich *itis* ‚ihr geht', fortgesetzt wird:

|  | Klass. Latein | Port. | Span. | Frz. | Ital. |
| --- | --- | --- | --- | --- | --- |
| Inf.Prs. | ire / vaděre | ir | ir | aller | andare |
| 1.Sg. | eo / vado | vou | voy | (je) vais | vado |
| 2.Sg. | is / vadis | vais | vas | (tu) vas | vai |
| 3.Sg. | it / vadit | vai | va | (il) va | va |

---

5   *ambitare ist eine Komposition aus *ambo* ‚beide' und dem Verbum Intensivum von *ire*: *itare*. Die Bedeutung wird als ‚zwischen beiden Seiten hin- und hergehen' rekonstruiert. Dies tat man z. B., wenn man vor Wahlen im Senat zwischen den beiden einander gegenüberliegenden Sitztribünen hin und her lief, um sich Stimmen zu sichern. Entsprechend belegt sind die Substantivbildung *ambitio* ‚Ehrgeiz' (> fr. *ambition*, sp. *ambición*, it. *ambizione*) und die Adjektivbildung *ambitiosus* ‚ehrgeizig' (> fr. *ambitieux*, sp. *ambicioso*, it. *ambizioso*).

| 1.Pl. | imus / vadimus | vamos | vamos | (nous) allons | andiamo |
| --- | --- | --- | --- | --- | --- |
| 2.Pl. | itis / vaditis | ides | vais | (vous) allez | andate |
| 3.Pl. | eunt / vadunt | vão | van | (ils) vont | vanno |

### 6.2.3 Tendenz zu Eindeutigkeit und Konkretheit

Ein weiterer Wesenszug des Vulgär- und Spätlateins besteht im Streben nach **Eindeutigkeit** und **Konkretheit**. So wird ein unregelmäßiges Verb wie klat. *edĕre* ‚essen', das einige Formen mit *esse* ‚sein' gemeinsam hat (ähnlich wie im Deutschen: lat. *est* = ‚er isst/er ist'), schon allein deshalb durch die oben genannte Komposition *comedĕre* oder durch einen konkreteren Ausdruck wie *manducare* (ursprüngl. ‚kauen') verdrängt (vgl. it. *mangiare*, fr. *manger*), damit Verwechslungen vermieden werden.

Dieser Trend zur Vermeidung von Vieldeutigkeit bedeutet nicht unbedingt eine Steigerung der lexikalischen Präzision. Im Gegenteil: Ein typischer Zug des Vulgärlateins ist gerade der **Verzicht auf lexikalische Oppositionen** (Stefenelli 1981:48 ff, vgl. Kiesler 2018:101). Die Sprache wird dadurch weniger präzise, aber dem Lerner leichter zugänglich. So bestand im Klassischen Latein noch die Opposition zwischen *alius* ‚ein anderer' und *alter* ‚der andere von zweien'; im Vulgärlatein wurde *alius* aufgegeben und *alter* übernahm beide Bedeutungsvarianten (vgl. it. *altro*, sp. *otro*, fr. *autre*). Entsprechendes gilt für die klassische Opposition *patruus* ‚Onkel väterlicherseits' vs. *avunculus* ‚Onkel mütterlicherseits', die im Vulgärlatein zugunsten eines verallgemeinerten *avunculus* ‚Onkel' aufgegeben wurde, der nun in fr. *oncle* und dem hiervon entlehnten dt. *Onkel* weiterlebt. Die Entsprechungen sp. *tío* und it. *zio* hingegen gehen auf den spätlateinischen Gräzismus *thius* zurück (< gr. *thêios* ‚Onkel') – aber auch hier wird nicht mehr zwischen dem Bruder des Vaters und dem Bruder der Mutter unterschieden.

In die Kategorie der **Vermeidung von Vieldeutigkeit** kann man auch die **Adverbbildung** im Vulgärlatein einordnen: Die klassische Adverbbildung war bei ihrer Ableitung vom Adjektiv sehr heterogen. So nutzte man als Adverbmarker die Endung *-ē* bei Adjektiven der o/a-Dekl. (z. B. *iustus* => *iustē* ‚gerecht') und die Endung *-ter* bei allen anderen Deklinationen (z. B. *fortis* => *fortiter* ‚tapfer'; *sapiens* => *sapienter* ‚weise'). Dieses Verfahren hatte abgesehen von seiner Heterogenität auch noch den Nachteil, dass das Adverb in der o-Deklination mit dem Vokativ verwechselt werden konnte, der zwar ursprünglich auf *-ĕ* auslautete, was aber nach dem Quantitätenkollaps nicht mehr zu unterscheiden war. Entsprechend drängte eine analytische Kollokation an die Stelle des synthetisch gebildeten Adverbs: nämlich die ablativische Umschreibung mit dem bildhaften *mente* (von *mens, mentis*, f: ‚Verstand, Sinn'), also beispielsweise *iusta mente* (wörtl. ‚mit gerechtem Verstand') an Stelle von *iustē*. Im Zuge der Verbreitung dieser Kollokation wurde *mente* semantisch zu ‚Art und Weise' generalisiert und als neues Adverb-Suffix grammatikalisiert. Entsprechend finden wir diesen Adverbtyp heute in allen romanischen Sprachen wieder, vgl. fr. *justement*, sp. *justamente*, it. *giustamente*.

Aufgrund solcher Entwicklungen liest man häufig vereinfachend, der vulgärlateinische Wortschatz sei konkret, der klassisch lateinische Wortschatz sei abstrakt. Diese Generalisierung ist allerdings mit Vorsicht zu genießen und rührt vor allem von den jeweils berücksichtigten Textsorten her. Natürlich finden sich in Ciceros philosophischen Schriften mehr Abstrakta als in Landwirtschaftsfachbüchern, die generell dem Vulgärlatein zugerechnet werden. Nimmt man aber Caesars *Commentarii Belli Gallici* als klassische Textgrundlage, dann wird deutlich, dass dieses Register durchaus sehr konkret werden kann: Wir lernen hier fachsprachliche Details über Ausrüstung (z. B. *clipeus* ‚Rundschild' vs. *scutum* ‚Langschild') und Formationen (z. B. *agmen novissimum* ‚Nachhut', *testudo* ‚Schildkröte'). Umgekehrt ist in den volkssprachlichen Texten des Christentums von Abstrakta wie ‚Reue' (*paenitentia*) und ‚Lossprechung' (*absolutio*) die Rede.

Dennoch kann man sicherlich sagen, dass sich volkssprachliche Sprecher bei Vorliegen zweier Varianten im Zweifel eher für den **bildhafteren, konkreteren Ausdruck** entscheiden, der dann in der Folge semantisch wieder ausgeweitet wird. So erklärt sich beispielsweise die Verdrängung von klassisch *ignis* (‚Feuer') durch *focus*, das ursprünglich ‚Ofen' bedeutete (vgl. it. *fuoco*, sp. *fuego*, fr. *feu*) und ebenso die Verdrängung von *equus* ‚Pferd' durch das ursprüngliche ‚Lastpferd' *caballus* (vgl. it. *cavallo*, sp. *caballo*, fr. *cheval*). Bei den Adjektiven haben *formosus* ‚schön an Gestalt' und *bellus* ‚charmant, lieblich' das neutralere *pulcher* ‚schön' verdrängt (vgl. sp. *hermoso*, it. *bello*, fr. *beau/belle*). Typisch für diese Art der Verdrängung ist auch die Bevorzugung von **Fachwörtern**: So tritt z. B. im Vulgärlatein der kulinarische Terminus *ficatum* ‚Leberpastete' an die Stelle des allgemeineren *iecur* ‚Leber' (> port. *fígado*, sp. *hígado*, it. *fegato*, kat. *fetge*, fr. *foie*), und der veterinärmedizinische Terminus *camba* bzw. *gamba* ‚Pfote/Haxe eines Vierbeiners' an die Stelle von *crus* ‚Unterschenkel/Bein' (> sp. *gamba*, fr. *jambe*) – ganz ähnlich, wie wir es aus der deutschen Umgangssprache kennen: vgl. „Nimm die Pfoten weg!" oder „Er hat lange Haxen." Nicht das Lexemmaterial an sich ist also „vulgärlateinisch", sondern der Bedeutungswandel, den es durchgemacht hat. Wie Konkretes abstrakt werden kann, haben wir im Deutschen der letzten 40 Jahre miterleben können: Das ursprünglich höchst konkrete Wort *geil* wurde im Zuge seiner Verbreitung semantisch immer allgemeiner, und kann heute alle Facetten von ‚sehr gut/sehr schön' abdecken (*geile Klamotten*, *geiles Essen*, *geiles Wetter* etc.). Bei *geil* ist allerdings – wenn auch immer weniger – die Registermarkierung noch deutlich spürbar.

Wichtig für die Beurteilung des vulgärlateinischen Wortschatzes ist auch, dass in den seltensten Fällen ein einziger Grund ausreicht, um einen bestimmten Wandel zu erklären. So sind beispielsweise die genannten konkreteren Formen zugleich lautstärker und regelmäßiger (s. o.).

## 6.2.4 Innerlateinische Variation im Wortmaterial

Die genannten Beobachtungen gelten häufig nicht für die Gesamtheit des romanisierten Territoriums. Der klassische Wortschatz war zwar durch die Verbreitung des schriftlichen Standards überall im Imperium weitgehend homogen – anders hätten Spanier und Afrikaner nicht Einzug in den klassischen Lektürekanon halten können –, der vulgärlateinische Wortschatz jedoch konnte von Region zu Region stark variieren: So finden wir beispielsweise in der schon sehr früh romanisierten **Randromania älteres Wortmaterial** als in der Zentralromania, die auch noch in späteren Phasen des Römischen Reiches intensiven Kontakt zur Hauptstadt Rom hielt. Die spanischen und portugiesischen Bezeichnungen für ‚Kopf' (sp. *cabeza*, port. *cabeça*) gehen z. B. auf vlat. *capitia* zurück, das klat. *caput* verdrängt hatte. Die französische und italienische Entsprechung (fr. *tête*; it. *testa*) hingegen lassen sich auf das jüngere *testa* zurückführen, das klassisch einmal ‚Ziegelstein, Tonscherbe, Tonkrug' bedeutet hatte. Entsprechendes gilt für sp. *hablar* und port. *falar*, die auf älteres und schon bei Plautus belegtes vlat. *fabulare* (ursprünglich: ‚plaudern') zurückgehen, das das klassische Deponens *loqui* ‚sprechen' verdrängt hatte, während fr. *parler* und it. *parlare* auf das dem Christenlatein entsprungene *parabolare* (‚in Gleichnissen sprechen'; vom Gräzismus *parabola* ‚Parabel, Gleichnis') zurückgehen.

Nach all dem Gesagten sollte auf keinen Fall der Eindruck entstehen, nur vulgärlateinisches Wortgut habe sich in den romanischen Sprachen erhalten. Stefenelli (1991/1992) hat vielmehr nachweisen können, dass sich etwa die Hälfte der 1000 häufigsten Wörter des Klassischen Lateins als Erbwort oder Kultismus im Französischen wiederfindet – im Spanischen und Italienischen dürfte die Quote noch höher liegen (zu Erbwörtern, Kultismen und Semikultismen vgl. Kap. 2.1.6).

## 6.3 Erklärungen für den lexikalischen Wandel

### 6.3.1 Metapher und Metonymie

Wir haben gesehen, dass der wesentliche Unterschied zwischen dem klassischen und dem vulgär- und spätlateinischen Wortschatz weniger auf der formalen, als vielmehr auf der semantischen Seite besteht. Zumeist werden ja im Vulgärlatein Formen herangezogen, die auch im Klassischen Latein existieren, nur werden sie eben uminterpretiert.

Warum vollzieht sich nun im Vulgär- und Spätlatein so viel semantischer Wandel? Im zurückliegenden Jahrhundert hat man dies oft mit der schlichten Geisteshaltung der „Vulgärlateiner" erklärt, die zu Lautstärke, Konkretheit, Bildhaftigkeit und Affektgeladenheit tendiere, einfach weil ihr die leisen, komplexen und abstrakten Elemente intellektuell nicht zugänglich seien. Am deutlichsten bringt dies Vosslers Formulierung zum Ausdruck: „der Hochlateiner artikuliert, der Vulgärlateiner schreit" (Vossler 1954:208). Diese Hypothese fußte allerdings auf einem stark eingegrenzten Verständnis von Vulgärlatein, das die gesprochene Sprache der Unterschicht fokussierte. Mit der Ausdehnung des Vulgärlateinbegriffs auf die Nähesprache aller sozialen Schichten verliert dieser Erklärungsansatz entsprechend an Überzeugungskraft.

Neuerdings versucht die kognitive historische Semantik Erklärungen dafür zu finden, warum bestimmte Konzepte[6] zur Findung neuer Bezeichnungen hinzugezogen werden oder warum vorhandene Konzepte abgewandelt werden. Hierbei wirken drei grundlegende Prinzipien menschlicher Wahrnehmung: die **Kontiguität**, die **Similarität** und der **Kontrast**. „Kontiguität" bedeutet nichts anderes als ‚Nachbarschaftsbeziehung' (von lat. *contiguus* ‚benachbart') – hierdurch sind Elemente gekennzeichnet, die häufig miteinander auftreten, also typischerweise eine Szene bzw. einen Rahmen bilden können (engl. *script* oder *frame*; daher auch *Frame*-Semantik). Ein solcher Rahmen ist z. B. eine Bushaltestelle; zugehörige Elemente sind die Wartenden, eine Sitzbank, ein Fahrplan, ein Fahrkartenautomat. „Similarität" hingegen bedeutet ‚Ähnlichkeit' (von lat. *similis* ‚gleich'). Formal ähnlich sind sich z. B. ein Schlauch und eine Schlange. Ein Kontrast wiederum besteht zwischen gegensätzlichen Konzepten, also Antonymen (‚schwarz/weiß'; ‚alt/jung' etc.). Bei Assoziationstests zeigt sich, dass zumindest der muttersprachliche[7] Wortschatz eines Sprechers primär nach diesen Prinzipien organisiert ist. Auf ein bestimmtes Stimulus-Wort hin wird also üblicherweise mit einem anderen Wort reagiert, das entweder in Kontiguitäts- oder in Similaritäts- bzw. Kontrastbeziehung zu diesem Wort steht.

Nach Blank (2001:71 ff) läuft Bedeutungswandel in drei Stufen ab:

▸ **Assoziation**: Der menschliche Geist stellt fest, dass zwei Konzepte in einer Similaritätsbeziehung (z. B. ‚Maus' und ‚Computereingabegerät') oder in einer Kontiguitätsbeziehung (z. B. ‚Fuß' und ‚Bein') stehen.

▸ **Innovation**: Ein Sprecher überträgt erstmals die Bezeichnung des einen Konzepts auf das andere Konzept. Das Wort „Maus" wird also auch für das Computergerät verwendet, das Wort „Fuß" für das ganze Bein. Im Falle der Similaritätsbeziehung spricht man bei dieser Übertragung von einer „**Metapher**" (‚Übertragung'), im Falle der Kontiguitätsbeziehung von „**Metonymie**" (‚Umbenennung').

▸ **Lexikalisierung**: Andere Sprecher imitieren diesen Gebrauch, bis die neue Verwendung sich im Wortschatz der gesamten Sprechergemeinschaft wiederfindet. Dies kann sehr schnell gehen, wie im Falle der Computermaus, wenn eine technische Innovation nach einer neuen Bezeichnung verlangt, oder auch sehr langsam, wenn eigentlich kein Bedarf für eine neue Bezeichnung besteht. Letzteres gilt z. B. im Falle des schwäbischen Fußes, der bekanntlich bis zur Hüfte geht.

---

6 „Konzept" nennt man in der Kognitiven Linguistik eine bildhafte Vorstellung von einem Gegenstand oder Sachverhalt – oder anders ausgedrückt: eine übereinzelsprachliche Bedeutung. Man spricht auch von „mentalen Repräsentationen" der Außenwelt im menschlichen Geist. Eine ausführliche Analyse des romanischen Bedeutungswandels aus kognitiver Sicht bietet z. B. Gévaudan (2007).

7 Zum Unterschied zwischen muttersprachlichem und fremdsprachlichem Assoziieren vgl. Müller-Lancé (2006:116 ff und 355 ff).

Auf diese Weise lassen sich fast alle schon angesprochenen Phänomene des lateinisch-romanischen Bedeutungswandels erklären. Nur ein paar Beispiele:

**Metaphern**:
Lat. *testa* (‚Tonkrug') steht in einer Similaritätsbeziehung zu *caput* (‚Kopf'). Die typischen römischen Krüge haben nämlich links und rechts zwei hochkant angebrachte Henkel, die an abstehende Ohren erinnern. Die Übertragung erinnert also an das Deutsche, wo der Ausdruck „Birne" gerne scherzhaft für das Konzept ‚Kopf' verwendet wird. Durchgesetzt hat sich der neue Ausdruck in frz. *tête* und it. *testa*.

Die Kniescheibe (lat. *patella*) erinnert formal an ein kleines Rad (lat. *rotula* < Deminutiv von *rota* ‚Rad'). Zu *rotula* entstand eine vulgärlateinische Variante *rotella*, die die ursprüngliche Bezeichnung der Kniescheibe allmählich verdrängte. Im Altspanischen steht das hiervon abstammende *rodilla* nur noch für die Kniescheibe und nicht mehr für das ‚Rädchen', im Neuspanischen dann verallgemeinernd für das ganze Knie.

**Metonymien**:
Die Konzepte von lat. *focus* (‚Ofen') und *ignis* (‚Feuer') stehen in einer Kontiguitätsbeziehung – vor Einführung der elektrischen Einbauküche befand sich ja im Ofen sinnvollerweise Feuer. Man könnte auch von einer „Ganzes-Teil-Beziehung" sprechen, denn das Feuer ist Teil des Ofens. Wegen dieser Beziehung lag es nahe, die Bezeichnung des Konzepts ‚Ofen' auf das Konzept ‚Feuer' zu übertragen. „Brandspuren" dieser Übertragung finden wir noch heute in den romanischen Sprachen: it. *fuoco*, sp. *fuego*, fr. *feu*. Andere im Bedeutungswandel wirksame Kontiguitätsbeziehungen sind z. B. Genus – Spezies, Handelnder – Handlung, Ursache – Folge etc. und jeweils umgekehrt.

In unmittelbarer Nachbarschaft der Hüfte (lat. *coxa*) befindet sich der Oberschenkel (lat. *femur*). Das Wort *femur* aber war sehr unhandlich, da es keine einheitliche Deklination aufwies: Es existierte eine Formenreihe, die auf dem Genitiv *feminis* aufbaute und damit Verwechslungen mit *femina* (‚Frau' – Abl.Pl. *feminis*) provozierte, und eine weitere Reihe, die sich von der alternativen Genitivform *femoris* ableitete. Es war also deutlich bequemer, den Ausdruck für das Nachbarkonzept ‚Hüfte' auch für den Oberschenkel zu verwenden. Aus dieser Verwendung von *coxa* ist fr. *cuisse* (‚Oberschenkel') hervorgegangen.

Metaphern und Metonymien erklären die **Ursachen** von Bedeutungswandel. Man kann die Arten von Bedeutungswandel aber auch vom **Ergebnis** her typologisieren. Bei diesen Kategorien spielt es dann keine entscheidende Rolle, ob der Bedeutungswandel von Similaritäts- oder Kontiguitätsbeziehungen ausgelöst wurde. Die beiden wichtigsten Typen von Bedeutungswandel aus ergebnisbezogener Sicht sind die Bedeutungsverengung und die Bedeutungserweiterung:

**Bedeutungsverengung** („Spezialisierung") liegt vor, wenn ein ursprünglich weites Konzept in seinem Bedeutungsgehalt eingegrenzt wird, vgl. z. B. lat. *collocare* ‚hinsetzen, hinlegen' > fr. *coucher* ‚zum Schlafen hinlegen'; lat. *materia* ‚Baumaterial' > sp. *madera* ‚Holz'; *pullus* ‚Tierjunges' > it. *pollo*, sp. *pollo*, fr. *poulet* ‚Hähnchen'.

**Bedeutungserweiterung** („Generalisierung") ist der umgekehrte Vorgang: ein spezielleres Konzept wird in seinem Geltungsbereich erweitert, vgl. *laxare* ‚lockern' > fr. *laisser* ‚lassen'; lat. *sedēre* ‚sitzen' > sp. *ser* ‚sein'; lat. *stare* ‚stehen' > it. *stare* ‚sein'.

Wie unmarkiertes Wortmaterial bildhaft verwendet und damit schließlich doch volkssprachlich markiert wird, zeigt der folgende Auszug aus der **Cena Trimalchionis** (‚Gastmahl bei Trimalchio'), dem berühmtesten Abschnitt in **Petrons Roman Satyrica**. Wir werden Zeuge eines Tischgesprächs, bei dem ein Freigelassener einem anderem von seinem Sohn vorschwärmt (*Sat.* 46,5-7):

> (5) *ceterum iam Graeculis <u>calcem impingit</u> et Latinas coepit non male appetere, etiam si magister eius sibi placens fit nec uno loco consistit. scit quidem litteras, sed non vult laborare.* (6) *est et alter non quidem doctus, sed curiosus, qui plus docet quam scit. itaque feriatis diebus solet domum venire, et quicquid dederis, contentus est.* (7) *emi ergo nunc puero aliquot <u>libra</u> rubricata, quia volo illum ad <u>domusionem</u> aliquid de iure <u>gustare</u>. <u>habet haec res panem</u>. nam litteris satis <u>inquinatus</u> est.*
>
> ‚(5) Übrigens hat er schon im Griechischen einen <u>Anlauf genommen</u> und ist fürs erste nicht schlecht hinter dem Latein her, obschon sein Lehrer sich etwas einzubilden beginnt und nicht bei der Stange bleibt; er hat zwar seine Weisheit studiert, will sich aber nicht plagen. (6) Es ist noch ein anderer da, nicht gerade gelehrt, aber genau, einer der mehr beibringt, als er weiß. So kommt er gewöhnlich an den Feiertagen ins Haus, und was man ihm gibt, er ist mit allem zufrieden. (7) Also habe ich jetzt dem Jungen ein paar <u>Büchers</u> mit roten Paragraphen gekauft, weil ich will, dass er für den <u>Hausgebrauch</u> ein bißchen am Jus <u>knabbert</u>. <u>Damit kommt man durchs Leben</u>. Denn mit Bildung ist er schon genug <u>bekleckst</u>.' (Text und Übersetzung nach Müller/Ehlers 1983:87 f)

Der Text bietet nicht nur Einblick in die Universalien der väterlichen Psyche (4 Axiome: „1. Mein Sohn ist toll. 2. Wenn nicht, dann ist der Lehrer schuld. 3. Geistige Bildung schadet nicht. 4. Jura ist aber was Handfesteres.") und in die Schlichtheit des vulgärlateinischen Satzbaus, sondern auch in die Möglichkeiten der Wortwahl (im Text jeweils unterstrichen). Diese betreffen zum einen morphologische Normverstöße (z. B. Akk.Pl. *libra* statt klat. *libros* => daher mit ‚Büchers' übersetzt) und vulgärsprachliche Derivationen (z. B. *domusio* ‚Hausgebrauch', abgeleitet von *domus* ‚Haus'), zum anderen den Gebrauch von Metaphern. Zu nennen wäre *calcem impingĕre* (wörtl. ‚die Ferse hineintreten') für ‚mit etwas anfangen', *gustare* (wörtl. ‚kosten, schmecken') für ‚probieren', *panem habēre* (wörtl. ‚Brot haben') für ‚Ertrag bringen, eine Zukunft haben' und schließlich *inquinari* (wörtl. ‚beschmutzt werden') für ‚etwas abbekommen'. Dass auch diese Metaphern offensichtlich auf Universalien der menschlichen Wahrnehmung beruhen, zeigt die Tatsache, dass sie sich durchweg ohne Probleme ins Deutsche übertragen lassen.

## 6.3.2 Durchsichtigkeit und Volksetymologie

Die oben aufgeführten Phänomene betrefen die Übertragung unterschiedlicher Ausdrücke für ähnliche Konzepte oder aber die Veränderung von Konzepten bei gleichbleibenden Ausdrücken. Es gibt aber auch formalen Wandel innerhalb eines einzigen Ausdrucks, der semantisch ausgelöst wird. Ein schönes Beispiel hierfür ist das Bemühen der Sprecher, die Form semantisch undurchsichtiger Wortzusammensetzungen **durchsichtig** zu machen, also formal so zu verändern, dass die einzelnen Komponenten wieder unabhängig voneinander zu verstehen sind (vgl. Gauger 1971). Diese Tendenz haben wir bereits bei den Zahlwörtern kennengelernt (vgl. Kap. 4.3.5), wo z. B. das schon in altlateinischer Zeit durch Lautwandel undurchsichtig gewordene *quingenti* (‚500' < *quinque* + *centum*) im Italienischen wieder durchsichtig gemacht wurde (*cinquecento*), während es im Spanischen undurchsichtig blieb (*quinientos* und nicht etwa \**cincocientos*).

Das Phänomen der Durchsichtigmachung taucht bei der Entwicklung lateinischer Formen zu romanischen Formen, aber auch in der Entwicklung zu deutschen Fremdwörtern immer wieder auf. So finden wir im Deutschen häufig das „möchtegernlateinische" Adverb *posthum* in der Bedeutung ‚nach dem Tode' (z. B. „ein posthum veröffentlichtes Buch"). Lateinisch – und übrigens auch deutsch – korrekt heißt es hingegen *postum*, denn das Wort leitet sich von lat. *postumus* ‚letzter' ab. Gedacht ist also an das letzte Werk eines Autors. Offensichtlich hat bei *postumus* ein Bedeutungswandel von ‚letzter' zu ‚nach dem Tode' stattgefunden. Dieser semantische Wandel hat dann einen lautlichen (und graphischen) Wandel ausgelöst: *post* in der Bedeutung ‚nach' kannte man aus vielen (halb-)lateinischen Komposita (z. B. *postnatal, posttraumatisch, postmodern*), die Endung *-um* hingegen war nichtssagend, oder anders ausgedrückt: undurchsichtig. Bekannt war aber das lateinische Wort *humus* (‚Erde'), das sich auch im Deutschen als Fremdwort erhalten hat. Es lag also nahe, ein *-h-* einzufügen und sich das so entstehende *posthum* als ‚nachdem einer unter der Erde begraben liegt' zu erklären. Man spricht in solchen Fällen von **Volksetymologien**'[8] oder von ‚Sekundärmotivationen'. Man hat ja ein ursprünglich motiviertes[9] Wort, dessen Motiviertheit man nicht mehr erkannt hat, ein zweites Mal motiviert.

Besonders im Französischen sind solche Fälle häufig, und zwar vor allem im Bereich der Graphie. Dies liegt daran, dass die Diskrepanz zwischen Schreibung und Lautung hier so groß ist, dass es häufig kein Problem darstellt, Buchstaben hinzuzufügen oder zu entfernen, ohne dass sich die Lautung deshalb ändern müsste. Entsprechend konnte man z. B. in der Renaissance in die geschriebene Form des Verbs *savoir* ein <ç> einfügen (<sçavoir>), um damit an das vermeintliche Etymon lat. *scire* (‚wissen') zu erinnern; ein Fall von gelehrter Volksetymologie, den wir im Zusammenhang mit der Relatini-

---

8   Zur Entstehung des Begriffs „Volksetymologie" vgl. Michel (2016:43).
9   „Motiviert" nennt man ein Wort oder eine Wortzusammensetzung, bei der die Verbindung von Ausdruck und Inhalt nicht willkürlich, sondern gesucht ist; so ist z. B. im Deutschen *Schwein* unmotiviert, *Haxe* unmotiviert, *Schweinshaxe* hingegen motiviert.

sierung bereits erwähnt hatten. Dieser Fall war allerdings wissenschaftlich begleitet – und als sich herausstellte, dass das eigentliche Etymon lat. *sapĕre* (,schmecken, wahrnehmen') war, wurde das <ç> schnell wieder getilgt.

Solche Volksetymologien können ohne weiteres die Grenzen von Sprachfamilien überschreiten. Ein beliebtes Beispiel ist das französische Wort *choucroute* (,Sauerkraut'), das nach Meinung der meisten Franzosen aus der Zusammensetzung von *chou* (,Kohl', von lat. *caulis*) und *croute* (,Kruste', von lat. *crusta*) hervorgegangen ist und demnach in den Einzelbestandteilen lateinischen Ursprungs wäre. Faktisch geht *choucroute* jedoch auf elsässisch *Suurkrut* zurück – ist also nur eine regionale Variante des germanischen bzw. deutschen Worts *Sauerkraut*. Da man aber die im Elsässischen für das Konzept ,Kraut' stehende Lautfolge /kru:t/ im Französischen als *croute* ,Kruste' kannte – oder vielmehr zu kennen glaubte –, lag es nahe, auch in der ersten Komponente der Zusammensetzung ein französisches Wort zu vermuten. Das Gericht basierte auf Kohl, der französische Ausdruck für das Konzept ,Kohl' war *chou* und klang damit auch noch ähnlich wie die elsässische Lautfolge /su:r/ – und fertig war die Volksetymologie *choucroute*; deutlich schneller als die Zubereitung des entsprechenden Gerichts.

## 6.4 Lateinische Lehn- und Fremdwörter in nicht-romanischen Sprachen

In der gesamten westlichen Welt gibt es keinen Bereich des modernen Lebens, in dem es nicht von lateinbasierten Lehn- und Fremdwörtern wimmeln würde. Selbst die Terminologie der Computertechnik ist – wenn auch angloamerikanisch umgeleitet – überwiegend lateinisch-griechischen Ursprungs. Der Überbegriff selbst ist Beleg genug (lat. *computare* ,rechnen' + gr. *techné* ,Handwerk, Kunst'), wir brauchen also gar nicht in Details wie Prozessoren (lat. *procedere, -cessi, -cessum* ,fortschreiten') oder Speichermedien (CD = Compact Disc < lat. *compactus*, 3 ,zusammengedrängt' + lat. *discus* ,Scheibe') einzudringen.

In diesem Kapitel sollen daher nur einige Wortfelder exemplarisch vorgestellt werden, in denen sich die lateinische Begrifflichkeit fast vollständig ins Deutsche und Englische (natürlich auch in die romanischen Sprachen – aber hier handelt es sich häufig um Erbwörter) hinübergerettet hat. Hierzu gehören die Bezeichnungen für Tage und Monate sowie für das Inventar akademischer Einrichtungen. Überwiegend handelt es sich dabei um Lehnwörter, denn diese Termini sind zumeist an die jeweiligen Laut- und Schreibkonventionen vor Ort angepasst (<Rector> wäre z. B. im Deutschen ein Fremdwort, <Rektor> ein Lehnwort). Bewusst im Wortlaut, und zwar als Kollokation oder Satzzitat, finden einige lateinische Rechtsgrundsätze bis heute Anwendung. Auch diesen ist ein Abschnitt gewidmet. Um die Leser*innen vor den Fallen falschen Fremdwortgebrauchs zu schützen, folgt schließlich eine Liste von lateinischen Fremdwörtern im Deutschen, die häufig falsch verwendet werden: also ein Antibarbarus im Stile der

*Appendix Probi* (vgl. S. 101). Den Abschluss des Kapitels bildet eine kleine Auswahl zentraler lateinischer Zitate aus den unterschiedlichsten Epochen.

### 6.4.1 Wochentage, Monatsnamen und ihre Götter

Der römische Kalender hat unsere Zeitrechnung bis heute geprägt. Sprachlich wird dies besonders an den Bezeichnungen für die Wochentage und Monate deutlich. Alle römischen Wochentage sind bestimmten Göttern gewidmet, weshalb es sich lohnt, ihre wichtigsten Vertreter zu kennen.

Das antike Rom hat seine **Gottheiten** und die damit verbundenen Mythen[10] selbst schon entlehnt, und zwar vorwiegend aus dem griechischen Kulturkreis. Die später gleichfalls über das Griechische vermittelte Entlehnung des Christentums aus dem Osten ist die logische Fortsetzung dieses Prozesses und hat die Wochentagsterminologie mitgeprägt. Es überwiegen aber die Spuren „heidnischer" Gottheiten:

| Griechisch-römische Gottheiten | | |
|---|---|---|
| gr. Name | lat. Name | Abstammung/Aufgabenbereich |
| Zeus | Iupiter (Gen. Iovis) | Göttervater und oberste Gottheit, besonders zuständig für irdische Belange und das Wetter |
| Poseidon | Neptunus (-i) | Bruder des Zeus, Gott der Meere |
| Hades | Orcus (-i) | Bruder des Zeus, Gott der Unterwelt |
| Hera | Iuno (Iunonis) | Göttermutter, Schwester und Frau des Zeus, Göttin des Himmels, zuständig für Ehe und Geburt |
| Apollon | Apollo (-onis/inis) | Sohn von Zeus und Leto, Gott der Künste u. Medizin |
| Athena | Minerva (-ae) | Tochter von Zeus und Metis, Göttin der Klugheit |
| Ares | Mars (Martis) | Sohn von Zeus und Hera, Gott des Krieges |
| Aphrodite | Venus (Veneris) | Tochter von Zeus und Dione, Göttin der Liebe |
| Hermes | Mercurius (-ii) | Sohn von Zeus und Maia, Götterbote/Gott des Handels |
| Artemis | Diana (-ae) | Tochter von Zeus und Leto, Göttin der Jagd |

---

10 Zwei Elemente sind für diese Mythen charakteristisch: zum einen die klare Verteilung der Zuständigkeiten und zum anderen das sehr menschliche Verhalten der Götter, die sich mit Vorliebe in Menschen verliebten und mit diesen Halbgötter zeugten – zum punktuellen Nachschlagen empfiehlt sich das mythologische Lexikon von Herder (2006).

## 6.4 Lateinische Lehn- und Fremdwörter in nicht-romanischen Sprachen

| Helios | Sol (-is) | Sohn von Hyperion und Theia, Gott der Sonne |
| Selene | Luna (-ae) | Tochter von Hyperion und Theia, Göttin des Mondes |
| Maia | Maia | Mutter des Hermes, Bergnymphe |
| - | Saturnus | etruskische Gottheit, zuständig für Landwirtschaft |
| - | Janus | röm. Gottheit, zuständig für Ein- und Ausgänge |

„Amtssitz" der griechischen Götter ist der Olymp, ein Berg in Griechenland. In Rom errichtete man schon zu Zeiten der Königsherrschaft auf dem Kapitolshügel einen Tempel für die drei wichtigsten Gottheiten: Iupiter, Iuno und Minerva. Diese drei heißen daher auch „die kapitolinischen Götter".

Die römischen **Wochentage** waren einzelnen Göttern zugeordnet, und zwar jeweils mit Genitiv: z. B. *Solis dies* ‚Tag des Sonnengottes'. Die Zuordnungen entsprachen griechischen Vorbildern, so hieß der griechische Freitag z. B. *Aphrodites heméra* (‚Tag der Aphrodite'). In den romanischen Sprachen hat man diese Ausdrücke weitgehend übernommen (also quasi „aus 2. Hand"), zog aber für Samstag eine jüdische und für Sonntag eine christliche Bezeichnung vor:

| Lateinisch basierte Bezeichnungen für Wochentage | | |
|---|---|---|
| lat. Name | romanische Ableitung | germanischer Name |
| *Solis dies* => christl. *dominica dies* | it. *domenica*, fr. *dimanche* sp. *domingo* | dt. *Sonntag*, engl. *Sunday* — |
| *Lunae dies* | it. *lunedì*, fr. *lundi*, sp. *lunes* | dt. *Montag*, engl. *Monday* |
| *Martis dies* | it. *martedì*, fr. *mardi*, sp. *martes* | dt. *Dienstag*, engl. *tuesday* |
| *Mercuri dies* => christl. *medio hebdomas* | it. *mercoledì*, fr. *mercredi*, sp. *miércoles* | (engl. *wednesday*) dt. *Mittwoch* |
| *Iovis dies* | it. *giovedì*, fr. *jeudi*, sp. *jueves* | dt. *Donnerstag*, engl. *thursday* |
| *Veneris dies* | it. *venerdì*, fr. *vendredi*, sp. *viernes* | dt. *Freitag*, engl. *friday* |
| *Saturni dies* => jüd./christl. *sabbatum* *sambatum* | it. *sabato*, sp. *sábado* fr. *samedi* (< afr. *sambedi*) | engl. *saturday* dt. *Samstag* |

Etwas aus der Art schlägt das Portugiesische, wo man erfolgreich versucht hat, auch die übrigen „heidnischen" Bezeichnungen zu verdrängen. An deren Stelle traten die kirchenlateinischen Bezeichnungen *secunda feria* (eigentlich: ‚2. feiertag' – der erste war also der Sonntag), *tertia feria* etc. > port. *segunda-feira* ‚Montag', *terça-feira* ‚Dienstag', *quarta-feira* ‚Mittwoch' etc. (vgl. Väänänen 1981:§ 166).

Interessant sind hier auch die **deutschen und englischen Entsprechungen**: Im Falle des Samstags verhält sich das Englische lateinischer als die romanischen Sprachen (*Saturni dies* > engl. *saturday*), bei Sonntag und Montag erstellte man in beiden Sprachen Lehnübersetzungen aus dem Lateinischen (*sol* > Sonne, sun; *luna* > Mond, moon). Für die Bezeichnung des Dienstags wurde das germanische Pendant des Mars, ein gewisser Gott Teiwa (> engl. *tuesday*) bzw. seine Namensvariante Thingsus (> dt. *Dienstag*), bemüht, für den Donnerstag wurde analog zu Iupiter die germanische Gottheit Thor, die gleichfalls für Wetter, d. h. Blitz und Donner zuständig ist, zur Bezeichnung herangezogen: In dt. *Donnerstag* musste dieser Donner quasi als *pars pro toto* (‚Teil für das Ganze') herhalten, in engl. *thursday* wurde Thor selbst verewigt. In engl. *wednesday* finden wir Thors Kollegen Wodan (auch: Odin/Wotan) wieder, der aber von seiner Position her (König der Götter und Menschen) eher Jupiter entsprach als dem lateinischen Namensgeber Merkur. Im Englischen gehen also zwei Tage auf Jupiter zurück, während dt. *Mittwoch* eine Lehnübersetzung des mittellateinischen Gräzismus *medio hebdomas* ‚in der Mitte der Woche' darstellt. Der Freitag erlebte eine Übertragung von Venus auf die ihr gleichgestellte germanische Göttin Freia.

Deutlich weniger Abweichungen gibt es bei der Überlieferung der lateinischen **Monatsnamen** (hierzu Rubenbauer et al. 1995:338 f). Zu beachten ist, dass alle lateinischen Monatsnamen Adjektive zu einem meist fehlenden Bezugswort *mensis, -is, m* ‚Monat' darstellen. Hiervon weichen wir allerdings ab, wenn wir im Deutschen den Juni als „Juno" bezeichnen, um ihn phonetisch besser gegen den Juli abzugrenzen. Wir nennen hier nämlich die Namensgeberin anstelle des Namens, eine Form der Metonymie. Wichtig für die Benennung der Monate ist weiterhin, dass das römische Jahr erst im März beginnt; der März ist also der erste, der Februar der letzte Monat.

Zur Tabelle: Wenn Götter Namengeber waren, dann sind diese in der zweiten Spalte recte (‚aufrecht') gedruckt, Kaiser sind zusätzlich unterstrichen. Zahlwörter, aus denen Monatsnamen abgeleitet wurden, stehen jeweils klein und kursiv. Der auf *septem* ‚7' zurückgehende Ausdruck *September* bezeichnet also den 7. Monat; *October, November* und *December* gehen auf die Zahlwörter *octo, novem* und *decem* zurück. Der seit 44 v. Chr. Julius Caesar gewidmete Monat *Iulius* hieß zuvor *Quintilis* (5. Monat'), der ab 8 v. Chr. Augustus geweihte Monat hieß zuvor *Sextilis* (‚6. Monat'). Caesar hat sich diese Auszeichnung redlich verdient, denn er stellte die Jahresrechnung auf 365 Tage und einen alle vier Jahre eingeschobenen Schalttag um – die letzten Feinheiten wurden 1582 durch Papst Gregor XIII erledigt. Sonderfälle der Bezeichnung stellen auch April und Februar dar: Ersterer geht wohl auf eine idg. Wurzel *apero zurück, die in etwa ‚folgender' bedeutet – also ‚der 2. Monat' –, letzterer auf das Reinigungsfest *Februa*, das jeweils am Jahresende gefeiert wurde.

## Lateinisch basierte Bezeichnungen für Monate

|   | latein. Name | romanische Ableitung | | | germanischer Name | |
|---|---|---|---|---|---|---|
|   | Geber > Name | ital. | span. | frz. | deutsch | englisch |
| 1 | Mars > *Martius* | *marzo* | *marzo* | *mars* | *März* | *march* |
| 2 | *apero- > *Aprilis* | *aprile* | *abril* | *avril* | *April* | *april* |
| 3 | Maia > *Maius* | *maggio* | *mayo* | *mai* | *Mai* | *may* |
| 4 | Iuno > *Iunius* | *giugno* | *junio* | *juin* | *Juni* | *june* |
| 5 | Iulius > *Iulius* | *luglio* | *julio* | *juillet* | *Juli* | *july* |
| 6 | Augustus > *Augustus* | *agosto* | *agosto* | *août* | *August* | *august* |
| 7 | septem > *September* | *settembre* | *septiembre* | *septembre* | *September* | *september* |
| 8 | octo > *October* | *ottobre* | *octubre* | *octobre* | *Oktober* | *october* |
| 9 | novem > *November* | *novembre* | *noviembre* | *novembre* | *November* | *november* |
| 10 | decem > *December* | *dicembre* | *diciembre* | *décembre* | *Dezember* | *december* |
| 11 | Ianus > *Ianuarius* | *gennaio* | *enero* | *janvier* | *Januar* | *january* |
| 12 | *Februa* > *Februarius* | *febbraio* | *febrero* | *février* | *Februar* | *february* |

## 6.4.2 Fremd- und Lehnwörter im akademischen Bereich

Wegen ihrer über Jahrhunderte vom Latein bestimmten Tradition ist die europäische Universität – neben der katholischen Kirche – diejenige Institution, die den lateinischen Begriffsapparat am besten bewahrt hat. Es folgt eine Auswahl der verbreitetsten Termini im Deutschen mit Bedeutungserklärung und den lateinischen Herleitungen (weitere akademische Begriffe erläutert in Filip-Fröschl/Mader 1999:11-19):

| Terminus | heutige Bedeutung | lateinische Herleitung |
|---|---|---|
| *Institutionen, Gremien, Personal* | | |
| Universität | wissenschaftliche Hochschule | *universitas, -atis*, f: ‚Gesamtheit, Körperschaft' |
| Alma Mater | Beiname für die Institution Universität | ‚nährende Mutter' < *mater, -tris*, f: ‚Mutter' und *almus*, 3: ‚nährend' |

| Senat | Leitungsgremium | *senatus, -us*, m: ‚Senat' (wörtl.: ‚Rat der Alten' vgl. *senex, -is*, m: ‚Greis') |
|---|---|---|
| Rektor | Leiter der Universität | *rector, -oris*, m: ‚Lenker, Leiter'; von *regĕre, -o, rexi, rectum* ‚lenken, leiten' |
| Magnifizenz | (Anrede des Rektors) | *magnificentia, -ae*, f: ‚Erhabenheit' |
| Prorektor | Stellvertreter des Rektors mit besonderer Aufgabe | *pro*: ‚für', ‚anstelle von' und *rector* (s. o.) |
| Honorabilis | (Anrede des Prorektors) | *honorabilis, -e*: ‚ehrenvoll', ‚ehrenhaft' (von *honor, -oris*, m ‚Ehre'; über *honorare* ‚ehren') |
| Dekan | Leiter einer Fakultät | *decanus, -i*, m: Vorsteher einer Gruppe von zehn Personen; vgl. *decem*: ‚zehn' |
| Spectabilis | (Anrede des Dekans) | *spectabilis, -e*: ‚ansehnlich' |
| Fakultät | Fachbereich | *facultas, -atis*, f: ‚Möglichkeit, Fähigkeit' |
| Institut | Fachabteilung | *instituĕre, -o, institui, institutum* ‚einrichten' => ‚Einrichtung' |
| Gremium | Auswahl von Vertretern mit einer bestimmten Zielsetzung | *gremium, ii*, n ‚Schoß' => ‚Ort der Ruhe und Sicherheit' => Gelegenheit zur Beratung ohne Einmischung von außen |
| Personal | Gesamtheit der Beschäftigten | *personalis, e* ‚persönlich', abgeleitet von *persona, ae*, f ‚Theatermaske, Rolle, Persönlichkeit' |
| Kollegium /Kolleg | Gruppe von Kollegen/ Ausbildungsgruppe von Nachwuchs-wissenschaftlern, auch: Vorlesung | *collegium, -i* n: ‚Amtskollegenschaft'; abgeleitet von *collega, -ae*, m ‚Amtskollege' (galt v. a. für die jeweils doppelt besetzten röm. Staatsbeamtenposten) |
| Professor | (habilitierter) Hochschullehrer | *professor, -oris*, m: ‚Bekenner'; abgleitet von *profiteri, -eor, -fessus sum* ‚öffentlich erklären' |

## 6.4 Lateinische Lehn- und Fremdwörter in nicht-romanischen Sprachen

| Emeritus | pensionierter Lehrstuhlinhaber mit Sonderrechten | *emeritus* ‚ausgedient' (Partizip Perfekt, abgeleitet von *emerēre, -eo, -ui, -itus* und dem synonymen *emerēri, -eor, -itus sum*) |
|---|---|---|
| Dozent | Überbegriff für jeden Hochschullehrer | *docens, -ntis* ‚lehrend' = PPA von *docēre, -eo, -ui, doctum*: ‚lehren' |
| Lektor | Fremdsprachenlehrer an einer Universität | *lector, -oris*, m: ‚Vorleser' (von *legĕre, -o, lēgi, lectum* ‚lesen') |
| *Laufbahnen, Studiengänge, Prüfungen* | | |
| Habilitation | Qualifikationsarbeit für Professorenlaufbahn | *habilis, -e*: ‚geeignet' |
| Venia legendi | Erlaubnis für Habilitierte, Vorlesungen abzuhalten | *venia, -ae, f* ‚Erlaubnis' und *legĕre, -o, -lēgi, -lectum* ‚(vor-)lesen' |
| Doktor | akademischer Grad | *doctor, -oris*, m: ‚Lehrer' |
| Doktorand | Promotionsstudent | Gerundiv *doctorandus*: ‚einer, der zum Doktor gemacht werden soll' |
| Dissertation | Doktorarbeit | *dissertare, -o, -avi, -atum*: ‚erörtern' |
| Rigorosum | Doktorprüfung (in Examensform) | *rigorosus*, 3: ‚streng' (diese Prüfung galt als besonders streng) |
| Disputation | Doktorprüfung in Form einer Verteidigung der Doktorarbeit | *disputatio, -onis, f*: wissenschaftliches Streitgespräch (von *disputare* ‚erörtern') |
| Promotion | Aufbaustudiengang, der zum Doktortitel führt | *promotio, -onis, f* ‚Beförderung'; abgeleitet von *promovēre, -eo, -movi, -motum* ‚fördern' => daher: „jdn. promovieren" |
| Examen | Abschlussprüfung | *examen, -minis*, n: ‚Prüfung' |
| Diplom | akademischer Grad | *diploma, -atis*, n ‚Empfehlungsschreiben' (=griech. Lehnwort) |
| Magister | akademischer Grad | *magister, -tri*, m: ‚Lehrer' |

| Baccalaureus | unterster akademischer Grad | wahrscheinlich von *baca/bacca, -ae*, f ‚Beere' + *laureus*, 3 ‚aus Lorbeer' => ‚der mit dem Lorbeerkranz' |
|---|---|---|
| Kandidat | Prüfling oder Bewerber | *candidatus, -i*, m ‚Amtsbewerber'; trug als Erkennungszeichen eine weiße Toga (*toga candida*) |
| *Studienalltag* | | |
| Studium | Teilnahme, Vor- und Nachbereitung von wissenschaftlichen Lehrveranstaltungen und Prüfungen | *studium, -i*, n: ‚Eifer, Fleiß' |
| Studium Generale | Studienveranstaltungen, die Studierenden aller Fakultäten offen stehen | *generalis, -e* ‚allgemein' |
| Student(-in) | Studierende(r) | *studens, -ntis* ‚sich bemühend' (PPA von *studere, -ui* ‚sich bemühen') |
| Immatrikulation | Einschreibung | *in* + *matricula, -ae*, f: ‚Personenverzeichnis' => Aufnahme in dieses Verzeichnis |
| Exmatrikulation | Austragung | *ex* + *matricula, -ae*, f: Personenverzeichnis' => Löschung aus diesem Verzeichnis |
| Numerus Clausus | Zulassungsbeschränkung | ‚beschränkte Zahl' < *numerus, -i*, m: ‚Zahl' und *claudere, -o, clausi, clausum*: ‚schließen' => Zulassung auf eine bestimmte Anzahl von Studienbewerbern beschränkt |
| Semester | Studienhalbjahr | *semestris, -e*: ‚sechsmonatig, halbjährig', abgeleitet von *sex* ‚6' und *mensis,- is*, m ‚Monat' |
| Stipendium | finanzielle Studienunterstützung | *stipendium, -ii*, n ‚Sold' |
| Seminar | wissenschaftliche Lehrveranstaltung | *seminarium, -ii*, n: ‚Baumschule' < *seminare* ‚säen' |

## 6.4 Lateinische Lehn- und Fremdwörter in nicht-romanischen Sprachen

| | | |
|---|---|---|
| Kolloquium | wissenschaftliche Lehrveranstaltung für Doktoranden; auch: Prüfungstyp im Promotionsstudium | *colloquium, -ii*, n: ‚Gespräch' (Kompositum aus *cum* ‚mit' + *loqui* ‚sprechen') |
| Klausur | schriftliche Prüfung unter Aufsicht | spätl. *clausura, -ae, f:* ‚Verschluss', ‚Türschloss', ‚abgeschlossener Gebäudeteil' (von *claudĕre, clausi, clausum* ‚schließen') |
| Exkursion | wissenschaftliche Ausflugsveranstaltung | *excursio, -onis,* f: ‚Ausflug' (Kompositum aus *ex* ‚heraus' + *currĕre, -o, cucurri, cursum:* ‚laufen') |
| Skriptum | Vorlesungsmanuskript | *scriptum, -i,* n: ‚das Geschriebene' (von *scribĕre, -o, scripsi, scriptum* ‚schreiben') |
| Repetitor | Wiederholer für Prüfungsstoffe | *repetĕre, -o, -ivi, -itum:* ‚wiederholen' |
| Tutor | studentischer Betreuer im Grundstudium | *tutor, -oris,* m: ‚Betreuer, Beschützer' |
| Kommilitone | Studienkollege | *commilito, -onis,* m ‚Mitsoldat' (Kompositum aus *cum* ‚mit' und *milito* ‚Kämpfer', einer Nebenform zu *miles, militis,* m ‚Soldat') |
| Aula | Festsaal der Universität | *aula, -ae,* f : ‚Halle, Hof' |
| Auditorium Maximum ugs. „AudiMax" | größter Hörsaal | *auditorium, -ii,* n: ‚Hörsaal, Zuhörerschaft'; *maximus,* 3 = Superlativ von *magnus,* 3 (‚groß') |
| cum tempore (c.t.) | ‚15 Minuten nach der vollen Stunde' | *cum* ‚mit' + *tempus, -oris,* n ‚Zeit' |
| sine tempore (s.t.) | ‚zur vollen Stunde' | *sine* ‚ohne' + *tempus, -oris,* n ‚Zeit' |
| Mensa | Universitätskantine | *mensa, -ae,* f: ‚Tisch' |

Abb. 33: Lateinische Termini im Universitätswesen

### 6.4.3 Lateinisches in Rechtssprache und Politik

Der große Einfluss des römischen Rechtswesens auf unsere modernen Rechtssysteme wird daran deutlich, dass in der deutschen **Rechtssprache** nicht nur einzelne Wörter aus dem Lateinischen übernommen wurden, sondern ganze Rechtsgrundsätze oder häufig verwendete Kollokationen. Hier eine kurze Auswahl in alphabetischer Folge:

| | |
|---|---|
| *audiatur et altera pars* | ‚auch die andere Seite soll gehört werden' |
| *in dubio pro reo* | ‚im Zweifel für den Angeklagten' |
| *de iure* | ‚vom Recht her' |
| *de lege* | ‚vom Gesetz her' |
| *de facto* | ‚vom tatsächlichen Sachverhalt her' |
| *do ut des* | ‚ich gebe, damit du gibst' (Austausch von Leistung für Gegenleistung) |
| *ius ex non scripto* | ‚ungeschriebenes Recht' |
| *pacta sunt servanda* | ‚Verträge sind einzuhalten' |
| *quod erat demonstrandum* | ‚was zu beweisen war' |
| *Roma locuta, causa finita* | ‚Rom hat gesprochen, die Angelegenheit ist beendet'. Rom steht in diesem kirchenrechtlichen Prinzip metonymisch für den Papst. |
| *sine ira et studio* | ‚ohne Zorn und Eifer', also ohne Eigeninteresse und daher neutral bzw. unbefangen |

Etwas anders liegen die Verhältnisse in der Sprache der **Politik**: Weder die römische Senatsdemokratie, die wegen der Bevorzugung bestimmter Gruppen eher eine Oligarchie[11] war, noch die römische Diktatur gelten uns heute als vorbildhafte Staatsformen. Entsprechend haben die meisten lateinbasierten Bezeichnungen in der Politik einen kräftigen Bedeutungswandel durchgemacht und sind auch formal an die Zielsprache angepasst worden, also **Lehnwörter**:

| | |
|---|---|
| Republik | ‚(demokratisch geführtes) Gemeinwesen', von *res publica* (wörtl.: ‚öffentliche Sache') |
| Referendum | ‚Volksentscheid' (wörtlich: ‚das zu Berichtende') – Gerundiv von *referre* ‚berichten' |
| Präsident | ‚Vorsitzender'; PPA von *praesidēre* – ‚vorsitzen' |
| Kanzler | von *cancellarius, i*, m: ‚Kanzleibeamter' |
| Minister | von *minister, tri*, m: ‚Diener' |
| Opposition | ‚Gegenseite', vom Verbalsubstantiv *oppositio, onis*, f: ‚das Entgegengesetzte' (abgeleitet von *opponēre, -posui, -positum*) |

**Fremdwörter**, die neben der Originalform weitgehend auch die Originalbedeutung beibehalten haben, sind die Ausnahme, existieren aber durchaus:

| | |
|---|---|
| *ius gentium* | ‚Völkerrecht' |

---

11 Griech.: ‚Herrschaft von wenigen'.

6.4 Lateinische Lehn- und Fremdwörter in nicht-romanischen Sprachen

*quorum* ‚von denen' (Gen.Pl. des Relativpronomens *qui*): kennzeichnet die notwendige Mindestanzahl der Stimmberechtigten, damit eine Abstimmung rechtmäßig ist.

(weitere Termini zu Politik und Rechtswesen vgl. Filip-Fröschl/Mader 1999:20ff)

### 6.4.4 Antibarbarus

Es kommt immer wieder vor, dass deutsche Muttersprachler*innen mit oberflächlichen Lateinkenntnissen lateinische Lehn- und Fremdwörter in einer Weise benutzen, die weder der lateinischen noch der deutschen Norm entspricht. Natürlich kann man hier nicht von „Fehlern" sprechen, vielmehr wohnen wir einem Sprachwandelprozess gewissermaßen *live* (lat. *in vivo*) und am Ort des Geschehens (lat. *in situ*) bei. Dennoch sind diese Normverstöße höchst peinlich, wenn der Dialogpartner oder gar das Auditorium über solidere Latein- bzw. Deutschkenntnisse verfügt. Deshalb sind im Folgenden, ganz ähnlich wie in der *Appendix Probi*, nur besser sortiert, einige normgerechte Formen mit ihren Ableitungen und den typischen Normverstößen zur künftigen Vermeidung aufgelistet, die dem Verfasser bereits begegnet sind (auch im universitären Umfeld):

**a) korrektes vs. falsches Genus:**

| | | |
|---|---|---|
| der Prinzipat | von lat. *principatus, ūs*, m | nicht: das Prinzipat |
| der Primat | von lat. *primatus, ūs*, m | nicht: das Primat |
| der Traktat | von lat. *tractatus, ūs*, m | nicht: das Traktat |
| der Zölibat[12] | von lat. *caelibatus, ūs*, m | nicht: das Zölibat |
| der Aquädukt | von lat. *aquaeductus, ūs*, m | nicht: das Aquaedukt |
| der Viadukt | von lat. *viaductus, ūs*, m | nicht: das Viadukt |
| die Klientel | von lat. *clientela, ae*, f | nicht: das Klientel |
| die Libido | von lat. *libido, inis*, f | nicht: der Libido |
| die Plebs | von lat. *plebs, plebis*, f | nicht: der Plebs |
| die Partikel | von lat. *particula, ae*, f | (vs. das Partikel)[13] |
| das Virus | von lat. *virus, i*, n | (vs. der Virus)[14] |
| das Korpus | von lat. *corpus, oris*, n | (vs. der Korpus)[15] |

---

12 Wer Schwierigkeiten hat, sich dieses Genus einzuprägen, dem sei folgender Witz empfohlen, der nur mit dem korrekten Maskulinum funktioniert:
Während der Kaiserzeit lernt ein Major den katholischen Ortsgeistlichen kennen und findet ihn sympathisch. Es ist der erste katholische Pfarrer, der ihm begegnet. Er lädt daraufhin bei der nächsten Gelegenheit diesen Pfarrer zu einem Ball ein: „Und bringen Sie doch bitte auch Ihre Frau Gemahlin mit." – „Aber, Herr Major, wir haben doch den Zölibat." – „Ach so, ja gut, dann bringen Sie doch den Kleinen einfach mit!" (nach Gauger 2006: 82f)

13 In der Physik ist auch „das Partikel" gebräuchlich – gemeint sind dort aber kleinste Teilchen, nicht die Wortart.

14 Die maskuline Verwendung hat sich inzwischen für Computerviren nahezu durchgesetzt – im medizinischen Bereich gilt aber nach wie vor das Neutrum als Norm.

15 Maskulin wird Korpus im Deutschen zum einen für den Körper des Gekreuzigten verwendet, zum anderen in der Möbelschreinerei als Bezeichnung für das Grundelement eines Schranks. Eine linguistische Belegsammlung aber heißt „das Korpus".

| das Genus | von lat. *genus, eris*, n | nicht: der Genus |
| das Opus | von lat. *opus, eris*, n | nicht: der Opus |

**b) korrekter vs. falscher Numerus:**

| das Antibiotikum[16] | – die Antibiotika | nicht: das Antibiotika |
| das Visum | – die Visa | nicht: das Visa |
| das Praktikum | – die Praktika | nicht: die Praktikas |
| (das Internum)[17] | – die Interna | nicht: die Internas |
| der Kasus | – die Kasus (von *casus, ūs*, m) | nicht: die Kasi |
| die Partikel (Sg.) | – die Partikeln (Pl.)[18] | nicht: die Partikel (Pl.) |

**c) korrekter vs. falscher Kasus in fremdwörtlichen Kollokationen:**

| *ad acta* | („zu den erledigten Dingen') | nicht: *ad actas* |
| *coram publico* | („in der Öffentlichkeit') | nicht: *coram publicum* |
| *in natura* | („in der Natur, leibhaftig') | nicht: *in naturam* |
| *per analogiam* | („durch Analogie') | nicht: *per analogia* |

**d) korrekte vs. falsche Schreibung/Lautung:**

postum          von lat. *postumus*, 3 (vgl. Kap. 6.3.2) nicht: posthum

## 6.4.5 Zitate

Es gibt ausreichend Publikationen, die lateinische Zitate mit Übersetzungen auflisten, um dem Lateinunkundigen die Aura des Lateinkundigen zu verleihen (z. B. Sellner 2009, Schoeck 1985, Drews 2012). Hier seien deshalb nur einzelne Zitate herausgegriffen, die symptomatisch für bestimmte Epochen der römischen bzw. lateinischen Kulturgeschichte sind oder häufig falsch zitiert bzw. interpretiert werden. Die Beispiele zeigen auch, dass solche Redewendungen keinesfalls nur aus dem Klassischen Latein geschöpft werden:

***ceterum censeo Carthaginem esse delendam*** ‚im Übrigen meine ich, dass Karthago zerstört werden sollte' – dieses dem älteren Cato (234-149; Beiname *Censorius*)[19] zugeschriebene Zitat steht für die Phase der frühen Republik (Altlatein), als Rom sich in ständiger Auseinandersetzung mit dem Erzrivalen Karthago befand („Punische Kriege"). Cato soll sich bei jeder politischen Debatte mit diesem Wortbeitrag gemeldet haben.

***alea iacta est*** (oder: *alea est iacta*): ‚der Würfel ist gefallen' – C. Iulius Caesar (100-44 v. Chr.) soll dies 49 v. Chr. beim Überschreiten des Rubicon gesagt haben, wodurch der

---

16  *Antibiotikum* ist ein neu gebildeter latinisierter Gräzismus (gr. *anti* + *bíos* ‚gegen das Leben' – hier das unerwünschte Leben von Bakterien). Die Endung *-ticum* markiert ihn als Neutrum.
17  Im Singular ungebräuchlich – *Interna* ist also ein substantivierter Neutrum Plural.
18  Die Pluralform *die Partikeln*, die für die unflektierbaren Wortarten gebraucht wird, hat kein lateinisches Vorbild und dient ausschließlich der Unterscheidung vom Singular *die Partikel*.
19  Der Beiname geht nicht auf sein ewiges „*ceterum censeo*", sondern auf das Amt des Zensors zurück, das er sehr erfolgreich ausübte.

Marsch auf Rom gegen den sich dort verschanzenden und mit dem Senat verbündeten Rivalen Pompeius eröffnet wurde (Phase des Klassischen Lateins: goldene Latinität). Dies markierte den Beginn des Bürgerkriegs und leitete die darauf folgende Diktatur Caesars und damit das Ende der Römischen Republik ein.

*parcĕre subiectis et debellare superbos* (‚die Unterworfenen schonen und die Überheblichen niederschlagen') – Erfolgsrezept der römischen Expansion; festgehalten von Vergil (70-19 v. Chr.) im Nationalepos *Aeneis* (Buch VI, Vers 853).

*non scholae sed vitae discimus* – ‚nicht für die Schule, sondern für das Leben lernen wir'. Dieses Zitat wird üblicherweise dem Philosophen und Prinzenerzieher Seneca d. J. (ca.1–65 n. Chr.) zugeschrieben, steht aber bei ihm genau andersherum, nämlich *non vitae sed scholae discimus* (Epistel 106,12). Es ist also als Kritik am Studienbetrieb formuliert. In jedem Falle markiert dieses Zitat die Kaiserzeit (Klasss. Latein: silberne Latinität), in der Politik Nebensache wurde und man sich verstärkt geistigen und körperlichen Vergnügungen hingeben konnte.

*mens sana in corpore sano* (Iuvenal: Satiren X, 356). Iuvenal (67– nach 127 n. Chr.) kritisiert hier die Albernheit der Wünsche, die Menschen an die Götter richten. Für sein Glück sei man schließlich selbst verantwortlich, nur um einen ‚gesunden Verstand in einem gesunden Körper' solle man die Götter bitten – also ein oft falsch interpretiertes Zitat. Iuvenal stellt keinesfalls einen Kausalzusammenhang zwischen körperlicher und geistiger Gesundheit her. Von der Sprachepoche her markiert Iuvenal den Übergang vom Klassischen zum Nachklassischen Latein.

*cogito ergo sum* wird dem französischen Philosophen Descartes (1696-1650) zugeschrieben, gehört sprachgeschichtlich also zum Neulatein. In der Erstauflage seiner *Meditationes de prima philosophia* (1641) hieß es aber noch *cogito, ego sum* (‚ich denke, ich bin'). Erst die französische Version des Buches führte den Kausalzusammenhang ein: „Je pense, donc je suis", der dann in Form des Adverbs *ergo* ‚also' auch in den lateinischen Text übertragen wurde.

*homo homini lupus* – ‚der Mensch ist dem Menschen ein Wolf'. Dieses Zitat, das den englischen Philosophen Thomas Hobbes (1588-1679) und sein negatives Menschenbild bekannt gemacht hat, schlägt eine Brücke vom Neulatein zurück zum Altlatein. Es taucht nämlich bereits bei Plautus (ca. 250-184 v. Chr.) in der Komödie *Asinaria* (V. 495) auf. Dort heißt es *lupus est homo homini*, aber eher in scherzhafter Absicht.

## 6.5 Zusammenfassung und Literaturempfehlungen

**Zusammenfassung**:
Der größte Teil des überlieferten lateinischen Wortschatzes ist in Bezug auf Registerunterscheidung unmarkiert und wird daher im Klassischen Latein ebenso wie im Vulgär- und Spätlatein gebraucht. Auch die Anwendung der Wortbildungstechniken weicht nur wenig voneinander ab. Der Hauptunterschied zwischen dem Wortschatz des Klassischen Lateins und dem des Vulgär- und Spätlateins besteht vielmehr darin,

dass im Vulgär- und Spätlatein bestimmte Lexemvarianten des Klassischen Lateins bevorzugt werden, und zwar u. a. nach den Auswahlkriterien Lautstärke, Regelmäßigkeit und Konkretheit. Im Zuge der Verwendung dieser Varianten verändert sich deren ursprüngliche Bedeutung meist im Sinne einer Generalisierung. Ein vulgärlateinisches Wort kann dann semantisch quasi zwei klassische Wörter abdecken. Verkürzt könnte man also sagen: Nicht die Lexeme sind vulgärlateinisch markiert, sondern die Art ihrer Verwendung. Generell besteht die Tendenz, dass klassisch lateinische Wörter eher als Lehn- oder Fremdwörter in die romanischen Sprachen und das Deutsche und Englische überliefert wurden, vulgärlateinische Wörter eher als Erbwörter.

**Literaturempfehlungen:**
Für das Erarbeiten klassisch lateinischen Wortschatzes empfiehlt sich die an den romanischen Sprachen ausgerichtete Wortkunde von Mader (2008) oder auch die kürzere, eher für Schüler gedachte *adeo*-Wörterliste (Utz 2001). Beide Wortkunden sind alphabetisch gegliedert, die Grund- und Aufbauwortwortschätze von Klett (Habenstein et al. 1991; Hermes/Meusel 1993) bieten zusätzlich eine Sortierung nach Sachfeldern und Häufigkeiten, berücksichtigen aber die romanischen Reflexe weniger konsequent. Ausschließlich nach den Bedürfnissen der Mehrsprachigkeitsdidaktik zusammengestellt und nach Wortklassen sortiert ist der von Siebel (2017:287-310) präsentierte lateinische Mindestwortschatz von 492 Wörtern, der in unseren Ergänzungsband integriert ist. Die besten Überblicke zum vulgärlat. Wortschatz bieten Kiesler (2018:99 ff), Väänänen (1981:75 ff) und Coseriu (2008/1952:58 ff). Die Entwicklung vom lat. zum romanischen Wortschatz behandeln grundlegend Stefenelli (1981) und Lüdtke (1968). Zur Erklärung des Bedeutungswandels aus kognitiver Sicht vgl. Blank (1997, 2001), Blank/Koch (1999, 2000) und Gévaudan (2007). Zum lateinischen Wortschatz in den modernen europäischen Sprachen Mackowiak (2012), Solodow (2010), Weeber (2006, 2011, 2016), Vossen (1999) und Haider Munske/ Kirkness (1996).

## 6.6 Aufgaben

### 6.6.1 Übungen

Der folgende Text gehört zu den sog. *Glosas Emilianenses*, einem der ältesten spanischen Sprachzeugnisse (entstanden um 1000 n. Chr.; Fundort: Kloster San Millán de la Cogolla, Provinz Logroño). Die Textsammlung enthält ganz unterschiedliche Texte, in denen jeweils lateinische Wörter, die nicht mehr verstanden wurden, als Randnotizen oder Überschreibungen in spätlateinisch-frühromanische Wörter übersetzt wurden (sog. „Glossen"). Diese Glossen sind hier als eckige Klammern unmittelbar hinter dem übersetzten lateinischen Wort eingefügt. In dem Auszug geht es um eine Ratssitzung von Dämonen, in der verschiedene Diener des Teufels diesem berichten, was sie auf der Erde für Missetaten angerichtet haben.

6.6 Aufgaben

*Et ecce repente [lueco] unus de principibus ejus ueniens adorabit eum. Cui dixit diabolus: unde uenis? Et respondit: fui jn alia prouincia et suscitabi [lebantai] bellum [pugna] et effusiones [bertiziones] sanguinum ... similiter respondit: jn mare fui et suscitabi [lebantaui] conmotiones [moveturas] et submersi [trastorne] nabes cum omnibus ... Et tertius ueniens [elo terzero diabolo venot] ... jnpugnaui quemdam monacum et vix [ueiza] feci eum fornicari* (Transkription nach Menéndez Pidal 1956:4).

Textnahe Übersetzung (die als Glosse übersetzten Wörter sind unterstrichen und in der Originalreihenfolge belassen): ‚Und siehe, plötzlich kam einer seiner obersten Diener und betete ihn (erg. den Teufel) an. Zu ihm sagte der Teufel: Woher kommst du? Und er antwortete: Ich war in einer anderen Provinz und provozierte dort Krieg und Blutvergießen. ... sogleich antwortete (erg. ein anderer): Ich war auf dem Meer und provozierte Stürme und versenkte Schiffe mitsamt allen (erg. Leuten). ... Und der dritte (erg. sagte) ankommend [der dritte Teufel kam]: ... ich bedrängte einen Mönch und beinahe hätte ich ihn dazu gebracht, ins Bordell zu gehen.'

a. Wo finden sich im lat. Text Abweichungen vom Klassischen Latein?
b. Versuchen Sie, herauszufinden, warum die jeweils in den Glossen übersetzten Wörter Probleme beim Verständnis machten, und zeigen Sie, inwieweit die Varianten in den Glossen dem Romanischen bzw. Altspanischen näher stehen.
c. Ermitteln Sie, welches kognitive Prinzip bei den folgenden Bedeutungswandelphänomenen wirksam war:
   1. klat. *musculus* ‚Mäuschen' > slat. *musculus* ‚Muskel' > sp. *muslo* ‚Oberschenkel'
   2. vlat. *\*adripare* ‚am Ufer anlegen' (*ripa, ae,* f ‚Ufer') > fr. *arriver,* it. *arrivare* ‚ankommen'
   3. lat. *testimonium* ‚Zeugnis' > fr. *témoin* ‚Zeuge'.
   4. lat. *passer* ‚Spatz' > sp. *pájaro* ‚kleiner Vogel'.
   5. slat. *talpum* ‚Maulwurf' > it. *topo* ‚Maus'
   6. slat. *spatula* ‚kleine Schaufel' > fr. *épaule* ‚Schulter' (vgl. süddeutsches Schweinefleischgericht: *Schäufele*)

## 6.6.2 Weiterführende Aufgaben

a. Erklären Sie auf Grundlage von Blank (2001:69 ff) die unterschiedlichen Typen von Metaphern und Metonymien im Prozess des Bedeutungswandels.
b. Erläutern Sie den Begriff der „Selektion" nach Kiesler (2018:99 f).

# 7 Metrik und Stilmittel

Die Inhalte dieses Kapitels verstehen sich als „Nachschlag". Sie runden den Überblick über die verschiedenen Facetten des Lateinischen ab, sind aber nicht von entscheidender Bedeutung für das Verständnis des Zusammenhangs von Latein und den romanischen Sprachen. An dieses Kapitel schließen sich daher weder eine Zusammenfassung noch Aufgaben an.

## 7.1 Metrik

Die lateinische Metrik wird in Latinumskursen üblicherweise nicht behandelt, da sie recht schwer zugänglich ist. Hier sollen daher nur die allerwichtigsten Grundzüge angesprochen werden (nach Rubenbauer et al. 1995:331 ff).

Lateinische Metrik basiert ausschließlich auf dem **Rhythmus langer und kurzer Silben**. Es gibt also keine systematischen Endreime wie in den modernen Sprachen und auch keine Assonanzen[1] wie z. B. im Altfranzösischen. Grundsätzlich gilt eine Silbe dann als lang, wenn ihr Vokal lang ist (sog. „Naturlänge"), oder wenn auf einen Vokal zwei Konsonanten folgen (sog. „Positionslänge"; zur Silbenlänge vgl. Kap. 3.1.3.2). Die letzte Silbe eines Verses kann immer lang oder kurz sein. Zur Intensivierung des Rhythmus werden die langen Silben betont („Hebungen": Symbol „´"), die kurzen nicht („Senkungen": Symbol „U"). Die kleinste regelmäßige Abfolge von Hebungen und Senkungen wird als „**Versfuß**" bezeichnet. Mit den unterschiedlichen Versfüßen wurden auch deren Bezeichnungen aus dem Griechischen entlehnt.

Die wichtigsten Versfüße sind:

| Trochäus | ´ U | carmen |
| Iambus | U ´ | viri |
| Daktylus | ´ U U | carmina |
| Anapäst | U U ´ | domini |
| Spondéus | ´ – oder – ´ | cogo |

Ein Anapäst oder Daktylus kann jeweils durch einen Spondéus vertreten werden. Zwei Kürzen gelten also quasi als eine Länge.

Die nächstgrößere Einheit ist das **Metrum**. Ein Daktylus gilt alleine als Metrum, die übrigen Versfüße werden jeweils zu einem Metrum gedoppelt (ein jambisches Metrum enthält also zwei Jamben hintereinander). Ein **Vers** besteht aus einer bestimmten An-

---

1 Vorform des Reims, bei der nur die Vokale ab der letzten betonten Silbe übereinstimmen, nicht aber die Konsonanten.

zahl von Metra; die Bezeichnungen für die verschiedenen Versarten werden von den entsprechenden griechischen Zahlwörtern abgeleitet. Ein Pentameter enthält also fünf (gr. *pénte*: ‚5'), ein Hexameter sechs (gr. ‚*héx*': 6) Metra. Für die Identifizierung eines Verstyps werden der maßgebliche Versfuß und das Metrum angegeben: z. B. iambischer Trimeter oder daktylischer Hexameter. Die wichtigsten Versarten des Klassischen Lateins sind der daktylische Hexameter, der v. a. in Satiren und im Epos (z. B. Vergils *Aeneis*) eingesetzt wird, und der daktylische Pentameter, der nur in Kombination mit dem Hexameter auftritt. Diese Kombination nennt man auch „elegisches Distichon" (gr. ‚Zweizeiler'), da sie v. a. in der Liebeselegie (z. B. bei Ovid) ihre Anwendung findet (weiterführende Informationen z. B. in Schröder 2010:65 ff).

Um einen lateinischen Vers auf Anhieb korrekt lesen zu können, muss man also das Vokalquantitätensystem sehr gut verinnerlicht haben. Zur Veranschaulichung sind im Aeneis-Zitat auf S. 214 f die Hebungen als Akzente eingetragen.

## 7.2 Stilmittel

Auf die Bedeutung der antiken Rhetorik für die abendländische Literatur wurde bereits hingewiesen (vgl. Kap. 5.3.1). Eine zentrale Qualität der Rede ist die Form ihrer Darstellung (lat. *elocutio*), und diese wiederum hängt ab von den verwendeten stilistischen Ausschmückungen (lat. *ornatus*). Diese Stilmittel kann man unterscheiden in **Tropen** (gr. ‚Wendungen') und **Figuren** – beide Typen haben sich in den modernen Literaturen erhalten. Die Bezeichnungen der einzelnen Stilmittel sind überwiegend griechische Lehnwörter im Lateinischen. Im Folgenden wird nur eine kleine Auswahl geboten, weitere Stilmittel finden sich in Rubenbauer et al. (1995:322 ff) sowie in Throm (1995: 310 ff).

Unter **Tropen** versteht man ein „gewendetes", im Vergleich zum Standard verändertes Sprechen. Ein Wort steht hier für ein anderes, wir befinden uns also auf der paradigmatischen Ebene. Diese Veränderungen sind v. a. semantischer Art und hängen eng mit den Prinzipien des Bedeutungswandels zusammen, die wir in Kap. 6.3.1 kennengelernt haben. Solche Tropen sind z. B.:

- **Synekdoche** (gr. ‚Mitbezeichnung'; engerer für den weiteren Begriff oder umgekehrt, also z. B. Pars pro toto oder Totum pro parte): z. B. *puppis* (‚Heck') für *navis* (‚Schiff') oder *elephantus* (‚Elefant') für *ebur* (‚Elfenbein')
- **Metonymie** (gr. ‚Namensvertauschung'; also z. B. Ursache für Wirkung oder Gottheit für Funktionsbereich): z. B. *Vulcanus* (Gott des Feuers) für *ignis* (‚Feuer')
- **Metapher** (‚Übertragung' eines Wortes in einen anderen Gegenstandsbereich oder – kognitionslinguistisch ausgedrückt – *frame*): z. B. *fulmina fortunae* (wörtl. ‚Blitze des Schicksals') für ‚Schicksalsschläge'
- **Euphemismus** (Verwendung „schöner" Ausdrücke für unangenehme Inhalte): z. B. *suae vitae durius consulĕre* (wörtl. ‚sich zu hart um sein Leben bemühen')

## 7.2 Stilmittel

für ‚sich umbringen' (vgl. den entsprechenden deutschen Euphemismus *Hand an sich legen*).

Als **„Figuren"** hingegen bezeichnet man Besonderheiten der Wortstellung oder der Kombination von Gedanken. Sie betreffen also immer mehrere Wörter zugleich und spielen sich auf der syntagmatischen Ebene ab. Typische **Wortfiguren** sind:

- **Geminatio** (‚Verdoppelung' eines Worts): z. B. *fuit, fuit ista virtus* (‚es gab sie, es gab sie, diese Tugend')
- **Anapher** (‚Wiederholung' eines Worts am Anfang von Sätzen oder Satzteilen): z. B. *testis est Italia, testis est Sicilia* (‚mein Zeuge ist Italien, mein Zeuge ist Sizilien')
- **Epipher** (Wiederholung eines Worts am Ende von Sätzen oder Satzteilen): z. B. *visum ab omnibus, lectum ab omnibus* (‚gesehen von allen, gelesen von allen')
- **Alliteration** (Wiederholung des Anlauts in aufeinanderfolgenden Wörtern): z. B. *veni, vidi, vici* (‚ich kam, sah, siegte)
- **Parallelismus** (gleicher Bau einander entsprechender Sätze oder Satzglieder): z. B. *matri familiaris, patri alienus* (‚der Mutter vertraut, dem Vater fremd').

Typische **Gedankenfiguren** sind:

- **Klimax** (gr. ‚Leiter' => Steigerung): z. B. *vincula, carcerem, verbera, secures, crucem* (‚Fesseln, Kerker, Schläge, Beile, Kreuz')
- **Oxymoron** (Zusammenstellung sich widersprechender Ausdrücke): z. B. *cum tacent, clamant* (‚indem sie schweigen, schreien sie')
- **Chiasmus** (Überkreuzstellung korrespondierender Elemente; von der Kreuzform des griech. Buchstabens *chi* <X>): z. B. *satis eloquentiae, sapientiae parum* (‚genug an Beredsamkeit, an Weisheit zu wenig')

Ein schönes Beispiel für die Kombination aus Alliteration (einfach unterstrichen), Anapher (doppelt unterstrichen), Parallelismus und Klimax bietet der Anfang von Ciceros berühmtester Rede, der 1. Rede gegen Catilina. Cicero hielt diese Rede als Consul im Jahre 63 v. Chr. vor dem Senat, um diesen gegen den der Verschwörung verdächtigen Catilina, einen Konkurrenten bei der zurückliegenden Konsulatswahl, zu aktivieren.

*Quo usque tandem abutere, Catilina, patientia nostra? Quam diu etiam furor iste tuus nos eludet? Quem ad finem sese effrenata iactabit audacia? Nihil__ne te nocturnum praesidium Palati, nihil__ urbis vigiliae, nihil__ timor populi, nihil__ concursus bonorum omnium, nihil__ hic munitissimus habendi senatus locus, nihil__ horum ora voltusque moverunt?* (I,1; ed. Lord 1959).

‚Wie lange noch, Catilina, willst du unsere Geduld mißbrauchen? Bis wann soll deine Tollheit uns noch verhöhnen? Wie weit wird zügellose Dreistigkeit sich noch vermessen? Erschütterte dich nicht der nächtliche Posten auf dem Palatin, nicht die Wachen in der Stadt, nicht die Furcht des Volkes, nicht die Zusammenkunft aller Rechtschaffenen, nicht diese fest verwahrte Stätte der Senatssitzung, nicht die Mienen und Blicke der Anwesenden?' (Übers. nach Fuhrmann 1970).

Darüber hinaus bilden die Alliterationssätze eine Trias (,Dreiergruppe'), die durch *nihil* verbundenen Satzteile eine Doppeltrias. Wenn diese Rede jemals in dieser Form gehalten worden ist, dann ist sie ein typischer Fall von konzeptioneller Schriftlichkeit im Medium der Mündlichkeit – und dennoch gut verständlich. Nicht umsonst gilt ihr Verfasser seit 2000 Jahren als Inbegriff des Redners.

# 8 Zeittafel

## 8.1 Phase der Ausdehnung des Römischen Imperiums

### Italien

| | |
|---|---|
| ab 1200 v.Chr. | Einwanderung der Italiker und Illyrier in Italien |
| ab 900 | Einwanderung der Etrusker in Italien |
| ab 800 | Gründung griechischer Kolonien in Süditalien (die Griechen nannten die kalabrische Halbinsel „Italia") |
| 753 | sagenhafte Gründung Roms |
| 510 | Ende der etruskischen Königsherrschaft (letzter König: Tarquinius Superbus), Beginn der römischen Republik |
| ab 400 | Erste Kelteneinfälle in Italien, Ansiedlung der Kelten in der Po-Ebene (daher *Gallia cisalpina* ‚das Keltenland diesseits der Alpen') |
| 387 | Rom zeitweise von Kelten besetzt |
| 272 | Übergabe Tarents, Herrschaft Roms über Unteritalien |
| 264-241 | 1. Punischer Krieg: Vertreibung der Karthager aus Sizilien, Sardinien und Korsika |
| 191 | Herrschaft über Oberitalien (ganzes heutiges italienisches Gebiet gehört zum Imperium Romanum) |

### Iberische Halbinsel

| | |
|---|---|
| ab 1100 v.Chr. | Phönizische Kolonien in Südwestspanien, Stadtgründungen, z. B. Gadir (> lat. Gades > Cádiz) und Málaka (> Málaga) |
| ab 1000 | Besiedlung der Halbinsel durch indogermanische Keltiker, Keltiberer, Gallaeci, Asturier, Kantabrer, Turduler, Turdetaner und Ligurer sowie durch nichtindogermanische Basken, Iberer und Tartessier |
| ab 600 | Griechische Kolonien in Südostspanien, z. B. Rhodé (> Rosas/kat. Roses) und Emporion (> Ampurias/kat. Empúries) |

| | |
|---|---|
| ab 500 | Karthager lösen die Phönizier als Hauptkolonialmacht in Spanien ab |
| 241 | Gründung eines römischen Kolonialreichs auf der Pyrenäenhalbinsel |
| 226 | Ebrovertrag: Rom u. Karthago legen den Ebro als Grenze ihrer Einflußbereiche fest |
| 218-201 | Konflikt um Sagunt (mit Römern verbündete Stadt auf karthagischem Gebiet, ab 219 von Karthagern belagert) => 2. Punischer Krieg: Hannibal zieht über Spanien nach Rom und überschreitet 218 den Ebro |
| 218 | röm. Heer unter Führung Scipios d.Ä. landet in Emporion, um Hannibal den Nachschub abzuschneiden. Von hier aus Eroberungen an der Küste entlang Richtung Südwesten |
| 201 | endgültige Niederlage Karthagos: Abtretung der iberischen Gebiete |
| 197 | Teilung der röm. Gebiete auf der Iber. Halbinsel (v. a. Süd- u. Ostküste) in zwei Provinzen: |

- Hispania citerior (Nordosten der Halbinsel): Tarraco (Tarragona) und Carthago Nova als Hauptstädte
- Hispania ulterior (Südwesten der Halbinsel): zunächst ohne feste Hauptstadt, später z.T. Corduba (Cordoba)

| | |
|---|---|
| 121 | Eroberung der Balearen abgeschlossen |
| 49-44 | z.T. Austragung des röm. Bürgerkriegs auf span. Boden; so erobert z. B. Caesar 49 Ilerda (> Lérida/Lleida) gegen das Röm. Reich und besiegt 45 bei Munda (Nähe Corduba) die Söhne des Pompeius |
| 29-19: | Unterwerfung der Kantabrer u. Asturer im Norden, z.T. unter Führung von Augustus |
| 15 v.Chr. | Neuordnung in 3 Provinzen: |

- Hispania citerior > Provincia Tarraconensis (Norden/Nordosten der Halbinsel; ca. 50 % der Halbinsel): Hauptst. Tarraco
- Lusitania (Südwesten der Halbinsel): Hauptstadt Emerita Augusta > Mérida
- Hispania ulterior > Baetica/Baetis (Süden der Halbinsel): Hauptstadt Corduba (Fluß Baetis => arab. Guadalquivir)

## Gallien

| | |
|---|---|
| ab 800 v. Chr. | griech. Kolonien in Massalia (> Marseille), Nikaia (> Nice) und Agathé Tiché (Agde); parallel Einwanderung keltischer Stämme aus Nordosten => Verdrängung der im Süden beheimateten Ligurer Richtung Osten (Côte d'Azur, Oberitalien) |
| 130-125 | Bündnis zwischen Griechen und Römern zur Unterwerfung der Ligurer (125: Zerstörung des Ligurerzentrums Entremont) |
| 121 | Sieg der Römer gegen Averner und Allobroger => Errichtung der Provincia Gallia Narbonensis (als Teil der Gallia transalpina) |
| 101 | entscheidender Sieg unter Marius gegen die Kimbern bei Vercellae (heutiges Vercelli im Piemont) => Ende der Germanengefahr für Rom |
| 60/59 | Einrichtung des 1. Triumvirats (Pompeius, Crassus und Caesar) gegen Teile des Senats (60); Caesar wird dennoch 59 zum Consul gewählt |
| 58 | Suebenführer Ariovist (Germane) verbündet sich mit den Sequanern (Kelten) zunächst gegen die ebenfalls keltischen Häduer und dann gegen die Römer => Ausbruch des gallischen Krieges |
| 55 | Konsulat von Pompeius und Crassus, im Gegenzug wird Caesars Kommando in Gallien verlängert (Pompeius bekommt Spanien, Crassus Syrien) |
| 51 | Caesar besiegt den rebellischen Avernerführer Vercingetorix bei der Belagerung Alesias => ganz Gallien unter röm. Herrschaft. Die Provincia Narbonensis untersteht direkt dem Senat; einem vom Kaiser ernannten Legaten unterstehen die *Tres Galliae*, d. h. Belgica, Celtica – später nach ihrer Hauptstadt Lugdunum (Lyon) in Lugdunensis umbenannt – und die 10 v. Chr. von Augustus eingerichtete Aquitania. |

## Eroberung der übrigen Gebiete des Imperium Romanum

| | |
|---|---|
| 3./2. Jh.v.Chr. | Albanien (219), Küste Dalmatiens (168), Macedonien (148), Karthago (146), Griechenland (146), Türkei (133) |
| 1. Jh.v.Chr. | Teile Kleinasiens (ca. 60), Dalmatien u. Illyricum (entsprechen zusammengenommen in etwa Slowenien, Kroatien und Bosnien-Herzegowina: 33), Ägypten (30), Mösien (entspricht Teilen Serbiens, Bulgariens u. Rumäniens: 29), nördliches Voralpengebiet: Noricum (> Österreich: 16), Raetien (> Schweiz: 15) |

| | |
|---|---|
| 1. Jh. n.Chr. | Pannonien (> Ungarn: 10), Britannien (43), Thrakien (> Restbulgarien: 45), Dekumatenland (> Süddeutschland bis an den Limes: 69) |
| 2. Jh. n.Chr. | Dakien (> Restrumänien: 107), Armenien u. Mesopotamien (> Irak: 117) => größte Ausdehnung des Imperium Romanum 117 n. Chr. unter Trajan |

## 8.2 Zerfall des Röm. Reiches/Entwicklung der Romania

| | |
|---|---|
| 9 n.Chr. | Schlacht im Teutoburger Wald; drei röm. Legionen unter Varus vom Cheruskerfürsten Arminius vernichtet => Aufgabe der erst 12 v. Chr. errichteten Provinz Germanien, aber Halten der Rheingrenze |
| 1.-2. Jh. | ständige Grenzkämpfe in den nördlichen Provinzen |
| 212 | Constitutio Antoniniana: Verleihung des röm. Vollbürgerrechts an alle freien Provinzbürger (u. a. zur Sicherung der Grenzen) |
| ab 250 | **Alamannen** kämpfen am süddeutschen Limes mit Rom und brechen im Laufe des 3. Jh. immer wieder in Ostgallien ein |
| 3.-4. Jh. | die aus China vertriebenen Hunnen treiben ab 350 die Alanen (nordiranisches Nomadenvolk) und ab 375 die **Ostgoten** (Germanenstamm) vor sich her in Richtung Westen |
| 305 | Reichsreform unter Diokletian führt zu Parzellierung => Außengrenzen des IR werden nicht mehr zentral von Rom aus verteidigt. Konsequenz für Romania: Carthaginiensis (Südosten der Iberischen Halbinsel) und Gallaecia (Nordwesten) als zusätzlich eingerichtete Provinzen in Hispanien (jetzt insgesamt fünf Provinzen) |
| 312 | Konstantin besiegt den Rivalen Maxentius bei der Milvischen Brücke nahe Roms, was auf göttlichen Beistand zurückgeführt wird => ab 313 wird das Christentum mehr und mehr zur röm. Staatsreligion |
| ab ca. 350 | ständige Germanenangriffe auf nördliche Reichsgrenzen; einzelne Übergriffe der **Franken** nach Gallien |
| 395 | Aufteilung des Römischen Reichs nach Tod des Kaisers Theodosius d.Gr. unter dessen Söhnen:<br>▸ Honorius: Westrom, Hauptstadt ab 404 Ravenna<br>▸ Arcadius: Ostrom, Hauptstadt Konstantinopel (= bis 330 Byzantion, ab 1930 Istanbul) |

## 8.2 Zerfall des Röm. Reiches/Entwicklung der Romania

| | |
|---|---|
| ab 401 | Angriffe der **Westgoten** gegen Italien (unter Alarich) |
| 400-450 | Hunnen dringen unter Attila in Gallien und Italien (Po-Ebene) ein; zurückgeschlagen 451 in Schlacht bei den Catalaunischen Feldern (bei Troyes) |
| 405 | Aufgabe des Limes durch die Römer |
| 406/7 | ca. 25.000 ostgermanische **Burgunder** überqueren den Rhein, werden von den Hunnen und Römern geschlagen und ab 443 zwischen Neuenburger und Genfer See zwangsangesiedelt |
| 408 | erste Belagerung Roms durch die Westgoten, Abzug nach riesigen Kontributionszahlungen |
| ab 409 | Eindringen von westgerm. Sueben (Galizien), ostgerm. Vandalen (*Wandalucia*/*Al-Andalus* > Andalusien) u. Alanen (Portugal) auf der Iber. Halbinsel; später von Westgoten im römischen Auftrag bekämpft |
| 410 | Einnahme und Plünderung Roms durch den Westgotenfürsten Alarich |
| 418 | Ansiedlung der Westgoten in Aquitanien: Beginn des Westgotenreichs mit Zentrum Tolosa, verbündet mit Rom; in der Folge Ausdehnung des Westgotenreichs bis an die Loire und die Rhône |
| 429 | Gründung des Wandalenreichs in Nordafrika |
| 5. Jh. | Bretonen werden in Großbritannien von den einwandernden Angeln, Sachsen und Jüten vertrieben und siedeln nach Armorika (Bretagne) über (= „Inselkelten") |
| 2.H. 5. Jh. | systematische Expansion der Franken nach Westen (unter dem Merowinger Childerich) |
| 472 | Rückeroberung der Lusitania, 474 der Tarraconensis durch Rom/ Westgoten von den Wandalen |
| 476 | Zerfall des Weströmischen Reichs (Westgotenfürst Odowaker setzt Romulus Augustulus ab; wird 493 selbst nach Kampf um Ravenna vom Ostgotenkönig Theoderich erschlagen) |
| 486 | Childerichs Nachfolger, der Frankenkönig Chlodwig (Clovis; Salier) vernichtet bei Soissons die letzten Reste römischer Präsenz, das galloromanische Reich des Syagrius => Grundstein für Merowingerreich mit Hauptstadt Paris; in der Folge Verschmelzung fränkisch-germanischer und galloromanischer Aristokratie |

| | |
|---|---|
| 493-526 | Ostgotenreich unter Theoderich, Residenz: Ravenna |
| 507 | Frankenkönig Chlodwig vertreibt die Westgoten aus Gallien auf die iberische Halbinsel => gesamtes Gebiet bis auf Nord- (Asturer, Kantabrer, Basken) und Westküste (Suebenreich) wird westgotisch, Hauptstadt nach Süden verlegt => bis 560: Barcelona, bis 711: Toledo |
| 527-626 | Oström. Kaiser Justinian besetzt u. a. Italien und die span. Mittelmeerküste, Phase der erneuten Einigung von Ost- und Westrom |
| 568 | Einfall der Langobarden in Italien, die Einheit Italiens zerbricht: => drei Mächte auf ital. Boden: <br> ▸ Byzanz (v. a. Küstengebiete) <br> ▸ Langobarden (Norden und Kleinreiche im mittleren u. südlichen Inland) <br> ▸ Päpste in Rom (ab 739 mit Unterstützung der hinzugerufenen Franken) |
| ab 711 | arabische und afrikanische Heere überschreiten Meerenge von Gibraltar und erobern die iberische Halbinsel |
| 732 | Karl Martell schlägt die Muslime bei Tours und Poitiers, südliche Teile des Frankenreichs werden zurückerobert (Beginn der Karolingerdynastie), in Spanien dauert die Rückeroberung („Reconquista") aber bis 1492 |
| 774-1260 | Frankreich und Italien: Vorherrschaft der Franken nach Unterwerfung der Langobarden durch Karl d. Gr. (ab 768 König der Franken, ab 774 König der Langobarden; 800 Kaiserkrönung in Rom; † 814) |
| ab 12. Jh. | Italien: zunehmende Selbständigkeit der großen Städte (Genua, Pisa, Venedig, Florenz, Mailand etc.) |
| 1453 | Ende des Oström. Reichs mit Eroberung Konstantinopels durch die Türken |

## 8.3 Erste romanische Sprachdenkmäler

### Frankreich:

| | |
|---|---|
| 842 | Eidesformel: *Serments de Strasbourg* |
| um 880 | erstes literarisches Denkmal: *Séquence d'Eulalie* |
| um 1100 | Nationalepos: *Chanson de Roland* |

### Italien:

| | |
|---|---|
| um 800 | Rätseltext: *Indovinello Veronese* |
| um 960 | Gerichtsurteile: *Placiti Cassinesi* |
| ab 1200 | erste literarische Volgare-Texte in der Toscana u. angrenzenden Gebieten (ca. 1200: *Ritmo laurenziano*; 1225/26: *Cantico di frate Sole*) |

### Spanien:

| | |
|---|---|
| um 980 | Klösterliche Liste über die Ausgabe von Käse: *Nodicia de kesos* |
| 11. Jh. | Klösterliche Glossen: *Glosas Emilanenses, Glosas Silenses* |
| um 1200 | Nationalepos: *Poema de Mio Cid* |

# 9 Lösungen zu den Übungen

**Lösungen zu Aufgaben 2.6 (Varietäten)**
Hier handelt es sich nicht um Transfer- oder Übungsaufgaben. Alle Fragen werden im Kapitel selbst beantwortet oder haben explizit eigene Recherche zum Ziel. Die Angabe von Lösungen wäre hier also unsinnig.

**Lösungen zu Übungen 3.4 (Phonetik/Phonologie)**

a. *aquă in piscinā est.* ‚Das Wasser ist im Fischteich.'
*homines măli sub mālo sedent.* ‚Schlechte Menschen sitzen unter einem Apfelbaum.'
*pecuniă fūris inventa est.* ‚Das Geld des Diebes ist gefunden worden.'

b. sp. *cuando* – it. *quando* – frz. *quand*: Alle drei Wörter gehen auf lat. *quando* zurück. Im Spanischen und Italienischen ist die Lautung /kw/ erhalten geblieben, im span. Orthographiesystem wird aber die Lautkombination [kw] grundsätzlich <cu> geschrieben, im ital. System <qu>. Im Französischen hingegen wird /k/ gesprochen und, je nach Etymon, <c> (z. B. beim gleich lautenden *camp* ‚Lager') oder <qu> geschrieben.
sp. *beso* – sp. *vaso*: Beide Anlaute werden im Neuspanischen gleich ausgesprochen. Die unterschiedliche Schreibung erinnert an die unterschiedliche Herkunft der beiden Grapheme: *beso* von lat. *basium* und *vaso* von lat. *vas* (bzw. vlat. *vasum*). Hier also ausnahmsweise einmal ein etymologischer Zug in der span. Orthographie.

c. **Palatalisierung**: Verlegung des Artikulationsortes von hinten (Hintergaumen = *Velum*) nach vorne (Vordergaumen = *Palatum*). Dadurch, dass nach der Palatalisierung häufig die Zähne bzw. der Zahndamm an der Artikulation beteiligt sind, entsteht quasi als Nebenprodukt der Palatalisierung oft ein Zischlaut.
**Dissimilation**: lautliche Entwicklung, bei der zwei benachbarte gleiche oder ähnliche Laute zu zwei verschiedenen Lauten werden.
**Synkopierung**: Verstummen unbetonter Zwischenvokale.

d. lat. **pontem** > it. *ponte*, sp. *puente*, frz. *pont*, port. *ponte*, kat. *pont* => Verstummen des Auslautkonsonanten (und z.T. -vokals); im Span. auch Diphthongierung der betonten Silbe.
lat. **defendĕre** > it. *difendere*, sp. *defender*, frz. *défendre*, port. *defender* => Verstummen des Auslautvokals; im Ital. auch *e* > *i* im Rahmen des Quantitätenkollapses.
lat. **edictum** > it. *editto*, sp. *edicto*, frz. *édit*, port. *edito*: Auslautkons. *-m* verstummt überall, Auslautvokal *-u* fällt mit *-o* zusammen und verstummt im Frz.;

/kt/-Nexus wird im Ital. assimiliert, im Frz. und Port. zu /t/ reduziert. Im Span. ist lat. *edictum* nicht erbwörtlich überliefert (das Erbwort hätte *edicho gelautet), sondern nur als im 15. Jh. entlehnter Kultismus *edicto*.

lat. **focum** > it. *fuoco*, sp. *fuego*, frz. *feu*, port. *fogo*, kat. *foc*: Im Kat. und Frz. Verstummen der Auslautsilbe, ansonsten nur des Auslautkosonanten bei gleichzeitigem Zusammenfall des Auslautvokals mit -o. Im Ital., Span. und Frz. zusätzlich Diphthongierung des betonten Vokals.

e. **desiderare** > it. *desiderare* (Sonorisierung [s] > [z]); fr. *désiderer* ([s] > [z], unbetontes Auslaut-*e* verstummt, betontes [a] > [e]); sp. *desear* (Auslaut-*e* verstummt, unbetonter Zwischenvokal [i] wird synkopiert, [d] nach [s] und [r] zwischen [e] und [a] verstummen).

**centum** > it. *cento* (Auslaut-*m* verstummt, Auslaut-*u* fällt wegen Quantitätenkollaps mit [o] zusammen, Anlaut wird palatalisiert/assibiliert: [k] > [tʃ]); sp. *ciento* (Auslaut wie it.; betontes [e] wird diphthongiert zu [je], Anlaut palatalisiert: [k] > [θ]); fr. *cent* (Auslautsilbe verstummt ganz, [e] wird unter Einfluss von [n] nasaliert, [n] selbst verstummt, Anlaut wird palatalisiert/ assibiliert: [k] > [s]).

**noctem** > it. *notte* (Verstummen von Auslaut-*m*, Assimilation des -kt-Nexus); sp. *noche* (Verstummen von Auslaut-*m*, Palatalisierung und Assibilierung des -kt-Nexus); fr. *nuit* (Verstummen der gesamten Auslautsilbe, Vokalisierung des -kt-Nexus mit entsprechender Auswirkung auf [o], das zum Halbvokal wird).

## Lösungen zu Übungen 4.3.6 (Nominalmorphologie KL)

a. *millesimo septuagesimo primo*: Ordnungszahl, Abl.Sg.m – 1071 (...*anno*: ‚im 1071. Jahr'; nach Bembo wäre Venedig also im Jahre 421 n. Chr. gegründet worden [1492-1071]).
*tribus*: Kardinalzahl, Abl.Pl. – ‚drei' (*tribus cum navibus*: ‚mit drei Schiffen').
*tres et triginta*: Kardinalzahl, unveränderlich – ‚33' (*tres et triginta totos dies*: ‚33 ganze Tage lang').
*sex*: Kardinalzahl, unveränderlich – ‚6' (*sex numero*: ‚6 an der Zahl').
*duae*: Kardinalzahl, Nom.Pl.f – ‚zwei' (*quarum duae*: ‚zwei von ihnen').

b. frz. *impossible* < im-possibilis; *antécédent* < ante-cedentem; *contredire* < contra-dicĕre
sp. *desigual* < dis-aequ-alem; *preclásico* < prae-class-icum; *sobreponer* < supra-ponĕre
it. *incidere* < in-cidĕre; *riparlare* < re-parabolare; *sostituire* < sub-stituĕre
fr. *animation* < animat-ionem; *béatitude* < beati-tudinem; *moniteur* < monit-orem
sp. *actriz* < act-ricem; *igualdad* < aequali-tatem; *verdoso* < virid-osum
it. *sottoalimentazione* < subter-ali-ment-at-ionem;[1] *riduttore* < re-ductorem.

---

1 Dieses Wort existierte natürlich im Lateinischen noch nicht, sehr wohl aber seine Bestandteile.

c. *qualitatis – qualitas; passu – passus; longiores – longior; his pueris – hic puer; panem nostrum – panis noster.*

d. *lupis – acribus; passum – duodecimum; muros – magnos; materiae – optimae; hominum – illorum; mare – nostrum; civibus – miseris.*

e.
- *dona bona* Nom./Akk.Pl.n  ‚gute Gaben'
- *qualitatis maximae* Gen.Sg.f  ‚von bester Qualität'
- *senatu honesto* Abl.Sg.m  ‚von dem ehrenwerten Senat'
- *oratorum eloquentium* Gen.Pl.m  ‚der eloquenten Redner'
- *principiis veteribus* Dat./Abl.Pl.n  ‚den/durch die alten Grundsätze(n)'
- *auditorium grande* Nom./Akk.Sg.n  ‚die große Zuhörerschaft'
- *cervisiam tertiam* Akk.Sg.f  ‚das dritte Bier'.

f.
- *urbs magna*: ‚die große Stadt' => *maior, maxima*
- *bellum crudele*: ‚der grausame Krieg' => *crudelius, crudelissimum*
- *magistros superbos*: ‚die hochmütigen Lehrer' => *superbiores, superbissimos*
- *regis potentis*: ‚des mächtigen Königs' => *potentioris, potentissimi*
- *vinis bonis*: ‚den/durch die guten Weine(n)' => *melioribus, optimis*.

g. *nigros*: Akk.Pl.m von *niger* ‚schwarz'; *niveos*: Akk.Pl.m von *niveus* ‚weiß'; beide beziehen sich auf *dentes* (Akk.Pl.m) ‚Zähne'; *quae*: Nom.Sg.f ‚welche, was', bezogen auf *ratio*: Nom.Sg.f ‚Ursache'; *haec*: Nom.Sg.f ‚diese/die letztgenannte', bezogen auf *Laecania*; *illa*: Nom.Sg.f ‚jene/die erstgenannte', bezogen auf *Thais*; *suos*: Akk.Pl.m ‚die eigenen', bezogen auf *dentes*.
Übersetzung: ‚Thais hat schwarze Zähne, Laecania weiße. Was ist der Grund dafür? Letztere hat gekaufte [erg. Zähne], erstere ihre eigenen.'

**Lösungen zu Übungen 4.4.5 (Nominalmorphologie VL und SL)**

a. *Spedusam – Isidorum – panem.*

b. *hominis – Paulo – beatior – felicior.*

c. *exercitibus* (Dat.Pl.: ‚den Heeren'/Abl.Pl. ‚durch die Heere') => *exercitis* (nach Zusammenfall der u-Dekl. mit der o-Dekl.) => *ad exercitos* (für den Dativ) bzw. *per exercitos* (für den Abl.) (nach Aufgabe des Ablativs und Verwendung des Akk. als obliquer Universalkasus in Verbindung mit Präpositionen).
*puellarum* (Gen.Pl.: ‚der Mädchen') => *de puellis* (nach Ersetzung des Genitivs durch Präpos. + Abl.) => *de puellas* (nach Ersetzung des Abl. durch obliquen Universalkasus).
*nationi* (Dat.Sg.: ‚der Nation'; Stammform *natio, -onis*, f) => *ad natione(m)*
*senatoris* (Gen.Sg.: ‚des Senators') => *de senatore(m)*
*clariorem* (Akk.Sg. m/f, Komparativ v. *clarus, 3* ‚den berühmten/die berühmte') => *plus/magis clarum/claram*.

d. *eiusdem* (Gen. Sg.m/f/n: ‚desselben') => *ipsius* (nach Verschiebung im Pronominalsystem) => *de ipso* (nach Verfall des Kasussystems und Kompensierung des Informationsverlusts durch Hinzufügung einer Präposition).
*huic* (Dat. Sg. m/f/n: ‚diesem hier') => *isti* => *ad istum* (s. o.)
*eam* (Akk. Sg. f: ‚diese') => *ipsam*
*illos* (Akk. Pl. m: ‚jene') => *eccum illos*.

e. Akk. *fontem* – Nom. *caballi* – Nom. *filiae* – Akk. *codicem*.

f. *ipsa*: in der Funktion eines Demonstrativums an Stelle von klass. *ea* => ‚diese' statt ‚sie selbst'.
*ingens ... valde* ‚sehr groß' in analytischer Form (mit separatem Adverb) anstelle des klassischen synthetisch gebildeten Elativs *ingentissima*.
*ipsi*: in der Funktion eines Demonstrativums an Stelle von klass. *ii* oder *illi*.
*passos* (‚Schritte'): Der Akkusativ Plural wird hier analog zur o-Dekl. gebildet, während *passus* im Klass. Latein nach der u-Dekl. flektiert wird (also Akk.Pl. *passūs*). In diesem Falle müsste wegen der Mengenangabe *milia* klassisch aber sogar der partitive Genitiv stehen, also *milia passuum sedecim* (wörtlich: ‚16.000 von den Schritten'). *milia passuum* ist steht auch lexikalisiert für ‚Meile'.
*ipsam* (‚genau dieses, dasselbe'): steht hier an Stelle von klass. *eandem*.

## Lösungen zu Übungen 4.5.9 (Verbalmorphologie KL)

a. *cinis*: Nom.Sg.m ‚Asche'; *cadit*: 3.Sg.Ind.Prs.Akt. ‚er/sie/es fällt herab'; *rarus*: Nom.Sg.m ‚selten/wenig'; *respicio*: 1.Sg.Ind.Prs.Akt. ‚ich blicke zurück'; *densa*: Nom.Sg.f ‚dicht'; *tergis*: Dat.Pl.n ‚Rücken'; *imminebat*: 3.Sg.Ind.Impf.Akt. ‚er/sie/es bedrohte' (mit Dativ); *quae* Rel.Pron. Nom.Sg.f, bezogen auf *caligo*; *nos*: Akk.Pl. ‚uns'; *sequebatur*: 3.Sg.Ind.Impf.Akt.(Deponens) ‚er/sie/es folgte'; *videmus*: 1.Pl.Ind.Prs.Akt. ‚wir sehen'; *via*: Abl.Sg. ‚Straße'; *turba*: Abl.Sg. ‚von der Menge'. => Als der Ascheregen einem Sturzbach gleich von hinten droht, schlägt Plinius seiner Mutter vor, die Straße zu verlassen, um nicht von der in Panik fliehenden Menge totgetrampelt zu werden.

b. *relinquitur*: 3.Sg.Ind.Prs.Pass. von *relinquĕre*; ‚er/sie/es wird zurückgelassen' => *relinquatur*
*amati eramus*: 1.Pl. Ind.Plpf.Pass. von *amare*; ‚wir waren geliebt worden' => *amati essemus*
*deleverunt*: 3.Pl.Ind.Pf.Akt. von *delēre*; ‚sie hatten zerstört' => *deleverint*
*tegebam*: 1.Sg.Ind.Impf.Akt. von *tegĕre*; ‚ich bedeckte' => *tegerem*
*cuperis*: 2.Sg.Ind.Prs.Pass. von *cupĕre*; ‚du wirst begehrt' => *cupiaris*
*venisti*: 2.Sg.Ind.Pf.Akt. von *venire*; ‚du bist gekommen' => *veneris*.

c. *clamarem*: 1.Sg.Konj.Impf.Akt. von *clamare*; ‚ich würde rufen' => *clamarer*
*intellexisti*: 1.Sg.Ind.Pf.Akt. von *intellegĕre*; ‚du hast verstanden' => *intellectus es*
*abit*: 3.Sg.Ind.Prs.Akt. von *abire*; ‚er/sie/es geht weg' => *abitur*

*duxeratis*: 2.Pl.Ind.Plpf.Akt. von *ducĕre*; ‚ihr hattet geführt' => *ducti eratis*
*respondebit*: 3.Sg.Ind.Fut.Akt. von *respondēre*; ‚er/sie/es wird antworten' => *respondebitur*.

**Lösungen zu Übungen 4.6.8 (Verbalmorphologie VL/SL)**

a. 1-2-4, 2-3-1, 3-1-3, 4-6-5, 5-4-2, 6-5-6.

b. KL: ‚das Buch ist gelobt worden' – VL: ‚das Buch wird gelobt'
KL: ‚die Hütte war gebaut worden' – VL: ‚die Hütte wurde gebaut'.

c. *appellare habemus, venerunt, habebat mandatum, habeo constructum.*

d. 1: lateinisch geschriebene Wörter: v. a. Präpositionen und Konjunktionen (*pro, et, in, cum, ab, per*), daneben einzelne Pronomina (*quid, qui, me*), ein Substantiv (*Deus*), ein Adverb (*nunquam*) und eine Verbform (*sit*).
2: neufranzösisch geschriebene Wörter: *son, si* (entspricht aber nfr. *ainsi*) *il, commun, nul, et, qui* (in den letzten beiden Fällen also nicht entscheidbar, ob lateinisch oder frz.).
3: Nominalmorphologie: Zwei-Kasussystem (*Deus* als Rectus vs. *Deo* als Obliquus, hier in Genitivfunktion); die Formen sind aber noch instabil, so heißt es z. B. im Obliquus einmal *Karle* und einmal *Karlo* bzw. *fradre* und *fradra*, bei den Pronomina einmal *mi* und einmal *me* (und zwar ohne Funktionsunterscheidung).
4: Verbalmorphologie: wirkt überwiegend romanisch: Die Infinitive *sabir* und *podir* gehen auf spätlateinisch angeglichene Formen zurück (*sapĕre* statt klassisch *sapĕre*, *potēre* statt klassisch *posse*). Das Futur ist bereits wieder synthetisiert worden (*prindrai* < *prehendere habeo*; *salvarai* < *salvare habeo*), es steht aber noch kein obligatorisches Subjektpronomen bei den Verbformen. An das Lateinische erinnern die Formen *dunat* (vgl. lat. *donat*) und *fazet* (vgl. lat. *facit*). Lediglich bei der Formel *in damno sit* ist eine lat. Verbform, und zwar der Konj.Präsens von *esse*, im Originalzustand erhalten.
5: Nähe zu Spanisch und Italienisch: *pro* (vgl. it. *pro*), *poblo* (vgl. sp. *pueblo*), *salvar* (vgl. sp. *salvar*, it. *salvare*), *nostro* (vgl. it. *nostro*, sp. *nuestro*), *cosa* (vgl. it./sp. *cosa*), *podir* (vgl. sp. *poder*), *aiudha* (vgl. sp. *ayuda*), *cadhuna* (vgl. sp. *cada una*), *fradre* (vgl. it. *fra/frate/fratello*; sp. *fraternal*).

**Lösungen zu Übungen 5.5 (Syntax)**

a. Hauptsatz: *arma virumque cano*; Gliedsatz 1.Ebene: Relativsatz von *Troiae* bis *Romae*. In diesen Gliedsatz eingebettet: drei Participia Coniuncta (*profugus, iactatus* und *passus*), die sich jeweils auf das Subjekt *qui* des Relativsatzes beziehen, sowie der Temporalsatz (also ein Gliedsatz 2.Ebene) *dum ... Latio*. An die adverbiale Bestimmung des Ortes *Latio* schließt sich nochmals ein verkürzter (das Verb fehlt), mit *unde* eingeleiteter Relativsatz an, also ein Gliedsatz 3.Ebene. Subjekt des Hauptsatzes ist der Sänger selbst (steckt nur in der Personalendung *cano*), *cano* ist Prädikat, *arma virumque* direktes Objekt, der sich anschließende Relativsatz ist Attribut zu *virum*.

- b. 1 NcI: ‚Man glaubte, dass Markus die Griffel genommen habe.'
  2 Abl.Abs.: ‚Nachdem die Schlacht beendet war, zogen sich die Gallier zurück.'
  3 AcI (nach unpers. Ausdruck): ‚Die Schüler müssen Bücher lesen.'
  4 PC: ‚Die Gallier fanden die von den Römern zurückgelassenen Pferde.'

- c. 1 *Paula pontem transgredi videtur.*
  2 *magistri multum legisse putantur.*

- d. Bibelstil: fast ausschließlich koordinierte Hauptsätze, verknüpft zumeist durch die Konjunktionen *et* oder *-que*.
  Abweichungen in fr. Übers.: Tilgung einiger koordinierender Konjunktionen, keine Nachahmung des Genitivus Qualitatis in Satz 1 (sondern *avoir* + Obj.).
  Abweichungen in it. Übers.: Nominale Wiedergabe des Gliedsatzes *cum...oriente*; Wiedergabe des Hauptsatzes *invenerunt campum* als Gliedsatz, abhängig vom unpersönl. Ausdruck *avenne che*.
  Abweichungen in sp. Übers: Wiedergabe des Hauptsatzes *invenerunt campum* als Gliedsatz, abhängig vom unpersönl. Ausdruck *aconteció que*; die Gesprächspartner *alter/proximus* werden in den Plural gesetzt: *unos/otros*.
  Übersetzung: ‚Die Erde aber war nur durch eine einzige Sprache und ebensolche Redeweisen charakterisiert. Und als sie von Osten aufbrachen, fanden sie eine Ebene im Lande Sinear, und sie wohnten in ihr. Und einer sagte zu seinem Nächsten: Kommt, lasst uns Ziegel machen und sie im Feuer brennen.'

## Lösungen zu Übungen 6.6.1 (Wortschatz)

- a. *unus de principibus* statt *unus principum* (Gen.Pl.), *ejus* statt *eius*, *adorabit* statt *adoravit* (Perfekt), *jn* statt *in*, *suscitabi* statt *suscitavi*, *nabes* statt *naves*, *jnpugnavi* statt *impugnavi*, *quemdam* statt *quendam* (Akk. von *quidam*), *feci* + AcI statt *feci ut* + finaler Gliedsatz.

- b. **lueco** > sp. *luego* ‚später';
  **lebantai** > sp. *levanté* (Indefinido: ‚ich habe erhoben'), vgl. it. *levare*, fr. *lever* ‚heben';
  **pugna** (geht zurück auf *pugnus* ‚Faust' bzw. *pugnare* ‚kämpfen'): vgl. sp. *puño* ‚Faust', it. *pugno* ‚Faust, Faustschlag', fr. *poigne* ‚Kraft';
  **bertiziones**: vgl. sp. *vertimiento* ‚Vergießen', fr. *verser* ‚gießen';
  **moveturas**: vgl. sp. *mover* ‚bewegen', *movedor* ‚bewegend', fr. *mouvoir* ‚bewegen', it. *muovere* ‚bewegen';
  **trastorne** > sp. *trastorné* (Indefinido: ‚ich habe umgestürzt'), vgl. fr. *tourner*, it. *tornare* ‚umdrehen', it. *trasvolare* ‚überfliegen';
  **elo terzero diabolo venot** > sp. *el tercer diablo vino*; it. *il terzo diavolo vénne*; fr. *le troisième diable vint*;

*veiza*: in Frz., It. und Sp. nicht erhalten; das romanische (und deutsche) Präfix *vice-/Vize-*, vgl. fr. *vice-président*, dt. *Vizepräsident* geht nicht auf das Adverb *vix* (‚kaum, beinahe') zurück, sondern auf das nur in Gen., Abl. und Akk. existierende Substantiv *vicis*, f ‚Wechsel'. Der Abl. *vice* bedeutet „an Stelle von", der *Vizepräsident* ist also ein ‚Ersatzpräsident', kein ‚Beinahepräsident'.

c. 1 ‚Mäuschen' > ‚Muskel': Similarität (Metapher); Muskel > ‚Oberschenkel': Kontiguität (Metonymie).
2 ‚am Ufer anlegen' > ‚ankommen': Kontiguität (Generalisierung).
3 ‚Zeugnis' > ‚Zeuge': Kontiguität (Handlung > Handelnder).
4 lat. *passer* ‚Spatz' > sp. *pájaro* ‚kleiner Vogel': Similarität + Kontiguität (Generalisierung; Spezies > Genus).
5 ‚Maulwurf' > ‚Maus': Similarität + Kontiguität („kohyponymische Übertragung", d. h. der Ausdruck für ein Hyponym wird auf ein anderes Hyponym desselben Hyperonyms übertragen).[2]
6 ‚kleine Schaufel' > ‚Schulter': Similarität (Metapher).

---

[2] „Hyperonym" = Überbegriff, hier z. B. *Nagetier*. „Hyponym" = Unterbegriff, hier z. B. *Maus*. „Kohyponym" = Unterbegriff, der unter dasselbe Hyperonym fällt, hier z. B. *Maulwurf*.

# 10 Literaturverzeichnis

**Textausgaben:**

Caesar: *Commentarii Belli Gallici*, hrsg. Georg Hornig, Frankfurt a. M./Berlin/ München: Diesterweg (1974).
Cicero: *Epistulae ad Atticum/Atticus-Briefe*, hrsg. Helmut Kasten, München: Heimeran ($^2$1976).
Cicero: *M. Tulli Ciceronis Epistulae ad familiares : libri I – XVI*, hrsg. D.R. Shackleton Bailey, Stuttgart: Teubner (1988).
Cicero: *The Speeches – with an English Translation*, hrsg. Louis E. Lord, Cambridge, Mass.: Harvard University Press (1959).
Cicero: *Sämtliche Reden*, Bd. II, übersetzt von Manfred Fuhrmann, Zürich: Artemis (1970).
Horaz: *Q. Horati Flacci Opera*, hrsg. Edward C. Wickham; H.W. Garrod, Oxford: University Press ($^2$1984).
Iuvenal: *Satiren*, hrsg. Joachim Adamietz, München: Artemis (1993).
Petronius: *Satyrica*, hrsg. Konrad Müller; Wilhelm Ehlers, München: Artemis ($^3$1983).
Plautus: *T. Macci Plauti Comoediae*, hrsg. W.M. Lindsay, Oxford: University Press (1984).
Plinius: *Epistulae, Liber VI – Lateinisch/Deutsch*, hrsg. Heribert Philips, Stuttgart: Reclam (1993).
Seneca: *Epistulae morales*, 2 Bände, hrsg. L.D. Reynolds, Oxford: University Press ($^7$1986).
Vergil: *P. Vergili Maronis Opera*, hrsg. R.A.B. Mynors, Oxford: University Press (1969).
Vergil: *Aeneis. 12 Gesänge*, hrsg. Wilhelm Plankl; Karl Vretska, Stuttgart: Reclam (1980).
Vulgata: *Biblia sacra vulgatae editionis*, hrsg. Joseph Franz Allioli, Regensburg/New York: Pustet ($^8$1891).

**Wichtige Nachschlagewerke:**

Bloch, Oscar; v. Wartburg, Walther ($^7$1986): *Dictionnaire étymologique de la langue française*. Paris: PUF.
Cancik, Hubert (ab 1996, Hrsg.): *Der neue Pauly: Enzyklopädie der Antike* (begründet von August Pauly). Stuttgart/Weimar: Metzler.
Corominas, Joan ($^3$1990): *Breve diccionario etimológico de la lengua castellana*. Madrid: Gredos.
De Mauro, Tullio; Mancini, Marco (2000, Hrsg.): *Garzanti etimologico*. Milano: Garzanti.
Georges, Karl Ernst (2013): *Der Neue Georges. Ausführliches lateinisch-deutsches Handwörterbuch*. Hrsg. von Thomas Baier, bearbeitet von Tobias Dänzer. 2 Bände. Darmstadt: WBG (typographisch erneuerte Reproduktion der 8.Aufl. von 1913).
Georges, Karl Ernst (2002): *Lateinisch-deutsch: ausführliches Handwörterbuch* (CD-ROM) Berlin: Directmedia.
Glück, Helmut ($^5$2016, Hrsg.): *Metzler Lexikon Sprache*. Stuttgart/Weimar: Metzler.
Habel, Edwin; Gröbel, Friedrich (1989, Hrsg.): *Mittellateinisches Glossar*. Nachdruck der 2. Aufl. v. 1959, Paderborn: Schöningh.
Herder-Verlag ($^9$2006, Hrsg.): *Herder Lexikon Griechische und römische Mythologie*. Bearbeitet von Dorothea Coenen. Freiburg: Herder.

Hoad, T.F. (²1996, Hrsg.): *The Concise Oxford Dictionary of English Etymology*. Oxford: University Press.

Kluge, Friedrich (²⁴2002): *Etymologisches Wörterbuch der deutschen Sprache*. Berlin/New York: de Gruyter.

Libraria Editoria Vaticana (²2004, Hrsg.): *Neues Latein-Lexikon: lexicon recentis latinitatis; über 15.000 Stichwörter der heutigen Alltagssprache in lateinischer Übersetzung* (Übersetzung aus dem Italienischen: Stefan Feihl, Carmen Grau, Heinrich Offen). Bonn: Lempertz.

Meyer-Lübke, Wilhelm (⁷2009): *Romanisches Etymologisches Wörterbuch* (REW), Heidelberg: Winter.

Pianigiani, Ottorino (²1988): *Vocabolario etimologico della lingua italiana*. Genova: Dioscuri.

*Thesaurus linguae Latinae*, CD-ROM, (⁵2007), Berlin: de Gruyter. Online verfügbar unter www.degruyter.com/view/db/tll?format=ONKO

Walde, Alois/Hofmann, Johann B. (⁶2008): *Lateinisches etymologisches Wörterbuch* (3 Bände). Heidelberg: Winter.

Wartburg, Walther v. (1928-2003): *Französisches Etymologisches Wörterbuch* (FEW). 25 Bände. Basel: Helbing und Lichtenhahn. Online einsehbar unter: https://apps.atilf.fr/lecteurFEW/index.php/site/index

Ziegler, Konrat; Sontheimer, Walther (2013, Hrsg.): *Der Kleine Pauly. Lexikon der Antike in fünf Bänden*. Stuttgart: Metzler (unveränderter Nachdruck der 1964-1975 bei Artemis erschienenen Bände).

**Wissenschaftliche Literatur/Lehrbücher/Sonstiges:**

Adams, James Noel (2003): *Bilingualism and the Latin Language*. Cambridge: Cambridge University Press.

Adams, James Noel (2013): *Social Variation and the Latin Language*. Cambridge: Cambridge University Press.

Adrados, Francisco R. (2002): *Geschichte der griechischen Sprache. Von den Anfängen bis heute* (übersetzt aus dem spanischen Original von 1999 durch Hansbert Bertsch). Tübingen/Basel: Francke.

Alföldi, Andreas (1977): *Das frühe Rom und die Latiner*. Darmstadt: Wissenschaftliche Buchgesellschaft.

Arias Abellán, Carmen (2006, Hrsg.): *Latin vulgaire – latin tardif VII*. Sevilla: Secretariado de Publicaciones de la Universidad de Sevilla.

Ascoli, Graziadio Isaia (1864): Lingue e nazioni. In: *Politecnico* 22, 77-100.

Baier, Thomas (2010): *Geschichte der römischen Literatur*. München: Beck.

Baldi, Philip (1999): *The Foundations of Latin*. Berlin/New York: Mouton de Gruyter (Neuauflage 2002).

Baldi, Philip; Cuzzolin, Pierluigi (2009-2011, Hrsg.): *New Perspectives on Historical Latin Syntax*. Berlin: De Gruyter

Banniard, Michel (2003): Délimitation temporelle entre le latin et les langues romanes. In: Ernst, Gerhard; Gleßgen, Martin-Dietrich; Schmitt, Christian; Schweickard, Wolfgang (Hrsg.): *Romanische Sprachgeschichte. Ein internationales Handbuch zur Geschichte der romanischen Sprachen*. Band 1. Berlin/New York: de Gruyter, 544-555.

Banniard, Michel (³2008): *Du latin aux langues romanes*. Paris: Armand Colin.
Baños Baños, José Miguel et al. (2009, Hrsg.): *Sintaxis del latín clásico*. Madrid: Liceus.
Beinke, Christiane; Rogge, Waltraud (1990): Französisch: Geschichte der Verschriftung. In: Holtus, Günter; Metzeltin, Michael; Schmitt, Christian (Hrsg.), *Lexikon der Romanistischen Linguistik*, Bd. V,1, Tübingen: Niemeyer, 471-493.
Bengtson, Hermann (⁴1982): *Römische Geschichte*. München: Beck (neueste Aufl. ⁸2008).
Berschin, Helmut; Felixberger, Josef; Goebl, Hans (²2008): *Französische Sprachgeschichte*. Hildesheim [u. a.]: Olms.
Berschin, Helmut; Fernández-Sevilla, Julio; Felixberger, Josef (⁴2012): *Die spanische Sprache: Verbreitung – Geschichte – Struktur*. Hildesheim [u. a.]: Olms.
Bertram, Alfred et al. (1995): *SALVETE. Texte und Übungen*. Berlin: Cornelsen.
Beyer, Andrea (2017): Sprachbildung im Lateinunterricht – Wie Phönix aus der Asche?! *Forum Classicum* 1, 10-16.
Bieler, Ludwig (⁴1980): *Geschichte der römischen Literatur*. Berlin/New York: de Gruyter.
Biville, Fréderique; Lhomme, Marie-Karine; Vallat, Daniel (2012, Hrsg.): *Latin vulgaire, latin tardif IX*. Lyon: Maison de l'Orient et de la Méditerranée Jean Pouilloux.
Blänsdorf, Jürgen (2016): Ist der *Pronuntiatus Restitutus* falsch? Eine Entgegnung auf Axel Schönbergers Thesen. *Forum Classicum* 3, 160-165.
Blänsdorf, Jürgen (2017): Entgegnung auf A. Schönberger. FC 4/2016, 221-230. *Forum Classicum* 1, 26-29.
Blanche-Benveniste, Claire (1997): *Approches de la langue parlée en français*. Gap/Paris: Ophrys.
Blank, Andreas (1997): *Prinzipien des lexikalischen Bedeutungswandels am Beispiel der romanischen Sprachen*. Tübingen: Niemeyer.
Blank, Andreas (2001): *Einführung in die lexikalische Semantik für Romanisten*. Tübingen: Niemeyer.
Blank, Andreas; Koch, Peter (1999, Hrsg.): *Historical Semantics and Cognition*. Berlin/New York: de Gruyter.
Blank, Andreas; Koch, Peter (2000): La conceptualisation du corps humain et la lexicologie diachronique romane. In: Dupuy-Engelhardt, Hiltraud; Montibus, Marie-Jeanne (Hrsg.), *La lexicalisation des structures conceptuelles. Actes du colloque international EUROSEM 1998*, Reims: Presses Universitaires, 43-62.
Blasco Ferrer, Eduardo (1994): *Handbuch der italienischen Sprachwissenschaft*. Berlin: Schmidt.
Bodemann, Ulrike (1997): Lateinunterricht im Spätmittelalter. Beobachtungen an Handschriften. *Das Mittelalter* 2,1,29-46.
Böhmer, Heiner (2010): *Grammatikalisierungsprozesse zwischen Latein und Iberoromanisch*. Tübingen: Narr.
Bollée, Annegret; Neumann-Holzschuh, Ingrid (2013 [2003]): *Spanische Sprachgeschichte*. Stuttgart: Klett.
Bonamy, Pierre-Nicolas (1736/1975): Réflexions sur la langue latine vulgaire. In: Albrecht, Jörn (Hrsg., 1975): P.-N. Bonamy: *Vier Abhandlungen zum Vulgärlatein und zur Frühgeschichte des Französischen*. Tübingen: Narr.

Bork, Hans Dieter (2006): Sprachkontakte: Latein und Galloromania. In: Ernst, Gerhard; Gleßgen, Martin-Dietrich; Schmitt, Christian; Schweickard, Wolfgang (Hrsg.): *Romanische Sprachgeschichte. Ein internationales Handbuch zur Geschichte der romanischen Sprachen.* Band 2. Berlin/New York: de Gruyter, 1582-1590.

Bourciez, Jean (1927): *Le «sermo cotidianus» dans les satires d'Horace.* Bordeaux: Feret.

Boyd, Rebecca M. (2018): Latin students' bottom-up and top-down strategies for reading Latin literature and the impact of cross-linguistic influence. *Journal of Latin Linguistics* 17 (2) 301-332.

Brunet, Jacqueline (1995): La subordination: chronique d'un déclin annoncé. In: Andersen, Hanne Leth; Skytte, Gunver (Hrsg.), *La subordination dans les langues romanes.* Copenhague: Institut d'Etudes Romanes, 57-68.

Büchner, Karl ([6]1994): *Römische Literaturgeschichte.* Stuttgart: Kröner.

Bustos Tovar, José Jesús de (2006): Contactos lingüísticos: latín e Iberorromania. In: Ernst, Gerhard; Gleßgen, Martin-Dietrich; Schmitt, Christian; Schweickard, Wolfgang (Hrsg.): *Romanische Sprachgeschichte. Ein internationales Handbuch zur Geschichte der romanischen Sprachen.* Band 2. Berlin/New York: de Gruyter, 1591-1600.

Calboli, Gualtiero (1987): Aspects du latin mérovingien. In: Herman, József (Hrsg.): *Latin vulgaire – latin tardif.* Tübingen: Niemeyer, 19-35; sowie neu abgedruckt in Calboli (1997), 122-134.

Calboli, Gualtiero (1990, Hrsg.): *Latin vulgaire – latin tardif II.* Tübingen: Niemeyer.

Calboli, Gualtiero (1994): Subordination and Coordination: Constructions in between. In: Herman, J. (Hrsg.), *Selected papers from the 6th Colloquium on Latin Linguistics.* Amsterdam: Benjamins, 167-177; sowie neu abgedruckt in Calboli (1997), 227-236.

Calboli, Gualtiero (1997): *Über das Lateinische: vom Indogermanischen zu den romanischen Sprachen.* Tübingen: Niemeyer.

Callebat, Louis (1995, Hrsg.): *Latin vulgaire – latin tardif IV.* Hildesheim/Zürich: Olms-Weidmann.

Cano Aguilar, Rafael ([5]2002): *El Español a través de los tiempos.* Madrid: Arco/Libros (aktuelle Auflage: [6]2005).

Carnagliotti, Anna (1988): Italienisch: Geschichte der Verschriftung. In: Holtus, Günter; Metzeltin, Michael; Schmitt, Christian (Hrsg.), *Lexikon der Romanistischen Linguistik* Bd. IV, Tübingen: Niemeyer, 379-392.

Cerquiglini, Bernard (1991): *La naissance du français.* Paris: PUF (Que sais-je? 2576).

Coarelli, Filippo ([4]1989): *Rom. Ein archäologischer Führer* (aus dem Italienischen von Agnes Allroggen-Bedel). Freiburg: Herder.

Coseriu, Eugenio (1978): Das sogenannte „Vulgärlatein" und erste Differenzierungen in der Romania. In: Kontzi, Reinhold (Hrsg.): *Zur Entstehung der romanischen Sprachen.* Darmstadt: Wissenschaftliche Buchgesellschaft, 257-291.

Coseriu, Eugenio (1979): Über das romanische Futur. In: ders., *Sprache, Strukturen und Funktion,* Tübingen: Narr, 61-76.

Coseriu, Eugenio (1980): Historische Sprache und Dialekt. In: Albrecht, Jörn; Lüdtke, Jens; Thun, Harald (Hrsg.): *Energeia und Ergon. Sprachliche Variation, Sprachgeschichte, Sprachtypologie. Studia in honorem E. Coseriu,* 3 Bde. Tübingen: Narr, 54-61.

Coseriu, Eugenio (2008) : *Lateinisch – Romanisch. Vorlesungen und Abhandlungen zum sogenannten Vulgärlatein und zur Entstehung der romanischen Sprachen* (Texte aus unterschiedlichen Schaffensphasen Coserius, bearbeitet und herausgegeben von Hansbert Bertsch). Tübingen: Narr.

Danckaert, Lieven (2017): *The Development of Latin Clause Structure. A Study of Extended Verb Phrase.* Oxford: Oxford University Press.

Dangel, Jacqueline (1995): *Histoire de la langue latine.* Paris: PUF (Que sais-je?).

Deléani, Simone; Vermander, Jean Marie (³2003): *Initiation à la langue latine et à son système. Manuel pour grands débutants I.* Paris: Sedes.

Devoto, Giacomo (1968): *Geschichte der Sprache Roms* (übersetzt von Ilona Opelt). Heidelberg: Winter.

Díaz y Díaz, M.C. (²1962): *Antología del latín vulgar.* Madrid: Gredos.

Diehl, Ernst (⁵1964): *Altlateinische Inschriften.* Berlin: de Gruyter.

Dietrich, Wolf; Noll, Volker (⁷2019): *Einführung in die spanische Sprachwissenschaft.* Berlin: Schmidt.

Dik, Simon C. (1978): *Functional Grammar.* Dordrecht: North-Holland.

Doff, Sabine; Kipf, Stefan (2007): "When in Rome, do as the Romans do ..." Plädoyer und Vorschläge für eine Kooperation der Schulfremdsprachen Englisch und Latein. *Forum Classicum* 50/4, 256-266.

Doff, Sabine; Kipf, Stefan (2013, Hrsg.): *English meets Latin. Unterricht entwickeln – Schulfremdsprachen vernetzen.* Bamberg: Buchner.

Doff, Sabine; Lenz, Annina (2011): Ziele und Voraussetzungen eines fächerübergreifenden Fremdsprachenunterrichts am Beispiel von Englisch und Latein. In: Elsner, Daniela; Wildemann, Anja (Hrsg.), *Sprachen lernen – Sprachen lehren. Perspektiven für die Lehrerbildung in Europa*, Franfurt/M. et al.: Peter Lang, 141-156.

Drews, Gerald (²2012): *Latein für Angeber.* Augsburg: Praesent.

Dworkin, Steven D. (2018): *A Guide to Old Spanish.* Oxford: Oxford University Press.

Ehlen, Thomas (2011): Sprache – Diskurs – Text. Überlegungen zu den kommunikativen Rahmenbedingungen mittelalterlicher Zweisprachigkeit für das Verhältnis von Latein und Deutsch. In: Baldzuhn, Michael; Putzo, Christine (Hrsg.), *Mehrsprachigkeit im Mittelalter.* Berlin/New York: de Gruyter, 169-209.

Ernst, Gerhard; Gleßgen, Martin-Dietrich; Schmitt, Christian; Schweickard, Wolfgang (2003, 2006, Hrsg.): *Romanische Sprachgeschichte. Ein internationales Handbuch zur Geschichte der romanischen Sprachen.* Band 1 (2003), Band 2 (2006). Berlin/New York: de Gruyter.

Ernst, Gerhard (2006): Sprachkontakte: Latein und Italoromania. In: Ernst, Gerhard; Gleßgen, Martin-Dietrich; Schmitt, Christian; Schweickard, Wolfgang (Hrsg.): *Romanische Sprachgeschichte. Ein internationales Handbuch zur Geschichte der romanischen Sprachen.* Band 2. Berlin/New York: de Gruyter, 1563-1582.

Escolar, Arsenio (2002): El itinerario del idioma. *GEO* N°189, Octubre 2002, 56-83.

Euler, Wolfram (2005): *Vom Vulgärlatein zu den romanischen Einzelsprachen. Überlegungen zur Aufgliederung von Protosprachen.* Wien: Präsens.

Falk, Walter (2002): Das „Biberacher Modell" – ein Erfahrungsbericht. *Altsprachlicher Unterricht* Jg. XLV, Heft 1, 20-24.

Ferguson, Charles (1959): Diglossia. *Word* 15, 325-340.

Filip-Fröschl, Johanna; Mader, Peter (1999): *Latein in der Rechtssprache*. Wien: Braumüller.

Fillmore, Charles J. (1968): The case for case. In: Bach, Emmon; Harms, Robert T. (Hrsg.): *Universals in linguistic theory*. New York: Holt, Rinehart & Winston, 1-88.

Fishman, Joshua A. (1967): Bilingualism with and without diglossia; diglossia with and without bilingualism. *Journal of Social Issues* 23, 29-38.

Foley, William A.; van Valin, Robert D. (1984): *Functional Syntax and Universal Grammar*. Cambridge: Cambridge University Press.

Frank, Barbara (1994): *Die Textgestalt als Zeichen. Lateinische Handschriftentradition und die Verschriftlichung der romanischen Sprachen*. Tübingen: Narr.

Frank, Barbara; Hartmann, Jörg (1997): *Inventaire systématique des premiers documents des langues romanes*. 5 Bände. Tübingen: Narr.

Fuhrmann, Manfred (2005) : *Geschichte der römischen Literatur*. Stuttgart: Reclam.

Gabriel, Christoph; Meisenburg, Trudel ($^3$2017): *Romanische Sprachwissenschaft*. Paderborn: Fink.

Gadet, Françoise (1995): Les relatives non standard en français parlé: le système et l'usage. In: Andersen, Hanne Leth; Skytte, Gunver (Hrsg.), *La subordination dans les langues romanes*. Copenhague: Institut d'Etudes Romanes *(Etudes Romanes* 34), 141-162.

Gaiser, Konrad (1973) : Zum 'Miles Gloriosus' des Plautus : Eine neuerschlossene Menander-Komödie und ihre literaturgeschichtliche Stellung. In: Lefèvre, Eckard (Hrsg.), *Die römische Komödie: Plautus und Terenz*. Darmstadt: WBG, 205-248 (=erweiterte Fassung des gleichnamigen Beitrags in *Poetica* 1 (1967) 436-461).

García Leal, Alfonso; Prieto Entrialgo, Clara Elena (Hrsg.): *Latin vulgaire – latin tardif XI*. Hildesheim/Zürich/New York: Olms Weidmann.

Gason, Jacques; Lambert, Alain; Tréziny, Henri (1997): *Invitation au latin, 5$^e$*. Paris: Magnard.

Gason, Jacques; Lambert, Alain; Tréziny, Henri (1997a): *Invitation au latin, 5$^e$. Livre du professeur*. Paris: Magnard.

Gauger, Hans-Martin (1971): *Durchsichtige Wörter. Zur Theorie der Wortbildung*. Heidelberg: Winter.

Gauger, Hans-Martin (2006): *Das ist bei uns nicht Ouzo. Sprachwitze*. München: Beck.

Gauger, Hans-Martin (2012): *Das Feuchte & das Schmutzige. Kleine Linguistik der vulgären Sprache*. München: Beck.

Gauger, Hans-Martin ; Oesterreicher, Wulf ; Windisch, Rudolf (1981): *Einführung in die romanische Sprachwissenschaft*. Darmstadt: Wissenschaftliche Buchgesellschaft.

Geckeler, Horst; Dietrich, Wolf ($^5$2012): *Einführung in die französische Sprachwissenschaft*. Berlin: Schmidt.

Geckeler, Horst; Kattenbusch, Dieter ($^2$1992): *Einführung in die italienische Sprachwissenschaft*. Tübingen: Niemeyer.

Germain, Claude (1993): *Evolution de l'enseignement des langues: 5000 ans d'histoire*. Paris: CLÉ .

Gévaudan, Paul (2007): *Typologie des lexikalischen Wandels. Bedeutungswandel, Wortbildung und Entlehnung am Beispiel der romanischen Sprachen.* Tübingen: Stauffenburg.

Gläser, Roland (³2012): *Wege zu Cicero. Per Aspera ad Astra. Intensivkurs für Studierende zur Vorbereitung auf die Cicerolektüre.* Heidelberg: Winter.

Gottschalk, Gisela (1984): *Die großen Cäsaren.* Herrsching: Pawlak.

Grandgent, C.H. (1907/1962): *An Introduction to Vulgar Latin.* Boston; reprint New York: Hafner.

Grevisse, Maurice (¹³1993): *Le bon usage.* Paris: Duculot (aktuelle Auflage: ¹⁵2001, Bruxelles: De Boeck, Duculot).

Große, Ernst Ulrich (³1986): *Altfranzösischer Elementarkurs.* München: Hueber.

Große, Maria (2014): Pons Latinus – Modellierung eines sprachsensiblen Lateinunterrichts. *InfoDaF* 1, 41, 70-89.

Große, Maria (2017): *Pons Latinus – Latein als Brücke zum Deutschen als Zweitsprache. Modellierung und empirische Erprobung eines sprachsensiblen Lateinunterrichts.* Frankfurt/M.: Lang.

Habenstein, Ernst (1991): *Grund- und Aufbauwortschatz Latein*, bearb. von Eberhard Hermes. Stuttgart: Klett.

Habermann, Mechthild (2007): Das gemeinsame Erbe: Latein als Vorbild der Kürze in europäischen Sprachen. In: Bär, Jochen A.; Roelcke, Thomas/Steinhauer, Anja (Hrsg.): *Sprachliche Kürze. Konzeptuelle, strukturelle und pragmatische Aspekte.* Berlin/New York: de Gruyter, S. 292-309.

Haider Munske, Horst; Kirkness, Alan (1996, Hrsg.): *Eurolatein. Das griechische und lateinische Erbe in den europäischen Sprachen.* Tübingen: Niemeyer.

Haarmann, Harald (²1991): *Universalgeschichte der Schrift.* Frankfurt: Campus.

Haarmann, Harald (2002): *Geschichte der Schrift.* München: Beck.

Haase, Martin (2007): *Italienische Sprachwissenschaft.* Tübingen: Narr (aktuelle Auflage: ²2013).

Happ, Heinz (1976): *Grundfragen einer Dependenz-Grammatik des Lateinischen.* Göttingen: Vandenhoeck & Ruprecht.

Haye, Thomas (2005): *Lateinische Oralität. Gelehrte Sprache in der mündlichen Kommunikation des hohen und späten Mittelalters.* Berlin: de Gruyter.

Helttula, Anne (1987): *Studies on the Latin Accusative Absolute.* Helsinki: Societas Scientiarum Fennica.

Herman, József (⁴1975): *Le latin vulgaire.* Paris: PUF (Que sais-je? 1247).

Herman, József (1987, Hrsg.): *Latin vulgaire – latin tardif.* Tübingen: Niemeyer.

Hermes, Eberhard; Meusel, Horst (²1993): *Grundwortschatz Latein nach Sachgruppen.* Stuttgart: Klett.

Hille-Coates, Gabriele (2013): *Crossover Englisch – Latein. Anregungen für das Fach Latein aus dem Englischunterricht.* Göttingen: Vandenhoeck & Ruprecht.

Hoffmann, Roland (2018): *Lateinische Linguistik. Morphosyntax und Syntax in einzelsprachlicher und typologischer Perspektive.* Hamburg: Buske.

Hofmann, Johann Baptist (³1951): *Lateinische Umgangssprache.* Heidelberg: Winter.

Hofmann, Johann Baptist (²1997): *Lateinische Syntax und Stilistik: mit dem allgemeinen Teil der Lateinischen Grammatik.* Neubearb. von Anton Szantyr. – 2. Nachdr. der 1965 erschienenen und 1972 verbesserten Aufl. – München: Beck.

Hüllen, Werner (2005): *Kleine Geschichte des Fremdsprachenlernens*. Berlin: Schmidt.
Iliescu, Maria; Slusanski, Dan (1991, Hrsg.): *Du latin aux langues romanes. Choix de textes traduits et commentés (du IIe siècle avant J.C. jusqu'au Xe siècle après J.C.)*. Wilhelmsfeld: Egert.
Iliescu, Maria; Marxgut, Werner (1992, Hrsg.): *Latin vulgaire – latin tardif III*. Tübingen: Niemeyer.
Ineichen, Gustav (²1985): *Kleine altfranzösische Grammatik. Laut- und Formenlehre*. Berlin: Schmidt.
Janson, Tore (2006): *Latein. Die Erfolgsgeschichte einer Sprache* (übertragen aus der schwedischen Originalfassung von 2002 durch Johannes Kramer). Hamburg: Buske.
Kabatek, Johannes; Pusch, Claus D. (²2011): *Spanische Sprachwissenschaft*. Tübingen: Narr.
Kaiser, Georg (2014): *Romanische Sprachgeschichte*. Paderborn: Fink.
Kämmerer, Carmen Maria (2006): *Codeswitching in Predigten des 15. Jahrhunderts. Mittellatein – Frühneuhochdeutsch, Mittellatein – Altitalienisch/Altspanisch*. Berlin: Logos.
Keller, Rudi (1982): Zur Theorie sprachlichen Wandels. *Zeitschrift für germanistische Linguistik* 10, 1-27.
Keller, Rudi (⁴2014): *Sprachwandel. Von der unsichtbaren Hand in der Sprache*. Tübingen/ Basel (UTB-Francke).
Kieckers, Ernst (²1960): *Historische lateinische Grammatik. Mit Berücksichtigung des Vulgärlateins und der romanischen Sprachen*. München: Hueber.
Kiel, Lothar (1994): *Latein für Biologen*. München: Lindauer.
Kielhöfer, Bernd (1997): *Französische Kindersprache*. Tübingen: Stauffenburg.
Kienpointner, Manfred (2010): *Latein – Deutsch kontrastiv: Vom Phonem zum Text*. Tübingen: Julius Groos.
Kiesler, Reinhard (²2018 [2006]): *Einführung in die Problematik des Vulgärlateins*. Aktualisiert und erweitert von Volker Noll. Tübingen: Niemeyer.
Kinder, Herrmann; Hilgemann, Werner (2000): *dtv-Atlas Weltgeschichte*. München: dtv.
Kipf, Stefan (2008): Schule im Umbruch – Perspektiven für den altsprachlichen Unterricht. In: Doff, Sabine (Hrsg.), *Visions of languages in education*. Berlin u. a.: Langenscheidt, 181-193.
Kipf, Stefan (2018): „Bildungssprachliche Handlungskompetenz" – auch im lateinischen Lektüreunterricht! *Der Altsprachliche Unterricht* 6, 49-51.
Kipf, Stefan; Frings, Katharina (2014): Latein als Brückensprache. In: Kipf, Stefan (Hrsg.): *Integration durch Sprache. Schüler nichtdeutscher Herkunftssprache lernen Latein*. Bamberg: Buchner, 22-42.
Kiss, Sandor; Mondin, Luca; Salvi, Giampaolo (2005, Hrsg.): *Latin et langues romanes. Etudes de linguistique offertes à József Herman*. Tübingen: Niemeyer.
Klare, Johannes (²2011): *Französische Sprachgeschichte*. Stuttgart: ibidem (unveränderter Nachdruck der Erstauflage von 1998, Düsseldorf/Leipzig: Klett).
Kloss, Heinz (²1978): *Die Entwicklung neuer germanischer Kultursprachen seit 1800*. Düsseldorf: Schwann.
Koch, Peter (1995): Une langue comme toutes les autres : Latin vulgaire et traits universels de l'oral. In: Callebat, Louis (Hrsg.): *Latin vulgaire – latin tardif IV*. Hildesheim/Zürich: Olms-Weidmann, 125-144.

Koch, Peter; Oesterreicher, Wulf (²2011): *Gesprochene Sprache in der Romania: Französisch, Italienisch, Spanisch.* Berlin/New York: de Gruyter.

König, Ingemar (2004): *Kleine römische Geschichte.* Stuttgart: Reclam.

Kramer, Johannes (2007): *Vulgärlateinische Alltagsdokumente auf Papyri, Ostraka, Täfelchen und Inschriften.* Berlin/New York: de Gruyter.

Krefeld, Thomas (1988): Italienisch: Periodisierung. In: Holtus, Günter; Metzeltin, Michael; Schmitt, Christian (Hrsg.), *Lexikon der romanistischen Linguistik.* Bd. IV, Berlin/New York: de Gruyter, 748-762.

Krefeld, Thomas (2003): Methodische Grundfragen der Strataforschung. In: Ernst, Gerhard; Gleßgen, Martin-Dietrich; Schmitt, Christian; Schweickard, Wolfgang (Hrsg.): *Romanische Sprachgeschichte. Ein internationales Handbuch zur Geschichte der romanischen Sprachen.* Band 1. Berlin/New York: de Gruyter, 555-567.

Krefeld, Thomas (2004): *Einführung in die Migrationslinguistik.* Tübingen: Narr.

Krefeld, Thomas; Pustka, Elissa; Piredda, Noemi; Postlep, Sebastian (2010, Hrsg.): *Perzeptive Varietätenlinguistik.* Frankfurt: Lang.

Krischke, Wolfgang (2005): Beugt Euch! *DIE ZEIT* Nr. 13, 23. März 2005, 81.

Krischke, Wolfgang (2006): Ich geh Schule. *DIE ZEIT* Nr. 27, 29. Juni 2006, 71.

Kropp, Amina (2008): *Magische Sprachverwendung in vulgärlateinischen Fluchtafeln (defixiones).* Tübingen: Narr.

Kühner, Rafael; Stegmann, Carl; Holzweissig, Friedrich (1966/1982): *Ausführliche Grammatik der lateinischen Sprache. Erster Teil: Elementar-, Formen- und Wortlehre. Zweiter Teil: Satzlehre (2 Bände);* Repr. der 2. Aufl. von 1914 mit den Zusätzen und Berichtigungen zur 4. u. 5. Aufl. von A. Thierfelder. Darmstadt: Wissenschaftliche Buchgesellschaft.

Kuhlmann, Peter (2011): *Unikurs Latein.* Bamberg: Buchner.

Lauffer, Siegfried (²1983): *Kurze Geschichte der antiken Welt.* München: dtv.

Lausberg, Heinrich (³1969/²1967): *Romanische Sprachwissenschaft. Bd.I: Einleitung und Vokalismus. Bd.II: Konsonantismus.* Berlin: de Gruyter.

Ledgeway, Adam (²2015 [2012]): *From Latin to Romance. Morphosyntactic Typology and Change.* New York: Oxford University Press.

Lehmann, Christian (1988): Towards a typology of clause linkage. In: Haiman, John; Thompson, Sandra A. (Hrsg.), *Clause-Combining in Grammar and Discourse,* Amsterdam/Philadelphia: Benjamins, 181-225.

Lehmann, Christian (1989): Latin Subordination in Typological Perspective. In: Calboli, Gualtiero (Hrsg.), *Subordination and other topics in Latin: proceedings of the Third Colloquium on Latin Linguistics, Bologna, 1-5 April 1985,* Amsterdam/ Philadelphia: Benjamins, 153-179.

Leonhardt, Jürgen (2009): *Latein. Geschichte einer Weltsprache.* München: Beck.

Leumann, Manu; Hofmann, Johann B.; Szantyr, Anton (1963): *Lateinische Grammatik. Band 1: Lateinische Laut- und Formenlehre.* München: Beck.

Linke, Angelika; Nussbaumer, Markus; Portmann, Paul R. (⁵2004): *Studienbuch Linguistik.* Tübingen: Niemeyer.

Lloyd, Paul M. (1979): On the definition of "Vulgar Latin". *Neuphilologische Mitteilungen* 80, 110-122.

Lloyd, Paul M. (1987): *From Latin to Spanish. Vol.I: Historical Phonology and Morphology of the Spanish Language*. Philadelphia: American Philosophical Society.

Loporcaro, Michele (2017): *Vowel Length from Latin to Romance*. Oxford: Oxford University Press.

Lüdtke, Helmut (1968): *Geschichte des romanischen Wortschatzes*. 2 Bände. Freiburg: Rombach.

Lüdtke, Helmut (1978 – Erstveröffentlichung 1962): Die Verkehrswege des römischen Reiches und die Herausbildung der romanischen Dialekte. In: Kontzi, Reinhold (Hrsg.), *Zur Entstehung der romanischen Sprachen*. Darmstadt: Wissenschaftliche Buchgesellschaft, 438-447.

Lüdtke, Helmut (2005): *Der Ursprung der romanischen Sprachen. Eine Geschichte der sprachlichen Kommunikation* (Neuauflage 2009). Kiel: Westensee.

Mackowiak, Klaus (2012): *Caesars Vermächtnis. Wörter und Wendungen lateinischer Herkunft*. Mannheim: Duden.

Mader, Michael ($^4$2008): *Lateinische Wortkunde für Alt- und Neusprachler. Der lateinische Grundwortschatz im Italienischen, Spanischen, Französischen und Englischen*. Stuttgart: Kohlhammer.

Mańczak, Witold (1987): Origine des langues romanes : dogme et faits. In: Herman, József (Hrsg.), *Latin vulgaire – latin tardif; Actes du I$^{er}$ Colloque international sur le latin vulgaire et tardif (Pécs, 2-5 septembre 1985)*, Tübingen: Niemeyer, 181-189.

Mańczak, Witold (1995): Le protoroman est-il une langue sœur du latin classique? In: Callebat, Louis (Hrsg.): *Latin vulgaire – latin tardif IV*. Hildesheim/Zürich: Olms-Weidmann, 29-34.

Marazzini, Claudio (2011): *Kurze Geschichte der italienischen Sprache* (aus dem italienischen Original von 2004 übersetzt von Hansbert Bertsch). Tübingen: Stauffenburg.

Marouzeau, Jules ($^2$1970): *Das Latein*. München: Artemis.

Mastrantonio, Davide (2017): *Latinismi sintattici nella prosa del Duecento*. Canterano: Aracne.

Meillet, Antoine ($^3$1977): *Esquisse d'une histoire de la langue latine*. Paris: Klincksieck.

Meisenburg, Trudel (1996): *Romanische Schriftsysteme im Vergleich: Eine diachrone Studie*. Tübingen: Narr.

Meiser, Gerhard (1998): *Historische Laut- und Formenlehre der lateinischen Sprache*. Darmstadt: Wissenschaftliche Buchgesellschaft.

Menéndez Pidal, Ramon ($^4$1956): *Orígenes del español*. Madrid: Espasa-Calpe.

Menge, Hermann ($^{17}$1979): *Repetitorium der lateinischen Syntax und Stilistik* (bearbeitet von Andreas Thierfelder). Darmstadt: WBG.

Meyer-Brook, Claus ($^3$2008): *Latein für Biologen, Mediziner und Pharmazeuten: Lernen – Verstehen – Lehren*. Heidelberg: Quelle & Meyer.

Michel, Andreas ($^2$2016): *Einführung in die italienische Sprachwissenschaft*. Berlin/New York: de Gruyter.

Mohrmann, Christine ($^2$1961, Hrsg.): *Études sur le latin des chrétiens. 2 Bände,* Rom: Storia e Letteratura.

Molinelli, Piera; Cuzzolin, Pierluigi; Fedriani, Chiara (2014, Hrsg.): *Latin vulgaire – Latin tardif X*. Bergamo: Bergamo University Press.

Moreno, Jesús (1979): *Crestomatía románica medieval*. Madrid: Catedra.

Müller, Natascha; Riemer, Beate (1998): *Generative Syntax der romanischen Sprachen. Französisch, Italienisch, Portugiesisch, Spanisch*. Tübingen: Stauffenburg.

Müller, Roman (2001): *Sprachbewußtsein und Sprachvariation im lateinischen Schrifttum der Antike*. München: Beck.
Müller, Roman (2005): Antike Periodisierungsmodelle des Lateinischen. In: Kiss, Sandor; Mondin, Luca; Salvi, Giampaolo (Hrsg.): *Latin et langues romanes. Etudes de linguistique offertes à József Herman*. Tübingen: Niemeyer, 15-23.
Müller-Lancé, Johannes (1992): Die Funktion vulgärlateinischer Elemente in den Satiren des Horaz am Beispiel von sat. 2,5. In: Iliescu, Maria; Marxgut, Werner (Hrsg.): *Latin vulgaire – latin tardif III*. Tübingen: Niemeyer, 243-254.
Müller-Lancé, Johannes (1994): *Absolute Konstruktionen vom Altlatein bis zum Neufranzösischen*. Tübingen: Narr.
Müller-Lancé, Johannes (2001a): Thesen zur Zukunft des Lateinunterrichts aus der Sicht eines romanistischen Linguisten. *Forum Classicum* 2, 100-106.
Müller-Lancé, Johannes (2001b): Grammatikmodelle in modernen Fremdsprachenlehrwerken. In: Börner, Wolfgang; Vogel, Klaus (Hrsg.), *Grammatik lehren und lernen. Didaktisch-methodische und unterrichtspraktische Aspekte*. Bochum: AKS (Fremdsprachen in Lehre und Forschung 29), 114-136.
Müller-Lancé, Johannes (2004): Latein als Zielsprache im Rahmen mehrsprachigkeitsdidaktischer Konzepte. In: Klein, Horst; Rutke, Dorothea (Hrsg.): *Neuere Forschungen zur europäischen Interkomprehension*. Aachen: Shaker, 83-94.
Müller-Lancé (2004a): La subordination dans l'histoire de la langue française: déclin inévitable? In: Suso López, Javier; López Carrillo, Rodrigo (Hrsg.), *Le français face aux défis actuels. Histoire, langue et culture*. Universidad de Granada: APFUE-GILEC, Vol.I, 201-228.
Müller-Lancé, Johannes ($^2$2006): *Der Wortschatz romanischer Sprachen im Tertiärsprachenerwerb*. Tübingen: Stauffenburg.
Müller-Lancé (2008): Le latin vulgaire en tant que variété d'apprentissage. In: Wright, Roger (Hrsg.): *Latin vulgaire, latin tardif VIII*. Hildesheim/Zürich/New York: Olms-Weidmann, 92-102.
Müller-Lancé (2009): Die Bedeutung des Lateinischen in einer sich wandelnden Romanistik. In: *Pegasus-Onlinezeitschrift* IX/1 2009, 50-71 (www.pegasus-onlinezeitschrift.de).
Müller-Lancé (2013): Sprachenvernetzung in Kopf und Unterricht. In: Doff, Sabine; Kipf, Stefan (Hrsg.): *English meets Latin. Unterricht entwickeln – Schulfremdsprachen vernetzen*. Bamberg: Buchner, 13-31.
Müller-Lancé, Johannes (2017): Sprachenvernetzung: Neuronale, kognitive und didaktische Implikationen für das Projekt „Latein plus". In: Frings, Michael (Hrsg.), *Vernetzter Sprachunterricht : die Schulfremdsprachen Englisch, Französisch, Griechisch, Italienisch, Latein, Russisch und Spanisch im Dialog*. Stuttgart: Ibidem, 55-89.
Müller-Lancé, Johannes (2019): Latein steht einfach da – Möglichkeiten der Vernetzung von Latein und romanischen Sprachen im Lateinunterricht. In: Freund, Stefan; Janssen, Leoni (Hrsg.), *Non ignarus docendi : Impulse zur kohärenten Gestaltung von Fachlichkeit und von Mehrsprachigkeitsdidaktik in der Lateinlehrerbildung*. Bad Heilbrunn: Klinkhardt, 160-183.

Müller-Lancé, Johannes (2019a): Modellierung von Interkomprehensionsprozessen. In: Fäcke, Christiane; Meißner, Franz-Joseph (Hrsg), *Handbuch Mehrsprachigkeits- und Mehrkulturalitätsdidaktik*. Tübingen: Narr, 316-321.

Nagel, Werner (1997): *Latein – Brücke zu den romanischen Sprachen*. Bamberg: Buchners.

Oesterreicher, Wulf (1995): L'oral dans l'écrit : Essai d'une typologie à partir des sources du latin vulgaire. In: Callebat, Louis (Hrsg.): *Latin vulgaire – latin tardif IV*. Hildesheim/Zürich: Olms-Weidmann, 145-157.

Oniga, Renato (2014): *Latin. A Linguistic Introduction*. Edited and translated by Norma Schifano. Oxford: Oxford University Press (ital. Original von 2007: *Il Latino. Breve indroduzione linguistica*. Milano: FrancoAngeli).

Oniga, Renato; Iovino, Rossella; Giusti, Giuliana (2011, Hrsg.): *Formal Linguistics and the Teaching of Latin: Theoretical and Applied Perspectives in Comparative Grammar*. Cambridge: Cambridge Scholars Publishing.

Palmer, Leonard R. ($^2$2000): *Die lateinische Sprache. Grundzüge der Sprachgeschichte und der historisch-vergleichenden Grammatik* (Übersetzung und Aktualisierung der engl. Originalausgabe von 1954 durch Johannes Kramer). Hamburg: Buske.

Petersmann, Hubert; Kettemann, Rudolf (1999, Hrsg.): *Latin Vulgaire – latin tardif V*. Heidelberg: Winter.

Pinkster, Harm (1988): *Lateinische Syntax und Semantik* (aus dem Niederländischen von Friedrich Heberlein und Thomas Lambertz). Tübingen: Francke.

Pinkster, Harm (ab 2015, mehrere Bände): *The Oxford Latin Syntax*. Oxford: Oxford University Press.

Pinkster, Harm; Kroon, Caroline (2006): *Latein – eine Einführung* (übersetzt aus der niederländischen Originalausgabe von 1989 durch Roland Hoffmann). Heidelberg: Winter.

Poccetti, Paolo; Poli, Diego; Santini, Carlo (2005): *Eine Geschichte der lateinischen Sprache. Ausformung, Sprachgebrauch, Kommunikation* (übersetzt aus der ital. Originalausgabe von 1999 durch Hansbert Bertsch). Tübingen: Francke.

Pöckl, Wolfgang; Rainer, Franz; Pöll, Bernhard ($^5$2013): *Einführung in die romanische Sprachwissenschaft*. Tübingen: Niemeyer.

Polinsky, Maria; van Everbroeck, Ezra (2003): Development of Gender Classifications: Modeling the Historical Change from Latin to French. *Language* 79 (2) 356-390. Project Muse, https://muse.jhu.edu/article/44763/pdf

Raible, Wolfgang (1992): *Junktion. Eine Dimension der Sprache und ihre Realisierungsformen zwischen Aggregation und Integration*. Heidelberg: Winter.

Raible, Wolfgang (1996): Relatinisierungstendenzen. In: Holtus, Günter; Metzeltin, Michael; Schmitt, Christian (Hrsg.), *Lexikon der Romanistischen Linguistik*, Bd.II,1, Tübingen: Niemeyer , 120-134.

Raynaud de Lage, Guy ($^{13}$1984): *Introduction à l'ancien français*. Paris: Sedes.

Reichenkron, Günter (1965): *Historische Latein-Altromanische Grammatik. 1. Teil: Einleitung*. Wiesbaden: Harrassowitz.

Reinhart, Günter (2004): Das „Biberacher Modell" in Baden-Württemberg. Latein und Englisch ab Klasse 5. *Forum Classicum* 47/1, 27-29 (ursprünglich in: *Altsprachlicher Unterricht* 2002, Jg. XLV, Heft 1, 18/19.

Rheinfelder, Hans (1967): *Altfranzösische Grammatik. 2.Teil: Formenlehre*. München: Hueber.

Riehl, Claudia Maria (1993): *Kontinuität und Wandel von Erzählstrukturen am Beispiel der Legende*. Göppingen: Kümmerle.

Riehl, Claudia Maria ($^3$2014): *Sprachkontaktforschung: eine Einführung*. Tübingen: Narr.

Rix, Helmut (1993): Latein – wie wurde es ausgesprochen? In: Vogt-Spira, Gregor (Hrsg.), *Beiträge zur mündlichen Kultur der Römer*. Tübingen: Narr, 3-17.

Rohlfs, Gerhard (1966-1969): *Grammatica storica della lingua italiana e dei suoi dialetti*. Torino: Einaudi (deutsche Fassung: *Historische Grammatik der italienischen Sprache und ihrer Mundarten*. Bern: Francke, 1949-1954).

Rohlfs, Gerhard ($^3$1969, Hrsg.): *Sermo vulgaris Latinus*. Tübingen: Niemeyer.

Rosén, Hannah (1999): *Latine loqui: trends and directions in the crystallization of classical Latin*. München: Fink.

Rubenbauer, Hans; Hofmann, Johannes B. ($^{12}$1995): *Lateinische Grammatik*. Neubearbeitet von Richard Heine. Bamberg: Buchners.

Sampson, Rodney (1980): *Early Romance Texts. An Anthology*. Cambridge: Univ. Press.

Schareika, Helmut ($^2$2007): *PONS – Verben auf einen Blick – Latein*. Stuttgart: Klett

Schmid, Beatrice (1992): Spanisch: Geschichte der Verschriftung. In: Holtus, Günter; Metzeltin, Michael; Schmitt, Christian (Hrsg.), *Lexikon der Romanistischen Linguistik,* Bd.VI,1, Tübingen: Niemeyer , 414-427.

Schoeck, Georg ($^9$1985): *Seneca für Manager*. Zürich/München: Artemis.

Schönberger, Axel (2016): Zur Aussprache, Schreibung und Betonung des Lateinischen: Weshalb der *Pronuntiatus Restitutus* in einigen Punkten falsch ist. *Forum Classicum* 1, 12-18.

Schönberger, Axel (2016a): Der *Pronuntiatus Restitutus* ist teilweise falsch. Eine Entgegnung auf Jürgen Blänsdorfs Verteidigungsversuch. *Forum Classicum* 4, 221-230.

Schrijnen, Joseph (1932): *Charakteristik des Altchristlichen Latein*, Nijmegen: Dekker & van de Vegt.

Schrijnen, Joseph; Mohrmann, Christine (1936/37): *Studien zur Syntax der Briefe des hl. Cyprian*, 2 Bände, Nijmegen: Dekker & van de Vegt.

Schröder, Bianca-Jeanette (2010): *Einführung in das Studium der lateinischen Literatur. Ein Arbeitsbuch*. Tübingen: Narr.

Schuchardt, Hugo (1866-1868): *Der Vokalismus des Vulgärlateins*. 3 Bände. Leipzig: Teubner.

Seidl, Christian (2003): Les variétés du latin. In: Ernst, Gerhard; Gleßgen, Martin-Dietrich; Schmitt, Christian; Schweickard, Wolfgang (Hrsg.): *Romanische Sprachgeschichte. Ein internationales Handbuch zur Geschichte der romanischen Sprachen*. Band 1. Berlin/New York: de Gruyter, 515-530.

Selig, Maria (1992): *Die Entwicklung der Nominaldeterminanten im Spätlatein*. Tübingen: Narr.

Selig, Maria (2006): Die Anfänge der Überlieferung der romanischen Sprachen: Quellentypen und Verschriftungsprinzipien. In: Ernst, Gerhard; Gleßgen, Martin-Dietrich; Schmitt, Christian; Schweickard, Wolfgang (Hrsg.): *Romanische Sprachgeschichte. Ein internationales Hand-*

*buch zur Geschichte der romanischen Sprachen.* Band 2. Berlin/New York: de Gruyter, 1924-1944.

Selinker, Larry (1972): Interlanguage. *International Review of Applied Linguistics,* 10, 209-231.

Sellner, Alfred (2009, unveränderter Nachdruck der Ausgabe von 1984): *Latein im Alltag.* Wiesbaden: VMA (Rechte bei Wien: Cura).

Serbat, Guy (ab 1994, mehrere Bände): *Grammaire fondamentale du Latin.* Louvain/Paris: Peeters.

Sergijewskij, Maxim W. (1997): *Einführung in das ältere Französisch* (übersetzt aus dem russ. Original von 1947 durch Heinrich Kohring). Tübingen: Narr.

Siebel, Katrin (2017): *Mehrsprachigkeit und Lateinunterricht. Überlegungen zum lateinischen Lernwortschatz.* Bonn: Bonn University Press.

Siebel, Katrin (2018): Wortschatzarbeit, Sprachbildung und Mehrsprachigkeit. *Der Altsprachliche Unterricht* 6, 34-41.

Siewert, Walter; Steinmeyer, Angela; Tischleder, Hermann; Weddigen, Klaus (1995): *OSTIA ALTERA. Texte und Übungen* und *Cursus grammaticus/Lesevokabular.* Stuttgart: Klett.

Slotty, Friedrich (²1960): *Vulgärlateinisches Lesebuch.* Berlin: de Gruyter.

Snell, Bruno (⁵1962): *Neun Tage Latein.* Göttingen: Vandenhoeck & Ruprecht.

Söll, Ludwig (³1985): *Gesprochenes und geschriebenes Französisch.* Bearbeitet von Franz Josef Hausmann. Berlin: Schmidt.

Sofer, Johann (1963): *Zur Problematik des Vulgärlateins.* Wien: Gerold.

Solin, Heikki; Leiwo, Martti; Halla-aho, Hilla (2003, Hrsg.): *Latin vulgaire – latin tardif VI.* Hildesheim: Olms.

Solodow, Joseph B. (2010): *Latin Alive. The Survival of Latin in English and the Romance Languages.* New York: Cambridge University Press.

Sorrento, Luigi (²1950): *Sintassi romanza. Ricerche e prospettive.* Milano: Cisalpino.

Stefenelli, Arnulf (1981): *Geschichte des französischen Kernwortschatzes.* Berlin: Schmidt.

Stefenelli, Arnulf (1991): Latein- und Französischunterricht aus sprachwissenschaftlicher Sicht. *französisch heute* 1, 11-19.

Stefenelli, Arnulf (1992): Die Transferierbarkeit des lateinischen Wortschatzes beim Erwerb romanischer Sprachen. *französisch heute* 3, 379-387.

Stefenelli, Arnulf (2003): Die lateinische Basis der romanischen Sprachen. In: Ernst, Gerhard; Gleßgen, Martin-Dietrich; Schmitt, Christian; Schweickard, Wolfgang (Hrsg.): *Romanische Sprachgeschichte. Ein internationales Handbuch zur Geschichte der romanischen Sprachen.* Band 1. Berlin/New York: de Gruyter, 530-544.

Stein, Peter (1997): *Untersuchungen zur Verbalsyntax der Liviusübersetzungen in die romanischen Sprachen. Ein Versuch zur Anwendung quantitativer Methoden in der historisch-vergleichenden Syntax.* Tübingen: Niemeyer.

Steinbauer, Dieter (2003): Lateinische Sprachgeschichte. In: Ernst, Gerhard; Gleßgen, Martin-Dietrich; Schmitt, Christian; Schweickard, Wolfgang (Hrsg.): *Romanische Sprachgeschichte. Ein internationales Handbuch zur Geschichte der romanischen Sprachen.* Band 1. Berlin/New York: de Gruyter, 504-515.

Stock, Leo (¹⁸2005): *Langenscheidts Lern- und Übungsgrammatik Lateinisch.* Berlin/ München: Langenscheidt.

Sundermann, Klaus (2013, Hrsg.): *Handreichungen zum Schulprojekt „Latein Plus", Band 3: Didaktische Ansätze*. Mainz: Ministerium für Bildung, Wissenschaft, Weiterbildung und Kultur.
Tagliavini, Carlo (²1998): *Einführung in die romanische Philologie*. Tübingen/Basel: Francke.
Tesnière, Lucien (21976): *Eléments de syntaxe structurale*. Paris: Klincksieck.
Throm, Hermann (¹⁷1995): *Lateinische Grammatik*. Berlin: Cornelsen.
Titone, Renzo (1968): *Teaching Foreign Languages. An Historical Sketch*. Washington D.C.: Georgetown University Press.
Touratier, Christian (1980): *La relative. Essai de théorie syntaxique*. Paris: Klincksieck.
Touratier, Christian (1994): *Syntaxe latine*. Louvain-la-Neuve: Peeters.
Utz, Clement (2001, Hrsg.): *adeo-Wörterliste*. Bamberg: Buchners.
Väänänen, Veikko (³1981): *Introduction au latin vulgaire*. Paris: Klincksieck.
Vossen, Carl (¹⁴1999): *Mutter Latein und ihre Töchter*. Düsseldorf: Stern-Verlag Janssen.
Vossler, Karl (1954): *Einführung ins Vulgärlatein* (hrsg. von Helmut Schmeck). München: Hueber.
Wachter, Rudolf (2019): *Pompejanische Wandinschriften*. Berlin: De Gruyter.
Walter, Henriette (1988): *Le français dans tous les sens*. Paris: Laffont.
Weber, Heinz J. (²1997): *Dependenzgrammatik. Ein Arbeitsbuch*. Tübingen: Narr.
Weddigen, Klaus (2014): *SERMO: Lateinische Grammatik*. Bearbeitet und herausgegeben von Helmut Schareika. Hamburg: Buske.
Weeber, Karl-Wilhelm (2006): *Romdeutsch. Warum wir alle lateinisch reden, ohne es zu wissen*. Frankfurt: Eichborn.
Weeber, Karl-Wilhelm (2011): *Latin reloaded. Von wegen Denglisch – alles nur Latein*. Darmstadt: Primus.
Weeber, Karl-Wilhelm (2016): *Latein – da geht noch was. Rückenwind für Caesar & Co.* Darmstadt: Theiss/WBG.
Weißkopf, Ralf (1994): *System und Entwicklung der spanischen Orthographie*. Wilhelmsfeld: Egert (pro lingua 23).
Wells, Colin (⁴1994): *Das Römische Reich* (Übersetzung und Bearbeitung durch Kai Brodersen). München: dtv.
Willms, Lothar (2013): *Klassische Philologie und Sprachwissenschaft*. Göttingen: Vandenhoeck & Ruprecht UTB.
Wirth, Theo; Seidl, Christian; Utzinger, Christian (2006): *Sprache und Allgemeinbildung. Neue und alte Wege für den alt- und modernsprachlichen Unterricht am Gymnasium*. Zürich: Lehrmittelverlag des Kantons Zürich.
Wölfflin, Eduard (1876): Bemerkungen über das Vulgärlatein. *Philologus* 34, 137-165.
Wolf, Heinz Jürgen (²1991): *Französische Sprachgeschichte*. Heidelberg/Wiesbaden: Quelle & Meyer (UTB).
Wolf, Lothar; Hupka, Werner (1981): *Altfranzösisch. Entstehung und Charakteristik: eine Einführung*. Darmstadt: Wissenschaftliche Buchgesellschaft.
Wright, Roger (1982): *Late Latin and Early Romance in Spain and Carolingian France*. Liverpool: Cairns.

Wright, Roger (1996, Hrsg.): *Latin and the Romance Languages in the Early Middle Ages.* Pennsylvania: Pennsylvania State University Press (= Nachdruck der Originalausgabe von 1991, London: Routledge).

Wright, Roger (2008, Hrsg.): *Latin vulgaire – latin tardif VIII.* Hildesheim/Zürich/New York: Olms-Weidmann.

Zimmermann, Klaus (1992): *Sprachkontakt, ethnische Identität und Identitätsbeschädigung.* Frankfurt: Vervuert.

Zimmermann, Klaus (2004): Die Sprachensituation in Mexico. In: Bernecker, Walther L.; Braig, Marianne; Hölz, Karl; Zimmermann, Klaus (Hrsg.): *Mexiko heute. Politik, Wirtschaft, Kultur.* 3.Aufl. Frankfurt a. M.: Vervuert, 421-461.

**Internetquellen** (auch zum weiterführenden Stöbern; alle zuletzt aufgesucht im Dezember 2019)**:**

Asociación Cultura Clásica: *La página del mundo grecolatino en español* (auf Spanisch verfasste Seite mit zahlreichen Informationen und Abbildungen zu Sprache, Kultur und Geschichte der griechischen und römischen Antike)
http://www.culturaclasica.com/historia_lengua/historia_lengua.htm

Bradtke, Michael: *Grammatik kurz und bündig* (Kurzgrammatik mit schönen Lerntabellen zum download)
http://www.coaching-kiste.de/pdf/latein_grammatik.pdf

CAMENA: Neulateinische Textsammlung des Projekts CAMENA (Corpus Automatum Multiplex Electorum Neolatinitatis Auctorum):
www.uni-mannheim.de/mateo/camenahtdocs/camena.html

Cercle Latin/Circulum Latinum (in Paris auf Neulatein herausgegebene Website mit Lektüretexten, z. B. auch einem Stadtführer zu Paris, sowie auch didaktischen Materialien)
http://www.circulus.fr

Cibois, Philippe: *La question du Latin* (französisches Lateinportal mit Blogs, zahlreichen Links und Verweisen zu anderen romanischen Sprachen)
http://enseignement-latin.hypotheses.org/

*Ephemeris* (in Warschau herausgegebene, auf Neulatein verfasste online-Tageszeitung)
http://ephemeris.alcuinus.net/

*Elja – 376 A.D.* : Website zum Film (mit fiktiven Vulgärlateinpassagen):
https://www.elja-derfilm.de/de/home/

Freelang: *Dictionnaire Français-Latin / Latin-Français* (online-Wörterbuch)
http://www.freelang.com/enligne/latin.php

Gobierno de España, Ministerio de Educación: *Latín* (spanische Website zu den Beziehungen zwischen Latein und den romanischen Sprachen, mit interessanten Übungs- und Recherchemöglichkeiten)
http://recursos.cnice.mec.es/latingriego/Palladium/latin/esl232ca2.php

Imperium Romanum: Unterrichtsmaterialien zur römischen Geschichte und Kultur
https://segu-geschichte.de/roemische-antike/

Kipf, Stefan: Mediensammlung für den altsprachlichen Unterricht
www.geisteswissenschaften.fu-berlin.de/we02/forschung/forschungsprojekte/didakmed.html

Kontaktportal für Lateinlerner
  www.lateinboard.de
Lateinforum – Wissenswertes zu Klassikern der röm. Literatur
  www.lateinforum.de
Lateinischer HipHop: www.ista-latina.de
Latine disce (spanische Website zum Thema Lateinlernen, mit nützlichen Links)
  www.latinedisce.net/
Lateinische Sprachproben von Papst Benedikt XVI
  www.youtube.com/watch?v=LTFCxgBSpEE
  www.youtube.com/watch?v=Fxk7tCzdn1M
Lateinische Sprachproben von Papst Franziskus
  www.youtube.com/watch?v=PZO8E8iEyX0
Lateinische Sprachprobe: Kardinal Medina Estévez verkündet Ergebnis der Papstwahl (Benedikt XVI; 19.4.2005)
  www.youtube.com/watch?v=_Z7HEmDguHw
Lehmann, Christian: Website mit Materialien zur allgemeinen und historischen Sprachwissenschaft
  www.christianlehmann.eu/
  z. B.: *Materialien zur romanischen Sprachgeschichte*
  www.christianlehmann.eu/ling/sprachen/indogermania/RomGesch/index.html
  z. B. *Materialien zum Sprachwandel*
  www.christianlehmann.eu/ling/wandel/index.html
Neuhold, Michael: Von Latein zu den romanischen Sprachen (stark grammatikorientierte Darstellung mit schönen Übersichten)
  http://www.mneuhold.at/romspr/index.html
Plautus: *Miles Gloriosus*. Online-Ausgabe mit interaktiven Übersetzungshilfen:
  www.perseus.tufts.edu/hopper/text.jsp?doc=Perseus:abo:phi,0119,012:1:1:61&lang=original
Radio Bremen: Lateinische Nachrichten *nuntii latini*:
  www.radiobremen.de/bremenzwei/rubriken/latein/latein-startseite100.html
Regeln zur lateinischen Prosodie und Metrik:
  www.telemachos.hu-berlin.de/materialien/ovidprojekt/prosodie_und_metrik/regeln.htm
Schola Latina Europaea & Universalis in linea (nahezu vollständig auf Latein verfasste Website zum Thema Lateinlernen, mit vielen nützlichen Links)
  http://avitus.alcuinus.net/schola_latina/
SWR3 Comedy-Serie „Jogis Jungs":
  www.youtube.com/watch?v=XntsGJb2ZPc
Vatikan: Websites zu Päpsten, ihren Enzykliken, Ansprachen, Gebeten und ihren Wahlen
  www.vatican.va/holy_father/benedict_xvi/elezione/index_ge.htm
  www.vatican.va/content/francesco/de.html
Vatikan: Lateinische Dokumente
  www.vatican.va/latin/latin_index.html

Vatikanisches Wörterbuch Italienisch-Neulatein:
www.vatican.va/roman_curia/institutions_connected/latinitas/documents/rc_latinitas_20040601_lexicon_it.html

Wach, Bendedikt: Lateinische Sprichwörter, Phrasen, Aphorismen:
www.kreienbuehl.ch/lat/latein/sprichwoerter.html

Weikopf, Otto: Sprachen der Welt (populärwissenschaftliche Zusammenstellung unterschiedlichster Aspekte der allgemeinen und romanischen Sprachgeschichte):
www.weikopf.de/welt-der-sprache.html

Zettelkurs Latein des Sprachenzentrums der Universität Erfurt
www2.uni-erfurt.de/renzi/latein/ZKONLINE/

# Abbildungsverzeichnis

| Abb. 1: | Im vorliegenden Buch berührte Aspekte des Lateinischen | 19 |
| Abb. 2: | Stammbaum der indogermanischen Sprachen (modifiziert nach Geckeler/Kattenbusch 1992:1 und Steinbauer 2003:504f) | 35 |
| Abb. 3: | Duenos-Inschrift, 6. Jh.v. Chr. (aus Baldi 1999:198) | 35 |
| Abb. 4: | Sprachen Italiens im 5. Jh. v. Chr. (aus Baldi 1999:119) | 36 |
| Abb. 5: | Ausdehnung des Römischen Reiches unter Augustus und Trajan verglichen mit der europäischen Romania (aus Bertram et al.1995: Umschlag) | 41 |
| Abb. 6: | Herkunft lateinischer Autoren (nach Poccetti et al. 2005:498) | 46 |
| Abb. 7: | Übergang vom Lateinischen zu den romanischen Sprachen | 48 |
| Abb. 8: | Das antike Latium (Alföldi 1977 Faltblatt; aus Poccetti 2005:496) | 57 |
| Abb. 9: | Mündlichkeit und Schriftlichkeit im Lateinischen | 68 |
| Abb. 10: | Klassisches Latein (KL) und Vulgärlatein (VL) | 72 |
| Abb. 11: | Das Formenspektrum zwischen Klassischem Latein und Vulgärlatein und die Fortsetzungen in den romanischen Sprachen | 72 |
| Abb. 12: | Glosas Emilianenses (Foto J.D. Dallet aus Escolar 2002:72; ebenfalls abgedruckt in Frank 1994: Anhang, Abb.5) | 78 |
| Abb. 13: | Lateinische Sprachepochen und ihre Affinitäten zu Nähe- und Distanzsprache | 81 |
| Abb. 14: | Vokaldreieck des klassischen Lateins | 88 |
| Abb. 15: | Phonologische Relevanz der Vokalquantität: Minimalpaare (ähnlich Lehmann Webmaterialien) | 88 |
| Abb. 16: | Diphthonge im Klassischen Latein (vgl. Meiser 1998:57ff, Rubenbauer et al. 1995:8ff, Kieckers 1960:17) | 90 |
| Abb. 17: | Konsonantenphoneme im Klassischen Latein (modifiziert in Anlehnung an Lehmann Webmaterialien, Meiser 1998:52 und Rubenbauer et al. 1995:8) | 91 |
| Abb. 18: | Konsonantengrapheme und -phoneme im Klassischen Latein (modifiziert in Anlehnung an Kühner et al. 1966:38ff, Leumann et al. 1963:52, Kieckers 1960:18, Rubenbauer et al. 1995:8) | 91 |

Abb. 19:   Laut- und Graphiewandel in Lautgruppen (eigene Darstellung auf Grundlage von Rubenbauer et al. 1995:9ff) .................. 96

Abb. 20:   Wandel der betonten Vokale im Latein der italienischen und iberischen Halbinsel sowie Galliens (modifiziert in Anlehnung an Stefenelli 2003:534) ...................................... 99

Abb. 21:   Dissimilation/Rhotazismus im Neuspanischen (Toilettentür der Facultad de Filología, Universidad Complutense de Madrid, Foto JML 1999) .............................................. 108

Abb. 22:   Sonorisierung im süddeutschen Raum (Foto JML, Denzlingen 2003) ................................................... 109

Abb. 23:   Wortbestandteile (Darstellung nach Rubenbauer et al. 1995:28) .. 116

Abb. 24:   Lateinische Präpositionen und hiervon gebildete Verba composita 124

Abb. 25:   Übersicht Kasus ......................................... 126

Abb. 26:   Übersicht Deklinationsklassen ............................ 128

Abb. 27:   Verschiebungen in der Verwendung der Pronomina vom Klassischen Latein zum Spätlatein (modifiziert in Anlehnung an Väänänen 1981:121) ..................................... 174

Abb. 28:   Vereinfachtes Satzmodell (entnommen aus dem *Cursus grammaticus* zum Lehrbuch *Ostia Altera 1*, S. 5 = Siewert et al. 1995) 219

Abb. 29:   Satz-Stemma nach Muster von Tesnière (eigene Darstellung) .... 220

Abb. 30:   Satz-Stemma nach Vorbild der Phrasenstrukturgrammatik ...... 221

Abb. 31:   Zeitenfolge in konjunktivischen Gliedsätzen (in Anlehnung an Throm 1995:236) ....................................... 246

Abb. 32:   Seligenstädter Lateinpädagogik (aus Bodemann 1997:42) ....... 261

Abb. 33:   Lateinische Termini im Universitätswesen ................... 281